MBA과정을 위한 실무가이드

IFRS기반

재무분석과 기업가치평가

최종현 著

유원북스

머리말

2007년 서브프라임모기지사태로 촉발된 국제금융위기 이후 코로나19 팬데믹의 장기화에 따른 세계적인 경기침체 그리고 우크라이나 전쟁 등으로 인한 정치적 갈등이 고조되며 다양한 형태의 세계경제의 불확실성을 경험한 바 있다. 이와 같이 급변하는 국내외 경제환경 속에서 지속가능경영의 일환 중 하나인 ESG경영은 신용등급에까지 영향을 미치며 경영패러다임으로 전환 중이다. 재무분석은 과거 경영성과와 재무상태를 분석하고 향후 미래상황을 예측하여 경영자 및 이해관계자들이 합리적인 의사결정을 하는 데 필요한 도구로 이용되었다. 무엇보다 IFRS회계기준이 채택되면서 "공정가치"라는 개념이 강조되며 해당 자산마다 가치평가의 중요성이 더욱 요구된다. 그 핵심내용은 자본시장의 투자자에게 기업의 재무상태 및 내재가치에 대한 의미있는 투자정보를 제공하는 것이다. 특히 재무분석에 기반한 주식가치평가는 분석자마다 평가목적은 다르지만 반드시 수행되어야 하는 작업 중 하나이다. 그동안 미천한 실무경험이지만 틈틈이 강의하면서 몇 가지 아쉬운 점이 있었다.

가치평가관련 국내외 교재들은 너무 이론중심이거나 재무모델링의 산출과정도 상세하지 않아 실무적으로 직접 응용하기에는 한계가 있다. 한편 평가실무서는 직무적으로 충실한 내용이어서 비전공자나 초보자가 쉽게 접근하기에는 다소 어렵다. 따라서 본서는 기업가치평가를 위한 실무가이드를 제시하고자 다음과 같은 집필의도를 두었다.

첫째, 독자 여러분들이 스스로 재무모델링을 작성할 수 있도록 추정재무제표 작성과정 및 그 근거를 상세하게 기술하였다. 특히 현금흐름표의 작성과 이로부터 잉여현금흐름을 도출하는 과정 그리고 영업현금 추정에 이르기까지 실무가이드의 취지에 충실하였다.

둘째, 독자들로 하여금 재무전략적 통찰력을 지닐 수 있도록 저자가 직접 관여한 실무사례 및 자체 분석한 사례를 제시하여 MBA교재로도 부족함이 없도록 하였다. 특히 MBA과정을 위해 이론을 실무적으로 응용하고 심화학습이 가능하도록 각 장마다 MBA섹션을 추가하였다. 또한 최근 투자트렌드면서 경영환경에서 강조되는 ESG경영의 개념을 소개하였다.

셋째, 가상의 한 기업을 여러 평가모형으로 비교 분석해 봄으로써 각 모형이 지닌 특징을 보다 쉽게 이해할 수 있도록 기술하였다. 아울러 본서는 국내외 전문가들과 달리 상대가치평가모형을 보완하는 영업가치배수모형을 처음으로 제안하고 EVA평가모형에 대한 자본접근법도 새롭게 제시한다. 이러한 새로운 시도는 현업종사자나 전문가와 함께 고민해보려는 취지이다.

넷째, 금융관련 자격증이나 CFA 및 CPA를 위한 수험생 그리고 경영학부생들을 위해 각 단원별로 CPA기출문제 중심으로 문항을 수록하여 대학강의 교재로도 부족함이 없도록 하였다.

다섯째, 비전공자일지라도 회계원리 수준의 지식만으로도 연결재무제표 개념을 이해할 수 있도록 회계항목들을 비교적 상세하게 해설하였다.

본서는 재무분석편과 기업가치평가편으로 크게 구성된다. 재무분석편에서는 재무분석에 필요한 회계정보를 기술하고 재무비율이 지닌 경제적 의미를 살펴본다. 특히 다른 교재에서 다루지 않았던 영업현금추정방법을 제안하고 이를 상장기업에 적용하여 논리적 타당성을 제시하였다. 기업가치편에서는 가치평가의 기초인 영업가치와 자본비용에 대한 개념과 그 산출과정을 다루고 여러 가치평가모형이 지닌 각각의 특징을 살펴본다.

참고로 본서는 강단에 서신 분들을 위해 총 11장으로 구성하였다. 본서로 과목을 세분하여 재무제표의 이해와 재무분석 또는 기업가치평가 교재로도 활용이 가능하도록 기술하였다.

과거 실무를 기반으로 지난 2년여 동안 틈틈이 집필을 나름 완성해가면서 실무역량을 함양하는 수준이 어느 정도인지 고민하며 쓰고 지우고를 무수히 반복하면서 초판을 완성하였습니다. 본서에는 분석자마다 기본 가정이나 분석결과에 대해 분명히 이견이 있을 것입니다. 기업가치평가는 주식가치를 정답이 아닌 해답을 도출해 가는 과정이므로 본서의 재무모델링은 단순한 예시로서 이해를 구합니다.

여전히 미흡한 점이 많아 충실하게 완성하고 싶은 부분도 있지만 향후 알찬 내용이 되도록 독자분들과 교재로 채택해주신 교수님 및 강사님들과 함께 개진해 나갈 것을 약속하는 바입니다. 출판되기까지 아낌없이 애써 주신 유원북스 이구만사장님께 다시 한 번 감사드립니다.

아무쪼록 본서가 기업가치평가의 길라잡이가 되길 기대하며.......

2023년 계모년 7월
남산 사무실에서
款誠 최종현

차 례

제1부 | 재무분석

제2부 ❙ 기업가치평가

제6장 기업가치평가의 개요

제7장 자본비용

제8장 상대가치평가모형

제1부

재무분석

제 1 장

재무분석의 기초

기업의 이해관계자와 이 기업과 관련한 정보이용자들은 재무정보와 비재무정보를 이용한 재무분석을 통해 그들의 의사결정의 목적에 맞는 정보를 얻는다. 특히 재무정보를 이용한 재무분석은 경영자에게 기업의 내부자원을 재분배하거나 지속성장을 위한 경영전략 수립에 필요한 의사결정에 도움을 준다. 또한 재무분석은 기업가치평가를 위한 프레임워크를 제공해 주는 필수과정이기도 하다.

제1절 재무분석의 개요

재무분석(financial analysis)은 기업의 경영활동과 관련한 영업성과, 프로젝트, 자본예산 그리고 재무적 거래 등에 수반되는 성과 및 그 적정성을 평가하는 과정이다. 특히 재무제표분석(financial statements analysis)은 정보이용자가 해당 기업의 경제적 실태를 평가하고, 경영성과와 재무상태를 예측하여 의사결정에 필요한 정보를 얻는 데 목적이 있다. 재무제표분석은 재무제표에서 언어진 과거 재무비율의 추세를 파악하고 동종업 기업의 재무비율과 비교분석하는 것이다. 예를 들어, 총자산(순)이익률(ROA)은 기업이 보유한 자산에서 창출된 수익성을 측정하는 지표로서, 산업평균이나 유사기업들과 서로 비교하여 자산이 얼마나 효율적으로 운용되었는지를 보여준다. 재무분석은 협의적으로 재무제표분석을 의미하지만, 신규프로젝트나 스타트업기업은 과거 재무정보가 없거나 분석할 만큼 정보가 충분하지 않아 분석자가 주관적으로 예측한 재무분석도 포함한다. 여러 경제적 측면에서 분석된 재무정보는 경영자에게 기업의 내부자원을 재분배하거나 지속성장을 위한 경영전략 수립에 필요한 의사결정에 도움을 준다. 재무분석은 평가과정이나 해석이 간단하고 자료수집도 용이해 정보생산비용이 거의 들지 않고 기업부실예측이나 신용등급평가 등에 유용하다고 실증적으로 검증되었다. 궁극적으로 재무분석을 통해 기업의 경영실태를 파악할 수 있고 추정재무제표(*pro-forma* financial statements)에 필요한 논거를 마련해 줄 뿐만 아니라 가치평가를 위한 프레임워크를 제공해 준다.

분석자는 재무분석에 앞서 다음과 같은 평가대상기업의 질적 요인을 파악하고 검토해야 한다. 첫째, 기업이 영위하는 산업의 경제적 특성을 이해하고 경영전략을 확인한다. 둘째, 기업의 주요 제품 및 용역의 생성, 제조, 유통·판매까지 가치사슬(value chain)을[1] 이해하고 매출원천과 수익의 특징을 확인한다. 가령,

1 마이클 포터(Michael Porter) 교수는 경영전략 수립에 있어 기업의 강점과 약점을 파악하기 위해 기업의 전략적 단위활동을 원가행태의 원천과 경쟁기업과의 차별화원천(가치창출원천)으로 세분한 가치사슬의 개념을 제시하였다.

매출구성의 특성, 제품의 시장지배력, 가격정책, 브랜드 충성도, 비용관리의 효율성 등은 매출의 원천과 수익성에 직접 관련된다. 셋째, 제품 및 용역이 지닌 경제적 속성, 공급망 통합수준, 지리적 접근성, 기술적 우위요소 등도 손익에 영향을 미치므로 이를 파악한다.

분석자는 재무정보의 신뢰성과 가치평가에 필요한 변수들의 질적 요소를 파악하기 위해 다음과 같은 사항에도 주의를 기울여야 한다.

① **재무제표의 회계적 질(質)을 평가한다.** 분석자는 재무제표항목별 회계개념체계를 이해하고 임의적인 회계처리 등을 검토하여 회계적 이슈가 있는지 파악한다. 재무상태표에서 자산이 미래의 경제적 효익을 창출할 만한지를 판단하고 손익계산서가 이익의 질을 적정하게 표시하는지도 확인한다. 아울러 기업의 영업활동, 투자활동, 재무활동에 따른 현금흐름을 기업의 유동성 측면에서 비교 검토한다.

② **현재의 수익성과 리스크를 분석한다.** 기업이 재무위험에 노출되지 않도록 자본구조를 건전하게 유지하려면 자본관리가 필요하다. 기업의 영업활동이 투자 대비 수익을 얼마나 창출하는지, 그 수익성이 투자자의 요구수익률을 얼마나 충족하는지 평가한다. 또한 수익의 결정동인(drive)을 분석하는 것도 중요하다.

재무비율은 과거 추이와 함께 경쟁사의 재무비율이나 업종평균과 비교하여 종합적으로 검토한다. 분석주체에 따라 내부분석자와 외부분석자는 분석목적이 다른데 정리하면 다음과 같다.

내부분석자	외부분석자
기업의 내부자가 경영관리에 필요한 정보를 얻으려 행하는 재무분석	기업의 외부 이해관계자가 정보이용 목적에 따라 행하는 재무분석
업무계획수립이나 내부통제에 필요한 정보습득 경영전략이나 경영계획 수립에 필요한 정보습득 – 매출목표설정과 신규투자여부 결정 대외적 분석 – 거래처(고객 및 공급자)신용분석 – 경쟁기업분석 – 인수대상기업분석(M&A)	금융기관(신용분석) 신용평가기관(신용평가) 주식투자자와 애널리스트(증권분석) 외부감사인(존속가능성)

[예시 1]

LG 에너지솔루션(373220)

분기 매출액 7조원 돌파

2022.10.11
3Q22 Review
투자의견: BUY(유지)
목표주가: 520,000원(유지)
현재주가: 482,500원(10/07)
시가총액: 112,905(십억원)

재무상태표

(십억원)	2020A	2021A	2022F	2023F	2024F
자산총계	19,942	23,764	30,687	39,374	44,732
유동자산	9,086	9,536	10,773	14,240	15,975
현금성자산	2,117	1,305	366	733	262
매출채권	3,150	3,728	4,876	6,416	7,511
재고자산	3,043	3,896	4,919	6,473	7,577
비유동자산	10,856	14,228	19,914	25,134	28,757
투자자산	1,847	2,722	3,784	4,881	5,602
유형자산	8,684	11,051	15,697	19,838	22,755
기타	326	455	433	414	399
부채총계	12,376	15,022	21,529	28,947	32,632
유동부채	6,889	9,474	11,174	13,384	14,962
매입채무	4,527	5,251	6,932	9,121	10,678
유동이자성부채	1,123	2,203	2,203	2,203	2,203
기타유동부채	1,239	2,019	2,039	2,060	2,080
비유동부채	5,487	5,548	10,355	15,563	17,670
비유동이자성부채	5,078	4,766	9,566	14,766	16,866
기타비유동부채	409	782	789	797	804
자본총계	7,565	8,742	9,158	10,427	12,100
지배지분	6,880	7,966	8,381	9,651	11,324
자본금	100	100	100	100	100
자본잉여금	7,231	7,122	7,122	7,122	7,122
이익잉여금	(453)	338	1,159	2,428	4,102
기타	1	406	0	0	0
비지배지분	686	776	776	776	776
총차입금	6,201	6,969	11,769	16,969	19,069
순차입금	4,084	5,664	11,403	16,237	18,807

손익계산서

(십억원)	2020A	2021A	2022F	2023F	2024F
매출액	1,461	17,852	24,813	32,012	36,740
증가율(%)	적자	1,121.8	39.0	29.0	14.8
매출원가	1,237	13,953	20,350	26,133	29,408
매출총이익	224	3,899	4,464	5,879	7,332
판매관리비	699	3,130	3,073	3,687	4,424
기타영업손익	0	0	0	0	0
영업이익	(475)	768	1,391	2,192	2,907
증가율(%)	적지	흑전	81.0	57.5	32.7
EBITDA	(360)	2,220	4,017	5,487	6,673
증가율(%)	적지	흑전	80.9	36.6	21.6
영업외손익	(130)	32	(122)	(179)	(184)
이자수익	1	22	15	5	35
이자비용	8	67	130	169	196
지분법손익	0	4	4	4	4
기타영업손익	(123)	73	(11)	(18)	(26)
세전순이익	(605)	777	1,269	2,013	2,724
증가율(%)	적지	흑전	63.2	58.7	35.3
법인세비용	(147)	77	285	462	638
당기순이익	(452)	930	983	1,551	2,086
증가율(%)	적지	흑전	5.7	57.7	34.5
지배주주지분	(456)	793	821	1,270	1,673
증가율(%)	적지	흑전	3.6	54.6	31.8
비지배지분	4	137	162	281	413
EPS(원)	(2,278)	3,963	4,106	6,348	8,367
증가율(%)	적지	흑전	3.6	54.6	31.8
수정EPS(원)	(2,278)	3,963	4,106	6,348	8,367
증가율(%)	적지	흑전	3.6	54.6	31.8

현금흐름표

(십억원)	2020A	2021A	2022F	2023F	2024F
영업현금	395	979	1,670	2,749	4,205
당기순이익	(452)	930	983	1,551	2,086
자산상각비	116	1,452	2,626	3,295	3,766
기타비현금성손익	700	1,459	(1,470)	(1,214)	(1,026)
운전자본증감	178	(2,407)	(477)	(890)	(629)
매출채권감소(증가)	(110)	139	(1,148)	(1,540)	(1,095)
재고자산감소(증가)	(207)	(920)	(1,023)	(1,554)	(1,105)
매입채무증가(감소)	258	(568)	1,680	2,190	1,557
기타	237	(1,058)	14	14	14
투자현금	(885)	(2,178)	(7,410)	(7,583)	(6,776)
단기투자자산감소	0	0	0	0	0
장기투자증권감소	0	(181)	(160)	(165)	(107)
설비투자	(260)	(3,463)	(7,196)	(7,363)	(6,613)
유형자산처분	4	59	0	0	0
무형자산처분	(4)	(54)	(54)	(55)	(55)
재무현금	(203)	883	4,800	5,200	2,100
차입금증가(감소)	(203)	556	4,800	5,200	2,100
자본증가	0	(263)	0	0	0
배당금지급	0	0	0	0	0
현금 증감	(707)	(210)	(940)	367	(471)
기초현금	2,200	1,493	1,283	343	710
기말현금	1,493	1,283	343	710	239
Gross Cash Flow	365	3,861	2,147	3,640	4,833
Gross Investment	707	4,586	7,886	8,473	7,404
Free Cash Flow	(342)	(725)	(5,740)	(4,833)	(2,571)

자료: 유진투자증권

주요투자지표

	2020A	2021A	2022F	2023F	2024F
주당지표(원)					
EPS	(2,278)	3,963	4,106	6,348	8,367
BPS	34,398	39,831	41,906	48,254	56,621
DPS	0	0	0	0	0
밸류에이션(배,%)					
PER	-	-	117.5	76.0	57.7
PBR	-	-	11.5	10.0	8.5
EV/EBITDA	-	2.6	30.9	23.5	19.7
배당수익률	0.0	0.0	-	-	-
PCR	-	-	45.0	26.5	20.0
수익성(%)					
영업이익률	(32.5)	4.3	5.6	6.8	7.9
EBITDA이익률	(24.6)	12.4	16.2	17.1	18.2
순이익률	(30.9)	5.2	4.0	4.8	5.7
ROE	-	10.7	10.0	14.1	16.0
ROIC	-	5.4	6.3	7.4	8.0
안정성(배,%)					
순차입금/자기자본	54.0	64.8	124.5	155.7	155.4
유동비율	131.9	100.7	96.4	106.4	106.8
이자보상배율	(60.1)	11.5	10.7	13.0	14.8
활동성(회)					
총자산회전율	-	0.8	0.9	0.9	0.9
매출채권회전율	-	5.2	5.8	5.7	5.3
재고자산회전율	-	5.1	5.6	5.6	5.2
매입채무회전율	-	3.7	4.1	4.0	3.7

[예시 1]은 재무분석가(financial analyst)가 제시한 LG에너지솔루션 기업분석 보고서 중 일부이다. 재무분석가는 기업탐방을 통해 정보를 취득하고 증권사가 보유한 해당 산업의 정보와 과거 재무정보를 바탕으로 추정재무제표를 작성한다. 기업분석보고서는 연도별 성과지표와 투자분석지표들을 제시하고 이를 기초로 평가된 목표주가를 제시한다. 애널리스트는 해당 기업의 목표주가와 평가 시점의 주가를 비교하여 보유, 매도, 매수 등 다양한 의견을 표시한다. 이와 같이, 재무분석을 통해 과거의 경영상태에 대한 정보를 얻을 수 있을 뿐만 아니라 재무분석 결과는 재무제표의 추정 근거와 수익성, 안정성, 활동성 등 여러 경제적 측면에서 유용한 정보를 제공한다.

제2절 경영환경의 이해

주식가치평가는 평가대상기업의 주식에 대한 내재가치를 발견하고 시장가치와 비교하여 주식이 고(저)평가되었는지를 판단하는 데 그 목적이 있다. 주식가치평가는 경제분석과 산업분석 그리고 기업분석 등 소위 탑다운(top down)방식을 사용하는 기본분석(fundamental analysis)을 따른다. 탑다운방식은 우선 기업들이 직면하고 있는 경제적 환경과 거시경제적 요인을 분석한 후 해당 기업이 속한 산업을 전망한 다음, 마지막으로 기업의 미래현금창출력과 수익성을 분석하는 기법이다. 이러한 접근법은 경제와 산업 그리고 자본시장 사이에 일정한 관계가 있어 기본분석이 가능하다고 전제한다.

기업은 경제활동의 구성원으로서 독립적으로 의사를 결정하고 이를 수행하는 경제주체이다. 기업이 외부환경에 대처하려면 내부역량을 강화해야 하는데 그 고도화 정도는 기업마다 다르고 이는 기업가치에 영향을 끼친다. 평가대상기업이 직면한 외부요인과 내부요인 등 경영환경을 세부적으로 분석하는 작업은 필수이다. 외부요인의 예를 들면, 수출주도형기업은 환율변동위험이나 국제원자재가격 변동위험에 노출된다. 이 밖에도 인플레이션, 금리, 세제, 외환규제, 해외거래처의 정치상황 등은 경영환경에 많은 영향을 미친다. 특히 최근 탄소중립이 정부정책에 의해 기업에게 요구되고, ESG 경영과 같은 비재무적 요인도 경영성과와 직결되는 만큼 경영환경은 더욱 다변화되는 실정이다. 내부요인의 예로는 해외지역별 매출의존도, 원자재수입의존도, 공급처 다변화 정도, 특허침해요소, 환경유해요인, 노조설립 여부 등이 있다.

우선 기본분석의 첫 단계인 경제분석은 평가대상기업이 영위하는 산업특성이 다양해서 그 분석범위가 넓고 내용도 많아 분석자가 스스로 자료를 생산하거나 취합하기 어렵다. 따라서 경제분석이나 산업분석에 대한 기초정보는 산업연구기관이나 경제연구소, 한국은행 및 통계청에서 제공하는 자료를 활용한다.

2.1 거시경제요인

■ 국내총생산과 경제성장률

국내총생산(gross domestic product: GDP)이란 일정기간 한 나라 안에서 그 나라의 국민과 외국인이 새로이 생산한 재화와 서비스 가치인 부가가치의 합을 의미한다. 국내총생산 규모가 크다는 것은 재화와 서비스 생산에 참여한 경제주체의 소득이 많다는 것을 의미하므로 경제적으로 어느 정도 부강한 나라인지를 나타내는 바로미터가 GDP이다. GDP는 생산/지출/분배 측면에서 산출되는데 모든 측면에서 크기가 같아 국민소득 3면등가의 원칙이라고도 한다. 이 중 공급자 관점인 생산측면 국민소득은 GDP의 기본개념으로 산업별 부가가치의 합에서 보조금을 차감한 수입세와 공제불능 부가가치세를 합한 것이다.

경제성장률이란 일정기간 중 한 나라의 경제규모, 즉 국민소득규모가 늘어난 정도를 백분율로 표시한 것이다. 국민소득은 생산활동범위나 생산물평가방법에 따라 여러 개념으로 나뉘지만, 국민소득은 각 경제활동부문에서 창출된 총실질 부가가치인 실질국내총생산이므로 경제성장률은 실질GDP증가율을 의미한다.

표 1.1 | 국내 경제성장률 추이

	2014	2015	2016	2017	2018	2019	2020
경제성장률	3.2%	2.8%	2.9%	3.2%	2.9%	2.0%	−1.0%
1인당 GDP(달러)	29,252.7	28,737.4	29,280.3	31,600.7	33,432.9	31,846.3	31,440.6

자료: 한국은행 경제통계시스템

[표 1.1]을 보면, 국내경제성장세는 2017년 이후 둔화되다가 코로나 팬데믹의 여파로 수출이 감소하고 국내 민간소비가 위축되면서 2020년은 마이너스 성장을 기록했다. GDP성장률이 높으면(낮으면) 일반적으로 기업의 성장을 촉진(둔화)시키고 자본시장은 활성화(침체)된다. 하지만 GDP성장률로 자본시장 상황을 완전히 설명하기 어렵다. 예를 들어, 중국은 수년간 7% 내외로 꾸준하게 GDP가 성장함에도 불구하고 주식시장은 침체되었고, 일본이나 미국의 GDP성장률은 마이너스(−)이거나 오랫동안 둔화되었지만 주가상승을 이어갔다. 이러한 이례적인 현상은 GDP잠재성장률(GDP potential growth rate)로 설명된다. GDP잠재성장률이란 어느 국가가 자본과 노동력 그리고 모든 인적자원과 물적자원을 동

원하여 물가인상을 유발하지 않으면서 최대한 달성할 수 있는 실질 GDP성장률을 의미한다.[2] GDP갭(gap)은 GDP잠재성장률이 GDP성장률을 초과하는 수치로[3] GDP갭이 양(+)이면 주가는 상승하고 음(−)이면 주가는 하락한다.

■ 물가상승률과 금리

인플레이션이란 물가가 지속적으로 상승하는 현상으로 통화량이 증가하여 물가가 상승하면 화폐가치는 하락한다. 물가상승 지속기간과 상승폭에 이견이 있지만, 통상 연간 4~5% 정도의 물가상승이 관측되면 인플레이션이 발생한 것으로 판단한다. 인플레이션은 그 원인에 따라 초과수요 인플레이션과 비용상승 인플레이션으로 구분된다. 초과수요 인플레이션은 수요가 공급을 초과하여 발생하고 주로 통화량증가 및 인플레이션 기대심리를 수반한다. 반면에 비용상승 인플레이션은 제조원가상승에 의해 발생하는데 주로 원자재가격상승, 임금상승, 금리인상, 공공요금인상 등이 주요 원인이다.

표 1.2 | 주요 인플레이션지표

	2014	2015	2016	2017	2018	2019	2020
소비자물가지수 증감률	1.3%	0.7%	1.0%	1.9%	1.5%	0.4%	0.5%
기대인플레이션율	2.6%	2.5%	2.5%	2.6%	2.4%	1.7%	1.8%

자료: 한국은행 경제통계시스템

2 잠재 GDP는 일정한 잣대로 추계할 수 없는 추상적인 개념이어서, 추정에 사용되는 원칙이나 통계분석기법 등에 따라 결과가 상이하다는 한계가 있다. 한편 잠재 GDP는 성장률도 의미가 있지만 그 수준이 실제 GDP보다 얼마나 높은지 또는 낮은지를 살피는 것도 매우 중요하다. 실제 GDP성장률이 잠재 GDP성장률을 상회하더라도 그 수준은 잠재 GDP를 하회할 수도 있다. 또한 우리나라와 같이 대외의존도가 매우 높은 경우에는 정의에 의한 생산요소의 완전고용으로 규정하기에는 어려움이 있다. 그럼에도 불구하고 잠재 GDP성장률은 경제의 적정성장목표를 설정하는 데 유용하여 거시경제정책을 수립하고 시행하는 데 있어 널리 활용되고 있다.

3 한 나라의 생산요소인 노동과 자본을 모두 동원(완전고용)하여 달성할 수 있는 최대 수준의 GDP를 잠재 GDP라고 한다. 한편으로는 인플레이션을 가속하지 않으면서 달성가능한 최대 GDP로 정의하기도 한다. GDP갭은 실제 GDP에서 잠재 GDP를 뺀 차이로 정의되는 바, 동 수치가 양(+)이면 경제활동이 정상수준을 넘어 과도한 수준에 다다르면 초과수요가 발생하여 인플레이션이 높아진다. 반대로 GDP갭이 음(−)이면 총수요가 총공급을 밑돌게 되어 경제활동이 위축되면서 인플레이션도 낮아진다. 참고로 GDP갭률은 GDP갭을 잠재 GDP로 나눈 백분율(%)로 표시된다.

소비자물가지수 상승은[4] 실질임금 하락을 의미하므로 임금인상의 근거가 된다. 다른 물가지수로는 GDP 디플레이터[5]와 생산자물가지수[6]가 있다.

기대인플레이션은 향후 물가상승에 대해 경제주체의 주관적 전망을 나타내는 개념으로 물가 안정에 중점을 둔 중앙은행에서 가장 관심을 갖는 지표 중 하나이다. 기업은 임금협상 및 공급가격 책정이나 투자결정과 같은 의사결정에도 기대인플레이션을 고려한다. 구체적인 경로를 살펴보면, 기대인플레이션이 상승하면, 가계는 구매력 하락을 우려하여 명목임금이 상승하고 이는 제품생산비용의 증가로 이어진다. 또한 기대인플레이션의 상승은 실질금리를 하락시켜 부동산 투자나 주식투자를 부추긴다. 인플레이션이 상승할 것으로 예상되는 경우 소비를 앞당기는 유인이 커져 수요가 증가하여 물가는 실질적으로 상승한다.

금리, 즉 돈의 가치는 물가변동을 고려하느냐에 따라 명목금리와 실질금리로 나뉜다. 명목금리는 화폐가치의 변동을 고려하지 않은 표면상 금리이고, 실질금리는 물가상승이 반영된 금리이다. 만일, 1년만기 정기예금의 명목금리가 3%이고 물가상승률이 1%라면, 명목금리와 물가상승률과의 차이인 실질금리는 2%가 된다.

실질금리 = 명목금리 − 인플레이션

금융거래에서 명목금리가 실질금리에 예상물가상승률을 더해서 결정되는 것을 피셔(Fisher)효과라고 부른다.

명목금리 = 실질금리 + 기대인플레이션

---

4 소비자물가지수는 일반가구가 소비생활을 유지하기 위하여 구입하는 각종 상품과 서비스의 가격변동을 종합적으로 파악하기 위해 기준연도를 100으로 하여 작성된다. 가계의 총소비지출은 구입비중이 큰 상품 및 서비스 품목을 대상으로 조사된 소비자 구입가격을 기준으로 산출한다. 소비자물가지수는 소비자가 일정한 생활수준을 유지하는 데 필요한 소득 내지 소비금액의 변동을 나타내므로 소비자의 구매력과 생계비 등을 측정하는 데 사용된다.

5 GDP 디플레이터는 명목국내총생산을 실질국내총생산으로 나눈 값에 100을 곱한 것으로 가계의 소비생활뿐만 아니라 국내에서 생산된 모든 재화와 서비스의 가격을 반영한다는 점에서 소비자물가지수보다 더 포괄적인 성격을 가진다.

6 생산자물가지수는 국내시장의 제1차 거래단계에서 기업 상호간에 거래되는 상품과 서비스의 가격변동을 측정하기 위해 작성되는 물가지수이다. 그 대상품목의 포괄범위가 넓어 전반적인 상품과 서비스의 수급동향을 반영한 일반적인 물가수준의 변동을 측정할 수 있어 일반목적지수의 성격을 갖는다. 지수작성에 이용되는 가격은 제1차 거래단계의 가격인 생산자가 제품단위당 실제로 수취하는 기초가격이다.

피셔효과는 통화정책으로 금리가 조정될 때, 시장참여자가 인플레이션을 합리적으로 예상하여 실질금리에 덧붙이는 형태로 금리가 결정된다면 실질금리는 일정하고 명목금리만 조정된다고 설명한다. 하지만 두 자릿수 인플레이션 시기인 70~80년대에 실질금리가 마이너스인 사례도 있어 실질금리가 불변한다는 견해에는 논란이 있다. 기업규모에 비해 차입이 많은 기업은 금리변동에 민감하고 금리가 상승하면 투자심리는 위축된다. 금리가 높아지면 안전자산에 자금이 몰리면서 주식시장은 침체되고 투자자의 요구수익률도 그만큼 높아져 기업의 금융비용 부담은 가중된다.

■ 환율(exchange rate)

국가간 거래에서 거래대금을 결제하기 위해 자국화폐를 외화로 바꾸거나 다른 외화끼리 교환하는 등 서로 다른 두 나라의 화폐는 교환된다. 예를 들어, 우리나라 사람이 미국에서 물건을 수입하는 경우 미국달러가 필요하여 원화를 주고 달러로 교환한다. 또한 미국으로 여행한 사람이 쓰고 남은 달러를 일본에서 쓰려고 할 때 달러를 엔화로 바꾸게 된다. 이와 같이 두 나라의 서로 다른 화폐를 교환할 때의 비율을 환율이라 한다.

달러 대비 원화의 환율이 달러당 1,000원이라면 달러화와 원화의 교환비율은 1달러 : 1,000원이다. 시간이 경과하여 1달러당 1,000원에서 1,050원으로 상승하면 '환율이 올랐다'고 하며, 달러 대 원화가치가 상대적으로 떨어졌다는 의미에서 '원화절하'라고 한다. 일반상품과 마찬가지로 환율도 화폐의 수요와 공급에 의해 결정된다. 수출이 증가하면, 외환시장에서 외국화폐를 원화로 교환하려는 수요가 늘어나 외화공급이 풍부해지며 환율이 떨어진다. 반대로 수입이 증가하면, 외화수요가 늘어나 환율은 올라간다. 이와 같이 수요와 공급에 의해 환율이 주로 결정되지만 물가상승률, 금리, 정부의 외환개입, 지역별 정치상황 등 여러 요인들도 환율변동에 복합적으로 작용한다.

환율이 상승하면(원화평가절하), 수출주도형 기업은 매출증가효과를 누리지만, 수입비중이 많은 기업은 원가비용이 상승하여 수익이 악화된다. 뿐만 아니라 환율변동이 심하면, 외국인투자자들은 환위험까지 감안해야 하므로 국내투자에 대한 요구수익률에도 영향을 미치고, 급격한 원화급등으로 해외자본이 이탈하기도 한다.

2.2 산업특성에 의한 요인

기업의 경영활동은 그 기업이 속한 산업환경의 특성과 동향에 따라 영향을 받는데, 산업 중에는 계속 성장하는 산업도 있는가 하면, 반대로 기존 산업이 사회의 변화나 기술혁신에 대응하지 못해 쇠퇴하여 사양산업으로 접어들기도 한다. 따라서 분석가가 평가대상기업이 영위하는 산업특성을 이해하는 것은 매우 중요하다. 산업분석을 위해 먼저 해당 기업의 산업내 경제적 위치와 산업 전망을 파악하고 이로부터 향후 예상되는 기업의 수익창출력과 사업위험을 추정한다. 산업분석에 필요한 일반적인 사전 검토사항은 아래와 같다.

① **산업의 연혁** : 창업자의 창업동기와 발전단계를 파악하여 현재에는 어떤 단계인지를 확인한다. 오래된 기업일수록 해당 산업에서 인지도가 높고 초기 기업일수록 마케팅역량이 부족할 수밖에 없다.

② **수요구조** : 해당 기업의 제품 및 용역에 대한 수요가 경기변동과 얼마나 밀접한지를 분석하여 단·장기적으로 어떠한 추세로 변동할 것인지를 검토한다. 최근 기술동향이나 기술의 진부화, 소비자욕구의 다양화에 비춰볼 때 제품이 수명주기에서 어느 단계에 위치하는지 검토한다. 이외에도 해외거래처의 수입규제동향도 살펴봐야 한다.

③ **생산·유통구조** : 제품의 제조공정, 생산기술, 생산능력, 가동률 등을 업계동향과 비교해 보고 특히 설비투자내용 및 규모, 원자재가격동향, 생산량 카르텔 여부 등도 살펴본다. 또한 판매유통구조와 조직을 명확하게 파악하고 가격정책 및 가격카르텔 여부 등을 확인한다.

④ **정부의 산업정책** : 특정 산업에 대해 정부가 규제하거나 육성하는 정책을 취하는지 검토한다. 가령, 정부가 정책적으로 육성하려는 산업은 세제특례나 금융지원을 받게 된다. 그러나 환경규제가 심한 산업이나 사양산업 등으로 분류된 산업에 속하는 기업은 성장이 제한적일 가능성이 높다.

⑤ **국내외 산업동향 및 경쟁사 분석** : 평가대상기업의 업종과 관련한 국내외 산업동향과 (유사)경쟁업체의 현황을 조사한다. 이때 해당 제품 및 서비스에 대해 가격경쟁력, 품질, 기술력, 생산방식 등 종합적으로 검토한다. 즉 산업

내 경쟁이 얼마나 치열한가에 따라 평가대상기업의 수익성과 사업위험이 결정된다. 산업의 경쟁환경을 파악하기 위해서는 i) 해당 산업을 영위하는 국내외 주요 기업들의 현황, ii) 경쟁업체들의 (지역별)시장점유율, iii) 경쟁업체들의 차별성 및 핵심역량 등을 종합적으로 검토한다.

2.3 제품의 수명주기

소비자의 기호변화나 기술의 진화 그리고 경쟁상태의 변동으로 인해 해당 산업의 수익성이나 성장전망 등이 달라진다. 이러한 여건의 변화로 주력 제품의 수익성이나 위험은 제품수명주기(product life cycle)에서 어느 단계에 위치하는지에 따라 좌우된다. 제품수명주기는 주로 다음과 같은 5단계로 분류된다.

① **연구개발단계** : 연구개발단계(research and development stage)는 신제품을 연구개발하는 시기로 개발이 실패하면 큰 손실을 입을 수도 있다. 소비층의 욕구를 충족하는 동시에 기술적 실현이 가능하되 시장성이 큰 제품을 개발하는 것이 바람직하다. 연구개발은 비용이 많이 드는 만큼 개발기간이 너무 길어 적기에 개발을 완료하지 못하면 대체재가 출현하거나 경쟁기업이 선진입하여 시장을 놓칠 수도 있다.

② **도입단계** : 도입단계(introduction stage)는 개발된 신제품이 시장에 처음 출시되는 시기로 시장개척에 필요한 광고비지출이 요구되고 초기 매출이 저조하여 고정비용부담이 커 손실이 발생하거나 이익이 거의 없다. 하지만 제품이 고객으로부터 반응이 좋으면 수요가 늘어나며 해당 제품이 속한 업계에서 주목받기 시작한다.

③ **성장단계** : 기업이 성장단계(rapid expansion stage)로 해당 제품이 성공적으로 진입하면 시장점유율이 높아지며 매출이 급증하기 시작한다. 이 단계에서는 이익의 상당 부분을 재투자하고 추가로 필요한 자금은 장기자본으로 조달한다. 자금용도는 주로 생산능력 확장을 위한 설비투자 확대나 추가운전자금으로 소요된다. 급격한 매출증가로 단위당 제조원가도 감소하여 이익이 극대화되는 특징이 있다.

④ **성숙단계** : 성숙단계(mature growth stage)에는 성장단계가 지나면서 산업내에서 안정적인 시장점유율을 유지하지만 매출성장률은 둔화된다. 이 단계에서 높은 시장점유율을 견고하게 유지하면 기업규모면에서 유니콘기업으로 성장할 수도 있다. 수익이 많으면 배당이 지속적으로 가능하게 되고 성장단계에서 차입한 자금을 상환하여 재무건전성은 탄탄해진다. 하지만 후발주자의 등장으로 가격경쟁이 심화되어 단위당 이익은 점진적으로 줄어든다. 성숙단계에 있는 기업들은 지속성장을 위해 신제품을 출시하거나 고객서비스를 차별화하는 등 새로운 마케팅전략이 요구된다.

⑤ **쇠퇴단계** : 쇠퇴단계(stabilization or decline stage)에 도달하면 급격한 매출하락은 없지만 대체품이 출현할 경우에는 기존제품에 대한 매출액은 현저하게 줄어든다. 이 단계에 속한 기업은 유동성은 풍부하지만 동일한 사업군에서 수익성이 좋은 새로운 투자기회를 찾기는 매우 어렵다. 이에 따라 기업들은 기존사업을 철수 또는 축소하거나 다른 업종으로 사업다각화를 모색한다.

그림 1.1
제품수명주기

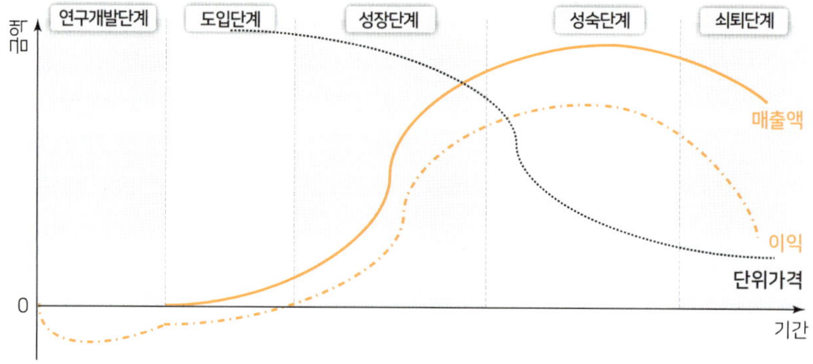

2.4 산업분석

산업분석은 해당 산업에 영향을 미치는 거시경제동향을 파악한 후 세밀하게 수행되어야 한다. 특히 경기변동과 정부의 산업육성정책 그리고 국내외 법률규제 등은 관련 산업에 미치는 영향이 크다. 아울러 기술융합이나 소비패턴의 변화로 새로운 유망산업이 등장하거나 기존산업이 한계산업 또는 사양산업으로 이동하기도 한다. 특히 경기변화가 특정 산업에 영향을 미치면서 경기순환(business cycle)에 따라 중·장기적으로 산업별 성과는 다르게 나타난다. 이러한 외부요인으로 인해 업종별로 위험수준이 달라 기업위험도 차이가 생긴다. 예를 들어 경기불황에서 벗어나 회복기에 접어들면, 낮은 이자율과 경제성장 기대감에 대출이 증가함에 따라 이익을 누리는 임의소비재, 금융, 부동산 등은 성과가 좋다. 아울러 산업재와 IT 부문은 경기변동에 민감한데 산업재는 경기회복에 대한 기대감으로 성장세를 맞이하고 IT 부문은 소비자 및 기업의 구매력 증가가 반영된다.

호경기에는 기업들이 경기회복 안정세에 자신감을 얻고, IT 산업은 투자를 확대하고 특히 반도체부문이나 통신부문의 성과는 뚜렷하다. 경제회복이 성숙해진 쇠퇴기에는 원자재가격과 밀접한 관련이 있는 정유사와 같은 에너지 관련업은 인플레이션에 따른 가격상승과 수요는 견고하게 유지되며 성과는 좋아진다.

쇠퇴기에서 벗어나 경기불황으로 접어들면 식료, 제약, 음료 등과 같은 필수소비재는 다른 산업보다 상대적으로 견고해 좋은 투자대상이 된다. 불황 속에서 지속적으로 소비되므로 방어적 산업(defensive industry)들은 불황 여건에서도 투자가치를 지닌다. 이러한 방어적 주식의 베타는 1 이하인 것이 특징이다.

[예시 2] 음식료산업분석 사례

2022년은 음식료업은 필수소재로서 판매가격인상으로 가격상승요인 및 투자부담을 대응한 해

2022년 음식료업종은 공급망 경색과 러-우 전쟁 등으로 국제곡물가격 상승과 인플레이션이 촉진되면서 비용이 증가하였고 재고매입부담이 확대되고 코로나19의 영향 완화에 따른 투자재개 등으로 자금소요가 증가하였다. 이에 따라 음식료업계들은 원가부담이 급격하게 확대되었고 투자부담이 가중되었다. 견조한 수요기반이 유지되는 가운데 원가부담을 판매가격으로 전이하여 안정적인 영업실적이 이어지면서 일부 자금소요를 충당하였다. 결과적으로 판매가격인상으로 수익성과 재무안정성의 하락폭을 제어하는 효과를 얻었다. 2022년 국제곡물가격 및 식료품생산물자 지수추이와 간극이 거의 없어졌으나 음식료업체 16개사에 대한 순차입금/EBITDA는 2019년 3.1%에서 2022년 9월 2.8%, EBITDA마진은 2019년 9.8%에서 2022년 9월 12.1%로 재무안정성은 확고해지면서 수익성은 개선된 것으로 나타났다.

사업환경 전망은 중립적이나, 시장환경 변화에 대한 적응 필요

경기하강으로 소비자의 눈높이가 까다로워질 전망이다. 소득증가에는 한계가 존재하고 인플레이션과 금리상승으로 인한 소비자의 비용부담이 본격화될 전망이다. 가계가처분소득증가율은 2022년 3분기 들어 급락하였고 소비자물가지수는 여전히 높은 수준이다. 아울러 전반적인 수요기반은 유지되지만 식품소비는 양극화될 전망이다. 높은 가성비를 갖춘 제품과, 가격 이상의 가치를 지닌 프리미엄제품('가심비')으로[7] 소비양극화가 뚜렷하다. 가성비 측면에서는 외식감소 및 내식증가, 가심비 측면에서는 건강, 맛, 친환경 등이 주요 원인으로 작용하며 확고한 브랜드파워 및 경쟁력을 갖추지 못한 제품에 대한 선호도는 떨어지고 있다.

실적 전망은 전년과 유사한 수준으로 예상

음식료업계의 수익성과 재무안정성은 유지될 전망이다. 비용부담요인은 여전히 존재하지만 판매가격효과와 비용절감 노력을 반영하면 수익성은 전년도와 유사하게 유지될 것으로 전망된다. 하지만 국제곡물가격의 변동성이 지속될 것으로 예상되는데 하락요인으로는 공급망 경색 완화, 러-우의 곡물수출협정 연장, 달러강세 완화, 경기침체 등이고, 상승요인으로는 협정유지 불확실성, 우크라이나의 농업 차질, 중국 리오프닝, 그리고 이상기후 등이다. 한편, 음식료업계의 투자규모 축소 및 비용절감 노력 등으로 재무안정성은 유지될 전망이다. 비우호적 투자환경에 따른 투자규모 조절과 판촉활동 축소 등 비용절감을 시도하면서 창출된 영업활동현금은 투자소요자금으로 충당이 가능할 전망이다.

Q1. 2023년 음식료업 신용도의 핵심 Key?

① 다각화: 외식감소 및 내식증가, 소비양극화 등 양 극단의 소비변화에 대응가능한 역량
② 브랜드파워: 눈높이가 까다로워진 소비자에게 보다 쉽게 눈에 띌 수 있는 요소

Q2. 예상되는 경기침체가 음식료업에 미치는 영향은?

필수소비재 특성상 영향은 제한적이지만, 소비양극화에 따라 경쟁력을 갖춘 제품에 소비가 집중되고, 확실한 포지셔닝이 이뤄지지 못한 제품 선호는 낮아질 것으로 전망이다. 또한 음식료업체들의 비용절감 노력과 투자규모 축소 등 보수적인 자금집행으로 수익성 및 재무안정성은 유지될 것으로 전망이다.

Q3. 음식료업체의 늘어난 재고가 부담으로 작용할지?

음식료업체 16개사 기준 2022년 3분기말 합산 재고자산은 전년 동기대비 약 40% 증가할 것으로 예상된다. 하지만 약 12%의 환율상승과 약 22%의 국제곡물가격 상승 등을 감안하면 실질적인 재고증가분은 크지 않은 수준이다. 아울러 음식료업의 견조한 수요기반을 감안하면 재고물량의 소화는 어렵지 않을 전망이다.

자료: 한국기업평가의 2023 Industry Credit Outlook

7 가격 대비 성능을 뜻하는 '가성비'와 유사하게 성능 대신 마음 '심(心)'자를 더한 신조어다. 2018년 서울대 소비트렌드 분석센터가 전망한 소비트렌드 중 하나로, 가격이나 성능보다 심리적 안정과 만족감을 중시하는 소비행태를 말한다.

그림 1.2
미국의 경기순환과 관련산업 성과추이

	회복기	호경기	침체기	불황기
금융	+			−
부동산	++	−	+	−−
임의소비재	++		−−	
IT	+	+	−	−−
자본재	++			−−
원자재	+	−−		−
필수소비재	−−	−	+	++
헬스케어	−−			++
에너지	−−		++	−−
통신서비스		+		−
전기/가스/수도	−−	−	+	++

출처: Fidelity(1962~2021)

▪ 경쟁구조의 결정요인

산업특성이나 산업동향에 따라 경영환경은 변화하고 기업의 대응전략에 따라 미래의 수익이 좌우된다. 대체재의 출현이나 생활패턴의 변화로 새로운 산업이 등장하거나 어느 산업은 사양산업으로 접어들기도 한다. 또한 시장진입장벽이 너무 높아 기업 간 경쟁자가 별로 없는 산업이 있는 반면, 경쟁강도가 매우 큰 산업에서는 기존기업은 퇴출되기 쉽다. 경쟁의 본질과 양상 및 그 경쟁강도는 이들 기업 간 형성된 산업특성과 경쟁전략에 따라 좌우된다. 따라서 해당 기업의 제품이나 서비스에 대해 기업이 지닌 내부역량에 따라 사업을 확장하여 시장지배력을 강화하거나 경쟁이 지나치게 심하면 사업을 철수하고 신규시장 진입으로 전략을 수정할 수도 있다. 그러므로 경쟁은 기업이 직면해야 할 요소이고, 슘페터가 제시한 경쟁을 통한 '창조적 파괴과정'은 지속가능경영의 근간이 된다.

시장경쟁강도를 계량화한 지표로 시장집중도(concentration ratio)가 있는데 경쟁정책 수립에 주로 활용된다. 시장지배적 사업자란 '시장점유율이 CR1(상위 1개사 집중률) 50% 이상 혹은 CR3(상위 3개사 집중률) 75% 이상'을 기준으로 적용한다. 이 외에도 기업결합에 의한 경쟁제한의 판단지수로 HHI(허핀달-허쉬만지수, 시장참여자의 점유율을 제곱하여 합한 수)를 활용하기도 한다. 한국은행은 이 지수를 이용하여 IMF 직후 예금 및 대출시장에 대한 국내은행의 집중도를 조사한 바 있다. 당시 분석에 따르면, 국내은행시장은 경쟁적이지만 외환위기 이후 시장집중화는 크게 심화되었다. 은행시장에서 독과점문제가 당장 발생하더라도 대형은행을 중심으로 합병이 지속되면 국내은행시장도 '매우 집중된 시장'으로 개편될 개연성을 배제할 수 없다고 밝혔다. 특정 은행의 대형화는 가속화되어 산업집중이 과도하면 결국 은행의 서비스부담 증가, 통화신용정책의 유효성 제약 및 시스템 리스크 증대 등 여러 부작용이 발생할 것으로 전망한 바 있다.

산업조직론 관점에서 보면, 기업은 실물경제 안에서 생동하는 유기체로 시장여건에 따라 기업은 조직적으로 반응하고 투입산출과정을 거친다. 시장에서 판매자는 재화나 용역을 공급하고, 구매자는 소비자이므로, 산업구조란 시장에서 판매자로 참가하고 있는 기업간 경쟁양상을 결정하는 구조로 볼 수 있다. 기업간 경쟁요인에 대해 포터(Porter)는 다음과 같은 5요인(five forces)이 수익에 영향을 미친다고 설명한다.

그림 1.3
경쟁구조의 5요인

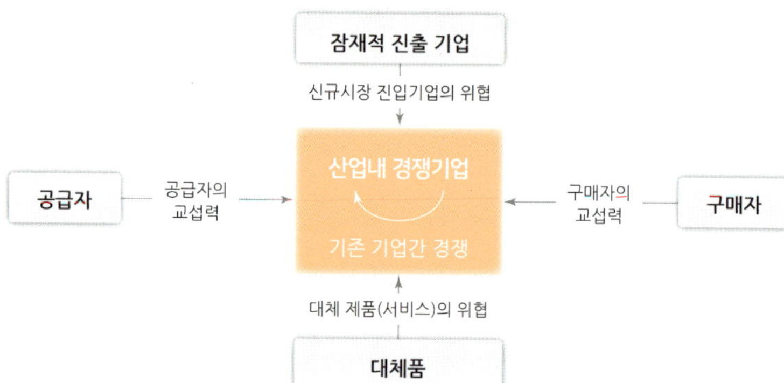

① **산업내 기존기업 간 경쟁** : 경쟁은 기업이 시장에서 보다 유리한 시장지위를 구축하거나 유지하기 위해 가격경쟁 또는 광고경쟁, 신제품 출시, 제품보증 강화 등 여러 행태로 나타난다. 어느 기업이 경쟁적인 조치를 취할 경우, 경쟁사도 자연스럽게 반응하므로 이에 상응하는 조치를 불러일으킨다. 특히 경쟁사와 가격경쟁은 가장 민감한 사안이어서 서로 즉각적인 대응조치를 유발한다. 만일 수요탄력성이 높으면 가격인하로 시장점유율은 확대되지만 제한적이며, 가격경쟁이 치열해질수록 수익성은 악화되어 결국 규모가 작은 기업이나 자본이 부족한 기업은 퇴출되기 쉽다.

② **신규진출기업의 위협** : 수익성이 좋고 성장성이 높은 업종일수록 많은 기업들이 진출하려 든다. 시장독점기업이 초과이익을 누리더라도, 다수의 경쟁기

업이 등장하여 경쟁이 치열할수록 기존기업들은 수익저하를 감당할 수밖에 없다. 따라서 신규기업의 시장진입은 해당 산업의 경쟁강도를 결정짓는 핵심요인으로 작용한다. 만일 어느 기업이 시장에 신규진출하려면 해당 산업에 존재하는 진입장벽을 넘어야 하는데, 기존기업이 신규진출기업에게 주는 위협수준은 산업 고유의 진입장벽수준과 기존기업들의 시장대응에 따라 다르다. 시장진입장벽이 높고 신규진출기업에 대한 기존기업의 보복적 대응이 클수록 신규기업이 시장에 진입할 가능성은 낮다. 대규모 설비투자, 까다로운 제품인증절차, 높은 고객충성도, 제품의 차별성, 공급사슬의 제한, 지적재산권, 정부규제 등은 진입장벽의 구실을 한다.

③ **대체재 위협** : 특정 산업에서 제품의 대체성은 해당 제품의 잠재적 수익을 결정하는 제약조건으로 작동한다. 산업특성에 따라 대체품으로 인해 기존제품의 경쟁적 위치는 해당 기업이 통제할 수 없는 수준에 이르며 시장진입장벽이 사라지기도 한다. 대체재 위협이 있을 때 기업이 선택 가능한 전략은 제품을 차별화하거나 원가를 절감하는 것이다. 하지만 이와 무관하게 기술융합으로 인해 기존제품의 기능이 다른 제품에 흡수되어 시장에서 자연스레 소멸되는 경우도 있다.

④ **공급자의 교섭력** : 공급자가 구매자에 대한 교섭력이 강하면 공급자는 가격을 인상하여 수익을 극대화하려 한다. 공급자가 구매자보다 유리한 위치에 있다면 가격인상, 낮은 사양의 타제품 판매유도, 부대비용 전가와 같은 방법으로 교섭력을 발휘할 수도 있다. 공급자의 교섭력은 i) 공급자가 제한적이거나 집중될수록, ii) 상품 및 서비스 대체가 용이하지 않을수록, iii) 공급되는 원재료가 구매자에게 핵심자원일수록, iv) 공급자가 생산·가공·유통에 이르기까지 전방통합이 가능할수록, v) 공급원을 교체하는 전환비용이 클수록 높아진다.

⑤ **구매자의 교섭력** : 구매자들은 공급자에게 가격인하 또는 품질 및 서비스 향상을 요구하거나 공급자들을 서로 대립시켜 이득을 보는 행위 등으로 공급자들을 경쟁시키는데, 이러한 행위는 결국 공급자의 수익이 저해되는 결과를 초래하기도 한다. 구매자는 다음과 같은 여건에서 공급자보다 유리하다. 구매자의 교섭력은 i) 구매자가 조직화되고 집중화된 대량구매일수록, ii)

구매자가 가격에 민감할수록, iii) 구매하려는 재화나 용역의 대체가 용이할수록, iv) 재화나 용역을 구매자가 공급받지 않고 자체 대신하거나 OEM으로 조달하여 후방통합위협이 클수록, v) 제품이 규격화될수록, vi) 구매자가 재화나 용역의 교체비용이 낮을수록 강하다. 예를 들면, 대형유통업체들은 상품을 대량구매하는 조직화된 구매자로 납품협력업체에게 행사하는 영향력은 매우 크다. 식료품 대기업인 CJ가 대형유통업체의 과다한 가격할인요구에 납품을 한때 중단한 바 있다.

제3절 금융시장의 이해

금융시장이란[8] 경제주체인 정부, 기업, 가계 등이 금융상품을 거래함으로써 자금조달과 자금운용을 도모하는 조직화된 장소로서, 금융시장은 자금수요자에게 자금을 효율적으로 배분하는 역할을 한다. 따라서 금융기관은 자금수요자와 공급자를 쉽게 연결시켜 주고 이에 필요한 정보와 서비스를 제공하는 중개역할을 담당한다.

금융시장은 금융상품의[9] 성격에 따라 대출시장, 주식시장, 채권시장, 외환시장, 그리고 파생상품시장으로 나뉘고, 금융거래의 손익에 대한 당사자의 책임 여부에 따라 직접금융(direct financing)과 간접금융(indirect financing)으로 구분된다.

직접금융이란 거래자 자신의 계산과 책임으로 금융자산을 거래하는 방식을 말한다. 자금수요자와 자금공급자가 직접 거래하므로 자금흐름을 쉽게 파악할 수 있다. 간접금융은 손익의 책임을 은행과 같은 중개기관이 부담하여 자금융통이 이루어지는 방식이어서 자금흐름을 파악하기 힘들다. 특히 중소기업의 경우, 투자자가 선호하지 않아 직접금융이 어려워 직접금융보다 더 많은 비용을 지불하며 간접금융으로 자금조달을 받는다.

금융시장은 자산의 만기에 따라 화폐시장(monetary market)과 자본시장(capital market)으로 분류된다. 화폐시장은 만기가 1년 이내인 단기금융상품이 거래되는 시장으로 기업어음(CP) 발행이나 단기차입 등이 예이다. 자본시장은 장기금융상품이 거래되는 시장으로 자금공급방식에 따라 간접금융시장인 장기대출시장과 직접금융시장인 증권시장으로 나뉜다. 장기대출시장은 금융기관이 예금자로부터 수신한 자금을 장기자금수요자에게 대출해 주는 간접금융시장이고, 증권시장은 주

8 한국거래소의 KRX 아카데미에서 인용하고 첨언함.

9 금융상품이란 현재 또는 미래의 현금흐름에 대한 법률적인 청구권을 나타내는 증서이다. 증서는 주식, 채권, 외환 등 기초자산과 특정 기초자산으로부터 경제적 가치가 파생되는 선물, 옵션, 스왑과 같은 파생상품도 포함한다.

그림 1.4
금융시장의 구분

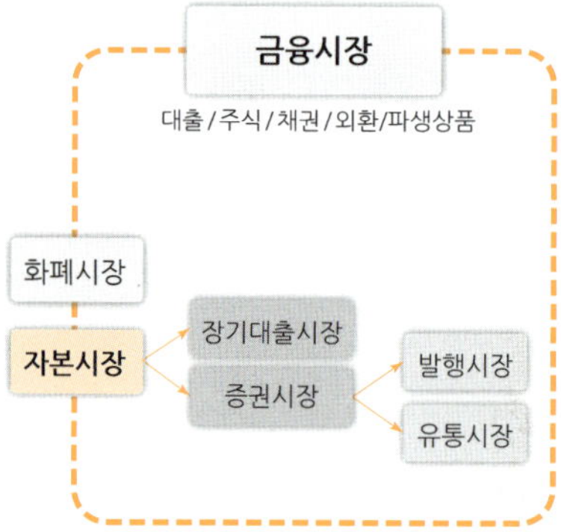

식, 공사채 등 증권을 통해 자금이 기업에게 직접 수급되므로 직접금융시장이다.

증권시장은 금융상품의 흐름에 따라 경제주체가 증권을 발행하고 투자자는 자금을 제공하는 대신 해당 증권을 취득하는 발행시장(primary market)과 투자자가 투자한 증권을 현금화시키는 유통시장(secondary market)으로 구분된다.

발행시장은 자금의 수요자가 새로이 발행한 증권과 투자자금이 교환되는 일련의 과정을 가리키는 추상적인 시장으로 본원적 시장 또는 1차시장이라고도 한다. 발행시장은 개인이나 기관이 가진 소규모의 투자자금을 증권이라는 매개체로 대규모 자금으로 변환시키는 역할을 한다. 발행시장 참여자는 발행주체인 발행자와 발행관련 업무를 담당하는 인수기관 및 분매기관인 중개기관 그리고 투자자로 구성된다. 증권발행의 형태는 발행에 관한 사무절차를 누가 주관하느냐에 따라 직접발행과 간접발행으로 나뉜다.

직접발행은 증권발행 주체인 발행자가 발행업무를 직접 수행하는 형태이지만 발행의 전문성과 위험성 때문에 증권사와 같은 전문중개기관을 이용한 간접발행이 대부분이다. 발행자가 발행중개기관을 이용하는 이유는 증권발행에 관한 실무절차가 복합할 뿐더러 중개기관이 발행시장에 관한 시장정보수집능력, 시장조성능력에서 전문성을 지니고, 발행증권이 모두 소화되지 않을 경우의 위험부담이 발행자에게 없기 때문이다. 중개기관으로는 증권인수 및 매출과 모집을 주선할 수 있는 투자매매업을 인가받은 금융투자회사인 증권사와 은행 등이 있다. 간접발행으로는 공모기업의 주권을 상장시키는 기업공개(IPO: initial public offering)가 대표적이다.

유통시장은 이미 발행된 증권의 거래가 이루어지는 곳으로서 일정한 장소와 필요한 시설을 갖춘 시장으로, 증권유형에 관계없이 구체적이고 조직화된 장내시장(on-board market)과 조직화되지 않은 장외시장(off-board market)으로 구분된다. 장내시장으로는 한국거래소가 개설하고 운영하는 유가증권(KOSPI)시장, 코스닥(KOSDAQ)시장, 코넥스(KONEX)시장, 그리고 파생상품시장 등이 있다. 장외시장은 거래소가 아닌 장소에서 증권거래를 의미하고[10] 한국금융투자협회의 프리보드시장과 증권사 창구거래가 해당된다.

유통시장의 주요기능은 유가증권에 환금성을 부여하고 증권에 대한 수요와 공급을 집중시켜 경쟁에 의한 공정한 가격형성을 도모한다. 또한 투자자에게 판단기준이나 새로 발행할 증권의 가격결정에 중요한 정보를 제공해준다. 유통시장에서 중개업자인 증권사가 주된 역할을 하는데 고객의 매매주문을 고객의 동의만 있으면 거래소시장을 통하지 않고 매매할 수 있다. 예컨대, 채권의 경우 거래소시장보다 장외에서 많이 거래되는 데 비해 주식은 가격변동이 심해 각자의 판단에 자신이 없어 거의 거래소시장에서 거래된다.

10 증권사와 고객사이에 거래가 이루어지는 시장을 점두시장(over-the-counter market)이라고 부른다. 통일증권은 통일된 규격으로 주식거래의 편리성과 안전성을 도모하기 위해 증권예탁원에 주식을 예탁하고 증권계좌 간에 위탁거래가 가능한 증권법상 규정되어 있는 주권을 말한다. 비상장기업의 주식거래의 경우 일반적으로 거래 당사자와 주식양수도계약을 체결하고 거래대금과 주식을 교환한다. 하지만 주권을 통일주권으로 변경하면, 주식거래는 당사자간에 별도의 계약없이 당사자들이 개설한 증권계좌를 통해 서로 합의된 거래의 내용으로 거래가 가능하다. 기업이 통일주권을 발행하는 주된 이유는 기업은 별도의 비용으로 주식관리를 증권예탁원에 위임하여 효율적인 주주관리와 주식거래의 활성화를 도모할 수 있기 때문이다.

제4절 기업분석

기업성과는 경제적 요인이나 산업구조적 요인 외에도 질적요인에 의해 영향을 받는데, 질적요인으로는 제품(서비스)의 지위, 경쟁적 우위, 경영기능과 조직 등이 있다.

4.1 제품포트폴리오

포트폴리오전략(portfolio strategy)은 강점을 가진 제품이나 프로젝트 지원을 결정하는 전략으로 제품포트폴리오관리(PPM: product portfolio management)가 대표적이다. PPM은 다수의 사업군(또는 제품군)을 가진 기업은 각 사업별 또는 제품군별로 시장성장률과 시장점유율 측면에서 강점과 약점을 분석한다. 이 방법은 사업군이나 제품군의 시장지위를 분석한 후 자원을 적절하게 배분하도록 대응전략을 제시하는 기법으로 보스턴컨설팅그룹(BCG)이 개발하였다. [그림 1.5]는 시장성장률과 시장점유율 두 지표를 이용하여 각 제품별로 시장지위를 매트릭스(matrix)로 도시한 것이다.

의문부호(Question Marks)형 신제품은 향후 성장이 기대되지만 시장초기에 진입하므로 점유율은 낮다. 신제품은 개발비용이나 설비투자금을 가급적 빨리 회수하기 위해 단위당 매출원가가 높을 수밖에 없다. 시장점유율이 높아지면 의문부호형 제품은 스타(Stars)형 제품으로 발전하지만 판매가 예상 밖으로 저조하면 의문부호형 제품은 개(Dogs)형 제품으로 전락한다. 스타형 제품은 시장점유율이 확대되면서 급격하게 성장하므로 급격하게 성장하므로 운전자본(working capital)과 자본적 지출(capital expenditure: CAPEX)이 추가로 요구되어 순현금흐름은 줄어든다.

현금젖소(Cash Cows)형 제품이 성숙기에 접어들면 성장은 둔화되지만 운전자본이나 자본과 관련한 현금유출은 축소되고 규모의 경제를 실현하며 현금흐름은 매우 풍부해진다. 개형 제품은 이미 성숙단계이거나 쇠퇴단계에 접어든 제품으로 시장점유율이 떨어지며 수익성이 저하되어 현금흐름이 감소하거나 현금유출을 보인다. 현실적으로 제품의 시장지위는 기업마다 그 양태는 상이한데 어떤 기업은 신제품 출시 후 얼마 못 가 실패하여 개형 제품으로 전락하기도 한다.

기업이 현금젖소형 제품을 보유하여 현재 수익은 양호하더라도 향후 수익성에 의문이 제기되기도 한다. 만일 의문부호형이나 스타형으로 제품포트폴리오를 구성하여 고성장이 예상되면 운영자금이 더 필요하다. 이러한 기업은 현금젖소형 제품에서 유입되는 수익을 의문부호형 제품과 스타형 제품에 필요한 운전자금으로 충당하고, 개형 제품은 포기하는 것이 합리적이다. 이와 같은 포트폴리오로 제품을 구성하면, 해당 제품에 대한 우월한 시장지위에서 창출되는 풍부한 현금으로 신제품개발에 따르는 위험을 감당할 수 있다.

그림 1.5
시장지위별 분류

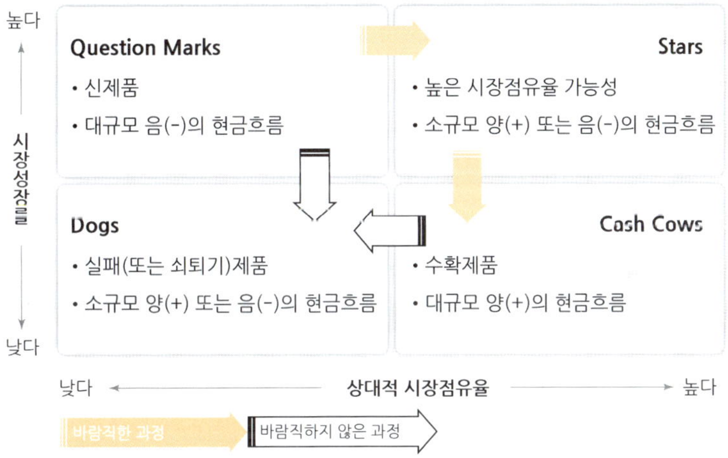

4.2 경영전략분석

어느 산업에 속한 모든 기업들은 동일한 영업위험과 기회를 갖더라도 기업의 내부역량에 따라 기업의 수익성이 결정된다. 경영환경분석은 기업이 속한 산업환경요인과 기업의 내부역량도 함께 유기적으로 검토해야 한다. 그러므로 산업환경과 내부역량을 종합적으로 고려한 경쟁요인 분석방법인 SWOT분석과 경쟁우위전략을 간략하게 살펴보면 다음과 같다.

■ SWOT 분석

SWOT 분석이란 기업이 직면한 경영환경을 분석하여 기업의 강점(strength), 약점(weakness), 기회요소(opportunity), 그리고 위협요인(threat) 등을 파악하여 경영전략을 수립하는 기법이다. 1971년 켄 앤드류즈(Ken. Andrews)는 기업의 핵심역량과 외부환경 간 전략적 적합성(strategic fit)을 개념화한 SWOT분석기법을 제시하였다. 여기서 언급한 4요소를 강점·약점·기회·위협(SWOT)이라 하는데, 강점과 약점은 (유사)경쟁기업들과 비교하여 기술경쟁우위, 재무안정성, 마케팅역량, 구매교섭력, 경영관리체계의 효율성, 원가구조 등의 수준을 말한다.

사업의 기회나 위협은 시장환경에 유리한 기회요인이나 불리한 위협요인을 의미하며, 신규수요, 기존고객의 충성도, 거시경제요인에 대한 민감도, 대체재의 출현, 정부규제 등이 그 예이다. 이 기법은 급변하는 외부환경 속에서 사업기회요소와 시장위협요인을 찾아내고, 내부역량 측면에서 기업이 지닌 강점과 약점을 파악하는 것이다. SWOT 분석은 기업이 사업기회를 활용함에 있어 무엇이 핵심역량인지 인지하고 위협에 대항하고 약점을 방어하기 위한 대응방안을 수립하는 프레임워크 역할을 한다.

결론적으로, SWOT 분석은 외부환경요인으로부터 기회요인과 위협요인을 분석하고 기업의 내부요인에 내포된 강점이나 약점을 파악한 후 SO전략, ST전략, WO전략, WT전략 등 여러 측면에서 경영전략을 세부적으로 수립하는 과정이다.

그림 1.6
SWOT 분석

■ 경쟁우위전략

경쟁우위란 한 기업의 성과가 다른 기업보다 우월한 위치에 있는지를 판단하는 개념으로 비교우위에 비해 개별기업에 한정된 개념이다. 경쟁우위전략은 경쟁자가 이행되지 않는 가치를 창조하는 전략을 수반하면서 다른 기업이 전략의 편익을 모방할 수 없을 때 지속성이 유지된다. 기업이 경쟁기업보다 성과를 높이려면 비용우위(cost advantage)전략과 차별화우위(differentiation advantage)전략이 필요하다.

비용우위전략이란 동일한 제품 또는 서비스를 훨씬 낮은 비용으로 만들어 경쟁사보다 더 낮은 가격으로 판매 또는 제공하는 전략이다. 비용우위는 기업의 제반활동인 구매·생산, 판매관리, 고객사후관리 등에 필요한 모든 비용이 경쟁기업보다 낮음을 의미한다. 원가우위기업은 경쟁기업보다 낮은 가격으로 제품 공급이 가능해 시장을 유리하게 선점하거나 유지할 수 있다. 표준화를 진행하여 대량생산체계를 갖추는 것은 비용우위전략의 한 예이다.

차별화우위전략이란 다른 경쟁사와 차별화된 제품을 제공하여 소비자로부터 소요비용 이상으로 가격프리미엄을 받는 것이다. 차별화우위란 고객이 특정 기업의 제품에 부여하는 부가적인 가치로서 경쟁기업의 제품과 구별되는 가격 외의 것을 말한다. 차별화우위기업은 경쟁기업보다 제품가격을 높게 책정하여 매출을 증대시킬 수 있고 경기불황 속에서도 고객충성도를 유지할 수 있다. 차별화우위는 비용우위와 마찬가지로 활동영역을 구분하지 않는다. 기업은 제품기능 개선, 신속 배송, 제휴업체와 협업 등을 통해 경쟁기업의 제품 및 서비스와 차별화를 구현할 수 있다. 이러한 전략을 취하는 기업들은 시장에서의 포지셔닝이나 그들이 가진 경영자원과 핵심역량 그리고 조직적 특성은 기업마다 상당한 차이를 보인다.

그림 1.7
차별화 전략

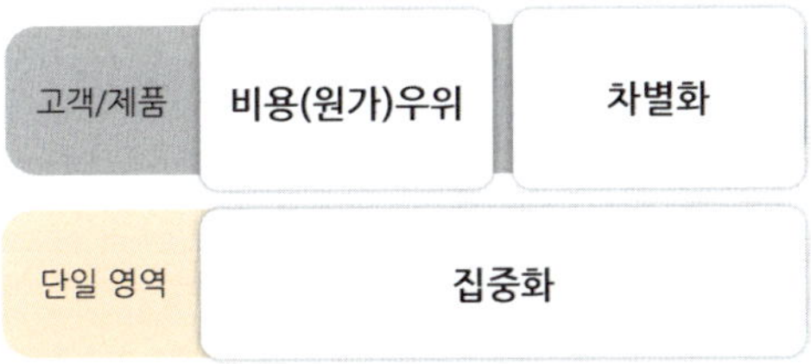

포터(Porter)는 비용우위전략과 차별화전략은 서로 상반되어 두 전략을 모두 취하면 결국 차별화우위와 비용우위 둘 다 얻지 못한다고(stuck in the middle) 주장한다. 하지만 두 전략을 모두 추구한다고 해서 반드시 잘못된 전략은 아니다. 예를 들면, 현대자동차나 도요타와 같은 마켓플레이어들은 차종별로 세분된 시장에서 비용우위나 차별화우위를 지닌다. 비용우위전략과 차별화우위전략은 산업 전반에 걸쳐 적용 가능하지만, 집중화(focus)전략은 특정 시장을 목표로 경영자원을 집중하여 우위를 점하는 것이다. 집중화전략은 해당 시장에 대한 비용우위전략이나 차별화우위전략에 바탕을 둔다. 현대자동차는 전기차종과 수소차종에, 도요타는 하이브리드차종에 집중하는 것이 그 예이다.

제5절 ESG경영

■ ESG 개념[11]

ESG는 환경(environment), 사회(social), 지배구조(governance)를 조합한 약어로, 지속가능경영(sustainability management)을 달성하기 위한 핵심축이기도 하다. 기업가치는 재무제표로부터 분석한 단기적인 재무지표를 기초로 평가하지만, 세계적으로 기후변화위기가 더욱 고조되면서 최근에는 ESG와 같은 비재무적 가치의 중요성이 기업가치에 반영되는 추세이다. ESG는 '지속가능성'과 밀접하게 연관되어 있어 기업가치에 중·장기적으로 영향을 미친다. 그러나 그 중요성이 단기적인 재무적 성과보다 덜하다고 볼 수 없다. 세계적으로 경영패러다임이 환경에 기반을 둔 사회적 가치를 중시하는 방향으로 전환되면서, ESG 경영은 기업의 장기적인 생존과 번영에 직결되는 핵심가치로 자리매김하고 있다. 특히 코로나 팬데믹을 거치면서 '이해관계자 중심 경영'은 이미 기업경영의 뉴노멀로 되었다.

ESG를 환경, 사회, 지배구조의 세 가지 하위요소로 나눠 살펴보면, 먼저 환경에서 가장 핵심사안은 기후변화에 따른 탄소배출권 관련 이슈이다. 전세계 인류의 지속가능성과 생존을 위해 기업은 과감한 탄소배출절감정책을 구현하고, 궁극적으로 탄소중립을 목표로 해야 한다. 아울러 환경오염완화를 위한 자원 및 폐기물 관리, 에너지와 자원을 덜 소모하는 에너지 효율화도 주요 과제로 떠오르고 있다. 사회적 측면에서 기업은 데이터 보호, 인권보장과 성별 및 다양성의 고려, 지역사회와 협력관계 강화에 힘써야 한다. 마지막으로 지배구조 측면에서 기업은 사회적 가치를 구현할 수 있도록 이를 뒷받침하는 투명하고 신뢰성 있는 이사회와 감사위원회를 구성해야 한다. 또한 뇌물행위나 부패를 방지하고, 로비나 정치기부활동은 기업윤리를 준수하며 투명성을 높여야 한다.

---

11 ESG의 부상, 기업은 무엇을 준비해야 하는가?(삼정KPMG 경제연구원)에서 발췌함.

■ ESG 경영전략

기업의 이해관계자인 주주를 비롯한 투자자와 고객, 정부 등이 기업에게 높은 수준의 ESG 경영체계를 갖추도록 요구하는 시대가 이미 도래하였다. ESG 전략 수립과 정보공시는 선택이 아닌 필수적인 경영활동이 되었고, 이제는 ESG 경영을 잘하는 기업은 궁극적으로 기업가치 상승으로 이어진다는 것이다. 우수한 ESG 성과는 기업의 제품 및 서비스의 수요를 증대시키고, 기업에 대한 자본조달의 기회가 확대되는 효과를 가져온다.

기업들은 그동안 기업가치제고를 위해 주로 재무적 성과관점에서 크게 두 가지 경영활동을 해왔다. 첫번째 경영활동은 경영전략수립이다. 경영전략수립은 제품 및 서비스를 지속적으로 제공하고, 기술혁신과 조직역량강화 및 투자를 통해 매출 및 이익의 극대화에 중점을 둔다. 두번째 경영활동은 이와 같은 활동에 따른 경영성과를 재무제표를 통해 자본시장에 공시하는 것이다.

마찬가지로 ESG 경영도 두 가지 경영활동을 확장하여 수행한다. 첫번째는 경영전략을 ESG 중심으로 수립하고, 두번째는 ESG 성과를 시장에 공시하는 것이다. 결국 기업은 재무적 관점에서의 경영활동은 물론 비재무적 ESG 활동도 같이 전개해야만 기업가치가 높아지고, 생존을 넘어 지속가능한 성장에 필요한 토대를 확고히 할 수 있다. 이와 같은 의미에서 ESG 경영활동은 'ESG 경영전략'과 'ESG 정보공시'로 축약된다. 적극적인 ESG 경영활동은 자본조달비용을 감소시키고 기업이미지는 제고되어 궁극적으로 기업가치에 긍정적으로 작용한다.

■ ESG 경영전략 개념 및 실행과제 전략

"기업의 사업구조가 넷제로(탄소중립)와 양립할 수 있는 계획을 공개하라." 자산운용사 블랙록(BlackRock)의 래리 핑크(Larry Fink) CEO가 2021년 1월 기업 CEO들에게 보낸 연례서한에 담긴 메시지이다. 1년 전인 2020년 초 CEO 래리 핑크는 연례서한에서 앞으로는 기후변화의 위기를 고려하여 투자를 하겠다고 공표하며 본격적인 ESG 경영시대의 서막을 열었다. 블랙록은 기업들이 넷제로를 사업전략에 어떻게 통합하고 있는지 알려달라고 전하며, 전세계 경영진에게 ESG 전략의 중요성을 각인시켰다. ESG 경영전략의 부상과 그 중요성에 대해 적잖은 경영인이 알고 있지만, ESG 전략이 구체적으로 무엇을 의미하는지 명확히 이해하지 못하는 경우가 있다. ESG 경영전략의 개념은 ESG 관점에서 기업이 비전과 목표를 설정하고 이 목표를 달성하기 위한 전략과 과제, 실행체계 등을 구축하여 일관되게 추진하는 것이다. 가령, 신재생에너지 사용증대와 친환경 중심의 제품포트폴리오 구축, 지배구조의 선진화를 위한 활동 등은 ESG 경영전략 수립에서 요구되는 과제들이다. 또한 인공지능(AI), 클라우드 등 디지털테크를 활용한 비즈니스혁신과 사회·환경문제를 동시에 해결하는 방안도 ESG 경영전략의 주요 현안 중 하나이다. 예를 들어 친환경관련 기술에 투자하거나 이와 관련한 M&A도 ESG와 연계하여 전략을 수립하고 실행하는 것이다. 이와 같이 최고경영진은 기업의 목표와 비전을 ESG 경영까지 확장한 경영전략체계에서 재설정해야 한다.

표 1.3 | GRI Standard Index

공통보고	경제부문	환경부문	사회부분
① 조직프로필 ② 전략 ③ 윤리성 및 청렴성 ④ 지배구조사항 ⑤ 이해관계자 참여 ⑥ 보고서 관행 ⑦ 경영 접근법	① 경제성과 (경제가치 발생과 분배) ② 시장지위 (최저임금 대비 초임비율) ③ 간접 경제효과 ④ 소날관행 ⑤ 반부패 ⑥ 경쟁저해행위 ⑦ 세금	① 원재료 ② 에너지 ③ 용수(취수·소비·방류 등) ④ 생물다양성 ⑤ 배출(온실가스 등) ⑥ 폐수 및 폐기물 ⑦ 환경적 컴플라이언스 ⑧ 공급업체 환경평가	① 고용 ② 노사관계 ③ 보건 및 산업안전 ④ 교육 및 훈련 ⑤ 다양성 및 기회균등 ⑥ 차별금지 ⑦ 결사 및 단체교섭의 자유 ⑧ 아동노동 ⑨ 강제노동 ⑩ 보안관행 ⑪ 원주민관리 ⑫ 인권평가 ⑬ 지역사회 ⑭ 공급망관리 ⑮ 공공정책 ⑯ 고객안전보건 ⑰ 마케팅 및 라벨링 ⑱ 고객정보보호 ⑲ 사회적 컴플라이언스

한편 ESG 경영을 객관적으로 평가하려면 제도화되고 표준화된 지표가 필요한데 글로벌 가이드라인들로는 GRI(Global Reporting Initiative), SASB(Sustainability Accounting Standards Board), ISO(International Organization for Standardization) 등이 있다. 이 중 GRI는 글로벌 지속가능보고의 표준인 GRI Standard Index를 제시하고 있는데 주제별 주요 항목은 〈표 1.3〉과 같다. ESG 경영에 관심이 높아지

면서 지속가능 경영보고서를 발간하는 국내외 기업이나 기관이 크게 늘어났고 글로벌 다수의 기업들이 GRI Standard를 정보공개기준으로 활용하고 있다.

▪ ESG 경영의 신용등급 반영과 그 평가방법 의제

대표적인 글로벌 신용평가기관인 무디스(Moody's), S&P(Standard & Poor's), 피치(Fitch Ratings) 등은 ESG 평가결과를 신용등급에 일부 반영하고 있다. S&P Global사의 경우, 환경오염이나 탄소배출량, 안전보건, 내부통제, 리스크관리 등을 고려하여 조정사유에 해당하는 기업은 신용등급을 조정했다. 그 예로 Duke Energy는 석탄발전소에서 석탄재가 과도하게 배출하는 환경오염요인으로 인해 신용등급이 'A-Stable'에서 'A-Negative'로 조정되어 ESG에 기초한 신용위험을 알렸다. 글로벌 신용평가기관의 신용등급에 비재무적 성과를 포함하는 사례는 국내신용평가기관에도 영향을 미치고 있다.

2020년 10월 한국신용평가기관은 ESG 채권 인증평가사업을 최초로 선보였다. 자체 ESG 금융평가기법을 기준으로 한국중부발전이 발행한 제59회 공모사채에 대해 최상등급인 STB1으로 최종 평가를 부여한 바 있다. 평가방법은 발행기업이 ESG와 관련한 지속가능경영여건, 기후변화 대응에 대한 기업의 의지, 프로젝트의 적격사업기준 부합성, 프로젝트에 투입되는 조달자금규모 등 여러 항목들을 종합 검토하여 평가하는 것이다. 이와 같이 기업의 ESG 경영은 재무위험과 무관하지만 신용위험에도 영향을 미친다는 것을 시사해 준다.

앞서 살펴본 바와 같이, 기업은 환경과 사회 간 지속가능한 관계를 유지하면서 기업가치를 제고시키는 역량을 강화해야 한다. ESG 평가기관들은 기업의 지속가능성을 여러 측면에서 측정하여 등급을 산정하고, 평가결과는 투자자들에게 투자지표 중 하나로 활용되고 있다. 이러한 상황에서 ESG 평가등급에 기초한 금융중개는 의도적이거나, 의도하지 않더라도 그린워싱(green washing)을[12] 초래할 수도 있다.

하지만, ESG 평가기관마다 평가체계가 주관적이어서 평가결과는 일관성이 결여되어 비교 가능성에 의문이 제기되고 있다. 또한 현행 공시제도는 지속가능성

---

12 기업이 겉으로만 친환경경영을 표방해 경제적 이익을 보는 행위를 말한다. 일반적으로 상품의 친환경적 특성을 과대 광고하거나 허위로 꾸미는 방식으로 부당한 이익을 취한다. 그린워싱은 마치 친환경적인 것처럼 세탁한다는 뜻으로 '위장환경주의'라고 해석한다.

관련 정보에 대한 적시성과 표준화 정도 그리고 검증 가능성 등이 부족한 점이 한계이다. 이에 국제증권관리위원회기구인 IOSCO(international organization of securities commissions)는 각국의 금융당국으로 하여금 ESG 평가기관에 대한 가이던스를 마련할 것을 권고하고 있다. 권고의 주된 내용은 평가기관의 평가방법의 투명성과 채택한 데이터의 강건성 보장에 관한 것이다. 아울러 평가대상기업과의 사업관계로부터 발생할 수 있는 이해상충문제를 사전에 방지할 것을 요구하고 있다.

mini MBA

디스플레이 공룡 샤프의 몰락

하야카와 토쿠지는 초등학교를 1학년까지만 다닌 후 금속가공의 장인 아래에서 일을 시작하였다. 1912년 19세에 불과했던 그는 창업 후 3년 만에 금속가공기술을 활용하여 디자인과 견고성을 혁신적으로 개선한 신개념의 메커니컬 펜슬을 개발하였다. "에버-레디 샤프"라는 브랜드로 출시하자마자 선풍적인 인기를 끌었다. 하지만 1923년 관동대지진으로 공장이 전소되며 직원의 상당수가 사망하고 아내와 두 아들마저 잃었다. 그는 절망에 빠지지 않고 남은 돈을 모두 모아 1925년 일본 최초 국산라디오를 출시하여 수년간 최고 제품으로 명성을 이어갔다.

한국 6.25전쟁 발발로 라디오수요는 더욱 폭발적으로 늘어나 샤프는 성장의 발판을 마련한다. 1952년 샤프는 일본 최초로 흑백TV를 출시하면서 일본 전가정에 팔려 나갔고 이어 1966년 세계 최초로 회전판식 전자레인지를 개발하여 큰 인기를 얻는다. 이른바 전자레인지 특유의 '띵!' 소리도 여기서 비롯되었다. 이러한 역사 때문에 샤프는 독창적인 발명을 중시하는 기업문화로 유명하다. "긴급개발프로젝트"가 대표사례이다. 이 프로젝트는 향후 유망할 것으로 판단되는 상품이 기획되면 사장직속 프로젝트 팀을 결성한다. 부서와 상관없이 전문가를 소집한 후 사장과 동일한 인사권과 예산권한을 부여하는 대신 1년 이내 출시를 목표로 팀원들은 개발에 집중하였다. 시장에 나오지 않은 신개념 제품을 타기업보다 한 발 먼저 개발하였다.

이러한 경영전략으로 최초로 상용액정전자계산기를 내놓았다. 샤프는 1970년 일본 유수의 기업들이 참여하는 오사카만국박람회를 포기하고 자본금 105억엔 중 75억엔을 나라현에 대규모 반도체단지 건설에 투자하기로 한다. 이러한 투자결정은 적중하여 향후 샤프가 일본전자업계의 큰 축으로 도약하는 계기를 마련한다. 이후 1987년 세계 최초 LCD TV를 출시하며 샤프의 역사는 국내외 최초라는 수식어가 항상 따라다녔다.

밀레니엄이 되는 2000년 1월 1일, 잘 나가던 CRT 사업을 버리고 LCD에만 집중한다는 뜻으로 "옛 것은 두고 가고, 새 것을 가져간다"는 TV광고를 내보냈다. 당시 LCD 패널의 대형화는 대규모 투자가 필요할 뿐만 아니라 양산까지 기술구현도 까다로워 경쟁사인 소니, 파나소닉, 도시바와 같은 대기업들마저 투자를 망설이던 사업위험이 큰 사업이었다. 이러한 투자결정은 PDP에 치중하는 파나소닉과 대비되었고 샤프의 ASV 블랙패널은 '액정의 샤프'라는 별명에 맞게 새삼 회자되었다. 샤프는 LCD 수요급증으로 호황을 이어가며 2001년 LCD TV 부문 세계시장을 선도하며 시장점유율은 79.4%로 과점상태였고 당시 삼성의 점유율은 겨우 1.3%에 불과했다.

LCD 공룡답게 샤프는 최대 규모였던 기존 LCD 공장을 더 확장하고 태양광사업확대와 10세대 초대형 60인치 LCD 패널 양산을 위해 투자규모는 무려 4,300억엔, 공사기간만 3년에 달하는 최첨단공장을 사카이에 추가건설계획을 시전한다. 당시 샤프는 소니, 파나소닉, 도시바 등 일본기업들에게 공급하던 LCD 패널을 자사제품에 우선 공급하였다. 이러한 시장상황에 불안을 느낀 일본기업들은 삼성과 공동합작법인인 S-LCD를 설립하여 LCD 패널을 공급받았다. 이 때문에 샤프는 생산과잉에 따른 잉여물량을 소화하지 못하였고 결국 자국 고객을 잃는 전략적 실패를 겪게 된다.

더군다나 사카이공장 완공 직후인 2008년 리먼브러더스 금융사태로 인해 세계경제는 위축되며 엔화는 폭등하였고, 과잉설비투자로 인해 샤프는 경쟁사보다 가격경쟁력이 떨어진다. 한편 한국기업들은 사카이공장이 완공되는 동안 샤프와의 기술격차를 꾸준히 좁혀 왔다. 특히 LGD는 애플의 아이폰용 LCD 패널공급이 점차 늘어나며 2015년부터 샤프를 추월하기 시작했다. 또한 대형 TV시장은 60인치가 아닌 40~50인치를 중심으로 형성하면서 한국기업들에게 유리한 시장환경으로 조성되었다. 결국 대형 LCD 제품군은 한국기업으로, 중소형 LCD 제품군은 중국기업으로 시장이 양분된다.

2008년 샤프는 실리콘을 안정적으로 확보하기

mini MBA | 디스플레이 공룡 샤프의 몰락

위해 관련업체들과 2020년까지 장기조달계약을 체결하였다. 하지만, 세계금융위기로 태양광사업 붐이 꺼지면서 실리콘가격은 계약금액의 1/16 수준으로 곤두박질쳤고 샤프는 장기계약 이행에 따른 손실을 감수해야만 했다. 이에 따라 태양광사업진출은 샤프의 경영난을 더 악화시킨다. 샤프는 TV 가전사업 철수도 모자라 본사매각까지 검토해야 하는 창사 이래 최대 위기에 처한다. 결국 2016년 대만 폭스콘에게 3,888억엔에 인수되는 수모를 겪는다. 그 뒤 사업구조를 개편하여 2017년 처음으로 4분기 연속 흑자를 보였으나 이 과정에서 다수의 사업을 정리하고 기술개발도 중지한 효과여서 성장기반은 잃은 상태였다.

연합뉴스(SAKAI공장전경)

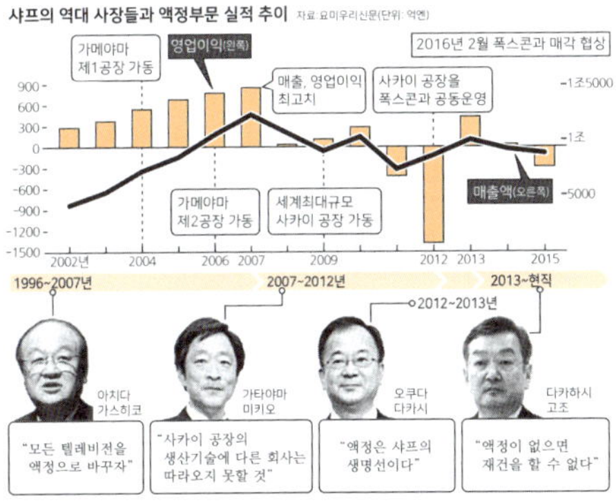

삽화 출처: 한겨레신문

샤프는 코로나가 유행하자 보건용 마스크를 생산하면서 마스크 부족에 시달리던 일본에서는 잠시 샤프마스크 열풍이 일어나기도 했다. 샤프는 국내 중소기업들이 주로 영위하는 마스크사업까지 진출하는 상황까지 이르며 샤프의 정체성은 애매모호해진다.

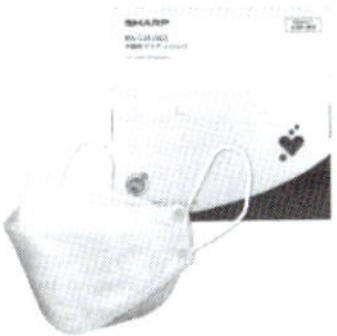

이와 같이 샤프의 성장배경과 그 성장과정을 간략하게 살펴보았다. 샤프가 LCD 시장에서 몰락한 원인을 정리해보면, 첫째, 2016년부터 한국기업의 LCD패널 시장점유율 확대와 중국의 중소형 LCD패널 저가공세에 따른 LCD 시장의 양분화와 가격경쟁심화, 둘째, 글로벌 금융위기로 인한 엔화강세와 수직계열화로 원가절감의 한계, 셋째, 태양광 수요의 급감과 장기수급계약관련 실리콘 가격하락에 의한 손실악화 등이다.

결국, 샤프는 과도한 기술 맹신에 사로잡혀 디스플레이산업 주도 실패, 경기침체에 따른 태양광사업의 위축, 엔화 강세와 대규모 과잉설비구축으로 가격경쟁력상실 등 여러 요인들이 복합적으로 작용하며 디스플레이 거대공룡 샤프는 LCD 패널시장에서 서서히 무너지며 완전히 밀려났다.

mini MBA

혜성같이 나타나 혜성같이 사라진 **MP3 플레이어 열풍의 주인공 아이리버(iRiver)**

삼성전자 반도체 수출담당 임원을 역임했던 양덕준대표는 1999년 7명의 창업멤버와 함께 3억원의 자본금으로 MP3원천기술보유자인 엠피맨닷컴의 기술을 기반으로 레인콤을 설립한다. 레인콤은 세계 최초로 MP3플레이어를 개발한 후 ODM(제조업자개발 생산방식)으로 출발하였으나 2000년 영업이익은 1억원을 밑돌았다. 고객의 잦은 대금지연에 고민하던 레인콤은 '인터넷의 강'이라는 의미인 아이리버(iRiver) 브랜드를 런칭한다. 2000년대 초반 청소년과 젊은이라면 누구나 한번쯤 구입했을 것으로봐도 과언이 아닐 정도로 MP3플레이어인 아이리버는 선풍을 일으켰다. 당시 강한 내구성과 더욱 좋은 음질을 구현하는 CD 플레이어가 있었지만 저장장치의 한계가 소형화의 걸림돌이었다. 카세트 테이프 플레이어에 이어 CD 플레이어도 소니와 같은 일본기업이 연이어 시장을 선도하던 시기였다.

인터넷이 점점 대중화되면서 MP3이라는 새로운 파일포맷이 출현하였다. MP3플레이어는 PC로만 음악을 감상하는 한계를 뛰어넘어 어디서든 음악을 즐길 수 있도록 공간적 제약을 없애버렸다. 더군다나 목에 걸고 다닐 수 있을 정도로 작고 가벼워 악세서리로도 손색없고 휴대까지 간편해 CD플레이어는 순식간에 경쟁력을 잃어버렸다. 당시 MP3 플레이어는 문화적 충격에 가까운 기술적 진보였다. 이에 힘입어 레인콤은 2003년 당시 시가총액순위 8위(6,800억원)로 단숨에 코스닥시장에 입성한다. 그해 매출은 2,259억원, 영업이익은 540억원을 기록하며 급성장한다. 상장 직후인 2004년 4,540억원의 사상최대매출과 651억원의 영업이익을 실현하며 '벤처신화'의 역사를 써내려갔다.

아이리버의 'H10'을 들고 있는 빌 게이츠 MS 회장(출처: 머니투데이)

2005년 2월 라스베가스에서 열린 CES에서 MS의 빌 게이츠 회장은 레인콤이 'Kill iPod'를 내세우고 개발한 아이리버 H10모델을 직접 소개하며 "디지털 라이프를 바꿀 제품"이라 극찬하면서 세계인의 이목이 집중된 바 있다.

레인콤은 북미시장에서도 후발주자인 애플을 앞서 갔으나 아이리버 신화는 그리 오래가지 못했다. 2000년대 중반부터 삼성과 LG, 애플, 소니 등 글로빌기업의 시장진입으로 MP3 플레이어시장은 과열경쟁구도가 형성되었다. 더군다나 애플의 '아이팟' 시리즈에 주도권을 내주기 시작한다.

그 단서는 애플의 스티브 잡스가 복귀한 일화에서 찾을 수 있다. 스티브 잡스는 그의 가족들이 오디오보다 음질이 안좋은 컴퓨터로 음악을 듣는 것을 발견하고 새로운 기기의 필요성을 절감한다. 그는 사내에서 음악매니아들을 불러모아 기존 MP3 플레이어의 단점을 파악하도록 한다. 시장을 선점하기 위해 더 좋은 음질을 구현하고 사용자에게 쉬운 인터페이스를 제공하는 플레이어를 누가 먼저 개발하느냐가 관건이었다. 애플은 기존플레이어는 다량의 음악을 정리하고 감상하는 방법이 번거롭다는 사실을 발견하고 음원 관리프로그램인 아이튠즈를 개발한다. 그 후 간단한 조작만으로 선곡이 가능하도록 클릭휠 기능을 채택한 것이다. 아이튠즈는 중장년층 컴맹조차도 음악CD를 컴퓨터에 넣기만 하면 자동으로 음원을 정리해 MP3플레이어로 전송할 수 있도록 편의성을 추가한다. 애플은 하드웨어 기능보다 소프트웨어 측면으로 접근함으로써 음원 디스플레이어시장의 패러다임을 바꿔버렸다.

하지만 한국산 MP3플레이어는 소비층이 주로 IT 기기에 친숙한 젊은 층에만 국한되었다. 또한 레인콤은 하드웨어성능의 고도화에 집중한 반면 애플은 디지털 컨텐츠채널로 해석하여 시장을 공략하기 시

mini MBA | 혜성같이 나타나 혜성같이 사라진 **MP3 플레이어 열풍의 주인공** 아이리버(iRiver)

작했다. 이런 방식으로 MP3플레이어의 차별화에 성공한 아이팟은 3년간의 진화를 거쳐 2005년 4세대 아이팟이 출시되면서 MP3플레이어 메카인 아이리버를 세계시장에서 몰아내는 데 성공한다. 이후에도 애플의 이러한 철학은 아이폰과 아이패드로 이어지며 세계 IT단말기시장을 확고하게 선점하기 시작한다. 이러한 치열한 경영환경 속에서 레인콤은 2005년 매출원가와 판관비의 증가로 117억원의 영업손실이 발생한 후 영업성과는 급감하면서 손실폭도 확대되었다. 결국 아이리버 신화의 주인공이자 창업주인 양대표는 2007년 보고사모펀드에 최대주주의 지위를 넘기고 경영일선에서 물러났다.

기업가치 극대화의 측면에서 살펴보면, 레인콤은 제조업자개발 생산방식에서 자체브랜드 제품양산으로 매출형태를 전환한다. 해외시장을 진출하기 위해 중소기업이라는 낮은 인지도와 브랜드파워를 해소하고 A/S보증비용도 부담해야 하는 상황에 직면한다. 이외에도 자회사인 엠피맨닷컴은 불과 3건의 원천특허를 보유하고 있었으나 경쟁사의 집요한 특허침해소송에 시달리면서 2006년 미국 시그마텔에게 특허권패소를 한다. 특히 공급사슬을 기존 해외유통채널 대신 해외판매법인을 여러 지역에 설립하여 유통판매를 전개하면서 고정비는 가중된다. 2005년에는 매출원가상승과 판관비가 전년보다 무려 602억원이나 증가하여 영업손실이 발생하였고 이어서 2006년 매출원가율도 전년대비 11% 이상 증가하며 수익성은 더욱 악화된다.

주목되는 점은 2004년부터 매출채권회전율이 매우 둔화되었고 해외 판매법인에 높은 매출의존도를 비춰보면 레인콤은 해외법인에 밀어내기 매출을 유인한 것으로 파악된다. 2006년 매출채권 738억원 중 해외법인에 대한 매출채권은 496억원을 차지하였는데 상당 부분인 442억원이 대손충당금으로 계

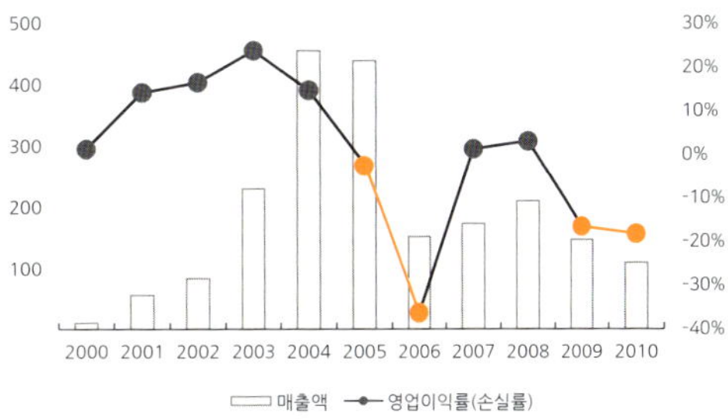

레인콤 실적추이(단위: 10억원,%)

상된 점에서 이를 뒷받침해 준다.

정리해보면, MP3플레이어시장은 글로벌기업의 시장진입과 중국업체들의 저가공세와 맞물리며 빨리 포화되었다. 특히 하드웨어의 고도화로 인해 휴대폰과 PMP 등 IT기기와 융합이 가장 큰 위협요인으로 작용하였다. 레인콤은 제품주기가 짧은 MP3플레이어를 프리미엄제품군에 집중하며 고부가가치 제품 위주로 출시하여 시장대응이 미흡했다. 아울러 중국생산공장의 인긴비 상승, 원활한 반도체 부품조달의 한계, 그리고 낮은 기업인지도의 벽을 넘지 못하였다. 짧은 기간 동안 여러 해외법인을 동시에 설립하여 고정비가 가중되며 영업위험을 키워왔다.

2007년 아이폰이 첫 출시된 이후 피처폰에서 스마트폰으로 빠른 대체와 성능의 고도화로 인해 MP3플레이 기능의 융합이 가속화되면서 국내외 글로벌 기업들도 시장에서 철수하며 MP3플레이어시장은 빠르게 궤멸한다. 레인콤도 예외 없이 혜성같이 나타나 혜성처럼 MP3 플레이어시장에서 자연스레 사라진다. 레인콤은 세계 최초로 혁신적인 전자기기를 출시한 중소벤처기업이 B to C 완제품시장에서 직면해야 하는 사업위험이 얼마나 큰지를 보여주는 사례 중 하나이다.

주요 국영문용어

발행시장_primary market	자본적 지출_capital expenditure(CAPEX)
원화절상_the strengthened won	지배구조_governance
운전자본_working capital	진입장벽_barrier
유통시장_secondary market	차별화우위_differentiation advantage
이해관계자_stakeholders	추정재무제표_*pro-forma* financial statements

| 확인학습 |

01. 경영분석에 관한 설명으로 옳지 않은 것은? (경영지도사)

① 현대적 경영분석은 회계자료와 비회계자료를 포함하여 이용 가능한 모든 자료를 사용한다.
② 현대적 경영분석은 경영자뿐만 아니라 다양한 기업의 이해관계자에게 의사결정에 필요한 정보를 제공한다.
③ 정부 및 감독기관을 제외한 금융기관, 투자자, 외부감사인 등은 경영분석을 필요로 한다.
④ 경영자는 경영전략을 수립하고 기업의 인수합병 등 주요 의사결정에 경영분석을 할 수 있다.
⑤ 전통적 경영분석은 재무제표를 기초로 하여 기업의 경영성과와 재무상태를 파악하는 것이다.

02. 현대적 경영분석에 관한 설명으로 옳지 않은 것은? (경영지도사)

① 재무자료와 비재무자료를 활용한다.
② 현재 경영상태 및 미래의 경영상태를 예측하는 것이 주된 과제이다.
③ 재무제표만으로 분석하는 과거분석을 중시한다.
④ 기업 이해관계자의 의사결정에 유용한 정보를 제공하여 주는 정보처리시스템의 관점을 중시한다.
⑤ 향후 기업활동에 유용한 실천적 측면을 중시하며 다양한 계량모형과 통계기법을 통해 그 적용범위가 확대되고 있다.

03. 전통적 경영분석의 한계점을 보완한 현대적 경영분석의 특징으로 옳지 않은 것은? (경영지도사)

① 경영분석은 의사결정을 위한 하위시스템의 하나로 파악한다.
② 경영분석을 위해 기업관련 자료를 광범위하게 활용한다.
③ 기업의 회계자료만을 이용하여 과거와 현재의 재무상태와 경영성과를 파악함으로써 미래를 예측한다.
④ 경영분석을 위해 계량적, 통계적 분석방법을 활용한다.
⑤ 기업규모 확대와 자본시장 개방, 다양한 이해관계자의 요구에 부응하기 위해 분석방법이 다양화되고 있다.

04. 경제환경분석 요인으로 볼 수 없는 것은? (경영지도사)

① 경제성장률 ② 경기전망 ③ 통화량 ④ 제품의 수명주기 ⑤ 물가

05. 경영분석의 주체(이해관계자)에 따른 분석목적을 연결한 것 중 잘못된 것은?

① 경영자 - 경영관리 및 계획수립
② 금융기관 · 신용평가기관 - 신용 평가
③ 투자자 - 채권 및 주식의 내재가치평가
④ 거래처 - 거래대상기업의 단기채무지급능력분석
⑤ 외부감사인 - 회계기준에 따른 적정성

06. 내부주체인 경영자가 경영분석을 수행하는 목적으로 옳지 않은 것은? (경영지도사)

① 기업내부의 상황을 통제할 수 있는 업무계획 수립
② 경영전략을 수립하기 위한 정보 수집
③ 경쟁기업 분석을 위한 정보 수집
④ 자금조달 방법을 위한 정보 수집
⑤ 조세부담의 능력평가 및 거시경제 정책수립

07. 유가증권시장(KOSPI지수)에 관한 설명 중 옳지 않은 것은?

① 시장포트폴리오의 대용치로 사용된다.
② 시가총액기준으로 산출되므로 대기업의 주가움직임에 따라 주가변동성이 왜곡될 수 있다.
③ 기대수익률을 산출하기 위한 정부를 제공해준다.
④ 간접적으로 경기선행지표역할을 한다.
⑤ 대출금리결정에 유의한 요소로 작용한다.

08. 신규기업의 진입장벽을 높이는 요인에 해당하지 않는 것은? (경영지도사)

① 교체비용이 작을 경우
② 제품차별화가 잘 되어 있는 경우
③ 소요자본이 막대한 경우
④ 기존의 판매망이 견고한 경우
⑤ 규모의 경제가 잘 작동하는 경우

09. 포터(M. Porter)가 특정 산업의 경쟁수준을 파악하기 위하여 제시한 산업구조분석모형의 다섯 가지 요인에 해당하지 않는 것은? (경영지도사)

① 주주가치의 극대화
② 산업내 기존기업 간의 경쟁
③ 상품이나 서비스의 대체위험
④ 공급자의 교섭력
⑤ 새로운 진입기업의 위험

10. **제품의 라이프사이클에서 안정적인 시장점유율을 얻게 되고 매출은 완만하게 성장하지만, 격심한 가격경쟁으로 인해 제품단위당 이익이 점차 감소하므로, 새로운 업종으로 진출이 필요한 단계는?** (경영지도사)

① 연구개발단계 ② 성숙단계 ③ 성장단계 ④ 도입단계 ⑤ 쇠퇴단계

11. **제품수명주기 중 성장기에 관한 설명으로 옳은 것은?** (경영지도사)

① 신제품을 개발하는 단계로 경쟁사도 적고 매출 증가율이 극히 저조하다.
② 시장수요가 포화상태에 이르며 매출성장이 둔화되고 판촉비 등의 증가를 통해 극심한 경쟁을 하게 된다.
③ 매출액이 급증하기 시작하고 대량생산에 따른 원가하락으로 수익성이 양호하고 사업위험성이 적다.
④ 수익성이 감소하기 시작하고 유휴설비가 발생하여 경쟁력이 약화된 기업은 서서히 사업 위험성이 커지기 시작한다.
⑤ 판매량과 수익성이 급속히 감소하기 시작한다.

12. **제품수명주기(product life cycle) 중 '성숙기'에 관한 설명으로 옳은 것을 모두 고른 것은?** (경영지도사)

ㄱ. 경쟁업체수가 적고 신제품이 덜 알려져 있기 때문에 마케팅능력에 따라 시장을 선점하여 매출을 증대시킴으로써 높은 수익을 실현할 수 있는 기반을 조성할 수 있는 단계
ㄴ. 시장수요가 포화상태에 도달함에도 불구하고 경쟁업체가 증가하여 기업간의 경쟁이 심화되고 매출성장률이 점진적으로 둔화될 수 있는 단계
ㄷ. 이익이 최고점에서 점진적으로 감소하기 시작하고 유휴설비 및 유휴시설이 발생하는 단계로 시장변경전략, 제품수정전략 등을 통하여 대처해 나가야 하는 단계
ㄹ. 수요량이 감소하고 새로운 기술개발, 구매자의 기호변화, 새로운 경쟁업자 증가 등으로 이익이 최저가 되는 단계로, 생산활동이 축소되거나 전환되어 유통경로가 계속 단축되기 때문에 과거의 마케팅전략을 고수하거나 새로운 사업으로 진출하는 경영전략 중 하나를 선택하여야 하는 단계
ㅁ. 신제품이 처음으로 시장에 소개되는 단계로 매출이 완만하게 증가하고 신제품의 도입과 더불어 시장개척에 따른 많은 광고비 지출, 저조한 매출로 인한 높은 제조원가 등의 비용이 많이 소요되기 때문에 손실이 발생하거나 이익이 거의 없는 단계

① ㄱ, ㄴ ② ㄴ, ㄷ ③ ㄷ, ㄹ ④ ㄹ, ㅁ ⑤ ㄴ, ㄷ, ㄹ

13. **제품포트폴리오분석에서 시장성장률은 낮고, 시장점유율은 높은 사업으로 큰 이익을 얻을 수 있는 사업 유형은?** (경영지도사 수정)

① 의문부호 ② 스타 ③ 개 ④ 현금젖소 ⑤ 해당사항 없음

14. **질적 경영분석의 고려사항에 관한 설명으로 옳지 않은 것은?** (경영지도사)

① 역사가 오래된 기업이라도 코로나19와 같은 급변하는 시장 상황에서는 도산할 수 있다.
② 기업의 경영실적을 예상할 때 국내는 물론 해외의 경제환경과 영향요인 등을 고려해야 한다.
③ 제품 경쟁력, CEO의 능력, 노사관계 등이 분석자료가 될 수 있다.
④ 제품수명주기는 도입기, 성장기, 성숙기, 쇠퇴기로 사이클이 이루어지며, 각 시기별 기간이 대체로

비슷하여 특정시기가 확장되는 경우는 없다.
⑤ 산업분석시에는 해당 산업의 경쟁에 영향을 미치는 요인을 종합적으로 고려해야 한다.

15. **질적 분석과 양적 분석에 관한 설명으로 옳지 않은 것은?** (경영지도사)

① 질적 분석과 양적 분석은 공통적으로 분석자의 주관을 배제할 수 있다는 점에서 유용하다.
② 산업구조분석은 해당 산업의 경쟁강도를 결정짓는 구조적 경쟁요인을 분석하는 것이다.
③ 재무제표 수치 이면에 자산과 부채가 지니는 질적 능력을 추가 분석하면 재무융통성을 보다 적절히 평가할 수 있다.
④ 산업분석은 산업구조분석, 제품수명주기분석 등을 통해 수행된다.
⑤ 경영자의 능력을 평가하기 위해서는 경영자가 기업의 생산, 판매 관리에 관하여 얼마나 적절한 의사결정을 할 수 있는가 하는 것 이외에도 경영철학, 경영진 구성, 경영진 평판 등을 고려한다.

16. **다음 중 ESG경영으로 가장 보기 힘든 것은?**

① 탄소배출권을 지닌다. ② 고용 및 근로조건을 준수한다.
③ 독립적인 내부/외부 감사제도를 운용한다. ④ 주주의 권리를 보장한다.
⑤ 스톡옵션제도를 도입한다.

17. **다음 중 ESG경영 항목 중 가장 성격이 다른 것은?**

① 경쟁저해행위 ② 보건 및 산업안전 ③ 다양성 및 기회균등
④ 고객정보보호 ⑤ 공급망관리

18. **기업이 마치 친환경인 것처럼 홍보하는 위장환경주의를 의미하는 것은?**

① 그린 워싱 ② 그린 회계 ③ 그린 메일
④ 그린 필드투자 ⑤ 그린 애쉬

해답

01. ③ 정부 및 감독기관도 산업정책 수립 및 규제에 관한 정보를 얻기 위해 재무분석을 필요로 한다.

02. ③ 과거 정보부터 현재의 경영상태를 파악하고 미래의 경영상태를 예측하는 것이 주된 과제이다.

03. ③ 비재무정보도 미래를 예측하는 데 중요한 정보를 제공해준다.

04. ④ 제품의 수명주기는 산업별 특성이다.

05. ⑤ 회계사는 재무비율분석으로 계속기업으로서의 지속성에 관심을 둔다.

06. ⑤ 정부기관은 조세부담의 능력평가 및 거시경제 정책수립을 위해 재무분석 정보를 필요로 한다.

07. ⑤ 주식시장은 타인자본비용과 무관하다.

08. ①

09. ①

10. ②

11. ③

12. ②

13. ④

14. ④

15. ①

16. ⑤ 스톡옵션은 성과보상제도이다.

17. ① 경쟁저해행위는 경제부분이고 나머지는 사회부분이다.

18. ①
② 그린 회계란 환경경영의 일종으로, 기업의 환경친화적 활동을 유도하는 회계시스템
③ 그린 메일이란 기업 사냥꾼들이 상장기업의 주식을 대량으로 사들인 후 적대적인 인수나 합병을 포기하는 대가로 자신들이 확보한 주식을 시가보다 훨씬 높은 값에 되사도록 경영진을 위협하는 행위
④ 그린 필드란 아직 이용되지 않은 미개척 지역을 말함. 참고로 그린 필드투자란 해외자본이 투자 대상국의 토지를 직접 매입하여 공장이나 사업장을 짓는 방식의 투자를 의미한다.
⑤ 그린 애쉬란 화력발전과정에서 생성되는 물질로 많은 양의 불소와 20여 종의 미량 원소를 포함하여 주목받는 비료 성분이다.

제2장

재무제표의 이해와 재구성

재무분석의 기초자료인 재무제표의 재무보고 목적을 이해하고 재무제표의 주요 항목을 간략하게 살펴본다. 정보이용자의 의사결정목적에 따라 재무비율이 지닌 경제적 의미와 부합하도록 재무상태표항목과 손익항목을 재구성해 볼 필요가 있다. 아울러 재무제표를 재구성하여 가치평가를 위한 항목 중 하나인 투하자본에 관한 정보를 얻을 수 있다.

제1절 재무제표의 이해

기업가치를 평가하려면, 재무제표에 포함된 재무정보를 활용한 재무분석은 필수이다. 재무제표는 외부감사를 통해 회계기준에 의해 보고되어야 하고 제공되는 회계정보의 신뢰성을 확보하는 것이 중요하므로 다른 기업과 비교평가시 적용되는 회계기준이 동일해야 한다. 예를 들면, 비상장기업은 일반기업회계기준을 따르므로 한국채택국제회계기준(K-IFRS)을 따르는 기업과의 비교는 일관성이 훼손된다. 아울러 재무제표는 경영자의 의도에 따라 다양한 이유로 시도된 분식회계로 인해 재무정보가 왜곡되기도 한다. 그러므로 과거 재무제표를 이용할 때 계정항목 간 유기적 관계를 이해할 필요가 있다.

재무제표는 정보이용자에게 의사결정에 유용한 정보를 제공하는 데 재무보고 목적이 있다. K-IFRS의 '재무제표의 작성과 표시를 위한 개념체계'에서 회계정보의 외부이용자와 그들의 정보수요에 대해 다음과 같이 설명한다.

① **투자자** : 투자위험을 감수하는 자본제공자와 그들의 투자자문가는 투자에 내재된 위험과 투자수익에 대한 정보에 관심을 갖는다. 그들은 매수, 보유 또는 매도에 관한 의사결정을 위해 정보를 필요로 한다. 소유주는 또한 기업의 배당능력을 평가할 수 있는 정보를 필요로 한다.

② **종업원** : 종업원과 종업원을 대표하는 기구는 고용주인 기업의 안정성과 수익성에 대한 정보에 관심을 갖는다. 그들은 또한 기업의 보수체계, 퇴직급여 및 고용기회 제공능력을 평가할 수 있는 정보를 필요로 한다.

③ **채권자** : 채권자는 원금과 이자가 지급기일에 적절히 지급이 가능한지 결정하기 위해 도움을 줄 수 있는 정보를 필요로 한다.

④ **공급자와 그 밖의 거래 채권자** : 공급자와 그 밖의 거래 채권자는 기업의 지급기일 내에 지급능력을 결정하기 위한 정보를 필요로 한다. 거래 채권자는 당해 기업을 주거래처로서 장기적인 관계를 유지할 목적이 아닌 이상 일반

적으로 당해 기업에 대해 단기적인 관심을 가질 가능성이 높다.

⑤ **고객** : 고객은 특정 기업과 장기간 거래관계를 유지하고 있거나 의존도가 높은 경우에 그 기업의 존속가능성에 대한 정보에 관심을 갖는다.

⑥ **정부 및 유관기관** : 정부와 유관기관은 자원의 배분과 기업의 활동에 관심을 가진다. 이들은 기업활동을 규제하고 조세정책을 결정하며 국민소득이나 이와 유사한 통계자료의 근거를 마련하기 위해 정보를 필요로 한다.

⑦ **일반대중** : 기업은 다양한 방법으로 일반대중에게 영향을 미친다. 가령, 기업은 종업원의 고용과 지역내 공급자 양성과 같은 다양한 방법으로 지역경제에 상당한 기여를 할 수 있다. 일반대중은 재무제표에서 기업의 성장과 활동범위에 관한 추세와 현황에 대한 정보를 얻을 수 있다.

기업가치는 기업의 미래 성과를 예측하여 평가하므로 이러한 목적에 맞도록 과거 재무비율을 바탕으로 재무제표를 재구성하여 작성할 필요가 있다. 재무정보로부터 자본비용을 산출하는 데 필요한 정보도 얻을 수 있어 재무제표의 신뢰성과 그 유용성은 아무리 강조해도 지나치지 않다. 미국회계학회의 기본회계보고서(A Statement of Basic Accounting Theory)에 의하면, 회계는 정보이용자가 합리적인 판단이나 의사결정을 할 수 있도록 경제적 정보를 식별하고 측정하여 전달하는 과정으로 정의한다.

특히, 회계처리에 대한 기업의 재량권이 확대되면서 이익조정이 용이해졌고, 이익조작과 이익조정은 엄연히 다르지만 그 동기는 별다른 차이가 없다. 따라서 재무제표는 기업의 성과를 표시하는 만큼 분석자는 이익의 정보효과를 면밀하게 살펴봐야 한다. 기업평가과정에서 재무제표 중 재무상태표와 손익계산서가 주로 활용되고 이를 바탕으로 추정재무제표가 작성된다. 결국 평가대상기업의 추정재무제표를 기초로 기업의 수익창출력을 추정하는 것은 가치평가의 핵심이다.

한편 금융감독원이 제공하는 전자공시시스템(https://dart.fss.or.kr/)인 DART (Data Analysis, Retrieval and Transfer System)를 이용하면 외부감사대상 상장법인 및 비상장법인의 감사보고서를 다운로드받거나 열람이 가능하다.

그림 2.1
DART 전자공시

외부보고목적의 재무회계보고서인 재무제표는 회계기준에 따라 기업의 재무상태, 경영성과, 현금흐름, 자본변동, 그리고 주석 등에 관한 정보를 제공한다. 재무제표의 구성과 주요 항목의 특징을 정리하면 다음 표와 같다.

표 2.1 | 재무제표의 구성

	주요 항목	보고 목적
재무상태표	자산, 부채, 자본	특정 시점의 재무현황을 알려주는 보고서
포괄손익계산서	수익, 비용, 당기순이익, 포괄손익	특정 기간 경영성과를 알려주는 보고서
자본변동표	자본금의 변동, 자본잉여금의 변동, 자본조정의 변동, 이익잉여금의 변동, 기타포괄손익누계액 변동	특정 기간 자본의 크기와 그 변동내용을 알려 주는 보고서
현금흐름표	영업활동 현금흐름, 투자활동 현금흐름, 재무활동 현금흐름	특정 기간 현금 및 현금성 자산의 증감원인을 알려주는 보고서
주석	회계정책에 대한 정보와 재무상태표, 포괄손익계산서, 자본변동표 및 현금흐름표에 표시된 항목에 대한 보충 정보	재무제표의 내용에 대해 구체적이고 추가적인 설명을 제공하는 정보

1.1 재무제표(financial statements)의 보고목적과 구성

재무보고(financial reporting)는 기업 외부의 다양한 이해관계자들에게 경제적 의사결정을 위해 경영자가 기업실체의 경제적 자원과 의무, 경영성과, 현금흐름 등에 관한 재무정보를 제공하는 것이다. 일반적인 재무보고는 ① 기존(잠재)투자자 및 채권자에게 기업실체에 대한 합리적인 투자의사결정과 신용의사결정을 하도록 유용한 정보를 제공해야 한다. ② 기업실체의 미래현금흐름 창출능력을 평가하는 데 유용한 정보를 제공해야 한다. ③ 기업실체의 재무상태, 경영성과, 현금흐름과 자본변동에 관한 정보를 제공해야 한다. 따라서 재무보고는 투자자와 채권자의 정보수요를 중심으로 기술되어 자본시장 및 신용시장의 기능과 경제적 자원의 효율적인 배분 등을 촉진시켜 궁극적으로 재무제표 이용자들은 효익을 얻게 된다.

재무회계의 기본가정은 첫째, 기업실체 가정(business entity assumption) 측면에서 기업을 주주와 독립적으로 존재하는 실체(entity)로 본다. 경영자는 주주가 투자한 자본을 사용하여 경영활동을 하는데, 자본사용에 따른 경영성과를 명확하게 파악하려면 소유와 경영은 분리되어야 한다. 둘째, 계속기업 가정(going-concern assumption) 측면에서 기업이 사업중단 또는 청산을 결정하거나 특수 목적으로 한시적인 기업을 제외하고 기업은 장기간 활동하고 존속한다. 셋째, 기간보고 가정(periodicity assumption) 측면에서 기업의 활동기간을 일정기간 단위로 분할하여 매 기간마다 재무보고하고 이 기간을 회계기간(accounting period) 또는 보고기간(reporting period)이라 한다.

K-IFRS(한국채택국제회계기준)의 주요 특징을 간단히 살펴보면, ① 회계처리선택권을 넓게 허용하는 원칙 중심의 기준이다. 기업마다 회계처리방법, 재무제표의 체제, 계정과목의 명칭이나 분류, 배열되는 순서 등은 차이가 있어 정보이용자의 의사결정에 도움을 줄 목적으로 주석에 의한 공시를 강조하고 있다. 법률 정책적 목적에 따라 거래의 실질에 맞는 회계처리를 규정하고 있는데 이와 관련하여 대손충당금 추정, 연결범위, 개별재무제표, 우선공시 등이 있다. ② 종속회사가 있는 기업은 종속회사의 재무제표를 합산한 연결재무제표를 작성하여 공시함으로써 개별재무제표에서 연결재무제표 중심으로 바뀌었다. ③ 금융자산 및 부채, 유형자산, 투자자산 등은 공정가치(fair value)측정을 의무화하거나 선택적 적용을 확대하였다. 일반기업회계기준(K-GAAP)은 자산 및 부채에 대해 객관적인 평가가 어려운 항목은 취득원가로 평가하고, K-IFRS는 공정가치방식으로 평가한다. 향후 2년 이내 주권상장법인이 되려는 기업이나 주권상장법인과 그 종속회사, 금융기관 등은 K-IFRS를 따른다. 일반기업회계기준과 한국채택국제회계기준의 주요 차이를 정리하면 다음과 같다.

표 2.2 | K-IFRS와 K-GAPP의 차이

	K-IFRS	K-GAAP
아파트분양 수익인식	완성기준	진행기준
파생상품 범위	미래결제(범위 확대)	차액결제(범위 축소)
충당부채	발생가능성이 높은 경우 인식	발생가능성이 매우 높은 경우 인식
부채성 자본	경제적 실질에 따름(상환우선주: 부채)	법적 분류에 따름(상환우선주: 자본)
퇴직급여 산출방식	보험수리적 방법	청산가치 개념에 근거
비상장주식 평가	공정가액	신뢰성 있게 측정할 수 없는 경우 취득원가
재고자산	후입선출법 불허	제한을 두지 않음
금융자산 분류	상각후 원가/공정가액	단기매매/매도가능/만기보유
영업권 상각	상각하지 않고 손상평가만 수행	일정기간 동안 정액 상각
임대 부동산	투자부동산으로 분류하고 공정가액으로 평가시 당기손익 반영	유형자산으로 표시하고 공정가액으로 평가시 이익은 자본, 손실은 당기손익 반영
재평가 유형자산	재평가 유형자산 처분시: 재평가잉여금을 이익잉여금으로 대체	재평가 유형자산 처분시 : 재평가잉여금을 당기손익에 반영
무형자산	재평가 허용	재평가 불가
임대차보증금	현재가치로 평가	명목가액

▪ 재무제표 간 상호 연관성

재무제표는 일정기간 발생한 경제적인 거래나 사건에 따른 기업의 재무상태 및 수익의 변동을 각각의 재무제표의 보고특성에 맞게 표시하므로 재무제표 간에는 상호 보완적이고 연관성이 있다. 이해를 돕기 위해 간단한 예를 들어 보자.

B기업이 자본금 1억원으로 창업하자마자 은행에서 1억원을 차입한 후 첫해 매출은 5억원, (기말)자산은 현금으로만 구성되고, 순이익은 2억원이라 가정하자. 이때 기업은 차입한 1억원을 모두 상환하고 순이익 중 5천만원을 주주들에게 배당금으로 지급하였다. 이 기업의 재무상태표상 (기말)이익잉여금은 순이익에서 배당금 5천만원을 차감한 1억 5천만원이고 자본총계는 자본금 1억원과 이익잉여금을 합한 2억 5천만원이 된다. 부채는 없으므로 자본총계가 총자산이 되고 자산구성은 현금 2억 5천만원만 표시된다. (기초)자본변동표에는 자본금 1억원에서 (기말)자본변동표에는 자본금 1억원과 이익잉여금 1억 5천만원을 합한 2억 5천만원이 총자본으로 표시된다. 현금흐름표에는 당기 중 영업활동에 의한 현금유입액인 2억원과 재무활동에 의한 현금유입액은 5천만원(설립자본금 1억원－배당 5천만원＋순차입금 0원(1억원차입－1억원상환))으로 기말현금은 2억 5천만원

이 되어 기말현금은 재무상태표의 현금 및 현금성자산과 일치한다.

이와 같이 기초와 기말의 재무상태를 비교해 봄으로써 기업의 경영활동결과로 인해 특정시점의 기업의 재무상태가 어떻게 변동했는지를 파악할 수 있다. 반면에 현금흐름표, 손익계산서, 자본변동표 등은 동태적인 보고서로서, 기업의 일정기간 동안 발생된 수익과 현금흐름의 변동에 관한 사항들이 각 재무항목의 특성을 적합하게 표시한 재무제표이다. 따라서 재무상태표의 자본항목은 자본변동표와 손익계산서와 관련하고, 현금 및 현금성자산 항목에 대한 세부내용은 현금흐름표와 서로 연관성이 있다.

1.2 연결재무제표(consolidated financial statements)

연결재무제표는 기업이 하나 이상의 다른 기업을 지배하는 경우, 지배기업(parent firm)과 그 종속기업(subsidiary firms)의 자산, 부채, 자본, 수익, 비용, 현금흐름을 하나의 경제적 연결실체로 표시하는 지배기업의 재무제표이다. 이때 '지배'란 투자기업이 피투자기업의 재무정책과 영업정책을 결정할 수 있음을 의미한다. 투자기업이 피투지기업에 대한 지분율이 50% 미만일지라도 피투자기업을 실질적으로 지배하는 경우도 포함한다. 지배회사는 종속회사와 내부거래를[1] 제거한 후 연결재무제표를 작성하여 공시하고 자신에 대한 별도재무제표도 보고한다. 연결재무제표는 연결재무상태표, 연결포괄손익계산서, 연결자본변동표, 연결현금흐름표로 구성된다. 연결재무상태표에서 자본은 지배소유주지분과 비지배지분으로 구분 표시된다. 연결포괄손익계산서에서도 당기순이익과 총포괄이익에 대해 지배기업 소유주지분과 비지배지분으로 구분 표시된다. 재무상태표와 손익계산서는 재무분석을 위한 기초자료로 주로 활용되고, 현금흐름표는 과거 투자유형을 분석하는 자료로, 자본변동표 및 주석사항은 재무상태표와 손익계산서에 대한 보충자료로 이용된다. 연결재무제표의 유용성 및 한계점은 다음과 같다.

1 내부거래란 지배회사와 종속회사 간 또는 종속회사와 종속회사 간에 이루어진 거래를 말한다. 예를 들면, 지배회사가 종속회사에 제품을 판매하는 내부거래는 지배회사는 매출, 종속회사는 매입으로 인식된다. 종속회사가 외부에 판매하지 않는 이상 연결재무제표는 지배회사와 종속회사들을 단일의 경제실체로 가정하므로 그러한 내부거래는 없는 것으로 간주하여 연결재무제표에서 서로 상계처리된다.

① 연결재무제표에는 종속기업의 자산·부채, 수익·비용 등도 포함되어 공시되므로 연결실체 전체의 재무상태와 경영성과 등에 대한 정보를 제공해 준다.

② 내부거래 및 미실현손익을 제거해 줌으로써 내부거래를 통한 지배기업의 이익조정의 개연성을 줄여준다.

③ 연결실체 전체의 재무상태를 보고함으로써 특정 연결실체에 대한 경제력 집중에 대한 정보를 제공해 준다.

④ 정보이용자는 연결재무제표로부터 개별실체에 대한 상세한 정보를 얻을 수 없어 별도재무제표를 완전히 대체할 수 없다.

⑤ 연결대상이 되는 기업 간 업종, 결산기, 회계처리방법 등이 다를 경우 연결실체의 경제적 실질이 제대로 반영되지 못할 가능성도 있다.

⑥ 연결손익계산서의 당기순이익을 투자자가 배당가능한 이익으로 오해할 소지가 있다.

▪ 재무상태표(statement of financial position)

재무상태표는 일정 시점에서 기업이 보유한 경제적 자원인 자산과[2] 경제적 의무인 부채 및 자본에 대한 내용을 표시하는 재무보고서로 유동성, 재무적 탄력성, 수익성과 위험 등을 평가하는 데 유용한 정보를 제공한다. [그림 2.2]는 재무상태표의 구성요소 및 개념을 정의한 것으로, 자산의 자금원은 부채와 자본으로 구성되므로 이를 회계등식(accounting equation) 또는 재무상태표등식이라 한다.

$$\text{자산(Assets)} = \text{부채(Liabilities)} + \text{자기자본(Equity)}$$

자산(asset)이란 과거 거래나 사건의 결과로서 현재 기업실체에 의해 지배되고 미래의 경제적 효익을 창출할 것으로 기대되는 자원으로 정의한다. 부채(liability)는 과거 거래나 사건의 결과로서 현재 기업실체가 부담하고 있고 미래에 자원의 유출 또는 사용이 예상되는 의무를 말한다. 한편 자기자본(equity)은

2 자산의 근원적 목적은 미래의 경제적 효익(future economic benefits)을 창출하는 데 있고 여기서 미래의 경제적 효익이란 직·간접적으로 기업실체의 미래현금흐름창출에 기여하는 잠재력을 의미한다.

자산에서 부채를 차감한 잔여액으로 기업의 실체자산에 대한 소유주의 청구권을 의미하고 순자산(net assets)이라고도 한다.

재무상태표의 차변(좌측)에는 자산이, 대변(우측)에는 부채와 자본이 표시된다. 재무상태표는 자금의 운용상태(자산)와 조달원천(부채와 자본)의 관계를 표시하므로 일정 시점에서의 재무상태를 보여준다. 즉, 재무상태표에서 자산항목은 기업이 조달한 자금으로 자산을 어떻게 활용하고 있는지 자금의 운용상태(투자활동)를 나타내며, 부채와 자본항목은 기업이 자금을 어떻게 조달하였는지 자산에 대한 자금조달원천, 즉 자본구조(자금조달활동)를 나타낸다. 따라서 재무상태표는 기업의 투자활동과 자금조달활동의 결과를 한 시점에서 정리한 것으로 기업의 모든 경영활동의 결과를 요약한 최종보고서이다.

그림 2.2
재무상태표의 구성요소

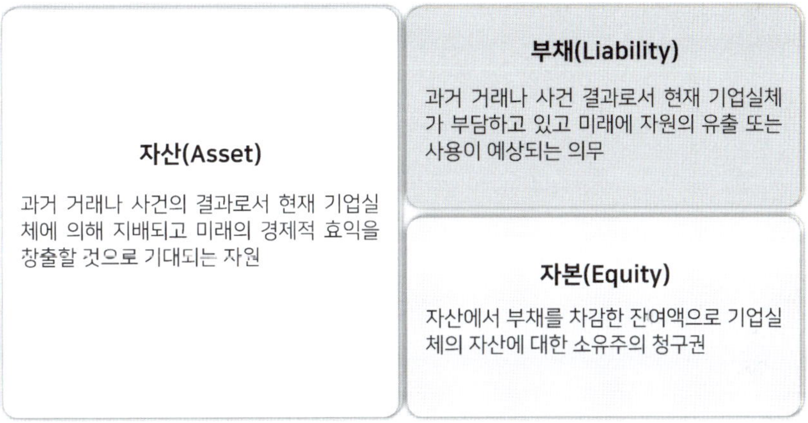

자 산

자산은 보고기간 종료일로부터 영업주기 이내 또는 1년 이내에 현금화가 실현될 것으로 예상되는 자산은 유동자산(current assets)으로, 그 밖의 모든 자산은 비유동자산(non-current assets)으로 분류한다. 이와 같이 자산항목은 유동성이 높은 순에 따라 표시하고 여기서 유동성(liquidity)이란 자산의 현금화수준을 의미한다.

표 2.3 | 자산의 분류기준

유동자산	① 기업의 정상 영업주기 내에 실현될 것으로 예상하거나, 정상 영업주기 내에 판매하거나 소비할 의도가 있다. ② 주로 단기매매 목적으로 보유하고 있다. ③ 보고기간 후 12개월 이내에 실현될 것으로 예상한다. ④ 현금 및 현금성자산으로서 교환이나 부채상환 목적으로 사용에 대한 제한기간이 보고기간 후 12개월 이상이 아니다.
비유동자산	유동자산으로 분류되지 않은 모든 자산

① **유동자산** : 유동자산(current assets)은 보고기간 말로부터 1년 이내에 현금화되거나 현금으로 전환이 예상되는 자산을 말하며, 현금화의 용이성에 따라 현금 및 현금성자산, 단기금융상품, 매출채권, 재고자산, 당기법인세자산, 단기대여금 등으로 표시된다.

② **비유동자산** : 자산 중 유동자산으로 분류되지 않은 자산으로 그 형태가 변하기 어려운 자산인데 장기금융상품, 관계기업투자, 유·무형자산, 사용권자산, 투자부동산, 이연법인세자산 등이 해당된다. 유형자산(PPE: property, plant and equipment)은 제품 생산 또는 서비스의 제공을 목적으로 1년 이상 보유하려는 물리적 형체가 있는 자산으로 토지, 건물, 구축물, 기계장치, 건설중자산, 비품 등이 있다. 무형자산(intangible assets)은 물리적 형체는 없지만 독자적으로 식별가능한 자산으로 산업재산권, 저작권, 개발비, 시설이용권, 배출권, 영업권 등 여러 항목들이 있다. 유형자산은 감가상각(depreciation), 무형자산은 감모상각(amortization)의 절차를 통해 장기간에 걸쳐 비용 처리된다.[3] 단, 토지는 시간이 경과하여도 경제적 효익이 훼손되지 않고 건설중자산은 영업활동에 투하되지 않아 수익과 비용의 대응원칙에 의해 상각대상이 아니다. 투자자산은 기업의 보유목적에 따라 장기투자수익을 목적으로 보유하는 채권 및 주식 등 금융자산과 투자부동산, 장기성예금, 다른 기업에 대한 중대한 영향력을 행사하거나 지배목적으로 보유하는 주식(관계기업투자주식) 등이 포함된다. 투자자산은 기업의 사업목적이 아닌 점에서 유형자산과 구분되며, 장기간 보유할 목적인 점에서 유동자산과 구분된다. 기타비유동자산항

3 자원개발업을 영위하는 기업이 지닌 자산(예를 들면 광산, 광구 등)은 일반적인 유형자산과 구분하기 위해 감가상각의 영문표기를 depletion(감모상각)으로 한다. 일반적인 유형자산의 감가상각과 다른 점은 ① 감모상각은 수량의 소진을 의미하고, ② 모두 매출원가로 인식하며, ③ 감모성자산으로 대체 불가한 것이 특징이다. 자원개발기업의 자산상각비 총칭은 DD&A(depreciation, depletion and amortization)이다.

목으로는 보증금, 장기선급비용 등이 있다.

표 2.4 | 주요 자산항목

계정항목	의 미
현금 및 현금성자산	통화 및 타인발행수표 등 통화대용증권과 당좌예금, 보통예금 및 확정된 금액으로 현금으로 전환이 용이하고 가치변동위험이 중요하지 아니한 투자자산으로서, 취득 당시 만기일(또는 상환일)이 3개월 이내인 것을 말한다.
단기금융상품	주식이나 채권 또는 금융기관이 취급하는 금융상품 등에 단기적으로 투자한 증권
매출채권	신용으로 상품(제품)을 판매하거나 용역을 제공하고 아직 회수하지 않은 금액으로 외상매출금과 받을어음을 포함하는 수취채권
미수금	일반적인 상거래 이외의 거래인 자산(토지, 건물, 비품 등)을 (일부)외상으로 처분하고 아직 회수하지 않은 확정된 금액
대여금	일정기간 이내에 회수하기로 하고 다른 타인(기업)에게 빌려준 금액으로 1년 이내에 회수되어야 할 대여금은 유동자산, 1년 이후에 회수되어야 할 대여금은 비유동자산으로 분류
선급금	매매거래를 확실히 하기 위해서 대금의 일부를 선지급하거나, 공사의 착수 또는 완성 이전에 대금 중 일부를 미리 지급하는 금액으로 기타유동자산으로 분류. 예) 착수금, 계약금
선급비용	보험료 등과 같이 특정 서비스나 반대급부를 기대하고 비용을 미리 지급한 대가 중 약정된 반대급부나 서비스의 시간이나 양이 모두 충족되지 않아 소멸되지 않은 부분으로, 시간의 경과나 약정된 급부를 제공하면 소멸되는 비용. 예) 선급보험료
미수수익	일정한 기간 동안 용역을 제공하거나 확정된 수익이 아직 회수하지 않은 금액
재고자산	정상적인 영업과정에서 판매를 위하여 보유하거나 생산 중에 있는 자산 및 생산 또는 서비스 제공 과정에 투입될 원재료나 소모품 형태로 존재하는 자산
당기법인세자산	보고기간 말까지 제정되었거나 실질적으로 제정된 세율(또는 세법)을 적용하여 과세당국으로부터 환급받을 것으로 예상되는 금액
유형자산	기업이 재화의 생산이나 용역의 제공, 기업의 관리활동, 또는 타인에게 임대에 사용할 목적으로 보유한 구체적인 형태가 있는 자산으로 토지, 건물, 기계장치, 선박, 차량운반구 등이 해당한다.
사용권자산	리스기간에 리스이용자의 기초자산 사용권을 나타내는 자산
무형자산	물리적인 형태가 없고 식별이 가능한 비화폐성 자산으로 산업재산권, 라이선스 및 프랜차이즈 등이 해당한다.
관계기업투자	연결기업이 20~50% 지분을 보유하고 재무정책 및 영업정책에 대한 유의적인 영향력을 지니지만, 지배하거나 공동지배하지 않는 기업에 대한 투자
이연법인세자산	향후 과세소득의 발생 가능성이 매우 높아 미래의 법인세절감효과가 실현될 수 있을 것으로 기대되는 경우에 인식한다.
배출권	정부로부터 할당받은 온실가스배출 허용량은 0으로 인식하고 의무를 이행하기 위한 목적으로 보유하고 있는 배출권은 비유동자산으로 분류하지만 단기매매 목적으로 변경된 배출권은 유동자산으로 분류한다.

부 채

부채(liabilities)는 지급의무나 이행의무가 빠른 순으로 표시되며 영업주기 이내 또는 1년 이내 지급이나 이행해야 하는 의무가 있는 유동부채(current liabilities)와 그 밖의 모든 부채는 비유동부채(non-current liabilities)로 분류 표시한다.

표 2.5 | 부채의 분류기준

유동부채	① 정상영업주기 내에 결제될 것으로 예상하고 있다. ② 주로 단기매매 목적으로 보유하고 있다. ③ 보고기간 후 12개월 이내에 결제하기로 되어 있다. ④ 보고기간 후 12개월 이상 부채의 결제를 연기할 수 있는 무조건의 권리를 가지고 있지 않다.
비유동부채	유동부채로 분류되지 않은 모든 부채

표 2.6 | 주요 부채항목

계정항목	의 미
매입채무	상품을 외상으로 매입한 금액인 외상매입금과 지급어음 등을 포함하고 주로 재고자산 매입과 관련하여 발생하는 채무
계약부채	고객에게서 이미 받은 대가(또는 지급기일이 있는 대가)에 상응하여 고객에게 재화나 용역을 이전하여야 하는 의무
미지급금	자산(토지나 건물, 비품 등)을 외상으로 매입하고 아직 지급하지 않은 금액
미지급비용	발생된 비용 중 아직 지급하지 아니한 것으로 1년 이내에 지급해야 할 금액은 유동부채, 1년 이후에 지급해야 할 금액은 비유동부채로 표시
금융부채	금융부채는 계약상의 권리와 의무에 기인하여 발생한 계약상의 의무로서 ① 거래상대방에게 현금 등 금융자산을 인도하기로 한 계약상 의무, ② 잠재적으로 불리한 조건으로 거래상대방과 금융자산이나 금융부채를 교환하기로 한 계약상 의무, ③ 결제할 자기지분상품의 수량이나 대가가 변동적인 계약(파생상품 및 비파생상품)이다.
당기법인세부채	보고기간 말까지 제정되었거나 실질적으로 제정된 세율을 적용하여 과세당국에게 납부할 것으로 예상되는 금액
환불부채	고객에게서 받은 대가의 일부나 전부를 고객에게 환불할 것으로 예상되는 금액
유동성 장기부채	장기차입금이나 사채 중 일부 또는 그 잔액을 1년 이내 상환해야 할 금액
차입금	일정기간 후에 상환하기로 하고 타인이나 다른 실체로부터 차입한 채무로 1년 이내 상환해야 할 의무가 있는 차입금은 단기차입금, 1년 이후에 상환해야 할 의무가 있는 차입금은 장기차입금으로 표시
회사채	장기자금조달을 위하여 일정한 기간 동안 이자를 지급하고 만기에 원금을 상환하는 채무증권
리스부채	사용권자산에 대응하여 미래에 지급해야 할 리스료
충당부채	기업이 과거사건의 결과로 현재의 법적의무나 의제의무가 존재하고, 그 의무를 이행하기 위한 자원의 유출가능성이 높으며, 당해 금액의 신뢰성 있는 추정이 가능한 경우 부담해야 할 잠정부채를 인식한다. 충당부채는 의무를 이행하기 위하여 예상되는 지출액의 현재가치로 측정된다. 배출부채는 실제 배출된 온실가스 배출량이 수령하여 보유한 배출권 수량을 초과하는 경우에 계상된다.
퇴직급여부채	종업원의 퇴직금이나 은퇴 이후 종업원에게 지불하는 연금을 기업이 부담하기로 한 경우 미래 지급액의 현재가치금액
기타장기급여부채	종업원이 근무용역을 제공한 회계기간 말부터 12개월 이내 결제되지 않을 종업원 급여(퇴직급여와 해고급여 제외)
이연법인세부채	향후 과세소득이 증가하여 미래의 법인세부담액으로 미래의 자산유출이 예상되는 경우에 인식한다.

① **유동부채** : 유동부채(current liabilities)는 일상적인 상거래에서 발생하는 영업 성격의 채무와 만기가 1년 이내인 이자성부채로 구성된다. 매입채무, 계약부채, 단기차입금, 당기법인세부채, 유동성 장기부채 등이 해당된다.

② **비유동부채** : 부채 중 유동부채를 제외한 부채로 장기차입금, 회사채, 리스부채, 충당부채, 퇴직급여부채, 장기급여부채, 이연법인세부채 등이 있다.

단, 과거 사건은 발생하였으나 불확실한 미래 사건의 발생 여부에 의해서 존재 여부가 확인되는 잠재적인 의무가 있는 경우 또는 과거 사건이나 거래의 결과 현재 의무가 존재하나 자원이 유출될 가능성이 매우 높지 않거나 당해 의무를 이행하여야 할 금액을 신뢰성있게 추정할 수 없는 경우에는 우발부채로 주석 기재한다.

자 본

자본(equity)은 자산에서 모든 부채를 차감한 잔여지분(residual interest)으로 순자산(net assets) 또는 소유주지분(owners' equity)이라고도 불린다. 자본은 장기 자본이므로 유동과 비유동의 개념이 없다. 또한 자본은 자산이나 부채와 달리 독자적인 정의나 측정기준을 지니지 않고 자산과 부채가 측정된 후 결정되는 특성이 있다. 그리고 주주는 잔여지분인 자기자본에 대한 청구권, 즉 자본청구권을 지닌다. 자본거래와 손익거래의 결과에 따라 자본총계는 납입자본과 이익잉여금으로 표시되고 이익잉여금은 가득자본(earned capital)의 성격이다. 자본을 분류할 때 소유주인 주주와 거래가 주요 요소이다. 소유주와 거래를 자본거래라 하고 자본거래에 해당되지 아니하는 거래는 손익거래라고 한다. 자본거래의 대표적인 예는 주식의 발행이나 배당지급이다. 이러한 이유로 인해 자본은 자본거래와 손익거래를 구분하여 보고하는 것을 원칙으로 한다. 주주와 직접 관계된 자본항목은 주주가 납입한 금액인 자본금과 이를 초과한 부분인 주식초과발행금 및 자본거래로 인한 잉여금 등을 포함하는 자본잉여금으로 구성된다.

K-IFRS에서는 자산의 분류에 대해 상세히 규정하고 있으나, 자본은 납입자본과 적립금으로 구분하고, 자본금과 주식발행초과금 및 적립금으로 세분하는 것에 그친다. 유·무상증자(감자) 혹은 결손금 처리 등에 따른 자본잉여금의 변동은 주식발행초과금과 기타자본잉여금으로 구분 표시한다. 한편 이익잉여금은 경영활동으로 획득된 이익을 사외로 유출시키지 않은 유보이익으로 순이익 외

회계정책변동에 의한 누적효과, 중대한 전기오류수정손익, 연차배당 및 중간배당을 포함한다. 이익잉여금 중 상법상 회사는 자본금의 50%에 달할 때까지 매결산기에 이익배당액의 10% 이상을 이익준비금으로 적립하도록 규정하고 있고, 이익준비금은 현금배당할 수 없으며, 주주총회결의에 의하여 이월결손금의 보전과 자본전입에만 사용될 수 있다.

표 2.7 | 주요 자본항목

계정항목	의 미
자본금	주주가 출자한 (액면가액 기준)자본금으로 보통주자본금과 우선주자본금으로 구분
주식발행초과금	자본금 중 액면가액을 초과하는 부분
기타자본항목	차감항목인 자기주식과 당기순이익에 포함되지 않은 기타포괄손익(예를 들면, 공정가치측정 금융자산 평가손익, 해외사업장 환산외환차이) 및 기타자본잉여금 등을 포함한다.
이익잉여금	기업이 영업활동으로 획득(가득)한 이익 중 기업 외부로 유출되지 않고 기업 내부에 유보되어 있는 유보이익으로 법정적립금과 임의적립금, 재평가적립금, 미처분이익잉여금 등으로 구성된다.

[예시 1]에서 농심의 재무상태표를 살펴보면, 2021년 자본총계는 2조 2,008억원, 자산총계는 2조 8,999억원이고 부채총계는 6,991억원이다. 자본총계는 자본금과 주식발행초과금을 합한 1,541억원, 기타자본항목 -527억원, 그리고 이익잉여금 2조 831억원으로 구성된다. 기타자본항목은 손익계산서상이 아닌 재무상태표상에 표시되는 손익과 자기주식을 포함한다.

재무제표 중 주석사항을 살펴보면, 기타자본항목에서 보유하고 있는 자기주식은 차감하여 표시하는데 가중평균보통유통주식수에서 자기주식수는 산입하지 아니한다. 자기주식인 300,018주에 대한 취득가액은 808억원이다. 이익잉여금은 누적된 이익 중에서 주주들에게 배당하지 않고 남은 금액이다.

[예시 1] 연결재무상태표

연결재무상태표

제57(전)기 2020년 12월 31일 현재 / 제58(당)기 2021년 12월 31일 현재

주식회사 농심과 그 종속기업 (단위: 백만원)

	제58(당)기	제57(전)기		제58(당)기	제57(전)기
유동자산	**1,088,692**	**1,074,436**	**유동부채**	**537,329**	**522,146**
현금및현금성자산	157,476	321,542	매입채무	282,880	275,145
단기금융상품	244,528	237,162	기타채무	189,290	177,683
기타금융자산	154,367	35,639	계약부채	15,571	9,119
매출채권	224,004	211,493	단기차입금	3,869	3,313
기타채권	14,746	17,326	리스부채	8,070	9,073
재고자산	256,008	228,411	당기법인세부채	9,625	22,604
기타유동자산	33,299	22,045	환불부채	6,971	7,500
당기법인세자산	4,119	819	배출부채	490	–
배출권	145	–	기타유동부채	20,561	17,708
			비유동부채	**161,812**	**154,419**
			장기차입금	82,215	68,270
			기타채무	2,802	6,413
			리스부채	11,617	13,039
비유동자산	**1,811,216**	**1,651,092**	퇴직급여부채	1,133	1,013
장기금융상품	9	9	이연법인세부채	41,701	38,589
기타채권	7,762	10,864	기타장기종업원급여부채	22,343	26,844
기타금융자산	70,644	66,192	기타비유동부채	–	251
관계기업투자	2,505	3,229	**부채총계**	**699,141**	**676,564**
퇴직급여자산	14,435	6,385	**지배기업 소유주지분**	**2,184,550**	**2,033,928**
유형자산	1,427,517	1,271,414	자본금	30,413	30,413
사용권자산	47,365	47,337	주식발행초과금	123,721	123,721
무형자산	44,235	46,098	기타자본항목	−52,696	−120,936
투자부동산	182,858	187,261	이익잉여금	2,083,112	2,000,730
기타비유동자산	86	123	**비지배지분**	**16,218**	**15,036**
이연법인세자산	13,801	12,182	**자본총계**	**2,200,767**	**2,048,964**
자산총계	**2,899,908**	**2,725,528**	**부채와 자본총계**	**2,899,908**	**2,725,528**

재무상태표의 유용성과 한계

재무분석을 하는 경우, 재무상태표의 재무정보는 다음과 같이 유용하지만 그 자체의 한계도 있어 이를 고려하여 정보를 활용해야 한다.

첫째, 재무상태표로부터 기업이 단기간에 도래하는 채무약정에 대한 지급여력인 유동성과 장기채무약정의 지급가능한 수준인 재무건전성을 파악할 수 있다.

둘째, 재무상태표는 자금조달의 원천을 파악함으로써 기업의 자본구조 및 재무위험 등을 분석하는 데 필요한 정보를 제공한다. 이로부터 기업의 추가자금조달여력이나 자본시장환경의 변화에 따른 재무위험 노출정도 등을 알 수 있다.

셋째, 재무상태표는 경영성과인 손익계산서항목과 결합하여 기업이 영위하는 사업의 수익성 및 자산운용의 효율성을 파악하는 데 활용할 수 있다. 예를 들면, 투하자본 대비 수익창출력이 어느 정도인지를 분석할 수 있고, 총자산 대비 매출액을 비교하여 자산을 얼마나 효율적으로 운용하는지를 파악할 수 있다.

넷째, 재무상태표의 자산은 모두 현행가치를 보고하는 것이 아니다.[4] 자산 중 일부는 취득원가로 표시되지만 어떤 자산은 공정가치로 표시되기도 한다.

다섯째, 재무상태표의 자산은 화폐금액을 측정할 수 있는 것에 한한다. 기업이 보유한 자원 중 일부는 미래의 현금창출에 공헌하지만, 그 자원의 가치를 측정할 수 없어 자산으로 표시하지 않는 것이 있다. 예를 들어, 기업의 우수한 인적자원이나 마케팅 역량은 경쟁우위임에도 불구하고 재무정보로 기록되지 않는다.

여섯째, 재무상태표의 일부 항목들은 추정치에 의존하여 표시된다. 예를 들어, 판매보증충당금, 퇴직급여충당부채, 감가상각비 등은 추정에 근거한다.

---

4 현행가치 측정치는 측정일의 조건을 반영하기 위해 갱신된 정보를 사용하여 자산, 부채 및 관련 수익과 비용의 화폐적 정보를 제공한다. 이러한 갱신에 따라 자산과 부채의 현행가치는 이전 측정일 이후의 변동, 즉 현행가치에 반영되는 현금흐름과 그 밖의 요소의 추정치의 변동을 반영한다. 역사적 원가와는 달리, 자산이나 부채의 현행가치는 자산이나 부채를 발생시킨 거래나 그 밖의 사건의 가격으로부터 부분적이라도 도출되지 않는다(K-IFRS 6.10).

■ 포괄손익계산서(statement of comprehensive income)

포괄손익계산서는 기업의 일정기간 경영활동 결과인 경영성과를 화폐금액으로 표시한 보고서이다. 기업의 이해당사자들 중 특히 자본제공자인 주주와 채권자는 기업이 위탁받은 자원을 활용하여 성과를 잘 내고 있는지, 이에 따라 기업이 의무를 성실히 이행할 능력이 충분한지 관심을 둔다. 이러한 기업의 능력은 과거 재무성과를 살펴보고 이를 바탕으로 미래를 예측함으로써 파악할 수 있다. 정보이용자들은 포괄손익계산서를 통해 일정기간 재무성과를 분석함으로써 미래의 수익창출력을 예측하거나 경영진의 역량을 평가하기도 한다.

포괄손익계산서는 일정기간 발생한 수익과 비용을 대응시켜 당해기간의 손익을 표시한 보고서로 기업의 경영성과인 당기순손익과 포괄손익을 나타낸 재무제표이다. 매출액(revenue)은 주된 영업활동인 재화 또는 용역을 제조·판매한 대가로 발생하는 총수익을 말한다. 매출원가(cost of goods sold)는 재화 또는 용역을 생산하는 과정에서 직접 발생하는 취득원가로 측정된다. 매출총이익(gross profit)은 매출액에서 매출원가를 차감한 금액으로 생산효율성의 근거가 된다. 영업이익(operating income)은 매출총이익에서 판매관리비를 차감한 금액으로 매출액에서 영업비용(매출원가와 판매관리비의 합)를 차감한 것이기도 하다. 법인세비용차감전순이익(earnings before taxes)은 영업이익에 금융수익 및 기타수익, 금융비용 및 기타비용 등에 의한 영업외손익을 가산한 금액이다. 당기순이익(net income)은 법인세비용차감전순이익에서 법인세비용을 차감한 것으로 경영활동의 최종결과물로 주주에게 귀속된다. 이와 별도로 당기순이익과 기타포괄손익을 합한 총포괄이익(total comprehensive income)을 표시한다. 여기서 회계기준에 의해 당기순이익에 산입되지 않은 손익은 기타포괄손익으로 별도 표시하고, 단, 일정 기간 순자산(자본)의 변동액 중 기업과 소유주 간 거래로 인한 부분은 포함하지 않는다.

당기순이익 = 수익 총액 − 비용 총액

포괄이익 = 당기순이익 + 기타포괄손익

표 2.8 | 주요 수익 및 비용항목에 대한 개념

항 목	의 미
수익(revenues)	기업의 주요 경영활동으로 재화의 판매, 용역의 제공 등의 대가로 발생한 자산의 유입(또는 부채의 감소)으로 경제적 효익의 증가를 의미
비용(expenses)	기업의 주요 경영활동으로 재화의 판매, 용역의 제공 등에 따라 발생하는 자산의 유출이나 사용(또는 부채의 증가)으로 경제적 효익의 감소를 의미
영업비용(operating expense)	제품의 제조나 상품판매와 직접 관련한 비용으로, 매출원가와 판매관리비와 관련된 비용이다. 주요 비용항목은 매출원가와 급여, 퇴직급여, 복리후생비와 같은 종업원과 관련된 비용과 임차료, 접대비, 유·무형자산 감가상각비, 세금과공과, 광고선전비, 수도광열비, 대손상각비, 여비·교통비, 보험료, 운반비, 차량유지비, 수선비, 소모품비, 잡비 등은 판매비와 관리비가 해당된다.
영업외수익(non-operating income)	영업활동 외에 수반되는 수익이다. 주로 이자수익, 배당수익, 유형자산처분이익, 전기오류수정이익, 채무변제이익, 보험차익, 자산수증이익 등이 해당된다.
영업외비용(non-operating expense)	영업활동 외에 수반되는 비용이다. 주로 이자비용, 기타의 대손상각비, 단기투자자산처분손실, 외환차손, 지분법손실, 장기투자증권손상차손, 유형자산처분손실, 전기오류수정손실 등이 해당된다.
당기순이익(net income)	총수익에서 총비용을 차감한 것으로 소유주에게 귀속된다(자본의 증가).
기타포괄손익(other comprehensive income)	회계기준의 규정에 의해 순이익에 포함되지 않은 손익
총포괄이익(total comprehensive income)	당기순이익과 기타포괄이익의 합으로 자본의 순증가분을 의미하다(단, 소유주간의 거래 제외).

수익과 비용은 현금수지와 상관없이 중요한 사건(예: 상품 인도)이 일어났을 때 회계절차인 발생주의회계(accrual accounting)를 따른다.

수익(revenue)은 기업이 고객에게 재화를 인도하거나 용역을 제공하고 그 대가로 현금 또는 현금청구권을 받을 때 수익을 인식한다(수익인식의 원칙). 자산의 증가와 부채의 감소와 관련하며 미래의 경제적 이익이 증가하고 이를 신뢰성 있게 측정할 수 있을 때 인식한다. 수익의 인식은 실현기준(realization criteria)과 가득기준(earning criteria)을 충족해야 한다.

비용(expense)은, ① 특정 수익을 획득하는 데 직접 관련되어 발생한 비용항목은 당해수익으로 인식할 때 대응적으로 함께 인식(예: 매출원가, 판매수수료)하거나 ② 특정 지출이 미래의 경제적 효익이 유입될 가능성이 높지 않다면 비용을 즉시 인식(기간 대응)하며 ③ 특정 수익과 직접적 관련성을 확인하기 어려운 비용항목은 효익을 제공하는 기간에 따라 회계기간 동안 합리적으로 추정하여 인식한다(예: 감가상각비).

이와 같이 수익과 비용은 그 발생의 원천에 따라 명확하게 분류하고, 비용항목은 수익항목과 직접 관련하여 인식하는 것을 수익-비용 대응의 원칙(principle of matching costs with revenues)라고 한다. 경제적 목적에 적합한 정보를 얻기 위해 손익계산서는 수익과 비용을 다양한 방법으로 표시할 수 있다. 예를 들면, 기업 본원의 영업활동에서 발생하는 수익과 비용항목과 그렇지 않은 수익과 비용항목을 구분 표시한다. 이러한 구분은 수익과 비용의 원천에 근거하여 미래의

[예시 2] **연결포괄손익계산서**

연결포괄손익계산서

제57(전)기 2020년 1월 1일부터 2020년 12월 31일까지 / 제58(당)기 2021년 1월 1일부터 2021년 12월 31일까지

주식회사 농심과 그 종속기업 (단위: 백만원)

	제58(당)기	제57(전)기
매출액	**2,662,983**	**2,639,796**
총매출액	2,977,617	2,951,756
매출에누리등	−314,634	−311,961
매출원가	−1,844,871	−1,802,600
매출총이익	**818,112**	**837,196**
판매비와관리비	−711,972	−676,898
영업이익	**106,140**	**160,297**
기타수익	25,415	21,513
기타비용	−3,140	−3,466
금융수익	16,823	29,199
금융비용	−7,698	−15,313
지분법손익	−724	−1,678
법인세비용차감전순이익	**136,817**	**190,552**
법인세비용	−37,180	−41,504
당기순이익	**99,637**	**149,048**
당기순이익의 귀속		
지배기업 소유주지분	99,828	148,511
비지배지분	−191	537
기타포괄손익	**75,296**	**−19,358**
후속적으로 당기손익으로 재분류되는 항목		
기타포괄손익-공정가치측정 금융자산평가손익	−564	−84
해외사업장환산외환차이	70,795	−16,097
후속적으로 당기손익으로 재분류되지 않는 항목		
기타포괄손익-공정가치측정 금융자산평가손익	−630	−445
퇴직급여부채의 재측정요소	5,695	−2,733
총포괄이익	**174,934**	**129,690**
지배기업 소유주지분	173,717	129,091
비지배지분	1,216	599
지배기업 소유주지분에 대한 주당이익		
기본주당이익	17,263원	25,682원
희석주당이익	17,263원	25,682원

현금창출력을 평가할 수 있도록 해준다. 가령, 투자자산관련 손익은 영업활동의 목적이 아니고, 유형자산처분은 영업활동에서 부수적으로 수반되지만 반복성이 낮아 영업외손익항목으로 표시한다.

연결포괄손익계산서에서 당기순이익과 포괄순이익은 지배기업 소유주지분과 비지배지분으로 구분한다. 주당이익은 지배기업 소유주지분에 대한 당기순이익을 평균유통주식수로 나눈 값으로 기본주당순이익을 하단에 표시한다. 한편, 희석주당이익은 총발행보통주의 주식수에 대해 전환사채나 신주인수권부사채와 같은 잠재적 청구권이 행사될 경우를 가정하여 산출된 주당이익이다.

[예시 2]의 농심의 포괄손익계산서를 살펴보면, 2022년 매출액은 전년도와 유사한 2조 6,630억원을 유지하였다. 그러나 국제곡물가격 상승으로 인해 매출총이익이 하락하여 영업이익은 전년대비 33.8% 감소한 1,061억원, EBITDA는 전년대비 19.4% 감소한 2,112억원으로 나타났다. 이로 인해 (지배기업 소유지분)순이익은 전년대비 32.8% 감소한 것으로 분석되었다. 한편, 해외사업장 환산외환차이에 의해 기타포괄손익은 전년보다 947억원 증가함에 따라 (지배기업 소유지분)총포괄이익은 전년대비 34.6% 증가한 1,749억원으로 나타났다. 따라서 당기순이익은 전년보다 대폭 감소한 반면, 총포괄이익은 증가하는 상반된 모습이다.

손익계산서의 유용성과 한계

재무상태표가 기업의 자금조달과 운용에 대한 정보를 제공한다면 손익계산서는 기업의 경영성과와 관련된 정보를 표시한다. 보고기간 동안 매출 및 비용규모 그리고 전기 대비 손익의 변동 등을 파악할 수 있어 미래현금흐름을 예측하는데 필요한 정보를 제공한다. 특히 손익계산서는 발생주의 이익과 현금이 유입되는 수준을 비교하여 이익의 질(earning's quality)을 판단하고 사업위험(business risk)을 평가하는 데 유용한 정보를 제공해준다. 가령, 사업위험이 높은 기업은 자금조달비용이 클 것이고 이 비용은 기업가치에도 영향을 미친다. 하지만 손익계산서는 발생주의로 자원의 배분을 표시하므로 현금흐름을 반영하지 못하고, 실현기준과 수익-비용 대응원칙에 따라 보고되므로 자의적인 판단이 요구된다.

■ 자본변동표(statement of changes in owner's equity)

자본변동표(statement of changes in owner's equity)는 일정기간 동안 기업의 소유주(출자자) 몫인 자본의 크기와 그 변동에 관한 정보를 나타내는 재무보고서이다. 포괄이익은 손익계산서상 당기순이익에 기타손익항목들을 추가로 반영한다. 이러한 자본변동표상 이익보고의 관행을 비순증회계(dirty surplus accounting)이라 한다. 그 이유는 기타포괄손익항목들은 손익계산서의 당기순이익과 무관하지만 자본에 영향을 미치기 때문이다. 기말자본은 다음과 같은 등식이 성립하고 저량(stocks)와 유량(flows)의 개념을 지닌다.

기말자본 = 기초자본 + 포괄이익 − 배당금

자본변동표에는 순자산(자본)의 변동내역, 소유주에 의한 투자내역과 소유주에 대한 배분내역 등이 모두 표시된다. 가령, 순자산의 증가요인이 주식발행인지 아니면 영업활동으로 인한 것인지를 알 수 있다. 또한, 자본변동표에는 이익잉여금의 변동내역을 보고함으로써 배당가능한 이익이 얼마인지를 알 수 있고, 배당으로 인한 사외유출이 얼마인지도 파악할 수 있다. 자본변동표에는 자본금과 자본잉여금, 기타자본구성요소, 기타포괄손익누계액 및 이익잉여금의 각 항목별로 기초잔액과 변동사항 및 기말잔액을 표시한다. 그러나 자본변동표에 포함될 항목의 구체적인 구분은 기업의 상황이나 형편에 따라 정할 수 있다. 한편 이익잉여금(결손금)처분계산서는 주석기재사항이다.

[예시 3]에서 제시한 바와 같이, 연결자본변동표는 회계기간 중 연결실체의 자본변동내역을 설명하는 재무보고서로서, 연결자본을 구성하는 지배기업의 소유주지분과 비지배지분의 변동에 대한 포괄적인 정보를 제공한다 지배기업의 소유주지분은 납입자본(자본금, 자본잉여금)과 이익잉여금 및 기타자본요소(자본조정, 기타포괄손익누계액)로 표시하고, 기타자본요소의 변동내용은 세부 구성항목별로 구분 표시한다.

[예시 3] 연결자본변동표

연결자본변동표

제57(전)기 2020년 1월 1일부터 2020년 12월 31일까지 / 제58(당)기 2021년 1월 1일부터 2021년 12월 31일까지

주식회사 농심과 그 종속기업 (단위: 백만원)

	지배기업 소유주지분					비지배지분	총계
	자본금	주식발행초과금	기타자본항목	이익잉여금	합계		
2020.1.1(전기초)	30,413	123,721	−104,223	1,878,011	1,927,921	12,822	1,940,743
당기순이익	−	−	−	148,511	148,511	537	149,048
기타포괄손익							
공정가치측정-금융자산 평가손익	−	−	−528	−	−528	−	−528
공정가치측정-금융자산처분	−	−	−86	86	−	−	−
퇴직급여부채의 재측정요소	−	−	−	−2,747	−2,747	14	−2,733
해외사업장 환산외환차이	−	−	−16,144	−	−16,144	47	−16,097
총포괄손익	−	−	−16,759	145,850	129,091	599	129,690
비지배지분변동	−	−	46	−	46	1,615	1,661
연차배당	−	−	−	−23,130	−23,130	−	−23,130
2020.12.31(전기말)	30,413	123,721	−120,936	2,000,730	2,033,928	15,036	2,048,964
2021.1.1(당기초)	30,413	123,721	−120,936	2,000,730	2,033,928	15,036	2,048,964
당기순이익	−	−	−	99,828	99,828	−191	99,637
기타포괄손익							
공정가치측정-금융자산 평가손익	−	−	−1,194	−	−1,194	−	−1,194
퇴직급여부채의 재측정요소	−	−	−	5,684	5,684	11	5,695
해외사업장 환산외환차이	−	−	69,399	−	69,399	1,396	70,795
총포괄손익	−	−	68,205	105,512	173,717	1,216	174,934
비지배지분변동	−	−	35	−	35	−35	−
연차배당	−	−	−	−23,130	−23,130	−	−23,130
2021.12.31(당기말)	30,413	123,721	−52,696	2,083,112	2,184,550	16,218	2,200,767

■ 현금흐름표(statement of cash flows)

현금흐름표는 일정기간 기업의 현금유출과 유입에 관한 변동사항을 표시한 보고서로, 현금흐름의 활동별로 영업활동에 의한 현금흐름, 재무활동에 의한 현금흐름, 투자활동에 의한 현금흐름으로 구분한다. 현금흐름표에서 현금의 범위는 재무상태표의 현금 및 현금성자산 항목과 같다.

현금흐름표는 일정기간 동안 현금흐름의 변동원천과 현금지급능력 등에 대한 정보를 제공한다. 손익계산서는 발생주의 기준으로 표시되므로 순이익과 현금흐름이 일치하지 않는다. 어느 기업은 순이익임에도 불구하고 현금부족에 시달리는 경우도 있다. 따라서 현금흐름표는 기업의 활동별 현금흐름에 대한 정보를 제공하므로 미래현금흐름의 창출력을 내포한다. 현금흐름표는 재무상태표와 함

께 기업의 유동성과 재무적 탄력성을 평가하는 데 유용하다. 여기서 유동성이란 기업이 자산을 현금으로 전환가능한 정도, 즉 자산을 필요한 시기에 손실없이 화폐로 바꿀 수 있는 정도를 의미한다. 한편 재무적 탄력성은 기업이 예상치 못한 자금수요가 발생했을 때 대처할 수 있는 능력을 말한다. 특히 현금흐름표는 손익계산서와 비교하여 이익의 질을[5] 평가하여 미래현금흐름의 창출력을 가늠해 볼 수 있다. 즉, 일정기간 동안 현금흐름, 특히 현금흐름의 증감이 손익계산서상 수익과 비용처리 간 차이가 적을수록 이익의 질은 높아진다. 따라서, 현금흐름표로부터 현금배당지급 및 향후 내부자금 조달여력을 추정할 수 있다.

표 2.9 | 현금흐름의 활동별 분류

구 분	내 용
영업활동 현금흐름	기업의 주요 수익창출활동뿐 아니라 투자활동이나 재무활동에 포함되지 않는 모든 부수적 활동을 포함한다. K-IFRS 1007 '현금흐름표'에서 정의하고 있는 영업활동은 실무에서 영업활동으로 파악하고 있는 구매활동, 생산활동, 판매활동보다 범위가 더 넓다. 일반적으로 당기순손익의 결정에 영향을 미치는 대부분의 거래를 포함한다. 따라서 영업활동 현금흐름의 규모는 기업이 외부의 재무자원에 의존하지 않고 영업을 통하여 차입금 상환이나 영업능력의 유지, 배당금지급 및 신규투자 등에 필요한 현금흐름을 얼마나 창출하고 있는가에 대한 중요한 정보를 제공한다. 예를 들면, 매출채권회수, 매입채무지급, 급여지급, 이자수취 및 지급, 배당금수취, 법인세 납부 등 다양한 항목이 포함된다.
투자활동 현금흐름	투자활동 현금흐름은 미래의 이익과 현금을 창출할 목적으로 일반적으로 금융상품 및 장기성 자산(예를 들면, 유·무형자산, 지분상품, 채무상품) 등의 취득과 처분이나 제3자에 대한 대여 및 회수 등을 포함한다. 장단기금융 상품의 감소(증가), 종속기업투자의 처분(취득), 기타채권의 감소(증가), 기타채무의 증가(감소), 유·무형자산의 처분(취득), 투자부동산의 처분(취득), 사업결합으로 인한 증가 등이 해당한다.
재무활동 현금흐름	재무활동은 기업의 납입자본과 차입금의 크기 및 구성내용에 변동을 가져오는 자본과 차입금을 통한 자금조달이나 환급 및 상환과 관련된 활동을 말하며, 구체적으로 장·단기자금의 차입 및 상환, 신주발행이나 유상감자, 자기주식의 취득이나 처분, 배당금의 지급 등과 같이 부채 및 자본계정에 영향을 미치는 활동이다. 결과적으로 재무활동 현금흐름은 자본제공자인 주주와 채권자 등이 미래 현금흐름에 대한 청구권을 예측하는 데 유용한 정보를 제공해 준다.

5 회계이익이 기업의 현재성과를 잘 반영하고, 미래성과를 예측하기 위한 지표로서 가치평가에 유용한 요약 측정치(useful summary measure)로 작용할 때 회계이익의 질이 높다고 할 수 있다(Dechow and Shrand, 2004, *Earnings Quality*, The Research Foundation of CFA Institute).

[예시 4]에서 농심의 현금흐름표를 살펴보면, 2021년 영업활동으로 인한 현금유입액은 1,627억원, 투자활동으로 인한 현금유출액은 3,189억원, 재무활동으로 인한 현금유출액은 253억원으로 보고한다. 한편, 2021년 외화표시현금의 환율변동효과는 174억원으로 나타났다. 그러므로 2021년 기말 현금 및 현금성자산은 순현금유출액인 1,641억원과 기초 현금 및 현금성자산인 3,215억원을 합한 1,575억원이다.

[예시 4] 연결현금흐름표

연결현금흐름표

제57(전)기 2020년 1월 1일부터 2020년 12월 31일까지/제58(당)기 2021년 1월 1일부터 2021년 12월 31일까지

주식회사 농심과 그 종속기업 (단위: 백만원)

	제58(당)기	제57(전)기
Ⅰ. 영업활동으로 인한 현금흐름	**162,684**	**231,492**
당기순이익	99,637	149,048
비현금항목의 조정	170,411	173,060
운전자본의 조정	−62,583	−62,645
이자의 수취	7,195	11,104
이자의 지급	−821	−3,175
배당금의 수취	1,045	760
법인세의 납부	−52,200	−36,661
Ⅱ. 투자활동으로 인한 현금흐름	**−318,880**	**−132,012**
장단기금융상품의 감소(증가)	−7,289	36,807
종속기업투자의 취득		−1,470
기타금융자산의 처분(취득)	−124,694	5,820
기타채권의 감소	3,187	1,202
기타채무의 증가(감소)	−2,608	414
유형자산의 취득	−188,800	−179,699
무형자산의 처분(취득)	2,390	−247
투자부동산의 처분(취득)	−1,067	5,159
사업결합으로 인한 증가		2
Ⅲ. 재무활동으로 인한 현금흐름	**−25,294**	**−94,282**
차입금의 증가	252,290	142,622
차입금의 상환	−244,243	−205,383
리스부채의 지급	−10,211	−8,392
배당금의 지급	−23,130	−23,129
Ⅳ. 외화표시현금의 환율변동효과	**17,424**	**−1,451**
Ⅴ. 현금및현금성자산의 증감(Ⅰ+Ⅱ+Ⅲ+Ⅳ)	**−164,066**	**3,746**
Ⅵ. 기초의 현금및현금성자산	**321,542**	**317,796**
Ⅶ. 기말의 현금및현금성자산(Ⅴ+Ⅵ)	**157,476**	**321,542**

■ 감사의견

'주식회사 등의 외부감사에 관한 법률'에 의하여 기업이 작성한 재무제표가 기업회계기준과 적합한지 여부를 감사할 목적으로 외부감사보고서가 작성된다. 외부감사인은 감사보고서에 회계감사의견을 표명함으로써 재무제표의 신뢰성이 어느 정도인지를 정보이용자에게 전달한다. 감사범위의 제한이나 회계기준과 적정성에 따라 감사결과에 대해 다음과 같은 감사의견 4가지 중 하나를 선택한다.

여기에서 주의할 점은 외부감사의견이 재무보고에 오류나 부정이 전혀 없음을 보장하는 것은 아니다. 따라서 적정의견이 기업이 건실하다거나, 수익성이 높다거나, 또는 분식회계(window dressing settlement)가 없음을 보증하는 것도 아니다.

표 2.10 | **감사의견**

적정의견 (unqualified opinion)	재무제표가 기업회계기준에 의해 적정하게 작성되었다고 판단되는 경우 재무제표가 기업회계기준을 준수하여 작성되었음을 의미하는 의견으로서 적정성 자체가 기업의 건전성을 나타내지는 않는다.
한정의견 (qualified opinion)	감사범위에 제한이 있어 재무제표가 부분적으로 기업회계기준에 위배되었다고 판단되는 경우 회계처리방법 및 재무제표 표시방법 중 일부 회계기준에 위배되거나 혹은 재무제표 항목에서 합리적 증거를 모두 얻지 못해 관련사항이 재무제표에 대해 영향을 줄 수 있다고 판단되는 경우 이러한 영향을 제외하거나 없는 것을 조건으로 재무제표가 기업회계기준에 적정하게 표시하고 있다는 의견이다.
부적정의견 (adverse opinion)	기업회계기준의 위배사항이 재무제표에 중대하게 영향을 미친다고 판단되는 경우 재무제표가 전체적인 합리성이 없고 왜곡표시가 되어 무의미하다고 인정될 때 표명하는 의견이다.
의견거절 (disclaimer of opinion)	감사범위가 크게 제한을 받아 감사의견을 표명할 수 없다고 판단되는 경우 감사의견에 필요한 합리적 증거물을 얻지 못해 재무제표 전체에 대한 의견표명이 불가능한 경우나 기업의 지속성에 관계될 정도의 객관적 사항이 중대한 경우, 혹은 감사의 독립성이 없는 경우 등의 사유로 인해 재무제표에 대한 의견표명이 어렵다는 의견이다.

제2절 재무제표의 재구성

기업가치평가에 적합하도록 현행 회계원칙하의 재무제표 구성항목을 영업성격에 초점을 둔 항목으로 재분류가 필요하다. K-IFRS 도입 후 재무제표 중 재무상태표와 손익계산서에 표시되는 항목은 점점 짧고 단순하게 표시되는 대신 주석사항이 강조된다. 특히 K-IFRS는 재무제표의 구체적인 양식을 제시하지 않고, 재무제표에 표시되는 계정항목도 기업의 재량으로 결정할 수 있다. 재무제표의 구성요소에 대한 인식 및 측정과 관련하여 세부규칙이나 기준을 제시하지 않는다. 예를 들어 단기금융상품을 금융기관예치금으로 표시하거나 다른 계정과목과 묶어서 기타금융자산으로 분류하기도 한다. 이와 같이 계정항목의 표시가 일률적이지 않아 정보이용자는 더욱 주석사항을 면밀하게 살펴봐야 한다.

K-IFRS의 유동성구분법에 의하면, 재무상태표의 자산 및 부채는 유동성을 기준으로 구분하여 유용한 정보를 제공한다. 하지만 자산과 부채항목들을 기업의 본원적인 영업활동을 기준으로 영업자산과 비영업자산 그리고 영업부채와 이자성부채로 달리 분류해 봄으로써, 재무분석이나 가치평가 목적과 부합하는 정보를 얻을 수 있다. 예를 들어 투하자본수익률(ROIC)은 주주에게 귀속되는 순이익이 아닌 자본제공자가 관심을 두는 세후영업이익(NOPLAT)에 초점을 둔다.[6] 그러므로 이 비율은 영업활동에 투하된 자본에 대한 수익창출력을 보여준다. 한편 투하자본은 영업가치 산정에 필요한 잉여현금흐름(free cash flow) 및 경제적 부가가치(economic value added)를 구하는 측정지표이기도 하다. 따라서 영업가치와 비영업자산가치를 평가할 수 있도록 재무상태표를 재구성해야 한다. 아울러 손익계산서 항목 중 수익항목을 세후영업이익(NOPLAT) 및 세전영업현금흐름

6 NOPLAT과 EBITDA의 산출기준인 EBIT(영업이익)은 분석자에 따라 법인세비용차감전이익으로부터 순이자비용(이자비용－이자수익)을 가산하여 측정하기도 한다. 이러한 산출방법은 영업활동에 부수적으로 수반되는 기타순손익을 EBIT에 포함하는 장점이 있다. 하지만 기타 순손익이 투하자본과 직접적인 관련이 없고 손익계산서상 영업이익과 큰 차이가 없다. 따라서 본서에서는 산출과정이 용이하도록 손익계산서의 영업이익을 EBIT으로 정의하였다. 다만, 팔도가 지주회사의 성격도 지니므로 영업이익＋지분법 관련 순손익을 EBIT으로 확장하였다.

(EBITDA: earnings before interest, taxes, depreciation and amortization)을 도출하여 평가목적에 맞도록 재무정보를 재구성할 필요가 있다.

■ 투하자본(invested capital)과 총투하자산(total invested capital)

기업이 영업활동에 투하된 자본을 측정하기 위해서는 재무상태표상의 자산을 영업목적과 직접 관련한 영업자산과 그 외의 항목은 비영업자산으로 분류하고, 부채는 영업부채와 이자성부채로 구분한다. 따라서 자산을 투하자산(순영업자산)과 비영업(재무)자산으로 재구성하고 자본제공자 측면에서 타인자본과 자기자본으로 구분한 수정재무상태표를 작성할 수 있다.

투하자본 + 비영업자산 = 총투하자산 = 이자성부채 + 자기자본

여기서 투하자본(IC: invested capital)이란 기업의 주된 활동인 재화의 생산이나 판매, 용역의 제공에 수반되는 운전자본과 이와 관련한 자본적 지출까지 포함하는 순영업자산(NOA: net operating assets(영업자산－영업부채))을 의미한다. 예를 들어, 영업현금, 매출채권과 재고자산, 선급비용, 선급금, 유·무형자산 등은 영업자산에 해당된다. 한편 영업부채는 영업활동에서 수반된 이자가 발생하지 않는 비이자성부채로서 매입채무와 미지급비용, 선수금, 판매보증충당부채, 퇴직급여부채 등이 있다.[7]

투하자본은 순운전자본(유동영업자산－유동영업부채)와 순비유동영업자산으로 세분된다. 유동영업자산은 유동자산 중 초과현금 및 시장성유가증권과 같은 비영업유동자산을 제외한 자산이고, 유동영업부채는 유동부채에서 단기차입금과 유동성장기부채와 같은 단기이자성부채를 제외한 부채이다. 대표적인 비유동영업자산으로는 유·무형자산이 있고 비유동영업부채로는 판매보증부채, 충당부채, 퇴직급여부채 등이 있다. 비영업자산은 투자목적의 금융자산 및 투자부동산이나 영업활동과 관련이 없는 관계사투자를 포함한다.

---

7 미수수익(미수금)이나 미지급비용 항목 등은 재무적 거래로 발생한 금액도 포함할 수 있어 영업자산이나 영업부채로 산입하기 위해 이에 해당되는 금액을 조정해주어야 한다. 그러나 세부 내용이 주석사항으로 기재되지 않는 경우도 많고 그 금액도 중대하지 않아 이 항목들은 모두 영업자산 및 영업부채로 갈음한다.

그림 2.3
총투하자산의 구성

표 2.11 | 재무상태표의 재구성

영업자산	영업현금/매출채권 재고자산/선급금/사용권자산 유무형자산/미수금/배출권 이연법인세자산	차감 : 영업부채	매입채무/계약 및 환불부채 충당부채(판매보증부채) (순)퇴직급여부채/미지급금
		이자성부채	차입금/사채/리스부채
	영업권*	준자본계정	이연법인세부채**
비영업자산	건설중자산/장기금융상품 (임직원 제외)대여금/투자부동산 관계기업투자(지분법 적용주식)***	자본총계	

총투하자산 = 자기자본 + 이자성부채 = 자산총계 − 영업부채

* 영업권은 영업자산에 포함하지 않을 수도 있는데 그 이유는 영업권이 기업성과에 어느 정도 영향을 미치는지 예측하기 불확실하고 영업권이 없는 비교기업과 일관성을 유지해야 하기 때문이다. 본서는 그 금액이 분석결과에 중대한 영향을 미칠 정도로 크지 않아 편의상 비교기업의 영업권 및 토지재평가금액을 제거하지 않고 분석하였다.

** 이연법인세는 일시적인 세법상 법인세와 차이를 표시한 것으로 시간이 경과하면서 해소되지만 매 기간 다시 발생하여 금액은 변동하지만 거의 소멸되지 않는다. 그러므로 분석자에 따라 이연법인세부채는 비유동영업부채 또는 준자본(quasi-equity)성격으로 분류한다. 본서에서는 이연법인세부채를 준자본항목으로 적용하였다.

*** 관계기업투자(지분법적용)주식은 당기순손익 및 기타포괄손익 중 연결기업의 지분에 해당하는 금액을 장부금액에 가감한다. 지분법적용주식은 매출과 직접 관련하지 않으므로 비영업자산이다. 하지만 분석자에 따라 지분법투자가 사업목적과 관련하고 자산구성에서 중대한 영향을 미친다면 영업자산으로 분류한다. 본서에서는 팔도와 비교가능성 을 유지하기 위해 비교기업에 대한 해당 항목은 영업자산으로 산입하여 조정하였다.

결과적으로 총투하자산(total invested capital)은 자산운영 측면에서 투하자본(순영업자산)과 비영업자산으로 구성되고 자금원천면에서 이자성부채와 자기자본의 합과 균형을 이룬다. 그러므로 총투하자산은 자산총계에서 영업부채를 차감하여 간단하게 산출할 수 있다. 한편, 영업현금(working cash)은 재무상태표에 표시되지 않아 분석자는 별도로 추정해야 하지만 편의상 현금 및 현금성자산을 모두 영업자산으로 분류한다. 단, 유형자산에 포함된 건설중자산은 영업활동에 아직 투하되지 않은 자산이므로 영업자산에 산입되지 않는다는 점에 주의해야 한다. 한편 평가대상기업의 자산에 영업권이 없다면, 비교기업 간 비교가능성을 유지하기 위해 비교기업의 영업권은 영업자산으로 분류되지 않아야 한다.

[예시 5] 수정재무상태표

(단위: 백만원)	2020	2021
① **영업유동자산**	**801,635**	**689,797**
현금 및 현금성자산	321,542	157,476
매출채권	211,493	224,004
기타채권	17,326	14,746
당기법인세자산	819	4,119
배출권	–	145
기타유동자산	22,045	33,299
재고자산	228,411	256,008
② **영업유동부채**	**509,759**	**525,390**
매입채무	275,145	282,880
기타채무	177,683	189,290
계약부채	9,119	15,571
기타유동부채	17,708	20,561
배출부채	–	490
환불부채	7,500	6,971
당기법인세부채	22,604	9,625
③ **순운전자본**(①–②)	**291,876**	**164,407**
④ **비유동영업자산**	**1,267,764**	**1,387,136**
유무형자산	1,253,549	1,376,783
기타채권	10,864	7,762
관계기업투자	3,229	2,505
기타비유동자산	123	86
⑤ **기타비유동영업부채**	**28,136**	**11,843**
기타채무	6,413	2,802
기타비유동부채	251	
퇴직급여충당(순)부채	21,472	9,041
⑥ **투하자본**(⑦–**관계기업투자**)	**1,528,275**	**1,537,195**
⑦ **투하자본**$_{조정}$(③+④–⑤)	**1,531,504**	**1,539,700**
⑧ **비영업자산**	**637,563**	**794,739**
건설중자산	111,301	142,335
금융상품	339,002	469,547
투자부동산	187,261	182,858
총투하자산(⑦+⑧)	**2,169,067**	**2,334,439**

	2020	2021
이자성부채	93,695	105,772
(순)이연법인세부채	26,408	27,900
자기자본총계	2,048,964	2,200,767
총투하자산	**2,169,067**	**2,334,439**

[예시 5]는 농심의 수정재무상태표를 예시한 것이다. 2021년 투하자본과 총투하자산 산출결과를 살펴보면, 2021년 총투하자산은 전년보다 7.6% 증가한 2조 3,344억원이다. 투하자본$_{조정}$은 전년보다 0.5% 증가한 1조 5,397억원으로 전년과 유사하지만, 비영업자산은 7,947억원으로 전년보다 24.7% 대폭 증가하였다. 비영업자산 중 금융상품과 건설중자산의 전년 대비 증가율은 각각 38.5%와 27.9%로 나타났고, 특히 비영업자산 중 금융상품은 상당부분을 차지한다.

총투하자산의 자금원 중 이자성부채가 차지하는 비중은 4.5%로 기초(4.3%)와 비슷한 점을 미뤄볼 때, 내부유보금으로 건설중자산에 투자하고 그 잔여분으로 금융상품에 투자한 것으로 해석할 수 있다.

▪ 세후영업이익(NOPLAT)

현금흐름표의 영업활동에 의한 현금흐름을 산출하는 과정이 복잡하고 감가상각비에 대한 회계처리방법이 기업마다 다르므로 영업이익이 왜곡될 수도 있다. 이러한 이유에서 현금에 기반한 영업이익인 EBITDA(earnings before interest, taxes, depreciation and amortization)라는 개념이 제시되었고 이는 현금흐름표의 영업활동에 의한 현금흐름을 직관적으로 보여준다. EBITDA(세전영업현금흐름)는 영업이익(EBIT)과 비현금성비용 중 가장 많이 차지하는 유·무형자산상각비를 합한 것으로 가치평가에 많이 활용되는 지표이다.

EBITDA(세전영업현금흐름) = 영업이익(EBIT) + 유·무형자산상각비

순이익은 영업성과 및 영업외손익까지 모두 반영하므로 순이익 대신 세후영업이익(NOPLAT)을 영업활동에 의한 성과지표로 활용한다.

NOPLAT(세후영업이익) = 영업이익(EBIT) − 영업이익에 대한 법인세

K-IFRS에서는 법인세비용을 기업회계상 귀속 법인세와 세무상 납부할 법인세 간 일시적인 차이를 이연법인세자산(부채)으로 인식하도록 하고 있다. 손익계산서상 법인세비용은 부담할 법인세비용에서 이연법인세부채(자산)의 증감분을 가산(차감)하여 표시된다. 감사보고서의 법인세관련 주석사항을 살펴보면, 부담할 법인세액과 일시적 차이 등의 발생과 소멸로 인한 이연법인세자산(부채)의 변동분을 파악할 수 있다. 한편 세후영업이익 및 세후이자비용에 적용되는 세율은

부담해야 할 세액기준인 한계세율을 적용한다. NOPLAT(net operating profit less adjusted taxes)에서 법인세를 조정법인세(adjusted taxes)라 표현하는 이유이다.

■ 잉여현금흐름(free cash flow: FCF)

잉여현금흐름(free cash flow to firm: FCFF 또는 FCF)은 기업 본연의 영업활동에 의해 창출된 현금흐름에서 영업활동과 직접 관련한 운전자본의 변동과 설비투자 및 연구개발비와 같은 자본적 지출을 차감하여 구한다. 그러므로 잉여현금흐름은 기업이 가용할 수 있는 현금창출력을 의미하고 영업가치를 측정하는 핵심지표이다. 즉 잉여현금흐름은 세후영업이익(NOPLAT)에서 투하자본의 변동(ΔIC)과 건설중자산의 변동을 차감하여 산출한다.

잉여현금흐름(FCF)=(총)영업현금흐름(gross cash flow)−총투자금(gross investment)

(총)영업현금흐름=세후영업이익+감가상각비

총투자금=투하자본의 변동+건설중자산의 변동+감가상각비

잉여현금흐름은 세후영업이익과 순투자금이 많은 영향을 미치는데 음(−)의 현금흐름인 경우에는 주로 다음의 두 가지 경우에 발생한다.

첫째, 영업활동에 따른 수익이 저조하여 영업활동에 따른 현금창출이 제대로 되지 못한 경우이다. 둘째, 영업활동에 따른 현금흐름이 풍부함에도 불구하고 미래 성장을 위하여 대규모 자본적 지출을 하는 경우이다. 이러한 투자활동은 향후 더 풍부한 잉여현금흐름을 창출할 여력이 크다.

잉여현금흐름이 매우 적거나 음(−)의 흐름이 예상될 경우, 내부자금조달이 여의치 않으면 외부자금조달이 필요하다. 특히 수익성이 낮고 기존 부채도 많아 추가로 외부자금조달이 어려운 기업은 투자를 지연하거나 축소하는 상황까지 이르게 된다. 잉여현금흐름은 제5장에서 상세히 다루기로 한다.

mini MBA 투하자본과 잉여현금흐름 산출

다음은 K메탈의 20×1년과 20×2년 추정재무상태표와 20×2년 손익계산서이다. 이로부터 20×2년의 지표를 산출하여라.

추정재무상태표

(백만원)	20×1F	20×2F
유동자산	**11,866**	**22,555**
영업현금	2,565	3,510
단기금융상품	4,288	11,887
매출채권	2,384	3,750
재고자산	1,189	1,681
기타당좌자산	1,440	1,728
비유동자산	**23,405**	**20,583**
유형자산	22,025	19,238
보증금	500	500
무형자산	360	315
기타비유동자산	520	531
자산총계	**35,271**	**43,139**
유동부채	**2,179**	**2,468**
매입채무	618	876
기타유동부채	1,561	1,592
비유동부채	**21,555**	**22,039**
사채	20,000	20,000
퇴직급여부채	164	266
이연법인세부채	75	260
기타비유동부채	1,316	1,514
부채총계	**23,734**	**24,507**
자본금	3,000	3,000
자본잉여금	5,000	5,000
이익잉여금	3,537	10,631
자본총계	**11,537**	**18,631**
부채 및 자본총계	**35,271**	**43,139**

20×2년 추정손익계산서

매출액	**62,501**
매출원가	46,316
매출총이익	**16,185**
판관비	2,941
영업이익	**13,243**
EBITDA	16,076
영업비용	**46,257**
이자수익	162
이자비용	400
영업외손익	−238
세전이익	**13,005**
법인세	2,881
당기순이익	**10,124**

① 한계법인세율, ② 배당, ③ 배당성향, ④ 투하자본 및 총투하자산, ⑤ 세후영업이익, ⑥ 잉여현금흐름

① 법인세 2,881 = 13,005 × 한계법인세율 + 이연법인세부채의 변동 = 13,005 × 한계법인세율 + (260 − 75)
한계법인세율 = (2,881 − 185)/13,005 = **20.73%**

② 배당 = 당기순이익 − 이익잉여금의 변동 = 10,124 − (10,631 − 3,537) = **3,030백만원**

③ 배당성향 = 배당금/당기순이익 = 3,030/10,124 = **30%**

mini MBA

투하자본과 잉여현금흐름 산출

수정재무상태표

(백만원)	20×1F	20×2F
영업유동자산	**7,578**	**10,669**
영업현금	2,565	3,510
매출채권	2,384	3,750
재고자산	1,189	1,681
기타당좌자산	1,440	1,728
영업유동부채	**2,179**	**2,468**
매입채무	618	876
기타유동부채	1,561	1,592
순운전자본	**5,399**	**8,201**
유무형자산	**22,385**	**19,553**
기타순비유동영업자산	**−460**	**−749**
보증금	500	500
기타비유동자산	520	531
퇴직급여부채	−164	−266
기타비유동부채	−1,316	−1,514
투하자본(a)	**27,325**	**27,004**
비영업자산(b)	**4,288**	**11,887**
금융상품	4,288	11,887
총투하자산(a+b)	**31,612**	**38,891**

④ 투하자본 및 총투하자산

투하자본 = 순운전자본 + 유무형자산 + 기타순비유동영업자산 = 8,201 + 19,553 − 749
= **27,004백만원**

총투하자산 = 투하자본 + 비영업자산 = 27,004 + 11,887 = **38,891백만원**

⑤ 세후영업이익 = 영업이익 × [1 − (한계)법인세율] = 13,243 × (1 − 0.2073) = **10,498백만원**

⑥ 잉여현금흐름 = 세후영업이익 − 투하자본의 변동
= 10,498 − (27,004 − 27,325) = **10,818백만원**

주요 국영문용어

감가상각비(자원개발자산)_depletion
개별재무제표_separate financial statements
별도재무제표_non-consolidated financial statements
세전영업현금흐름_EBITDA
세후영업이익_NOPLAT
연결재무제표_consolidated financial statements
영업활동 현금흐름_cash flows from operation activities
영업현금_working cash
수정재무제표_revised financial statements
한계세율_marginal tax rate

| 확인학습 |

01. 다음 중 환금성이 가장 높은 자산으로 판매과정을 거치지 않고 단기간에 현금화시킬 수 있는 것은? (경영지도사)

① 재고자산 ② 무형자산 ③ 유형자산 ④ 당좌자산 ⑤ 투자자산

02. 재무상태표에서 자본에 해당하는 항목은? (경영지도사)

① 이익잉여금 ② 장기차입금 ③ 매입채무 ④ 무형자산 ⑤ 당좌자산

03. 재무상태표에 포함되지 않는 항목은? (경영지도사)

① 자산 ② 이자비용 ③ 자본금 ④ 이익잉여금 ⑤ 매입채무

04. 직·간접적으로 기업 실체의 미래현금흐름창출에 기여하는 잠재력을 의미하는 것은?

① 자산 ② 미래의 경제적 효익 ③ 잉여현금흐름
④ 경제적 부가가치 ⑤ 유무형자산

05. 손익계산서 항목에 해당하는 것은? (경영지도사)

① 이익준비금 ② 이자수익 ③ 건설중인 자산 ④ 배당금 ⑤ 매입채무

06. 다음 중 거래목적에 따라 재무상태표의 유동자산항목으로 표시될 수 없는 것은?

① 배출권 ② 재고자산 ③ 당좌자산 ④ 단기금융자산 ⑤ 해당사항 없음

07. 현금흐름표의 투자활동으로 인한 현금흐름에 해당하는 것은? (경영지도사)

① 신주의 발행 ② 유상증자 ③ 차입금 상환 ④ 기계설비 처분 ⑤ 재화와 용역 구입

08. 다음 중 투하자산과 잉여현금을 산출하는 데 성격이 다른 것은?

① 매출채권　② 건설중자산　③ 재고자산
④ 퇴직급여충당부채　⑤ 파생상품부채

09. 재무상태표에 관한 설명으로 옳지 않은 것은? (경영지도사)

① 일정시점의 기업 재무상태를 나타내는 보고서이다.
② 재무상태표의 대변은 부채와 자본으로 구성된다.
③ 재무상태표상의 장부가치와 경제적 실질가치 사이에 차이가 있을 수 있다.
④ 재무상태표의 차변은 자본의 조달상황, 대변은 자본의 운용상황을 나타낸다.
⑤ 재무상태표에는 질적 정보와 비계량적 정보가 반영되지 않는다는 단점이 있다.

10. 손익계산서의 한계점에 관한 설명으로 옳지 않은 것은? (경영지도사)

① 회계이익이 기업의 현금결제 능력을 의미하지는 않는다.
② 수익은 판매가격에 의하여 측정되는 반면에 비용은 역사적 원가에 의하여 측정된다.
③ 회계처리 방법에 따라 회계이익이 달라질 수 있다.
④ 손익계산서에는 반영되어 있지 않지만 경영성과에 영향을 미치는 질적인 요소가 많이 있다.
⑤ 모든 기업이 회계기준에 근거하여 하나의 회계처리 방법을 사용하므로 기업간 비교는 물론 기간별 비교가 용이하다.

11. 손익계산서의 유용성 및 한계점에 관한 설명으로 가장 옳지 않은 것은?

① 타인자본비용만을 고려한 것이 당기순이익이다.
② 순수익은 실제 현금흐름과 차이가 있다.
③ 현금창출능력과 향후 투자규모, 기업의 성장 가능성 등을 예측해볼 수 있다.
④ 기업의 경영실적을 파악할 수 있다.
⑤ 기업의 실질적인 부채상환능력을 파악할 수 있다.

12. 회계자료에 관한 설명으로 옳지 않은 것은? (경영지도사)

① 자본변동표는 일정기간 동안 발생한 소유지분의 변동 내역을 보여준다.
② 손익계산서는 일정기간 동안 기업의 수익에서 비용을 차감한 순이익을 보여준다.
③ 현금흐름표는 일정기간 동안 현금의 수취 및 지급으로 인한 현금의 증감 및 기말의 현금을 보여준다.
④ 재무상태표는 특정시점에서 기업의 자산, 부채, 자본에 관한 정보를 제공하는 재무보고서이다.
⑤ 이익잉여금처분계산서는 손익계산서와 자본변동표를 연결시키는 중요한 재무제표이다.

13. 연결재무제표에 관한 설명으로 옳지 않은 것은? (경영지도사)

① 회사들 사이의 지분소유관계를 떠나 2개 이상의 기업이 특정개인에 의해 지배되고 있는 경우, 대상회사 사이의 내부거래를 제거한 후 개별재무제표를 수평적으로 결합한 재무제표이다
② 지배회사와 종속회사의 재무제표를 합하여 만든 재무제표이다.

③ 지배회사와 종속회사의 포괄적인 재무상태와 경영성과의 파악을 가능하게 한다.
④ 개별재무제표에 나타날 수 있는 지배회사와 종속회사 간의 내부거래를 통한 회계조작을 방지할 수 있다.
⑤ 개별회사의 재무상태와 경영성과에 관한 재무정보를 파악하기 어렵다는 단점이 있다.

14. **포괄손익계산서에 관한 설명으로 옳지 않은 것은?** (경영지도사)

① 영업이익은 매출에서 영업비용을 차감하여 산출한다.
② 판매비와 관리비에는 노무비가 포함된다.
③ 외환차손은 금융비용(영업외 비용)에 해당한다.
④ 이자비용은 금융비용(영업외 비용)에 해당한다.
⑤ 매출액에서 매출원가를 차감하면 매출총이익이 된다.

15. **유동성(환금성)이 큰 자산에서 작은 자산 순으로 옳게 나열한 것은?** (경영지도사)

① 재고자산－당좌자산－유형자산－무형자산
② 무형자산－유형자산－재고자산－당좌자산
③ 유형자산－무형자산－재고자산－당좌자산
④ 당좌자산－재고자산－무형자산－투자자산
⑤ 당좌자산－재고자산－투자자산－유형자산

16. **다음 투하자본 및 총투하자산에 대한 설명 중 가장 옳지 않은 것은?**

① 투하자본＝순운전자본＋유무형자산＋순기타비유동자산
② 투하자본＝순부채＋자기자본총계
③ 총투하자산＝이자성부채＋자기자본총계
④ 총투하자산＝순영업자산＋비영업자산
⑤ 총투하자산＝자산총계－영업부채

계산형 문제

17. **[CPA] 기업이 자산에서 창출하는 현금흐름을 잉여현금흐름(Free Cash Flow)이라고 한다. 이는 주주와 채권자에게 자유롭게 배분해 줄 수 있는 현금이라는 의미이다. 다음 재무제표로부터 잉여현금흐름을 구하면 _____억원이다.** (단, 총자산과 유동부채는 영업용이고 법인세율은 25%, 단위는 억원이다)

재무상태표

	당기	전기
유동자산	100	85
비유동자산	200	165
자산총계	**300**	**250**
유동부채	50	40
비유동부채	120	110
자 본	130	100
자본 및 부채총계	**300**	**250**

손익계산서

매출액	500
변동영업비	220
고정영업비	180
감가상각비	24
영업이익	76
이자비용	12
세전이익	64
법 인 세	16
당기순이익	48

해답

01. ④

02. ①

03. ②

04. ②

05. ②

06. ⑤ 해당사항 없음. 배출권은 상황에 따라 무형자산 또는 충당부채로 산입되지만 단기매매목적인 경우 유동자산에 산입됨.

07. ④ 기계설비 처분은 투자활동으로 인한 현금흐름에 해당됨. 신주의 발행, 유상증자, 차입금 상환은 재무활동에 의한 현금흐름이고 재화와 용역의 구입은 영업활동에 의한 현금흐름임.

08. ② 건설중자산은 투하자본에 산입되지 아니하지만 잉여현금흐름에는 자본적 지출로 산입된다는 것이 다르다.

09. ④ 재무상태표의 차변은 자본의 운용상황인 자산, 대변은 자산의 자금원천인 자본의 조달상황(부채와 자본)을 나타냄.

10. ⑤

11. ⑤

12. ⑤ K-IFRS에서 이익잉여금처분계산서는 손익계산서와 자본변동표를 연결시키는 주석기재사항임.

13. ①

14. ② 노무비는 매출원가에 해당된다.

15. ⑤

16. ① 투하자본＝순운전자본＋유무형자산＋순기타비유동영업자산

17. FCF＝세후영업이익－투하자본의 변동＝76×0.75－40＝57－40＝**17억원**

당기 투하자본＝영업자산－영업부채＝300－50＝250, 전기 투하자본＝250－40＝210,

투하자본의 변동＝250－210＝40

제3장

재무비율분석

재무제표가 제공하는 재무항목을 대응시켜 산출된 재무비율로부터 수익성 및 재무위험 등의 분석이 가능하다. 기업의 이해관계자들은 이용목적에 적합한 재무비율분석을 통해 의사결정에 필요한 정보를 취득한다. 재무비율의 경제적 의미를 살펴보고 평가대상기업과 유사기업의 재무비율을 상호 비교해 봄으로써 경영전략수립에 유용한 정보를 얻을 수 있다.

제1절 평가대상기업의 이해 및 재무정보의 재구성

기업의 재무제표인 재무상태표, 손익계산서 및 현금흐름표 등의 항목들은 일정 시점의 재무상태와 일정기간 동안 경영성과를 보여준다. 하지만 재무제표항목들은 회계기준 변동으로 인해 표시방법이 매우 다양하여 정보이용자들은 재무제표로부터 직관적으로 의사결정에 용이한 정보를 얻기 어렵다. 따라서 재무제표의 회계정보를 정보이용자의 목적에 맞게 보다 쉽게 파악할 수 있도록 제안된 것이 재무비율분석이다.

재무비율은 평가목적에 따라 다양한 경제적 의미를 가지므로 재무비율분석은 기업의 재무상태와 경영성과를 보다 효율적으로 분석하는 방법으로 볼 수 있다. 재무비율은 분자와 분모가 서로 경제적인 연관성이 뚜렷한 항목으로 구성되어야 합리적인 의미를 갖게 되고, 이를 통해 기업의 재무적 상태에 대한 징후(symptom)를 발견할 수 있다. 비율분석결과를 토대로 경영자들은 경영실적을 평가하거나 자금조달 또는 투자와 같은 재무의사결정에 필요한 정보를 얻을 수 있다. 한편 투자자는 이미 투자했거나 투자검토 중인 기업에 대한 미래현금창출력, 배당지급능력, 재무위험 등을 파악하거나, 금융기관 및 신용평가기관은 원리금상환여력과 신용평가를 위해 재무비율분석을 이용한다. 이 외에도 정부기관은 재무비율로 분석한 정보를 산업정책이나 과세정책 등을 수립하는 데 필요한 기초자료로 활용한다. 재무비율(financial ratio)이란 경제적 의미와 논리적 관계가 분명한 재무제표상 두 항목에 대한 상대적인 값으로 주로 백분율로 표시된다.

자료의 원천에 따라 정태적 재무비율(static financial ratio)과 동태적 재무비율(dynamic financial ratio)로 구분된다. 정태적 비율은 일정시점에서 재무상태표상의 두 항목을 대응시켜 산출된 비율이고, 동태적 비율은 일정기간 동안 손익계산서상의 두 항목을 대응시킨 비율이다. 혼합비율(mixed ratio)은 재무상태표항목과 손익계산서항목을 대응시켜 산출된 비율이다.

재무비율은 성격에 따라 관계비율(relative ratio)과 구성비율(component ratio)로 구분된다. 관계비율은 재무제표상 두 항목을 대응하여 측정된 비율인 반면,

구성비율은 재무상태표나 손익계산서에서 해당 항목이 일정 항목에 대해 차지하는 비중을 보여준다. 기업의 이해관계자들은 비율분석을 통해 이용목적과 부합하는 의사결정에 필요한 유용한 정보를 얻을 수 있다.[1] 재무비율은 한 시점에서 상대적인 비율이므로 표준비율(standard ratio)과 비교하여 해당 비율의 적정성을 판단할 수 있다. 표준비율은 기업의 과거 경험적 재무비율, 산업평균 재무비율, 경쟁사 평균재무비율 등으로 분석자의 평가목적에 따라 달리 정할 수 있다.

[표 3.1]에서 보는 바와 같이, 유동성비율, 자본구조비율, 효율성비율, 수익성비율, 성장률, 주가분석비율 등 재무비율들은 여러 측면에서 경제적 의미를 갖는다.

표 3.1 | 주요 재무비율과 경제적 의미

재무비율	경제적 의미	관련 재무비율
유동성비율	단기채무지급능력 측정	유동비율 / 당좌비율 / 현금비율 / 순운전자본구성비율
자본구조비율	부채의존도에 따른 장기지급능력 측정	(순)부채비율 / 자금조달비율 / 차입금의존도 / 고정비율 및 고정장기적합비율 / 이자보상배율
성장률	매출(기업)규모 또는 수익의 성장성 측정	매출증가율 / 영업이익(EBITDA)증가율 / 총자산증가율
효율성비율	보유자산의 효율성 측정	총자산회전율 / 유형자산회전율 / 투하자본회전율 / 매출채권회전율 / 재고자산회전율 / 매입채무회전율
수익성비율	매출 또는 투자자산대비 수익성 측정	영업이익(순이익)률 / EBITDA마진 / 총자산(순)이익률 / 자기자본(순)이익률 / 투하자본수익률
주가분석비율	투자분석지표에 대한 주가의 민감도	주가이익비율 / 주가순자산비율 / EV/EBITDA / 배당수익률과 배당성향

경쟁기업의 재무비율을 분석해 보면, 분석대상기업의 강점과 약점을 파악할 수 있고, 경영전략을 수립하는 데도 필요한 정보를 얻을 수 있다. 주요 재무비율은 경영진단의견서(MD&A: management discussion and analysis)에서도 제시된다. 특히, K-IFRS는 자본위험관리에 대한 정보를 제공하기 위해 부채비율을 보고할 것을 권고하고 있다. 재무비율을 분모인 저량(stock)개념인 재무상태표항목과 분자인 유량(flow)개념인 손익계산서항목으로 구하는 경우, 재무상태표항목은 기초와 기말 평균값을 적용한다.

---

1 예를 들어 유동비율은 200% 또는 2.0, 당좌비율은 100% 또는 1.0 이상 되어야 유동성이 양호하다고 판단한다. 이러한 기준은 실무에 기초한 것으로 한국은행『기업경영분석』에서도 동일하게 적용하고 있다. 산업평균자료는 한국은행이 제공하는 경제통계시스템에서 얻을 수 있다.

본서에서는 비상장사인 면류식품을 주력으로 영위하는 주식회사 팔도를 기업 사례로 재무비율을 분석하고자 한다. 먼저, 식품제조업을 영위하는 동종업 기업인 CJ제일제당, 농심, 오뚜기, 삼양식품, 대상 중 CJ제일제당과 대상을 제외한 면류제품의 기업에 속하는 3개사를 최종 선정하였다. [표 3.2]는 팔도와 동종업 기업의 사업내용 및 주요 특징을 정리한 것이다.

표 3.2 | 동종업체 비교

2021년 연결기준	농심	오뚜기	SAMYANG	paldo 색다른 즐거움 팔도
설립연도	1965년	1971년	1961년	1991년
최대주주(지분율)	농심홀딩스(32.7%)	함영준외(36.4%)	삼양내츄럴스(33.3%)	윤호중(100%)
면류시장점유율	37%	13%	11%	14%
면류매출비중	78%	26%	97%	98%
부채비율	4.8%	35.5%	52.4%	4.5%
영업이익률	3.5%	5.3%	8.7%	7.2%
매출액(억원)	26,630	27,390	6,420	7,649
총자산(억원)	28,999	26,058	7,531	8,982
관계사기업투자비중	0.1%	7.8%	0.5%	52.1%
업태특징	일반사업	일반사업	일반사업	지주사업+일반사업
종업원수	5,241명	3,035명	1,826명	938명
1인당 매출액(백만원)	508	902	352	815

*부채비율은 2021년말 현재 이자성부채/자기자본(지배주주 소유지분 기준)
*팔도의 면류매출비중은 삼양식품과 유사할 것으로 추정함
*최근 청정원을 브랜드로 하는 대상도 "미원라면"으로 면류시장에 진입하였으나 시장점유율이 미미하여 제외

1963년 국내 최초로 "삼양라면"을 출시한 삼양식품이 면류업계의 시초이다. 그 후 농심, 팔도순으로 시장에 진입하였으며 바로 그 뒤를 이어 오뚜기는 후발주자로 뛰어들었다. 면류의 시장점유율은 농심은 37%이고, 나머지 기업들은 유사하다. 한편, 기업별 면류의 매출비중을 살펴보면, 농심은 면류부문이 전체 매출의 78%로 대부분 차지하며 그 다음은 스낵류가 주요 매출군으로 형성하고 있다. 오뚜기의 매출구성은 면류 26%, 즉석(건조)식품 및 양념소스류 27%, 유지류는 16%를 각각 차지하고 있다. 삼양식품과 팔도는 면류제품군에 거의 매출을 의존한다. 팔도의 매출규모나 기업규모는 삼양식품과 가장 유사하다. 팔도의 부채비율은 농심과 거의 동일한 수준으로 동종업 중 가장 낮다. 팔도의 1인당 매

출액은 오뚜기와 유사하게 동종업 중 매우 높은 편이지만 기업 간 차이는 매우 크다. 팔도는 2013년 12월 31일 기준일로 독점규제 및 공정거래에 관한 법률에 따른 자산총액 기준과 지주비율 기준을 충족하여 지주회사로 전환하였다. 2018년 12월 1일부로 지분소유를 통한 지배회사의 전문적인 사업내용관리를 위하여 지주사업과 일반사업으로 이원화하는 조직개편을 단행하였다. 다른 기업과 달리 지분법적용투자자산이 총자산 중 50% 이상 상당부분 차지하는 것이 가장 큰 특징이다. 계열사 중 (주)에이치와이(구 (주)한국야쿠르트)의 지분을 40.8% 보유하고 있다. 한편, 농심과 삼양식품은 지주회사가 최대주주이다.

다음 [표 3.3], [표 3.4], [표 3.5] 그리고 [표 3.6]은 팔도의 재무비율분석을 위한 2021년 연결기준 재무정보이다.

표 3.3 | 연결재무상태표

주식회사 팔도

(백만원)	2020	2021		2020	2021
유동자산	**240,487**	**290,681**	**유동부채**	**120,546**	**112,414**
당좌자산	199,933	240,330	매입채무	46,689	52,267
현금 및 현금성자산	15,125	17,241	단기차입금	47,421	31,351
단기금융상품	123,342	152,350	유동성장기차입금	282	–
매출채권	51,699	60,039	미지급금	1,493	2,168
미수금	4,501	4,237	미지급비용	18,598	20,147
미수수익	110	108	선수금	1,119	922
선급금	625	1,035	예수금	1,999	1,610
선급비용	264	260	반품충당부채	1,041	1,131
보증금	1,466	10	당기법인세부채	1,905	2,818
당기법인세자산	464	3,682	**비유동부채**	**33,581**	**41,366**
부가세대급금	2,181	1,318	장기미지급금	–	299
유동성이연법인세자산	150	48	장기차입금	2,718	1,780
기타유동자산	6	2	수입보증금	1,999	1,989
재고자산	40,554	50,351	임대보증금	4,011	5,047
비유동자산	**589,698**	**607,513**	퇴직급여충당부채	–	62
투자자산	465,408	481,523	이연법인세부채	24,852	32,188
매도가능증권	10,094	13,944	**부채총계**	**154,127**	**153,780**
지분법적용투자주식	455,280	467,579			
퇴직연금운용자산	34	–	**지배기업소유주지분**	**661,262**	**728,247**
유형자산	110,855	111,689	자본금	24,070	24,070
무형자산	3,122	2,479	연결자본잉여금	95,390	95,390
기타비유동자산	10,312	11,821	연결기타포괄손익누계액	−55,627	−34,484
장기선급비용	55	59	연결이익잉여금	597,430	643,272
보증금	10,257	11,761	**비지배지분**	**14,796**	**16,167**
기타자산	–	1	**자본총계**	**676,058**	**744,414**
자산총계	**830,184**	**898,194**	**부채와 자본총계**	**830,184**	**898,194**

– 유형자산에 포함된 2020년 2021년 건설중자산은 각각 717백만원과 4,204백만원이다.
– 2020년 2021년 이자성부채는 각각 50,421백만원과 33,131백만원이다.

표 3.4 | 수정재무상태표

주식회사 팔도

(백만원)	2020	2021	
유동영업자산	**116,996**	**138,282**	
현금 및 현금성자산	15,125	17,241	
매출채권	51,699	60,039	
재고자산	40,554	50,351	
기타 당좌자산	9,617	10,652	
유동영업부채	**72,843**	**81,063**	
매입채무	46,689	52,267	
기타유동부채	26,154	28,796	
순운전자본	**44,152**	**57,219**	
비유동영업자산	**123,606**	**121,786**	
유무형자산	113,260	109,965	
기타비유동자산	10,312	11,821	
퇴직연금운영자산	34	–	
비유동영업부채	**6,010**	**7,398**	
투하자본*	**161,749**	**171,607**	(=순운전자본+비유동영업자산−비유동영업부채)
지분법적용투자주식	455,280	467,579	
①(조정)투하자본*	**617,029**	**639,186**	(=투하자본+지분법적용투자주식)
②비영업자산	**134,153**	**170,498**	
건설중자산	717	4,204	
단기금융상품	123,342	152,350	
기타 투자자산	10,094	13,944	
총투하자산(①+②)	**751,182**	**809,684**	

	2020	2021
이자성부채	50,421	33,131
(순)이연법인세부채**	24,703	32,140
자기자본금	676,058	744,414
총투하자산	**751,182**	**809,684**

*투하자본은 비교기업과의 일관성을 유지하기 위해 산출한 것이고 (조정)투하자본은 평가대상기업인 팔도의 특성을 반영한 것이다.
**(순)이연법인세부채는 준자본계정으로 분류

표 3.5 | 연결손익계산서

주식회사 팔도

(백만원)	2020	2021
매출액	**736,791**	**767,864**
매출원가	469,785	519,960
매출총이익	**267,007**	**247,904**
판매비와 관리비	190,736	192,262
영업이익	**76,271**	**55,642**
감가상각비	11,145	12,534
EBITDA	**87,416**	**68,716**
영업이익$_{조정}$*	92,662	62,760
EBITDA$_{조정}$*	103,807	75,294
이자수익	8,497	8,676
이자비용	1,294	445
지분법관련손익	16,391	7,118
기타영업외수익	14,434	8,500
기타영업외비용	20,457	7,535
법인세비용차감전순이익	**93,841**	**71,956**
법인세비용	24,873	16,574
연결당기순이익	**68,968**	**55,383**
지배기업소유주지분	**67,257**	**55,222**
비지배지분	1,711	161
지배기업지분 기본주당순이익	**13,971원**	**11,471원**

*지주회사의 성격을 지니므로 지분법관련손익을 포함한 (조정)영업이익(영업이익+지분법관련손익)과 (조정)EBITDA((조정)영업이익+감가상각비)를 제시함.

표 3.6 | 연결현금흐름표

주식회사 팔도

(백만원)	2020	2021
① 영업활동으로 인한 현금흐름	**53,450**	**54,420**
연결당기순이익	68,968	55,383
현금의 유출이 없는 비용등의 가산	22,042	26,714
현금의 유입이 없는 수익등의 차감	−17,971	−11,675
영업활동으로 인한 자산부채의 변동	−19,589	−16,002
② 투자활동으로 인한 현금흐름	**−38,960**	**−26,544**
투자활동으로 인한 현금유입액	40,818	7,147
단기금융상품의 감소	21,337	−
장기금융상품의 감소	3	−
지분법적용투자주식의 배당금수령	5,103	5,103
지분법적용투자주식의 처분	13,208	−
토지의 처분	210	−
건물의 처분	188	−
구축물의 처분	1	37
기계장치의 처분	21	340
차량운반구의 처분	27	−
집기비품의 처분	−	21
보증금의 감소	718	1,645
투자활동으로 인한 현금유출액	−79,777	−33,691
단기금융상품의 증가	43,225	18,256
매도가능증권의 취득	3,132	3,840
지분법적용투자주식의 취득	6,932	−
건물의 취득	1,962	−
건물부속설비의 취득	1	−
기계장치의 취득	5,803	863
차량운반구의 취득	97	139
공구기구의 취득	12	14
집기비품의 취득	27	8
기타의유형자산의 취득	33	32
건설중인자산의 증가	18,104	8,755
기타의무형자산의 증가	108	91
보증금의 증가	342	1,693
③ 재무활동으로 인한 현금흐름	**−15,443**	**−18,075**
재무활동으로 인한 현금유입액	324,725	186,441
단기차입금의 차입	324,725	185,405
임대보증금의 증가	−	1,036
재무활동으로 인한 현금유출액	−349,443	−213,565
단기차입금의 상환	320,137	203,296
장기차입금의 상환	−	938
유동성장기차입금의 상환	20,000	282
임대보증금의 감소	30	−
배당금의 지급	9,276	9,049
④ 외화환산으로 인한 현금의 변동	1,042	1,363
⑤ 연결범위변동으로 인한 현금의 감소	−298	−
⑥ 현금 및 현금성자산의 증가(감소)(①+②+③+④+⑤)	−9,484	2,116
⑦ 기초의 현금 및 현금성자산	24,610	15,125
기말의 현금 및 현금성자산(⑥+⑦)	**15,125**	**17,241**

제2절 재무위험분석

재무위험비율은 기업의 단기채무지급능력을 평가하는 데 주로 활용된다. 부채기업은 기업성과와 상관없이 채권자에게 원리금을 지급해야 하므로 영업성과가 저조하면 채무불이행이 초래될 수도 있다. 매출과 직접 관련된 현금, 매출채권, 재고자산 등과 같은 유동자산은 유동성이 높다. 유동성(liquidity)란 단기간에 확실한 가격으로 현금화가 가능한 수준을 의미한다. 기업은 유동성이 부족하면 기회비용이 발생하고 높은 유동성은 자산의 효율성을 저하시키므로, 유동성의 양면성을 고려하여 적정한 유동성을 유지해야 한다. 특히 운영자금대출을 취급하는 금융기관, 주로 신용거래를 하는 거래업체와 같은 이해당사자들은 단기유동성에 관심을 갖는다. 기업의 유동성에 관한 주요 재무비율을 살펴보면 다음과 같다.

유동비율

$$\text{유동비율} = \frac{\text{유동자산}}{\text{유동부채}}$$

유동비율(current ratio)은 단기채무에 충당할 수 있는 유동자산규모를 파악하여 기업의 지급능력을 판단하는 비율이다. 유동자산이 유동부채를 초과하여 100% 이상이면 지급능력이 있는 것으로 판단하고, 유동비율이 200% 이상이면, 유동자산이 과다하여 자산의 효율성은 떨어지는 것으로 본다. 팔도의 유동비율은 단기금융자산과 재고자산이 증가하여 전년보다 59%p 상승한 258.6%로 나타나 동종업 기업보다 매우 높은 유동성을 보여준다.

| 유동비율 |

2020	2021	(합산)평균
$\frac{240,487}{120,546}\times 100 = \mathbf{199.5\%}$	$\frac{290,681}{112,414}\times 100 = \mathbf{258.6\%}$	168.3%

당좌비율

$$당좌비율 = \frac{유동자산 - 재고자산}{유동부채}$$

당좌비율(quick ratio)은 유동부채 대비 당좌자산(유동자산−재고자산)의 비율이다. 재고자산은 다른 유동자산보다 현금화속도가 늦고 불용재고도 있을 수 있어 이를 제외한 당좌자산을 유동부채와 대응시켜 봄으로써 유동비율보다 단기채무에 대한 지급능력을 파악하는 데 더 유용하다. 특히 경기에 민감한 재고자산이나 진부화가 빠른 재고자산을 보유한 기업의 유동성 측면을 강조한 비율로 100% 이상이면 양호하다고 판단한다. 산성시험비율(acid test ratio)이라 불리는 이 비율은 유동성분석을 위한 보조지표로 활용된다. 팔도의 단기금융자산이 전년보다 290억원 증가함에 따라 당좌비율은 전년대비 48%p 증가한 213.8%로 나타났고, 3개사 평균보다 현저하게 높다.

| 당좌비율 |

2020	2021	(합산)평균
$\frac{240,487-40,554}{120,546}\times 100 = $ **165.9%**	$\frac{290,681-50,351}{112,414}\times 100 = $ **213.8%**	123.2%

현금비율

$$현금비율 = \frac{현금\ 및\ 현금성자산 + 단기금융상품}{유동부채}$$

현금비율(cash ratio)은 당장 현금화가 가능한 수준을 평가하는 지표로서 초단기현금지급여력을 보여준다. 유동성이 부족하여 채무불이행이 되면 흑자도산이 일어날 수도 있어 즉시 현금화가 가능한 자산을 충분히 보유해야 한다. 팔도는 단기금융자산이 전년보다 증가하고 단기차입금 및 유동성 장기차입금은 감소하여 현금비율은 전년대비 36%p 상승한 150.9%로 나타났다. 이 비율은 동종업 평균보다 높아 상대적으로 현금지급여력은 매우 여유롭다.

| 현금비율 |

2020	2021	(합산)평균
$\frac{15,125+123,342}{120,546}\times100=$**114.9%**	$\frac{17,241+152,350}{112,414}\times100=$**150.9%**	136.6%

순운전자본구성비

$$\text{순운전자본구성비} = \frac{\text{유동자산} - \text{유동부채}}{\text{총자산}}$$

순운전자본구성비는 유동(영업)자산에서 유동(영업)부채를 차감한 순운전자본이 총자산에서 차지하는 비중을 의미한다. 이 비율은 기업규모에 따른 유동성 수준을 파악할 수 있어 부실예측에서 자주 활용되는 비율이다. 팔도는 매출채권 및 재고자산이 증가하여 순운전자본구성비는 전년보다 1.1%p 증가한 6.4%로 총자산 중 비영업자산이 차지하는 비중이 상대적으로 높아 동종업 평균보다 매우 낮다. 한편 2021년 비교기업의 순운전자본 구성비를 살펴보면, 농심은 5.7%로 팔도와 가장 유사하고 오뚜기와 삼양식품은 각각 16.5%와 12.2%이다.

| 순운전자본구성비 |

2020	2021	(합산)평균
$\frac{116,996-72,853}{830,184}\times100=$**5.3%**	$\frac{138,282-81,063}{898,194}\times100=$**6.4%**	11.0%

제3절 자본구조분석

레버리지비율(leverage ratios)은 타인자본 의존도와 관련하여 기업의 원리금지급여력을 평가하는 데 사용된다. 부채가 과다하면, 지급불능위험에 빠질 수 있어 채권자가 기업의 채무상환능력을 측정하기 위해 관심을 갖는 비율이다. 특히 K-IFRS는 자본위험관리에 대한 정보로 (순)부채비율 또는 자금조달비율을 기재하도록 권고하고 있다.

(순)부채비율 IFRS |

$$\text{부채비율} = \frac{\text{부채}}{\text{자기자본}} \approx \frac{\text{이자성부채}}{\text{자기자본}}$$

$$\text{순부채비율} = \frac{\text{순부채}}{\text{자기자본}} = \frac{\text{이자성부채} - (\text{현금 및 현금성자산} + \text{금융상품})}{\text{자기자본}}$$

부채비율(debt to equity ratio)은 자기자본 대비 부채의 비율로 재무회계에서 재무안정성을 보여주는 대표적 지표이다. 기업이 경영측면에서 타인자본을 조달하여 투자수익률이 시장이자율을 상회하면 타인자본을 이용하는 것이 유리하지만, 채권회수의 안전성을 중시하는 채권자에게는 이 비율이 높을수록 부정적이다. 부채비율이 지나치게 높으면, 추가자금조달이 어려울 뿐더러 과다한 이자비용으로 인해 수익이 악화되어 지급불능상황에 이를 수 있다. 일반적으로 부채비율 200%를 기준비율로 판단한다. 재무분석기준 부채비율은 자본구조를 파악하는 데 목적이 있어 부채 중 이자성부채만 고려하여 비율을 산출할 수도 있다. 부채비율 대신 순부채비율(net debt ratio)을 적용하기도 하는데 순부채는 이자성부채에서 현금 및 현금성자산과 초과현금(excess cash)인 단(장)기금융자산을 차감한 것으로, 이자성부채는 차입금, 사채, 리스부채 및 연불구입에 대한 장기미지급금 등을 포함한다.

팔도는 동종업 평균보다 부채비율 및 순부채비율 모두 매우 낮다. 단기차입금의 감소와 단기금융상품의 증가로 인해 전년도와 마찬가지로 음(−)의 순부채를 유지하고, 순부채비율은 동종업 중 가장 낮아 사실상 무차입경영을 실현하는 농심과 가장 유사한 자본구조를 지닌다.

| 부채비율 |

	2020	2021	(합산)평균
(재무회계기준)	$\frac{154,127}{676,058}\times 100 = \mathbf{22.8\%}$	$\frac{153,870}{744,414}\times 100 = \mathbf{20.7\%}$	55.3%
(재무분석기준)	$\frac{50,421}{676,058}\times 100 = \mathbf{7.5\%}$	$\frac{33,131}{744,414}\times 100 = \mathbf{4.5\%}$	22.1%

| 순부채비율 |

2020	2021	(합산)평균
$\frac{50,421-138,467}{676,058}\times 100 = \mathbf{-13.0\%}$	$\frac{33,131-169,591}{744,414}\times 100 = \mathbf{-18.3\%}$	−4.3%

자금조달비율 IFRS |

$$\text{자금조달비율} = \frac{\text{순부채}}{\text{순부채} + \text{자기자본}} = \frac{\text{순부채}}{\text{총자본}}$$

$$= \frac{\text{이자성부채} - (\text{현금 및 현금성자산} + \text{금융상품})}{\text{이자성부채} - (\text{현금 및 현금성자산} + \text{금융상품}) + \text{자기자본}}$$

자금조달비율(net interest-bearing debts to total capital ratio)은 이자성부채에서 현금 및 현금성자산과 장(단)기금융상품을 차감한 순부채가 총자본(자본총계+순부채)에서 차지하는 비중이다. 팔도는 순부채의 감소로 전년도와 마찬가지로 음(−)의 자금조달비율을 유지하였고 이 비율은 동종업 중 가장 낮다.

| 자금조달비율 |

2020	2021	(합산)평균
$\frac{-88,046}{676,058-88,046}\times 100 = \mathbf{-15.0\%}$	$\frac{-136,460}{744,414-136,460}\times 100 = \mathbf{-22.4\%}$	−4.5%

차입금의존도

$$차입금의존도 = \frac{이자성부채}{자산총계}$$

차입금의존도(interest-bearing debt to total assets ratio)는 총자산에 대해 차입금 및 회사채와 같은 이자성부채에 의한 자금조달비중을 판단하기 위한 비율이다. 팔도의 이자성부채는 전년보다 34.3% 감소하여 차입금의존도는 3.7%로 대폭 축소된 모습으로 농심의 차입금의존도(3.6%)와 거의 동일하다.

| 차입금의존도 |

2020	2021	(합산)평균
$\frac{50,421}{830,184} \times 100 = 6.1\%$	$\frac{33,131}{898,194} \times 100 = 3.7\%$	13.7%

고정(비유동)비율과 고정(비유동)장기적합률

$$고정비율 = \frac{비유동자산}{자기자본} \quad 고정장기적합률 = \frac{비유동자산}{자기자본 + 비유동부채}$$

경기변동에 따른 영업레버리지효과로 인해 고정자산의 비중에 따라 수익성 변화도 크다. 고정자산에 대한 자금원이 장기적이면 급격한 경기변동에도 자금조달이 기업에 미치는 영향은 작다. 하지만, 고정자산의 재원이 단기자금이라면, 경기가 악화되는 상황에서 기업은 단기에 상환해야 하므로 채무불이행위험에 직면한다. 따라서 장기투자인 고정자산에 대한 자금원천을 파악할 필요가 있다.

고정비율(비유동비율)은 비유동자산을 자기자본으로 나눈 값으로 기업이 보유한 자산에 대한 고정화위험을 나타낸 비율이다. 즉, 운용기간이 장기인 비유동자산을 장기자본인 자기자본으로 어느 정도 충당하였는지를 나타내는 지표이다. 일반적으로 100% 이하를 양호한 수준으로 보는데 이는 장기적으로 자금이 고착되는 비유동자산투자는 자기자본으로 충당하는 것이 바람직하기 때문이다. 만일 비유동비율이 130%라면, 비유동자산 중 자기자본의 100%를 초과하는 30%는 타인자본으로 조달한 것으로 해석할 수 있다. 하지만, 대규모 투자에 필요한 소요자금을 자기자본조달에만 의존한다는 것은 비현실적이므로 장기성부채까지 고려한 비율이 고정(비유동)장기적합률(fixed assets to long-term capital ratio)이다. 100%를 기준비율로 보고 그 미만은 안정적인 것으로 판단한다.

팔도의 비유동자산은 투자자산이 증가하여 전년보다 소폭 상승한 반면, 이익잉여금의 증가와 이연법인세부채의 증가로 고정비율 및 고정장기적합률은 전년보다 긍정적이다. 이 비율들은 모두 100% 이하를 유지하고 있어 고정자산의 자금원천은 모두 장기자본임이 확인된다. 팔도의 재무안정성은 동종업 평균보다 가장 높은 수준으로 평가된다.

	2020	2021	(합산)평균
고정비율	$\frac{589,698}{676,058}\times 100=$**87.2%**	$\frac{607,513}{744,414}\times 100=$**81.6%**	100.6%
고정장기적합률	$\frac{589,698}{676,058+33,581}\times 100=$**83.1%**	$\frac{607,513}{744,414+41,366}\times 100=$**77.3%**	85.0%

이자보상배율

$$\text{이자보상배율} = \frac{\text{영업이익}}{\text{이자비용}}$$

이자보상배율(interest coverage ratio)은 타인자본의 사용대가인 이자지급을 충당할 만큼 충분히 수익을 창출하는지를 측정하는 지표이다. 영업이익으로부터 이자지급여력을 분석하는 데 주로 이용된다. 즉 기업이 영업이익으로 이자비용을 지급할 수 있는 능력을 측정하는 지표로 1 이하이면 파산하거나 부도위험이 크다. 팔도는 이자성부채가 전년보다 현저하게 감소함에 따라 이자보상배율은 전년도보다 2배 이상 증가하였고 동종업 평균보다 모두 긍정적인 모습으로 재무적 안정성은 매우 탄탄한 것으로 평가된다.

	2020	2021	(합산)평균
이자보상배율	$\frac{76,271}{1,294}=$**58.9**	$\frac{55,642}{445}=$**125.0**	26.3

제4절 성장률

성장성에 관한 지표(indicators concerning growth)는 자산, 자본 등 기업규모와 경영성과가 전년대비 어떻게 변동하였는지를 보여주는 지표로, 평가시점의 경쟁사 대비 해당 기업의 경쟁력이나 수익 창출력을 보여준다. 예를 들면, 동종업 평균보다 높은 매출증가율은 시장점유율이 높아진 것으로 해석이 가능하다. 총자산증가율의 경우, 기업의 전체적인 성장수준을 나타내는 지표이다.

팔도의 매출액은 전년대비 4.2% 증가하였고 동종업 성장률보다 높다. 하지만, 동종업 모두 영업이익 및 EBITDA는 원재료가격 상승으로 인해 전년보다 대폭 축소된 모습이다. 팔도의 감소분은 두드러진 것처럼 보이지만, 면류의 비중이 상대적으로 작은 오뚜기를 제외한 농심과 삼양식품과 비슷한 수준으로 영업이익 및 EBITDA는 대폭 감소하였다. 이에 따라, 총자산은 동종업 평균보다 낮은 수준으로 전년 대비 8.2% 증가에 그친 것으로 나타났다.

	2021	(합산)평균
ㅣ 매출액증가율 ㅣ	매출증가율 $=\left(\frac{\text{당기매출액}}{\text{전기매출액}}-1\right)\times 100=\left(\frac{767{,}864}{736{,}791}-1\right)\times 100=$ **4.2%**	2.7%
ㅣ 영업이익증가율 ㅣ	영업이익증가율 $=\left(\frac{\text{당기영업이익}}{\text{전기영업이익}}-1\right)\times 100=\left(\frac{55{,}642}{76{,}271}-1\right)\times 100=$ **−27.0%**	−25.5%
ㅣ 영업이익$_{조정}$증가율 ㅣ	영업이익증가율 $=\left(\frac{\text{당기영업이익}_{조정}}{\text{전기영업이익}_{조정}}-1\right)\times 100=\left(\frac{62{,}760}{92{,}662}-1\right)\times 100=$ **−32.3%**	−24.5%
ㅣ EBITDA증가율 ㅣ	EBITDA증가율 $=\left(\frac{\text{당기 EBITDA}}{\text{전기 EBITDA}}-1\right)\times 100=\left(\frac{68{,}716}{87{,}416}-1\right)\times 100=$ **−22.0%**	−14.8%
ㅣ EBITDA$_{조정}$증가율 ㅣ	EBITDA증가율 $=\left(\frac{\text{당기 EBITDA}_{조정}}{\text{전기 EBITDA}_{조정}}-1\right)\times 100=\left(\frac{75{,}294}{103{,}807}-1\right)\times 100=$ **−27.5%**	−14.3%
ㅣ 총자산증가율 ㅣ	총자산증가율 $=\left(\frac{\text{당기총자산}}{\text{전기총자산}}-1\right)\times 100=\left(\frac{898{,}194}{830{,}184}-1\right)\times 100=$ **8.2%**	12.0%

제5절 활동성분석

회전율(turnover)은 기업에 투하된 자본이 기간 중 얼마나 효율적으로 운용되었는지 측정하는 비율로 활동성분석(또는 효율성분석)이라고 한다. 기업은 수익을 증대시키기 위해 투입된 자본을 끊임없이 회전시키는데, 회전율은 항목에 따라 매출액이나 매출원가를 기준으로 주요 영업관련 자산(부채)항목에 대한 회전배수로 측정된다.

총자산회전율

$$\text{총자산회전율} = \frac{\text{매출액}}{\text{(평균)자산총계}}$$

총자산회전율(total assets turnover)은 총자산이 일정기간 동안 매출실현을 위해 몇 번 회전하는지 나타내는 비율로서 자산운용의 효율성을 총괄적으로 보여준다. 총자산회전율이 너무 낮으면 자산이 과대투자되었거나 비효율적으로 운용되고 있음을 의미한다.

팔도의 경우, 매출과 무관한 지분법적용투자주식이 총자산에서 상당한 비중을 차지하고 있어 총자산회전율은 0.89회로 동종업 평균보다 약간 낮은 편이다.

| 총자산회전율 |

2021	(합산)평균
$\text{총자산회전율} = \frac{767,864}{(898,194+830,184)/2} = 0.89\text{회}$	0.93회

유형자산회전율

$$\text{유형자산회전율} = \frac{\text{매출액}}{\text{(평균)유형자산}}$$

유형자산회전율(tangible assets turnover)은 기업이 보유한 설비자산의 가동률을 판단하는 데 유용하다. 사용권자산도 유형자산에 포함하여 회전율을 산출한다. 이 회전율이 높으면 설비자산유지에 필요한 보험료, 수선비 등의 고정비가 제품단위당 체감적으로 배분되어 원가절감이 효율적으로 이뤄지고 있음을 의미한다. 하지만 매출규모에 비해 설비투자가 부진한 경우에도 이 비율이 높을 수도 있어 해석에 유의해야 한다.

팔도의 유형자산회전율은 6.9회로 동종업 평균인 2.2회보다 매우 높다. 이는 제조공정의 높은 외주의존도에서 비롯된 것으로 판단된다.

| 유형자산회전율 |

2021	(합산)평균
유형자산회전율 $= \frac{767{,}864}{(110{,}855+111{,}689)/2} =$ **6.90회**	2.24회

투하자본회전율

$$\text{투하자본회전율} = \frac{\text{매출액}}{\text{(평균)투하자본}}$$

투하자본회전율(invested capital turnover)은 영업활동에 투하된 순영업자산의 효율적인 관리수준을 평가하는 지표이다.

[표 3.4]의 팔도의 수정재무상태표를 살펴보면, 투하자본$_{조정}$의 구성 중 지분법적용투자주식이 상당부분 차지하는 것을 알 수 있다. 투하자본$_{조정}$은 당기법인세자산 및 지분법적용투자주식의 증가로 인해 전년 대비 3.6% 증가한 6,392억원으로 늘어났다. 팔도는 지주사업이 사업목적으로 편입됨에 따라 동종업 기업들과 달리 지분법적용투자주식이 총투하자산 중 상당한 비중을 차지한다. 비영업자산인 단기금융상품은 총자산에서 차지하는 비중이 늘어나며 전년보다 290억원 증가한 1,523억원으로 나타났다. 따라서 총투하자산은 전년대비 7.8% 늘어난 8,097억원으로 산출되었다. 이로 인해 팔도의 투하자본회전율$_{조정}$은 동종업 평균인 1.65회보다 매우 낮은 1.22회로 분석되었다.

투하자산에 대한 회전율을 면밀하게 추정하기 위해 매출과 무관한 지분법적용투자주식을 제외한 투하자본을 적용하여 산출해볼 필요가 있다. 팔도의 투하자본 기준 회전율은 4.61회로 동종업 평균인 1.75회보다 높아 동종업 기업 중 자산을 가장 효율적으로 운영하는 것으로 분석된다.

| 투하자본회전율 |

2021	(합산)평균
(조정)투하자본회전율 $= \frac{767,864}{(617,029+639,186)/2} =$ **1.22회**	1.65회
투하자본회전율 $= \frac{767,864}{(161,749+171,607)/2} =$ **4.61회**	1.75회

매출채권회전율과 매출채권회수기간

$$\text{매출채권회전율} = \frac{\text{매출액}}{\text{(평균)매출채권}} \qquad \text{매출채권회수기간(일)} = \frac{365}{\text{매출채권회전율}}$$

매출채권회전율(account receivables turnover)은 매출채권이 현금화되는 속도를 측정하는 비율이다. 매출채권회전율의 역수에 365일을 곱하여 매출채권회수기간을 구하는데 이 기간이 짧을수록 매출채권이 오랫동안 묶이지 않음을 뜻한다.

팔도의 매출채권회전율은 동종업 평균보다 약간 높은 수준인 13.14회이다. 매출채권회수기간은 26.6일로 산출되었고 동종업 평균보다 2.0일 빠르다.

	2021	(합산)평균
| 매출채권회전율 |	매출채권회전율 $= \frac{767,864}{(51,699+60,039)/2} =$ **13.14회**	12.74회
| 매출채권회수기간 |	매출채권회수기간 $= \frac{365}{13.14} =$ **26.6일**	28.6일

재고자산회전율과 재고자산보유기간

$$\text{재고자산회전율} = \frac{\text{매출원가}}{\text{(평균)재고자산}} \qquad \text{재고자산보유기간(일)} = \frac{365}{\text{재고자산회전율}}$$

재고자산회전율(inventory turnover)은 매출원가를 재고자산으로 나눈 비율로 재고자산의 회전속도, 즉 재고자산이 현금이나 매출채권 등 당좌자산으로 변화하는 속도를 나타낸다. 이 비율이 높을수록 재고손실 방지, 보험료 및 보관료 절감 등 재고자산 관리가 효율적으로 운영됨을 의미한다. 그러나 재고가 적정수준 이하면, 이 비율이 높아질 수 있어 해석에 유의해야 한다. 또한 후입선출법(LIFO)으로 재고자산을 평가하는 경우 재고자산회전율은 높아진다. 따라서 기업의 생산기간 단축으로 인해 재공품이 감소하였는지, 재고보유방침이나 재고자산평가방법의 변동 여부 등을 종합적으로 검토하여 회전율을 산출해야 한다. 재고자산회전율의 역수에 365일을 곱하여 재고자산 보유기간을 구하는데, 엄밀하게는 시간적 측면보다 판매수량에 따른 누적보유재고수량을 내포한다. 즉 재고보유기간이 짧을수록 재고수량이 적은데, 예를 들면, 재고보유기간이 5일이면 5일치 재고를 보유하고 있음을 뜻한다. 그러므로 보유기간이 짧을수록 판매계획에 맞춰 적절하게 재고관리를 하고 있음을 뜻한다. 매출이 증가함에도 불구하고 재고자산보유기간이 매우 길면 불용재고가 있을 개연성이 높아 재고자산평가손실 여부도 같이 검토해야 한다. 하지만 원자재를 대량 선구매시 회전율이 일시적으로 낮아져 보유기간이 늘어날 수도 있다.

팔도의 재고자산회전율은 11.44회이고 동종업 평균보다 매우 높다. 이로부터 재고자산보유기간은 31.9일로 산출되었고 이는 동종업 평균보다 14.2일 빠른 기간이다. 그러므로 팔도는 동종업 기업 중 가장 효율적으로 재고관리를 하는 것으로 나타났다.

	2021	(합산)평균
재고자산회전율	재고자산회전율 $= \frac{519,960}{(40,554+50,351)/2} =$ **11.44회**	7.91회
재고자산보유기간	재고자산보유기간 $= \frac{365}{11.44} =$ **31.9일**	46.1일

매입채무회전율과 매입채무지급기간

$$\text{매입채무회전율} = \frac{\text{매출원가}}{\text{(평균)매입채무}} \qquad \text{매입채무지급기간(일)} = \frac{365}{\text{매입채무회전율}}$$

매입채무회전율(account payables turnover)은 매입채무의 지급속도를 측정하는 지표로 매입채무가 원활하게 결제되고 있는지를 나타낸다. 매입채무회전율이 높을수록 매입채무지급기간이 줄어들어 결제속도가 빨라지므로 거래처 입장에서는 매우 긍정적이다. 하지만 구매기업의 신용이 낮아 신용매입기간을 짧게 제공받으면 이 비율이 높아진다. 그러므로 운전자본의 압박가능성을 보다 합리적으로 분석하려면 매출채권회전율도 함께 검토해야 한다.

팔도의 매입채무회전율은 동종업 평균보다 높은 10.51회이고, 매입채무지급기간은 34.7일로 산출되었고 이는 동종업 평균보다 7.6일 빠르다.

	2021	(합산)평균
| 매입채무회전율 |	$\text{매입채무회전율} = \frac{519{,}960}{(46{,}689+52{,}267)/2} = \mathbf{10.51회}$	8.62회
| 매입채무지급기간 |	$\text{매입채무지급기간} = \frac{365}{10.51} = \mathbf{34.7일}$	42.3일

종합해보면, 팔도의 2021년 유형자산회전율, 매출채권회전율, 재고자산회전율 그리고 매입 채무회전율은 동종업 평균을 훨씬 상회하지만, 총자산회전율은 동종업 기업과 유사한 수준으로 나타났다. 이러한 이유는 동종업에 비해 팔도의 자산 중 비영업자산 비중이 높고 영업자산에서 유형자산이 차지하는 비중이 상대적으로 낮기 때문이다. 투하자본회전율이 동종업 중 가장 높아 전반적으로 팔도는 영업자산을 보다 효율적으로 운용하는 것으로 평가된다.

■ 영업주기와 현금전환주기

영업자산 중 매출채권과 재고자산, 영업부채 중 매입채무는 영업활동에서 단기적으로 가장 빈번하게 거래가 발생하는 주요 재무항목이다. 그러므로 매출채권회수기간과 재고자산보유기간을 영업주기(operating cycle)라 하고 영업주기에서 매입채무지급기간을 뺀 기간을 현금(전환)주기(cash conversion cycle: CCC)라고 한다.

$$\begin{aligned}\text{현금(전환)주기} &= \text{영업주기} - \text{매입채무지급기간} \\ &= \text{매출채권회수기간} + \text{재고자산보유기간} - \text{매입채무지급기간}\end{aligned}$$

현금전환주기란 기업이 원재료를 구매하고 그 재료를 이용하여 제품을 제조하거나 서비스를 제공하기 위해 현금을 투자하여 판매 또는 서비스를 제공하는 과정을 거치며 최종적으로 현금유입까지 소요된 기간을 의미한다. 순영업주기(net operating cycle) 또는 자금소요기간(required financing period)이라고도 불린다. 1회전 현금주기가 길어질수록 단기유동위험(short-term liability risk)이 증가하므로 기업은 판매관련 거래결제방법과 영업부채관련 지급방법에 대해 적절한 재무정책을 수립해야 한다.

팔도의 영업주기는 58.5일로 삼양식품과 동일하고, 농심의 영업주기는 오뚜기와 유사하다. 한편, 팔도의 현금전환주기는 23.8일로 분석되었고 이는 농심과 비슷하지만 농심의 매입채무지급기간은 팔도보다 길다. 현금전환주기는 오뚜기가 가장 길고 삼양식품이 가장 짧다. 오뚜기와 팔도는 자금결제기간이 동종업 중 빠른 편으로 협력업체와 상생측면에서 가장 긍정적으로 재무운영을 하는 것으로 판단된다.

	팔도	**농심**	**오뚜기**	**삼양식품**
매출채권회수기간	26.6일	29.8일	27.7일	27.8일
재고자산보유기간	31.9일	47.9일	47.9일	30.7일
영업주기①	**58.5일**	**77.7일**	**75.6일**	**58.5일**
매입채무지급기간②	34.7일	55.2일	31.5일	45.1일
현금전환주기(①-②)	**23.8일**	**22.5일**	**44.1일**	**13.4일**

제6절 수익성분석

6.1 일정기간 경영성과 분석

매출대비 순이익인 순이익률(return on sales: ROS)은 일정기간 경영성과를 총괄적으로 표시하는 대표적인 지표로 기업의 영업활동뿐만 아니라 영업외활동에서 발생한 성과도 동시에 파악할 수 있다. 영업이익률 및 EBITDA 마진은 경영성과 측정지표로 기업의 영업활동에 의한 수익창출력을 보여준다.

팔도의 2021년 영업이익률과 순이익률은 동일한 7.2%로 동종업 평균보다 높은 수익성을 보인 반면, EBITDA 마진은 경쟁사보다 영업비용 중 감가상각비가 차지하는 비중(1.6%)이 상대적으로 가장 작아 소폭 낮은 8.9%로 나타났다.

	2021	(합산)평균
I 영업이익률 I	$\frac{\text{영업이익}}{\text{매출액}} \times 100 = \frac{55{,}642}{767{,}864} \times 100 = \mathbf{7.2\%}$	5.6%
I EBITDA마진 I	$\frac{\text{EBITDA}}{\text{매출액}} \times 100 = \frac{\text{영업이익} + \text{자산상각비}}{\text{매출액}} \times 100 = \frac{55{,}642 + 12{,}534}{767{,}864} \times 100 = \mathbf{8.9\%}$	9.6%
I 순이익률 I	$\frac{\text{순이익}}{\text{매출액}} \times 100 = \frac{55{,}383}{767{,}864} \times 100 = \mathbf{7.2\%}$	4.7%

6.2 자산 및 자본구성에 대한 수익성 분석

총자산이익률(ROA)

$$\text{총자산이익률} = \frac{\text{순이익}}{\text{(평균)총자산}} = \frac{\text{매출액}}{\text{(평균)총자산}} \times \frac{\text{순이익}}{\text{매출액}}$$

$$= \text{총자산회전율} \times \text{순이익률}$$

총자산(순)이익률(ROA: return on assets)은 총자산의 효율성을 나타내는 지표로 순이익의 총자산에 대한 비율로 측정되고 총자산이익률이라고 불린다. 사업계획과 실적과의 차이를 분석하여 경영성과평가나 경영전략수립 등에 많이 활용되는 비율이다. 이는 ROI(return on investment)개념으로 ROA를 분해하면 활동성지표인 총자산회전율과 수익성지표인 순이익률의 곱으로 구성되므로 ROA의 결정요인을 알 수 있다.

팔도의 ROA는 6.4%로 동종업 ROA 평균인 5.1%보다 높다. 지분법적용투자주식은 매출과 무관하므로 팔도의 총자산회전율은 동종업 중 가장 낮지만, 순이익률은 동종업 평균(4.74%)보다 높기 때문으로 분석된다.

| ROA |

	팔도	농심	오뚜기	삼양식품	(합산)평균
총자산회전율①	0.89	1.03	1.14	0.96	1.07
순이익률②	7.21%	3.74%	4.75%	8.82%	4.74%
ROA(①×②)	6.4%	3.9%	5.4%	8.4%	5.1%

$$ROA = \frac{매출액}{(평균)총자산} \times \frac{순이익}{매출액} = \frac{767,864}{(860,184+898,194)/2} \times \frac{55,383}{767,864} = 0.89 \times 7.21\% = 6.4\%$$

자기자본순이익률(ROE)

$$자기자본순이익률 = \frac{순이익}{자기자본} = ROA \times (1 + 부채비율)$$

$$= \frac{순이익}{매출액} \times \frac{매출액}{총자산} \times \frac{총자산}{자기자본}$$

$$= \frac{순이익}{매출액} \times \frac{매출액}{총자산} \times \left(\frac{1}{자기자본구성비}\right)$$

$$= \frac{순이익}{매출액} \times \frac{매출액}{총자산} \times 자기자본승수$$

$$= \frac{순이익}{매출액} \times \frac{매출액}{총자산} \times \left(1 + \frac{부채}{자기자본}\right)$$

= 순이익률 × 총자산회전율 × (1 + 부채비율)

자기자본(순)이익률(ROE: return on equity)은 자기자본에 대한 순이익의 비율이다. 여기서 자기자본이란 보통주에 의한 자본으로 우선주와 관련한 것은 제외하므로 보통주자본이익률(ROCE: return on common equity) 또는 순자산수익률이라 불린다. 당기순이익은 주주에게 귀속되므로 ROE는 주주의 입장에서 요구수익률과 비교되는 지표이다. 연결재무제표에서 당기순이익과 자기자본의 측정은 모두 지배주주소유 당기순이익과 지배주주소유 자기자본을 적용한다. ROE를 분해하면, 순이익률(비용통제의 효율성), 자산회전율(자산의 활동성), 부채비율(자본조달원천)에 의해 결정됨을 알 수 있다. 이 지표는 재무전략에 대한 통찰력을 제공해주는데 이와 같은 분해를 듀퐁(DuPont) 분석이라 한다. 원가절감이나 매출증대를 통한 수익확보와 효율적인 자산운영을 위한 노력이 없다면 부채레버리지가 높을수록 재무위험에 노출되기 쉽다. 다음과 같이 ROE는 세금 및 이자부담률을 고려하여 분해할 수 있어 이익창출요소를 파악할 수 있다.

$$\text{자기자본이익률} = \frac{\text{순이익}}{\text{세전이익}} \times \frac{\text{세전이익}}{\text{영업이익}} \times \frac{\text{영업이익}}{\text{매출액}} \times \frac{\text{매출액}}{\text{총자산}} \times \left(1 + \frac{\text{부채}}{\text{자기자본}}\right)$$

$$= \text{세금부담률} \times \text{이자부담률} \times \text{영업효율성} \times \text{자산효율성} \times \text{부채레버리지}$$

| ROE |

	팔도	농심	오뚜기	삼양식품	(합산)평균
순이익률①	7.21%	3.74%	4.75%	8.82%	4.74%
총자산회전율②*	0.89	0.95	1.11	0.98	1.02
(1+부채비율)③	1.221	1.331	1.734	1.975	1.541
ROE(①×②×③)	7.8%	4.7%	9.1%	17.1%	7.4%
ROE	7.9%	4.7%	8.9%	15.4%	7.3%

*총자산회전율에서 총자산은 (평균)자기자본과 부채의 합으로 수정 산출함.

$$\text{ROE} = \frac{\text{순이익}}{\text{매출액}} \times \frac{\text{매출액}}{\text{(평균) 총자산}} \times \left(1 + \frac{\text{부채}}{\text{자기자본}}\right) = 7.21\% \times 0.89 \times 1.221 = 7.8\%$$

$$= \frac{55,222}{767,864} \times \frac{767,864}{(860,184 + 898,194)/2} \times \left[1 + \frac{153,780}{(661,262 + 728,247)/2}\right]$$

위의 표는 팔도와 동종업 기업에 대한 ROE의 결정요인을 비교제시한 것이다. 분석결과를 살펴보면, 팔도의 ROE는 7.9%이고 이는 동종업 ROE와 유사한 수준이다. ROE는 ROA와 마찬가지로 삼양식품이 가장 높고 농심이 가장 낮다. 재무레버리지를 살펴보면, 재무구조에 따라 재무레버리지가 ROE에 영향을 미침을 알 수 있다.

ROE와 ROA의 차이를 살펴보면, 자본구조가 유사한 농심과 팔도의 ROE는 ROA보다 각각 1.4%p와 0.8%p 초과하지만 거의 비슷하다. 한편 오뚜기와 삼양식품의 ROE는 ROA보다 각각 3.7%p와 8.7%p 초과하므로 이 두 기업은 재무레버리지를 잘 활용하는 것으로 확인된다. 팔도는 부채비율이 가장 낮아 재무레버리지 활용도는 매우 낮고 결국 순이익률이 ROE의 결정요인으로 가장 크게 작용한 것으로 평가된다.

투하자본수익률(ROIC)

$$\text{ROIC} = \frac{\text{NOPLAT}}{\text{IC}} = \frac{\text{세후영업이익}}{\text{(평균)투하자본}} = \frac{\text{매출액}}{\text{(평균)투하자본}} \times \frac{\text{세후영업이익}}{\text{매출액}}$$

$$= \text{투하자본회전율} \times \text{세후영업이익률}$$

ROA와 ROE 비율의 분자인 순이익은 금융수익 및 금융비용과 같은 영업외손익을 포함하므로 영업활동에 따른 수익창출력을 파악하기 어렵다. 즉 두 비율의 분모인 자산과 자기자본은 그 자금원이 영업성과와 직접 관련한 자산인지 불분명하다. 이처럼 ROA와 ROE는 분자와 분모에 관련한 요소간 불일치로 인해 영업활동을 목적으로 직접 투하된 자본에서 창출된 경영성과를 직관적으로 알 수 있는 세후영업이익(NOPLAT)을 투하자본(IC)으로 나눈 비율인 투하자본수익률(ROIC : return on invested capital)의 개념이 제시되었다. ROE와 ROA에서 적용하는 순이익과 달리 NOPLAT를 성과지표로 적용한 이유는 세후영업이익은 순영업자산인 투하자본을 운용한 결과이고 자본제공자인 채권자와 주주 몫의 원천이기 때문이다. 그러므로 ROIC의 결정요인은 영업이익률(비용통제의 효율성)과 투하자본회전율(투하자본의 활동성)로 구분할 수 있다.

$\text{ROIC}_{\text{조정}}$ 분석결과를 살펴보면, $\text{세후영업이익률}_{\text{조정}}$은 삼양식품이 가장 높고 농심이 가장 낮지만, 투하자본회전율은 농심이 가장 높고 오뚜기가 가장 낮다. 팔도의 $\text{세후영업이익률}_{\text{조정}}$은 삼양식품에 이어 동종업 중 높은 편이다. 한편 팔도는 지분법적용투자주식의 높은 비중으로 인해 투하자본회전율은 동종업 중 가장 낮다. 팔도의 $\text{ROIC}_{\text{조정}}$는 동종업 평균 $\text{ROIC}_{\text{조정}}$보다 약간 높은 7.5%로 나타났고, 투하자본회전율보다 영업이익률이 ROIC의 결정요인으로 작용한 것으로 분석된다.

| ROIC조정 |

	팔도	농심	오뚜기	삼양식품	(합산)평균
매출액	767,864	2,662,983	2,739,037	642,030	–
세후영업이익조정	47,070	76,062	133,627	48,675	–
세후영업이익률①	6.13%	2.97%	4.88%	7.58%	4.32%
(기초)투하자본조정	617,029	1,531,504	1,568,031	370,182	–
(기말)투하자본조정	639,186	1,539,700	1,923,054	396,897	–
(평균)투하자본조정	628,107	1,535,602	1,745,543	383,540	–
투하자본회전율②	1.223	1.734	1.569	1.674	1.649
ROIC(①×②)	**7.49%**	**5.15%**	**7.66%**	**12.69%**	**7.13%**

*세후영업이익조정 = (영업이익 + 지분법손익) × (1 − 법인세적용세율 25%)

$$\text{ROIC} = \frac{\text{매출액}}{\text{(평균) 투하자본}} \times \frac{\text{세후영업이익}}{\text{매출액}}$$

$$= \frac{767{,}864}{(617{,}029 + 639{,}186)/2} \times \frac{62{,}760 \times (1 - 0.25)}{767{,}864} = 1.223 \times 6.13\% = \mathbf{7.49\%}$$

한편 지분법적용투자주식을 제외한 투하자본을 기준으로 동종업 ROIC와 비교해볼 필요가 있다. 비교기업의 ROIC와 ROIC조정은 총자산 중 지분법적용투자주식의 비중이 상대적으로 작아 큰 차이는 없는 것으로 나타났다. 세후영업이익률은 삼양식품이 가장 높고 농심이 가장 낮지만, 팔도의 투하자본회전율은 매우 높다. 팔도의 ROIC는 동종업 평균 ROIC보다 가장 높은 25.0%로 세후영업이익률보다 투하자본회전율이 ROIC의 결정요인으로 작용한 것으로 분석된다. 이는 지분법적용투자주식은 매출과 직접 관련하지 않으므로 타당한 결과이다. 이와 같이 팔도의 ROIC와 ROIC조정은 평가기준에 따라 달리 산출되고 그 결정요인도 다르게 해석됨을 알 수 있다.

| ROIC |

	팔도	농심	오뚜기	삼양식품	(합산)평균
매출액	767,864	2,662,983	2,739,037	642,030	–
세후영업이익	41,732	79,605	124,932	49,023	–
세후영업이익률①	5.4%	2.99%	4.56%	7.64%	4.20%
(기초)투하자본	161,749	1,528,275	1,370,372	365,914	–
(기말)투하자본	171,749	1,537,195	1,719,903	393,032	–
(평균)투하자본	166,678	1,532,735	1,545,138	379,473	–
투하자본회전율②	4.607	1.737	1.773	1.692	1.748
ROIC조정(①×②)	**25.04%**	**5.19%**	**8.09%**	**12.92%**	**7.33%**

*세후영업이익 = 영업이익 × (1 − 법인세적용세율 25%)

종합평가

	팔도	농심	오뚜기	삼양식품	(합산)평균
ROA	6.4%	3.5%	5.3%	8.7%	4.8%
ROE	7.9%	4.7%	8.9%	15.4%	7.3%
ROIC	7.5%	5.2%	7.7%	12.7%	7.1%
총자산회전율	0.89	0.95	1.11	0.98	1.02
유형자산회전율	6.90	1.91	2.17	1.75	2.00
투하자본회전율	1.22	1.73	1.57	1.67	1.65
영업이익률	7.2%	4.0%	6.1%	10.2%	5.6%
순이익률	7.2%	3.7%	4.7%	8.8%	4.8%

재무비율 분석결과를 종합하여 팔도와 동종업의 수익성지표 및 활동성지표 등을 정리하면 다음과 같다. 동종업 기업들의 ROA와 ROE간 차이는 2.5%로 농심은 그 차이가 가장 적고 삼양식품이 가장 크다. 이러한 차이는 재무레버리지가 기업마다 다르기 때문이다. 팔도의 경우, 유형자산회전율이 가장 높음에도 불구하고 투하자본의 낮은 회전율로 인해 총자산회전율은 동종업계 중 가장 낮다. 이러한 이유는 팔도는 지주사업의 특성으로 인해 지분법적용투자자산이 상당부분 차지하기 때문이다.

제7절 시장가치비율분석

시장가치비율(market value ratios)은 주식시장에서 형성된 주가를 재무제표항목과 비교한 비율이다. 이 비율은 주식과 관련한 투자가치분석에 기반을 두고 있어 주식시장에서 기업가치 및 주식의 내재가치가 과거 성과와 미래 전망에 따라 어떻게 평가되고 있는지를 나타내는 지표이다. 주식의 시장정보를 이용한 주식가치평가에 대한 내용은 제8장 상대가치평가모형에서 상세히 다루고자 한다.

7.1 주가이익비율(PER: price earnings ratio)

주가이익비율

$$PER = \frac{\text{주가}}{\text{주당순이익}} = \frac{P_0}{EPS} = \frac{\text{시가총액}}{\text{(지배주주소유)당기순이익}}$$

PER은 주가를 주당이익(EPS)로 나눈 것(또는 시가총액을 당기순이익으로 나눈 것)으로 기업이 일차적으로 벌어들이고 있는 한 단위의 이익에 대해 투자자들이 얼마의 대가를 지불하고 있는가를 의미한다. 즉 기업의 단위당 수익력에 대한 상대적 주가수준을 나타낸 것이다. 그러므로 주당순이익에 비해 주가가 몇 배인지를 나타낸다는 의미에서 이익승수인 P/E 비율이라 한다. PER이 기업마다 차이가 나는 이유는 기업에 따라 이익의 질(earnings quality)이 다르기 때문이다. 예를 들면, 이익을 적게 인식하려는 보수적인 회계정책을 지닌 기업의 PER은 높을 수도 있다. 일반적으로 PER은 향후 높은 성장성이 기대되거나 기업위험이 낮을수록 높다. 경쟁업체보다 단위당 동일한 이익에도 불구하고 PER이 낮으면 저평가된 것으로 판단한다. 평가시점에서 면류업계 3개사의 평균 PER은 14.6배이고 농심의 PER은 상대적으로 매우 높은 것으로 분석된다.

| PER |

	농심	오뚜기	삼양식품	(합산)평균
순이익①	99,828	129,410	56,348	
시가총액②	1,805,567	1,581,474	780,981	14.59×
PER(②÷①)	18.09×	12.22×	13.86×	

7.2 주가순자산비율(PBR: price book value ratio)

주가순자산비율

$$PBR = \frac{주가}{주당순자산} = \frac{P_0}{BPS} = \frac{시가총액}{(지배주주소유)자기자본}$$

$$= \frac{당기순이익}{순자산} \times \frac{시가총액}{당기순이익} = ROE \times PER$$

PBR은 주가를 주당순자산(BPS: book per share), 즉 주당장부가치(순자산/유통주식수)로 나눈 비율로 M/B비율(market to book ratio)이라고도 한다. PER이 수익가치에 대한 상대적 주가수준을 보여준다면, PBR은 자산가치에 대한 상대적인 주가수준을 측정한 지표이다. PER이 수익변동에 따른 주가의 흐름(flow)관계를 나타내는 반면, PBR은 주가와 순자산의 저량(stock)관계를 지니는 것이 특징이다. PBR은 자기자본순이익률(ROE)과 주가이익비율(PER)로 분해할 수 있다.

동종업 3개사의 2001년 기준 PBR은 평균 1.05배로 거의 순자산가액수준으로 나타났고 농심의 PBR은 오뚜기와 삼양식품보다 상대적으로 매우 낮다. 농심의 PER이 가장 높지만 낮은 ROE로 인해 PBR이 1.0 이하인 것으로 전망한다. 즉, 농심은 다른 기업보다 총자산 중 초과현금이 차지하는 비중이 높아 ROE가 낮지만 주식가치에 초과현금의 가치가 반영되어 PER이 높은 것으로 판단된다. 이러한 점을 비춰보면, 농심의 주가가 상대적으로 저평가된 것으로 보기 어렵고 결국 저평가 여부는 ROE에 의해 판단되어야 함을 시사한다.

| PBR |

	농심	오뚜기	삼양식품	(합산)평균
순자산①	2,184,550	1,505,165	390,387	1.05×
시가총액②	1,805,567	1,581,474	780,981	
PBR(②÷①)	0.83×	1.05×	2.00×	
ROE	5.33%	9.39%	14.73%	7.86%
PER	18.09×	12.22×	13.86×	14.59×
PBR	0.96×	1.15×	2.04×	1.15×

7.3 EV/EBITDA

EV/EBITDA배율

$$EV/EBITDA = \frac{\text{시가총액 + 순부채}}{EBITDA} = \frac{\text{시가총액 + 이자성부채 − 초과현금}}{EBITDA}$$

초과현금 = 영업현금을 제외한 현금 + 장·단기금융상품 + 시장성유가증권

기업가치(EV: enterprise value)는 인수자가 해당 기업의 주식과 부채를 모두 인수한다면 인수자가 부담할 실질적인 부채를 반영한 개념이다. 평가목적상 순부채 산정시 초과현금성격의 금융상품은 산입하되 영업현금은 산입하지 않는다. 하지만 비교기업의 현금 및 현금성자산 중 영업현금이 기업마다 어느 정도인지 추정하기 어려워 현금 및 현금성자산을 편의상 재무자산으로 가정한다. 그러므로 가치평가를 목적으로 부채 대신 순부채를 반영한다는 것은 비영업자산의 가치를 배제한 영업가치에 중점을 둔 가치로 볼 수 있다. 한편 EBITDA는 기업마다 감가상각비와 같은 회계처리방법의 선택이나 변경이 배제되므로 영업활동을 통한 의미있는 현금창출력을 보여준다. 따라서 EV/EBITDA는 기업 간 객관적인 평가수준을 알 수 있어 선호되는 지표이다.

다음 EV/EBITDA 산출결과를 살펴보면, 삼양식품의 EV/EBITDA는 10.20배로 오뚜기의 5.57배보다 매우 높고, 농심은 그 중간수준인 7.17배이다.

| EV/EBITDA |

	농심	오뚜기	삼양식품	(가중)평균*
EBITDA조정①	210,495	298,408	80,168	
이자성부채②	105,772	546,494	207,172	
현금 및 금융자산③	402,012	466,786	170,079	
순부채④(②-③)	-296,240	79,708	37,493	6.74×
시가총액⑤	1,805,567	1,581,474	780,981	
EV⑥(④+⑤)	1,509,326	1,661,182	818,074	
EV/EBITDA(⑥÷①)	7.17×	5.57×	10.20×	

*기업규모를 고려하여 매출대비 가중평균함

7.4 배당수익률과 배당성향

배당수익률과 배당성향

$$\text{배당수익률} = \frac{\text{주당배당금}}{\text{주가}} = \frac{\text{현금배당금}}{\text{시가총액}}$$

$$\text{배당성향} = \frac{\text{주당배당금}}{\text{EPS}} = \frac{\text{현금배당금}}{\text{(지배주주소유)당기순이익}}$$

$$\text{내부유보율} = 1 - \text{배당성향}$$

배당수익률(dividend yield)은 보통주의 주당배당금을 주가로 나눈 비율로 주가 대비 배당소득에 대한 기대수익률이다. 배당성향(dividend payout ratio)은 보통주에 대한 배당금을 당기순이익 중 우선주 배당금을 제외한 잔여순이익으로 나눈 값이다. 배당성향은 보통주에 해당되므로 당기순이익은 우선주 배당금을 차감한 금액이다. 한편 내부유보율(retention ratio)은 (1-배당성향)이다.

다음 산출결과에서 제시한 바와 같이, 동종업계의 2021년 배당수익률은 평균 1.4%로 오뚜기가 가장 높고 삼양식품이 가장 낮다. 배당성향(내부유보율)은 평균 20%(80%)로 농심이 가장 높(낮)고 삼양식품이 가장 낮(높)다. 한편 팔도의 배당성향은 17%로 삼양식품을 약간 상회하는 동종업 평균과 유사한 수준이다.

		팔도	농심	오뚜기	삼양식품	(합산)평균
	주당배당금	1,953원	4,000원	8,000원	1,000원	
	배당금(백만원)	9,403	23,130	26,619	7,533	
	순이익(백만원)	55,221	99,828	129,410	56,348	
	주가	–	312,240원	465,050원	103,680원	
| 배당수익률 |	배당수익률	–	1.3%	1.7%	1.0%	**1.4%**
| 배당성향 |	배당성향	17.0%	23.2%	20.6%	13.4%	**20.0%**
| 내부유보율 |	내부유보율	83.0%	76.8%	79.4%	86.6%	**80.0%**

제8절 재무제표의 비교분석

재무비율은 특정시점에서의 재무제표의 두 항목을 서로 대응시킨 비율이므로 일정기간 추세나 다른 기업과의 비교측면에서 재무상태표나 손익계산서에 담겨 있는 항목을 충분히 활용할 수 없는 한계가 있다. 이러한 문제는 백분비나 지수로 작성된 재무제표인 공통형 재무제표나 지수형 재무제표로 보완할 수 있다. 공통형 재무제표는 기업 간 규모수준을 고려하여 상호비교하는 데 용이하고, 지수형 재무제표는 각 재무제표항목의 추이를 분석하는 데 유용하다.

8.1 공통형 재무제표

재무상태표에서 가장 큰 금액인 총자산이나 손익계산서에서 가장 큰 금액인 매출액을 기준으로 작성된 재무제표를 공통형 재무제표(common-size financial statements)라 하고 공통형 재무상태표와 공통형 손익계산서를 주로 활용한다.

공통형 재무상태표(common-size statement of financial position)는 자산총계(또는 부채와 자본총계)를 100%로 하고 자산의 각 항목, 부채 및 자본의 각 항목의 구성비를 백분율로 표시한 것이다. 이러한 공통형 재무상태표로부터 자금원천인 부채와 자기자본이 어떠한 비율로 구성되었는지 직관적으로 파악이 가능할 뿐만 아니라 자산항목 중 특히 유동자산과 비유동자산, 특히 영업자산과 비영업자산의 구성비를 쉽게 알 수 있다. 공통형 손익계산서(common-size statement of income)는 매출액을 100%로 하고 비용과 수익의 각 항목을 백분율로 표시한 것이다.

공통형 재무제표는 서로 다른 기업의 재무제표의 항목별 구성비를 비교해 봄으로써 기업규모가 다른 기업 간 자산구조나 재무구조 그리고 수익과 비용구조에 대한 상호비교분석(cross-sectional analysis)이 가능하다. 특히 과거 영업실적이 없거나 적은 초기 기업의 경우에는 유사회사의 공통형 재무제표의 구성비율을 이용하여 재무추정에 필요한 근거를 얻을 수 있다.

표 3.7 | 공통형 재무상태표

	농심	오뚜기	삼양식품	(합산)평균	팔도
유동자산	37.5%	39.5%	37.0%	38.3%	32.4%
현금 및 현금성자산	5.4%	8.5%	15.2%	7.9%	1.9%
단기금융상품 및 펀드	8.4%	9.2%	6.7%	8.5%	17.0%
매출채권	7.7%	8.2%	7.1%	7.8%	6.7%
재고자산	8.8%	13.2%	5.9%	10.3%	5.6%
기타유동자산	7.1%	0.4%	2.1%	3.7%	1.2%
비유동자산	62.5%	60.5%	63.0%	61.7%	67.6%
유형자산	49.2%	46.7%	55.9%	49.0%	12.4%
무형자산	1.5%	2.3%	0.8%	1.8%	0.3%
사용권자산	1.6%	1.5%	0.5%	1.5%	0.0%
투자부동산	6.3%	0.9%	1.8%	3.5%	0.0%
장기금융상품	0.0%	0.2%	0.0%	0.1%	0.0%
지분법적용투자주식	0.1%	7.8%	0.5%	3.3%	52.1%
기타비유동자산	3.7%	1.2%	3.4%	2.6%	2.9%
자산총계	100.0%	100.0%	100.0%	100.0%	100.0%
유동부채	18.5%	26.9%	24.2%	22.7%	12.5%
매입채무	9.8%	11.9%	9.2%	10.6%	5.8%
단기차입금	0.1%	10.0%	6.5%	5.0%	3.5%
리스부채	0.3%	0.5%	0.2%	0.4%	0.0%
기타유동부채	8.4%	4.4%	8.4%	6.7%	3.2%
비유동부채	5.6%	14.0%	23.2%	11.2%	4.6%
장기차입금	2.8%	7.8%	20.5%	7.0%	0.2%
리스부채	0.4%	0.0%	0.3%	0.2%	0.0%
기타비유동부채	2.3%	6.2%	2.4%	4.0%	4.4%
부채총계	24.1%	41.0%	47.5%	33.9%	17.1%
자본금	5.3%	7.4%	6.6%	6.4%	13.3%
자본조정	−1.8%	−7.9%	0.3%	−4.1%	−3.8%
이익잉여금	71.8%	58.2%	45.0%	62.9%	71.6%
비지배지분	0.6%	1.3%	0.7%	0.9%	1.8%
자본총계	75.9%	59.0%	52.5%	66.1%	82.9%
부채와 자본총계	100.0%	100.0%	100.0%	100.0%	100.0%

[표 3.7]의 공통형 재무상태표를 살펴보면, 동종업이지만 자산구성항목이나 재무구조가 기업마다 다르다는 것을 쉽게 알 수 있다. 재무구조 측면에서 팔도는 동종업 기업 중 가장 양호한데 특히 농심과 유사하게 이익유보로 이익잉여금의 비율이 높은 데 기인한다. 팔도는 동종업 기업보다 차입금의 5배에 이르는 현금 및 현금성자산과 단기금융상품을 보유하고 있어 단기지급능력도 매우 풍부해 농심과 마찬가지로 사실상 무차입경영을 실현하고 있다.

자산구조를 보면, 앞서 언급한 바와 같이 팔도는 동종업 기업보다 지분법적용투자주식은 총자산의 52.1%에 이르는 상당한 비중을 차지한다. 또한 팔도는 동종업 평균 이상으로 단기금융상품 보유비중이 높지만, 매출채권 및 재고자산은 그 비중이 낮다. 특히 매입채무의 비중은 상대적으로 가장 낮아 거래처에게 빨리 결제하는 것으로 나타났다. 팔도는 동종업 평균보다 유동자산의 구성비는 상대적으로 낮고 지분법적용투자주식으로 인해 비유동자산의 구성비는 높다. 비유동자산 중 유형자산이 차지하는 비중은 매우 낮은 반면, 기타비유동자산은 동종업 평균과 유사하다.

자본원천 측면에서 살펴보면, 팔도의 부채구성비는 경쟁사들보다 현저하게 낮고 특히 이자성부채의 구성비는 농심과 가장 유사하게 3.7%로 매우 낮다. 그러므로 팔도가 보유한 자산에 대한 자본원천은 상당부분 자기자본임을 알 수 있다. 반면에 삼양식품은 이자성부채가 27.2%를 차지하고 있어 영업이익을 감안하면 재무레버리지를 가장 잘 활용하고 있는 것으로 분석된다.

[표 3.8]의 공통형 손익계산서는 수익과 비용에 관한 각 항목을 매출액으로 나눈 다음 백분율로 표시한 것으로 각 항목을 살펴보면 다음과 같다. 팔도의 매출원가율은 농심과 매우 유사하게 동종업 중 가장 낮고 오뚜기가 가장 높은 반면, 판매비와 관리비의 구성은 농심과 유사하게 업계평균보다 매우 높다. 그 결과 팔도의 영업이익률은 삼양식품보다 낮은 7.2%이지만 업계평균보다 높은 수준이다. 팔도의 영업외수지차는 동종업 기업 중 가장 높은데 특히 금융수익과 지분법손익의 합이 매출대비 2%를 차지한다. 그 결과 세전이익률은 9.4%, 당기순이익률은 7.2%로 업종평균보다 매우 높다.

표 3.8 | 공통형 손익계산서

	농심	오뚜기	삼양식품	(합산)평균	팔도
매출액	100.0%	100.0%	100.0%	100.0%	100.0%
매출원가	69.3%	83.9%	73.4%	76.3%	67.7%
매출총이익	**30.7%**	**16.1%**	**26.6%**	**23.7%**	**32.3%**
판매비와 관리비	26.7%	10.0%	16.4%	18.1%	25.0%
영업이익	**4.0%**	**6.1%**	**10.2%**	**5.6%**	**7.2%**
감가상각비	3.9%	4.4%	2.4%	4.0%	1.6%
EBITDA	**7.9%**	**10.5%**	**12.6%**	**9.6%**	**8.9%**
기타수익	1.0%	0.5%	1.6%	0.8%	1.1%
기타비용	0.1%	1.0%	0.5%	0.6%	1.0%
금융수익	0.6%	0.3%	0.2%	0.4%	1.1%
금융비용	0.3%	0.3%	0.1%	0.3%	0.1%
지분법손익	0.0%	0.4%	−0.1%	0.2%	0.9%
법인세비용차감전순이익	**5.1%**	**5.9%**	**11.2%**	**6.2%**	**9.4%**
법인세비용	1.4%	1.2%	2.4%	1.4%	2.2%
당기순이익	**3.7%**	**4.7%**	**8.8%**	**4.7%**	**7.2%**

아울러 공통형 재무제표로 해당 기업이 일정 시점 이후 자산구조나 재무구조 그리고 수익 및 비용구조가 얼마만큼 변동되었는지 추세분석(trend analysis)을 할 수 있다. 또한 추정재무제표의 작성과정에서 추정재무상태표와 추정손익계산서에 대한 추이를 확인하는 데 활용할 수 있다.

[표 3.9]는 팔도의 최근 3년간 공통형 재무상태표와 공통형 손익계산서이다. 재무상태표 추이를 살펴보면, 팔도의 자기자본구성비율(자기자본/총자산)은 내부유보금의 누적으로 82.9%에 달하여 동종업 중 재무건전성이 가장 탄탄하다. 또한 2021년의 경우 단기차입금은 3.5%에 그치고 장기차입금 또한 거의 모두 상환한 상태이다. 현금 및 현금성자산은 1.9%, 단기금융상품은 16.96%로 단기유동성은 매우 양호하다. 실질적인 무차입 경영상태를 지속적으로 유지하며 부채비율은 감소하는 추세이다. 또한 매출채권과 매입채무 그리고 재고자산은 매출증가로 비중이 약간 증가한 추세이나 그 증가폭을 감안해 볼 때 자산활용의 효율성은 계속 유지되고 있다.

손익계산서 추이를 살펴보면, 주요 특징은 두 가지로 요약된다. 첫째, 2021년 매출원가율은 해외곡물가격의 가파른 상승으로 인해 전년보다 대폭 높아졌다. 둘째, 기간 중 판매관리비의 추이는 매출의 25% 수준으로 일정하므로 영업비용은 효율적으로 통제됨을 시사해 준다. 2021년 영업이익률은 전년대비 3.1%p 하락한 7.25%이고, 순이익률은 전년보다 2.1% 하락한 7.2%로 계속 감소추세이나 동종업 중 삼양식품 다음으로 매우 양호한 성과를 보여준다.

표 3.9 | 공통형 재무제표의 추세분석

팔도의 공통형 재무상태표 추세			
	2019	2020	2021
유동자산	**30.86%**	**28.97%**	**32.36%**
현금및현금성자산	2.96%	1.82%	1.92%
단기금융상품	15.77%	14.86%	16.96%
매출채권	6.32%	6.23%	6.68%
미수금	0.49%	0.54%	0.47%
미수수익	0.07%	0.01%	0.01%
선급금	0.06%	0.08%	0.12%
선급비용	0.04%	0.03%	0.03%
보증금	0.00%	0.18%	0.00%
당기법인세자산	0.13%	0.06%	0.41%
부가세대급금	0.25%	0.26%	0.15%
유동성이연법인세자산	0.16%	0.02%	0.01%
기타유동자산	0.00%	0.00%	0.00%
재고자산	4.60%	4.88%	5.61%
비유동자산	**69.14%**	**71.03%**	**67.64%**
투자자산	55.63%	56.06%	53.61%
유형자산	12.05%	13.35%	12.43%
무형자산	0.02%	0.38%	0.28%
기타비유동자산	1.45%	1.24%	1.32%
자산총계	100.00%	100.00%	100.00%
유동부채	**17.82%**	**14.52%**	**12.52%**
매입채무	4.73%	5.62%	5.82%
단기차입금	5.46%	5.71%	3.49%
유동성장기차입금	2.40%	0.03%	0.00%
미지급금	0.20%	0.18%	0.24%
미지급비용	2.72%	2.24%	2.24%
선수금	0.09%	0.13%	0.10%
예수금	0.18%	0.24%	0.18%
반품충당부채	0.14%	0.13%	0.13%
당기법인세부채	1.90%	0.23%	0.31%
비유동부채	**4.10%**	**4.04%**	**4.61%**
장기미지급금	0.00%	0.00%	0.03%
장기차입금	0.36%	0.33%	0.20%
수입보증금	0.22%	0.24%	0.22%
임대보증금	0.49%	0.48%	0.56%
이연법인세부채	3.03%	2.99%	3.58%
부채총계	21.93%	18.57%	17.12%
지배기업소유주지분	75.97%	79.65%	81.08%
자본금	2.89%	2.90%	2.68%
연결자본잉여금	11.46%	11.49%	10.62%
연결기타포괄손익누계액	−3.09%	−6.70%	−3.84%
연결이익잉여금	64.70%	71.96%	71.62%
자본총계	78.07%	81.43%	82.88%
부채와 자본총계	100.00%	100.00%	100.00%

팔도의 공통형 손익계산서 추세			
	2019	2020	2021
매출액	100.00%	100.00%	100.00%
매출원가	65.02%	63.76%	67.72%
매출총이익	**34.98%**	**36.24%**	**32.28%**
판매비와관리비	25.35%	25.89%	25.04%
영업이익	**9.62%**	**10.35%**	**7.25%**
유무형자산상각비	1.13%	1.51%	1.63%
EBITDA	**10.75%**	**11.86%**	**8.88%**
영업외수익	12.44%	5.39%	3.27%
이자수익	1.35%	1.15%	1.13%
지분법이익	3.62%	1.54%	1.03%
유형자산처분이익	5.84%	0.01%	0.00%
영업외비용	0.80%	3.01%	1.14%
이자비용	0.28%	0.18%	0.06%
외환차손	0.09%	0.48%	0.12%
외화환산손실	0.07%	1.46%	0.51%
세전순이익	**21.26%**	**12.74%**	**9.37%**
법인세비용	4.58%	3.38%	2.16%
연결당기순이익	**16.68%**	**9.36%**	**7.21%**
지배기업소유주지분	**16.31%**	**9.13%**	**7.19%**
비지배지분	**0.37%**	**0.23%**	**0.02%**

8.2 지수형 재무제표

지수형 재무제표(index financial statements)는 손익계산서나 재무상태표를 구성하는 각 항목이 기준시점 이후 일정기간에 걸쳐 어떤 추세를 보이는지를 파악하기 위한 것이다. 지수형 재무제표는 기준 시점의 재무제표의 각 항목수치를 100으로 정하고 그 이후 비교시점의 재무제표항목의 값을 지수화(비교시점의 항목값/기준시점의 항목값×100)하여 구한 지수로 작성된다. 공통형 재무제표와 마찬가지로 지수형 재무제표를 통해 시간이 경과함에 따라 규모의 변화를 파악할 수 있다.

[표 3.10]은 2019년을 기준으로 최근 3년간 팔도의 지수형 재무상태표와 지수

표 3.10 | 지수형 재무제표의 지수분석

팔도의 지수형 재무상태표 추세			
	2019	2020	2021
유동자산	100.00%	93.63%	113.17%
현금 및 현금성자산	100.00%	61.46%	70.06%
단기금융상품	100.00%	93.99%	116.09%
매출채권	100.00%	98.27%	114.12%
재고자산	100.00%	106.00%	131.61%
비유동자산	100.00%	102.46%	105.55%
투자자산	100.00%	100.51%	103.99%
유형자산	100.00%	110.52%	111.35%
자산총계	100.00%	99.74%	107.91%
유동부채	100.00%	81.25%	75.77%
매입채무	100.00%	118.58%	132.75%
단기차입금	100.00%	104.37%	69.00%
유동성장기차입금	100.00%	1.41%	0.00%
비유동부채	100.00%	98.30%	121.09%
장기차입금	100.00%	90.62%	59.33%
이연법인세부채	100.00%	98.60%	127.71%
부채총계	100.00%	84.44%	84.25%
지배기업소유주지분	100.00%	104.57%	115.16%
자본금	100.00%	100.00%	100.00%
연결자본잉여금	100.00%	100.00%	100.00%
연결이익잉여금	100.00%	110.93%	119.44%
자본총계	100.00%	104.03%	114.55%
부채와 자본총계	100.00%	99.74%	107.91%

팔도의 지수형 손익계산서 추세			
	2019	2020	2021
매출액	100.00%	108.38%	112.95%
매출원가	100.00%	106.27%	117.63%
매출총이익	100.00%	112.29%	104.26%
판매비와 관리비	100.00%	110.67%	111.55%
영업이익	100.00%	116.58%	85.05%
유무형자산상각비	100.00%	145.50%	163.64%
EBITDA	100.00%	119.61%	93.28%
영업외수익	100.00%	46.95%	29.66%
영업외비용	100.00%	404.91%	160.38%
세전순이익	100.00%	64.92%	49.78%
법인세비용	100.00%	79.94%	53.26%
연결당기순이익	100.00%	60.80%	48.83%
지배기업소유주지분	100.00%	60.64%	49.79%
비지배지분	100.00%	67.83%	6.38%

형 손익계산서를 예시한 것이다. 재무상태표를 살펴보면, 단기금융상품과 매출채권 그리고 재고자산의 증가로 인해 유동자산이 증가하였고 비유동자산도 유형자산이 증가함에 따라 꾸준히 확대되는 추세이다. 한편 매입채무가 증가하지만, 단기이자성부채의 감소로 인해 유동부채는 전체적으로 감소하는 추세이다. 비유동성부채는 차입금 상환으로 대폭 감소하였고, 이연법인세부채는 증가하는 모습이다. 요약하면, 팔도는 부채가 감소하고, 자본총계는 이익잉여금의 누적으로 증가하는 추세이다.

손익계산서를 살펴보면, 꾸준한 매출상승에도 불구하고 원재료비가 상승함에 따라 매출원가가 높아져 영업이익은 감소하지만 EBITDA의 감소분은 상대적으로 적다. 따라서 팔도의 2021년 당기순이익은 3년 전의 절반 이하 수준으로 축소된 모습이다.

■ 지수법의 응용

재무비율에 기초한 평가결과가 항목별로 상반되는 경우, 기업의 재무상태나 경영성과를 종합적으로 평가하기가 곤란한 문제가 생긴다. 따라서 하나의 단일 지표가 평가 근거가 되는 종합지수가 필요한데, 여러 재무비율을 동시에 고려하여 재무상태와 경영성과를 종합적으로 평가하는 데 주로 이용되는 분석방법이 지수법(index method)이다. 분석목적에 따라 주요 재무비율의 채택, 가중치, 표준비율에 차이가 있지만 다음과 같은 절차로 종합지수를 계산한다.

① **주요 재무비율의 채택** : 여러 재무비율 중에서 분석목적과 부합하는 재무비율을 채택한다.

② **가중치의 부여** : 채택한 주요 재무비율의 중요도에 따라 각 변수마다 가중치를 부여한다.

③ **관계비율 계산** : 실제 재무비율을 표준비율(산업평균비율)로 나누어 관계비율을 계산한다. 관계비율이 1보다 크다는 것은 해당 기업의 재무비율이 표준비율보다 긍정적이고, 1보다 작다는 것은 표준비율보다 부정적임을 의미한다.

④ **종합지수 산출** : 관계비율에 가중치를 곱하여 각 비율별로 평점을 계산한 후 합산하여 종합지수를 구한다.

⑤ **종합평가:** 종합지수가 100 이상이면 기업의 재무상태 및 경영성과가 긍정적인 것으로, 100 이하이면 부정적으로 평가한다

대표적인 지수법으로는 월(Wall)의 지수법과 트랜트(Trant)의 지수법, 그리고 브리체트(Burichett)의 지수법 등이 있다. 지수법은 1919년 월에 의해서 처음 제안된 종합분석기법으로 주요 재무비율에 중요도에 따라 가중치를 부여하여 지수를 산출하는 방법이다. 월은 기업의 신용능력을 평가하기 위하여 3개의 정태적 비율(유동비율, 비유동비율, 부채비율)과 4개의 동태적 비율(매출채권회전율, 재고자산회전율, 비유동자산회전율, 자기자본회전율) 등 모두 7개의 재무비율을 선정하고 정태적 비율인 유동비율과 부채비율 등에 많은 가중치를 부여하였다. 트랜트도 지수법을 제안하였는데, 그가 선정한 주요 재무비율은 월의 자기자본회전율을 매입채무회전율로 대신한 것 외에는 차이가 없다. 하지만 월과는 달리 동태적 비율에 더 큰 비중을 두고 있다. 결과적으로 월의 지수법은 정태적 비율을 강조함으로써 재무안정성을 중시하는 채권자 측면에서의 분석법이라면, 트랜트의 지수법은 동태적 비율에 중점을 둠으로써 효율성을 중시하는 경영자 측면에서의 분석법으로 볼 수 있다. 이와 같이 기업의 지급능력을 분석할 때 분석목적에 따라 중요비율의 채택과 가중치는 달라진다.

월이나 트랜트와 달리 브리체트는 수익성을 측정하는 다른 지표들을 추가하였다. 가중치는 단기채권자인 금융기관의 신용분석 측면에서 유동비율, 당좌비

주요 지수법의 재무비율과 가중치

주요재무비율	Wall	Trant	주요재무비율	Burichett	
				금융기관	사채권자
유동비율	25	15	유동비율	20	3
부채비율	25	10	당좌비율	20	3
비유동비율	15	10	매출채권/재고자산	5	3
매출채권회전율	10	10	부채비율	5	20
재고자산회전율	10	20	재고자산회전율	10	4
비유동자산회전율	10	20	매출채권회전율	25	4
자기자본회전율	5	–	총자산회전율	5	20
매입채무회전율	–	15	이자보상비율	2	30
			매출액순이익률	5	8
			총자산순이익률	3	5
합 계	100	100	합 계	100	100

율, 매출채권회전율 등 단기지급능력을 나타내는 비율에 가중치를 더 부여하고 채권자의 신용분석 측면에서 부채비율, 이자보상비율, 총자산회전율 등 장기지급능력과 관련한 지표에 큰 비중을 두었다.

다음 표는 월의 지수법과 트랜트의 지수법의 재무비율 및 가중치를 이용하여 팔도의 2021년도 종합지수평가결과이다. 식료품제조업을 영위하는 대기업군의 재무비율과 비교하면 비유동자산회전율과 자기자본회전율을 제외한 모든 비율에서 팔도는 대기업군 평균보다 양호한 모습이고 특히 유동비율과 부채비율에서 뚜렷하다. 팔도의 장기채무상환능력에 관한 월의 지수법과 트랜트의 지수법에 따른 종합평점은 274.98과 196.58로 식료품 부문 대기업군 평균보다 2배 내외로 매우 점수가 높아 팔도의 재무건전성은 상당히 양호한 것으로 평가된다.

팔도의 종합지수표

주요재무비율	팔도 (A)	표준비율 (B)	관계비율 (C=A/B)	가중치(D)		종합평점(C×D)	
				Wall	Trant	Wall	Trant
유동비율(%)	258.58	55.11	4.69	25	15	117.30	70.38
부채비율(%)	20.66	81.47	3.94	25	10	98.59	39.44
비유동비율(%)	81.61	118.14	1.45	15	10	21.71	14.48
매출채권회전율	13.74	11.43	1.20	10	10	12.02	12.02
재고자산회전율	11.44	8.13	1.41	10	20	14.07	28.14
비유동자산회전율	1.28	1.55	0.83	10	20	8.28	16.55
자기자본회전율	1.08	1.80	0.60	5	–	3.00	–
매입채무회전율	15.52	14.95	1.04	–	15	–	15.57
합 계				100	100	274.98	196.58

*표준비율은 2021년 식료품(업종코드 C10) 대기업군의 비율이다.
**부채비율과 비유동비율은 낮을수록 긍정적이므로 관계비율은 (B/A)로 구하고 재고자산회전율=매출액/재고자산이다.

▪ 지수법의 유용성과 한계

지수법은 해당 기업의 경영성과와 재무상태를 종합적으로 평가할 수 있고, 여러 재무비율을 동시에 적용하므로 유용한 분석기법이다. 또한 지수법은 작성과정과 해석이 비교적 용이하고 금융기관이 여신결정에 일반적으로 이용하는 신용평점은 모형의 기본기법을 지수법에 두고 있다. 그러나 지수법은 지수에 이용되는 재무비율과 가중치는 실증적으로 일반화되지 않아 분석자의 주관에 따라 달리 적용될 수 있는 한계가 있다. 또한 표준비율도 산업 또는 업종 평균이지만 분석자에 따라 경쟁업체의 재무비율 평균이나 목표재무비율로 확장하여 분석해 볼 필요가 있다.

mini MBA 부채상환비율(DSCR)에 대해 설명하여라

DSCR(debt service coverage ratio: 부채상환비율)은 주로 PF(project financing)로 조달한 자금에 대한 상환능력을 확인하는 지표이다. 프로젝트에서 창출되는 잉여현금흐름(FCF)이 부채상환금액보다 큰지를 확인하는 것으로 그 비율이 1.0을 초과하고 높아질수록 안정적이다.

$$\text{DSCR} = \frac{\text{FCF}}{\text{(세후) 이자 및 원금 지급액}}$$

누적 DSCR(cumulative debt service coverage ratio)은 기초현금과 당기에 발생한 잉여현금흐름과의 합을 채권자 귀속 현금흐름으로 나누어 계산한다.

$$\text{누적 DSCR} = \frac{\text{기초 현금} + \text{FCF}}{\text{(세후) 이자 및 원금 지급액}}$$

실무적으로는 (누적)DSCR이 1.2 이상이면 안정적이라고 판단한다. 다음은 DSCR과 누적 DSCR을 산출하는 과정을 예시한 것이다.

(백만원)	20×0	20×1(E)	20×2(E)	20×3(E)	20×4(E)	20×5(E)	20×6(E)	20×7(E)
매출액	**900**	**4,500**	**6,750**	**6,885**	**7,022**	**7,162**	**7,305**	**7,451**
영업비용	950	3,151	4,546	4,676	4,812	4,955	5,106	5,265
영업이익	−50	1,349	2,204	2,209	2,210	2,207	2,199	2,186
NOPLAT	**−50**	**1,079**	**1,763**	**1,767**	**1,768**	**1,765**	**1,759**	**1,748**
감가상각비	400	600	1,200	1,200	1,200	1,200	1,200	1,200
Gross Cash Flow	350	1,679	2,963	2,967	2,968	2,965	2,959	2,948
순운전자본	−217	−150	−300	−306	−312	−318	−325	−331
설비투자	−15,000							
Gross Investment	−15,217	−150	−300	−306	−312	−318	−325	−331
FCF	**−14,867**	**1,529**	**2,663**	**2,661**	**2,656**	**2,647**	**2,634**	**2,617**
자기자본조달	1,500							
차입금조달	14,000							
차입금상환		−2,000	−2,000	−2,000	−2,000	−2,000	−2,000	−2,000
세후이자비용		−560	−480	−400	−320	−240	−160	−80
현금증감	633	−1,031	183	261	336	407	474	537
기초현금	500	1,133	102	285	546	882	1,289	1,763
기말현금	1,133	102	285	546	882	1,289	1,763	2,300
DSCR		0.60	1.07	1.11	1.14	1.18	1.22	1.26
누적 DSCR		1.04	1.11	1.23	1.38	1.58	1.82	2.11
최소누적 DSCR	1.04							
평균누적 DSCR	1.47							

이자율은 5%이고, 법인세율은 20%이다.

mini MBA | 투하자본과 자본화비율

투하자본산출식을 자기자본으로 나누면 재무측면에서의 레버리지를 파악할 수 있다.

총투하자산 = 투하자본 + 비영업자산 = 자기자본 + 이자성부채
자기자본 = 투하자본 + 비영업자산 − 이자성부채 = 투하자본 + 순부채 … 식 ①

식 ①을 자기자본으로 나누면,

$$\frac{\text{투하자본}}{\text{자기자본}} - \frac{\text{순부채}}{\text{자기자본}} = \text{자본화비율} - \text{순부채비율} = 1$$

영업레버리지가 손익성과에 기반한다면, 자본화비율(capitalization ratio: 투하자본/자기자본)은[2] 자본적 영업레버리지의 성격을 지닌다. 자본화비율이 1 이하일수록 비영업자산이 이자성부채를 초과하는 수준이 커짐을 의미한다(단, 건설중자산은 향후 영업목적의 자산이므로 비영업자산으로 분류되지 않고 투하자산과 함께 가산된다는 점에 유의해야 한다). 그러므로 순부채비율이 작아질수록 자본화비율(=1+순부채비율)도 그만큼 더 축소된다. 투하자본수익률(세후영업이익/투하자본)이 비영업자산에 대한 시장수익률을 초과하면 자본화비율이 낮을수록 비영업자산이 투하자본수익률만큼 보상해 주지 못하기 때문에 이론적으로는 주식의 내재가치와 영업가치에 차이가 발생한다. 즉, 이러한 이유에서 자본화비율은 궁극적으로 PER 및 PBR에 직접적으로 영향을 미칠 것으로 판단된다. 팔도의 최근 3년간 공통형 투하자본과 지수형 투하자본을 제시하면 다음 표와 같다.

	공통형 투하자본			지수형 투하자본		
	2019	2020	2021	2019	2020	2021
영업유동자산	**20.9%**	**19.0%**	**21.6%**	**100.0%**	**94.2%**	**111.3%**
현금 및 현금성자산	4.1%	2.5%	2.7%	100.0%	61.5%	70.1%
매출채권	8.8%	8.4%	9.4%	100.0%	98.3%	114.1%
재고자산	6.4%	6.6%	7.9%	100.0%	106.0%	131.6%
기타당좌자산	1.5%	1.6%	1.7%	100.0%	109.7%	121.5%
영업유동부채	**13.9%**	**11.8%**	**12.7%**	**100.0%**	**87.8%**	**97.7%**
매입채무	6.6%	7.6%	8.2%	100.0%	118.6%	132.7%
미지급비용	3.8%	3.0%	3.2%	100.0%	82.1%	88.9%
기타유동부채	3.5%	1.2%	1.4%	100.0%	36.1%	41.4%
순운전자본	**6.9%**	**7.2%**	**9.0%**	**100.0%**	**106.9%**	**138.5%**
영업비유동자산	**94.1%**	**93.8%**	**92.2%**	**100.0%**	**103.3%**	**105.1%**
유무형자산	15.3%	18.4%	17.2%	100.0%	124.0%	120.4%
지분법적용투자주식	76.7%	73.8%	73.2%	100.0%	99.6%	102.3%
기타비유동자산	2.0%	1.7%	1.8%	100.0%	85.5%	98.0%
영업비유동부채	**1.0%**	**1.0%**	**1.2%**	**100.0%**	**100.9%**	**124.2%**
순비유동영업자산	**93.1%**	**92.8%**	**91.0%**	**100.0%**	**103.3%**	**104.9%**
투하자본	**100.0%**	**100.0%**	**100.0%**	**100.0%**	**103.5%**	**107.3%**
자본화비율	**103.3%**	**93.2%**	**90.6%**	= (기말투하자본+건설중자산)/(평균)자기자본		

2 *Financial Statement Analysis and Security Valuation* (S. Penman, 4ed., McGraw-Hill), p. 317.

mini MBA

투하자본의 자본화비율

팔도의 투하자본 변동추이를 살펴보면, 매출이 꾸준하게 증가하여 순운전자본은 증가추세인 반면, 순비유동영업자산의 증가폭은 둔화하는 모습이다. 투하자본이 지속적으로 증가하지만 내부유보금으로 비영업자산에 대한 투자비중이 증가하여 순부채는 축소되며 자본화비율은 100% 이하로 감소하는 추세이다. 참고로 2021년 동종업 3개사의 자본화비율을 산출한 결과는 다음과 같다.

(단위: 십억원)	농심	오뚜기	삼양식품	(합산)평균
투하자본	1,540	1,923	397	3,860
건설중자산	142	17	134	293
(평균)자기자본	2,125	1,490	371	3,987
자본화비율	**0.792**	**1.302**	**1.428**	**1.042**

자본화비율은 농심이 가장 낮고 삼양식품이 가장 높은 반면, 오뚜기는 농심과 삼양식품의 중간 수준으로 나타났다. 자본화비율이 다른 이유는 기업마다 자산구성 및 자본구조가 상이하기 때문이다. 결과적으로 투하자본수익률(ROIC)이 타인자본비용을 초과한다면, 오뚜기와 삼양식품이 농심보다 재무레버리지를 잘 활용함을 보여준다. 주식가치는 순비영업자산(순재무자산)의 가치와 영업가치의 합이므로 자본화비율이 1.0 이상인 오뚜기와 삼양식품의 영업가치는 주식가치보다 크지만, 자본화비율이 1.0 이하인 농심은 작을 것으로 판단된다. 종합해보면, 팔도의 자본화비율은 농심과 가장 유사하게 1.0 이하이므로 팔도의 주식가치는 영업가치보다 클 것으로 예상된다.

주요 국영문용어

공통형 재무제표_common-size financial statements
배당성향_dividend payout ratio
부채상환비율_debt service coverage ratio(DSCR)
순이익률_return on sales(ROS)
유보율_retention ratio
자본화비율_capitalization ratio
지수형 재무제표_index financial statements
투하자본수익률_return on invested capital(ROIC)
현금(전환)주기_cash conversion cycle
회전율_turnover

| 확인학습 |

01. 유동성비율에 관한 설명으로 옳지 않은 것은? (경영지도사)

① 단기채무상환 능력을 평가하는 비율이다.
② 기업에 자금을 대출한 금융기관이나 단기신용 제공자들이 많은 관심을 갖는 비율이다.
③ 현금비율은 가장 보수적으로 유동성을 판단하는 비율이다.
④ 높은 유동비율은 현금이나 단기자산을 효율적으로 운용하고 있다는 것을 의미한다.
⑤ 당좌비율은 유동비율보다 유동성이 높다.

02. 고정자산에 투자한 자본의 범위를 장기성 자본까지 확장하여 자본배분의 안정성을 평가하는 비율은?

① 유동비율 ② 자기자본이익률 ③ 비유동장기적합률 ④ 비유동비율 ⑤ 자기자본회전율

03. 재무비율 중 레버리지비율에 해당하지 않는 것은? (경영지도사)

① 비유동장기적합률 ② 부채비율 ③ 당좌비율 ④ 자기자본비율 ⑤ 이자보상비율

04. 서로 다른 재무제표에 있는 항목을 대응시켜 산출하는 혼합비율에 해당하는 재무비율은? (경영지도사)

① 유동비율 ② 매출액증가율 ③ 자기자본비율 ④ 순이익률 ⑤ 재고자산회전율

05. 재무비율 중 효율성(활동성)비율에 속하는 것으로 옳게 나열한 것은? (경영지도사)

① 유동비율, 당좌비율, 부채비율, 자기자본비율
② 이자보상비율, 매출채권회전율, 재고자산회전율, 총자산회전율
③ 매출채권회전율, 매출채권회수기간, 재고자산회전율, 총자산회전율
④ 재고자산회전율, 총자산회전율, 총자산순이익률, 총자산증가율
⑤ 자기자본순이익률, 총자산순이익률, 총자산증가율, 순이익증가율

06. 기업의 유동성 분석에 관한 설명으로 옳은 것은? (경영지도사)

① 기업이 장기채무를 변제할 능력이 어느 정도인지를 측정하는 비율이다.
② 현금비율은 유동성비율 중에서 가장 보수적인 비율이다.
③ 유동비율은 유동자산을 유동부채로 나눈 비율로 대체로 낮을수록 좋다.
④ 유동성 분석을 위한 항목에는 유동비율, 당좌비율, 총자산회전율 등이 존재한다.
⑤ 순운전자본비율은 순운전자본을 유형자산으로 나눈 비율이다.

07. 활동성비율에 관한 설명으로 옳지 않은 것은? (경영지도사)

① 기업이 보유하고 있는 자산을 얼마나 능률적으로 운영하였는지 측정하는 것이다.
② 매출액을 형성하기 위하여 투자된 각종 자산들의 관계를 분석한 것이다.
③ 기업의 영업활동에 대한 효율성을 평가하는 비율이다.
④ 회전율이 높을수록 유동부채에 대한 매출액이 상대적으로 높다는 것을 의미한다.
⑤ 총자산회전율은 매출액을 총자산으로 나눈 비율이다.

08. 다음 재무비율 중 판단측면에서 성격이 가장 다른 것은?

① 순운전자본구성비 ② 유동비율 ③ 비유동비율 ④ 비유동장기적합률 ⑤ 부채비율

09. 다음 재무비율 중 평가측면에서 성격이 가장 다른 것은?

① 순부채비율 ② 유동비율 ③ 비유동비율 ④ 비유동장기적합률 ⑤ 부채비율

10. 경기에 민감한 IT기업에 대해 가장 주의 깊게 분석해야 하는 재무위험 관련 재무비율은?

① 당좌비율 ② 유동비율 ③ 비유동비율 ④ 순운전자본구성비 ⑤ 현금비율

11. 비율분석에 관한 설명으로 옳은 것은? (경영지도사 수정)

① 순운전자본비율은 유동자산을 총자산으로 나누어 구한다.
② 현금비율은 현금 및 현금성자산을 유동부채로 나눈 비율이다.
③ 재고자산회전율은 매출액을 재고자산으로 나눈 비율이다.
④ 비유동장기적합률은 자기자본 외에 비유동부채까지 확대하여 자본의 수익성을 측정하는 비율이다.
⑤ 비유동비율은 비유동자산을 유동부채로 나눈 비율이다.

12. 표준비율로 사용될 수 있는 비율과 거리가 먼 것은? (경영지도사)

① 대기업의 재무비율 ② 일반적인 경험비율 ③ 산업평균비율
④ 분석기업의 과거비율 ⑤ 경쟁기업의 비율

13. **비율분석에 관한 설명으로 옳지 않은 것은?** (경영지도사)

① 정태비율(static ratio) 분석은 재무상태표에 나타난 자료를 대상으로 한 비율분석이다.
② 동태비율(dynamic ratio) 분석은 손익계산서에 나타난 자료를 대상으로 한 비율분석이다.
③ 혼합비율(mixed ratio) 분석은 재무상태표 항목과 손익계산서 항목을 동시에 비교하는 비율분석이다.
④ 구성비율(component ratio) 분석은 영업이익 또는 비유동자산에 대한 각 항목의 구성비를 표시하는 비율분석이다.
⑤ 관계비율(relative ratio) 분석은 재무제표의 두 항목을 대응시켜 계산한 재무비율이다.

14. **기업이 보유하는 부채와 지분의 시장가치를 기업이 보유하는 자산의 대체원가로 나눈 비율은?** (경영지도사)

① 주가매출액비율(PSR) ② 주가현금흐름비율(PCR) ③ 토빈의 Q 비율
④ 주가순자산비율(PBR) ⑤ 주가수익비율(PER)

15. **유동성비율에 관한 설명으로 모두 옳은 것은?** (경영지도사)

ㄱ. 유동비율은 양호한데도 불구하고 당좌비율이 불량한 경우는 재고자산의 과대로 추정될 수 있다.
ㄴ. 당좌비율이 100% 이하라는 것은 당좌자산을 유동부채보다 더 많이 보유하고 있다는 의미이다.
ㄷ. 유동비율이 지나치게 높다는 것은 현금이나 단기자산을 비효율적으로 운용하고 있다는 의미도 된다.
ㄹ. 유동비율이 높을수록 단기채무지급능력이 미흡하다.
ㅁ. 유동성은 단기에 현금화될 수 있는 정도를 의미한다.

① ㄱ, ㄴ, ㄹ ② ㄱ, ㄷ, ㅁ ③ ㄴ, ㄷ, ㅁ ④ ㄴ, ㄹ, ㅁ ⑤ ㄷ, ㄹ, ㅁ

16. **재무제표를 이용한 비율분석의 한계점이 아닌 것은?** (경영지도사)

① 경영환경이 빠르게 변화하는 경우에는 분석의 한계가 있다.
② 비교기업간에 회계처리방법이 다른 경우에는 정확한 정보를 얻기 어렵다.
③ 계절적 변동에 따른 영향이 큰 산업은 비율분석이 왜곡될 수 있다.
④ 비교기준이 되는 표준비율로 어떤 것을 선택하느냐에 따라 평가가 달라질 수 있다.
⑤ 분석목적에 맞는 다양한 종류의 비율분석이 어렵고, 제3자가 용이하게 얻을 수 있는 자료가 부족하다.

17. **[CPA] 재무비율의 이름과 경제적 의미를 짝지은 내용이 가장 적절하지 않은 것은?**

① 주가수익비율 – 수익성 ② 매입채무회전율 – 활동성 ③ 이자보상비율 – 레버리지
④ 당좌비율 – 유동성 ⑤ 총자본투자효율 – 생산성

18. **[CPA] 재무비율에 관한 설명으로 가장 적절하지 않은 것은?**

① 회계적 이익을 가능한 적게 계상하는 회계처리방법을 사용하는 기업의 경우 주가수익비율(PER)은 상대적으로 높게 나타날 수 있다.
② 자산의 시장가치가 그 자산의 대체원가보다 작은 경우 토빈의 q(Tobin's q)는 1보다 작다.

③ 매출액순이익률이 2%, 총자산회전율이 3.0, 자기자본비율이 50%일 경우 자기자본순이익률(ROE)은 3%이다.
④ 유동비율이 높은 기업은 유동성이 양호한 상태로 볼 수 있으나, 과도하게 높은 유동비율은 수익성 측면에서 비효율적일 수 있다.
⑤ 주가장부가치비율(PBR)은 일반적으로 수익전망이 높은 기업일수록 높게 나타난다.

19. **기준시점의 각 재무제표항목 값을 100으로 하여 비교시점의 값을 지수로 표시한 재무제표로 기업의 재무상태와 경영성과의 변동추세를 용이하게 파악할 수 있는 재무제표는?** (경영지도사)

① 지수형 재무제표 ② 공통형 재무제표 ③ 실수형 재무제표
④ 포괄형 재무제표 ⑤ 목적형 재무제표

20. **매출액을 100%로 하여 각 비용, 수익항목의 구성비를 백분율로 표시하여 작성한 것은?** (경영지도사)

① 공통형 재무상태표 ② 지수형 재무상태표 ③ 공통형 손익계산서
④ 지수형 손익계산서 ⑤ 지수형 재무제표

21. **총자본순이익률(ROI)분석법에 관한 설명으로 옳지 않은 것은?** (경영지도사)

① 기업을 종합적으로 평가할 수 있는 방법으로 미국 듀퐁사에서 개발하였다.
② 매출액순이익률과 총자산회전율을 곱하여 계산한다.
③ 장단기 지급능력 등에 대한 분석도 포함한 유용한 분석법이다.
④ 수익성을 결정하는 질적 요소나 전략적 요소를 간과할 수 있다.
⑤ 기업의 단기 경영목표를 총자산순이익률의 극대화로 보고 이 목표를 통제하기 위한 분석이다.

22. **기업의 재무상태와 경영성과에 대한 종합적인 판단에 사용되는 지수법의 작성 순서를 바르게 나열한 것은?** (경영지도사)

ㄱ. 주요 재무비율의 선정 ㄴ. 상대적 관계비율의 산정
ㄷ. 각 비율별 가중치 부여 ㄹ. 주요 비율별 평점의 산정
ㅁ. 종합평점의 산정

① ㄱ－ㄴ－ㄷ－ㄹ－ㅁ ② ㄱ－ㄷ－ㄴ－ㄹ－ㅁ ③ ㄴ－ㄱ－ㄷ－ㄹ－ㅁ
④ ㄷ－ㄱ－ㄹ－ㄴ－ㅁ ⑤ ㄹ－ㄴ－ㄷ－ㅁ－ㄱ

23. **비율분석을 보완하기 위해 개발된 지수법에 관한 설명으로 옳지 않은 것은?** (경영지도사 수정)

① 월(A. Wall), 트랜트(J. Trant) 등에 의하여 제시된 방법이다.
② 여러 개의 재무비율을 사용하여 지수화한다.
③ 실제비율과 표준비율을 이용하여 관계비율을 구한다.
④ 재무비율분석과 가중치는 주관적이다.
⑤ 해당사항 없음

계산형 문제

24. 다음 (주)한국의 재무정보부터 20×2년 재무비율을 각각 산출하여라.

재무상태표

(백만원)	20×1	20×2		20×1	20×2
영업현금	200	1,000	매입채무	1,550	2,150
단기금융상품	3,000	3,000	미지급비용	500	600
매출채권	4,000	4,500	장기차입금	6,000	6,000
재고자산	2,000	2,500	자본금	1,000	1,000
유형자산	10,000	13,300	이익잉여금	10,150	14,550
자산총계	19,200	24,300		19,200	24,300

20×2년 손익계산서

매출액	30,000
매출원가	20,000
판매관리비	1,750
영업이익	8,250
이자비용	325
법인세	1,585
순이익	6,340

* 20×2년 감가상각비는 2,360백만원이고, 건설중자산은 1,500백만원이다.
** 법인세율은 20%이고, 평가시점의 주당가격은 10만원, 발행주식수는 20만주이다.

① 현금전환주기 ＿＿＿＿＿일

② 투하자본수익률(ROIC) ＿＿＿＿＿%

③ 배당성향 ＿＿＿＿＿%

④ 배당수익률 ＿＿＿＿＿%

⑤ PER ＿＿＿＿＿배

⑥ EV/EBITDA ＿＿＿＿＿배

25. 2019년 (주)산단의 재무상태표가 다음과 같을 때 당좌비율은 ____%이고 순부채비율은 _____%이다. 한편, 투하자본은 _____백만원이다. (경영지도사수정)

현금	500	매입채무	500
매출채권	1,500	단기차입금	2,000
재고자산	3,000	장기차입금	3,300
비유동자산	3,500	자본금	2,700
자산총계	8,500	부채와 자본총계	8,500

26. 매출액순이익률 7%, 총자산회전율 0.8회, 자기자본은 총자본의 50%이다. 이때 총자산순이익률은 ______%이고 자기자본순이익률은 ______%이다. (경영지도사)

27. 매출액 100억원, 순이익 5억원인 기업의 총자산순이익률(ROI)은 10%이다. 이때, 총부채(타인자본) 30억원일 때, 부채비율은 ______%이다. (경영지도사)

28. (주)중기의 2018년도 영업이익은 200억원, 당기순이익은 100억원이다. 총자산영업이익률(ROA)이 0.1이고 자기자본순이익률(ROE)이 0.2일 때, (주)중기의 타인자본은 ______억원이다. (경영지도사)

29. [CPA] 다음 자료에서 당좌비율(quick ratio)은 ____%이다. 단 1년은 365일이고 회전율은 매출액에 대해 계산한다.

매출채권 120억원	유동부채 140억원	유동비율 150%	재고자산회전율 10회	매출채권회수기간 60일

30. [CPA] 갑을기업의 전년도 자기자본순이익률(ROE)은 6%로 업계 평균 10%에 비해 상대적으로 저조하다. 내부검토 결과, 매출액순이익률(profit margin)은 1%, 총자산회전율은 2.0으로 업계 평균과 비슷한 것으로 나타나 이 부분에서의 개선보다는 자본 구조의 번경을 통해 현재 자기자본순이익률을 업계 평균수준으로 끌어올리려고 한다. 이 목표를 달성하기 위한 갑을기업의 적정 부채비율은 ____%이다.

해답

01. ④ 유동비율이 높을수록 현금이나 단기자산을 비효율적으로 운용하고 있다는 것을 의미한다.

02. ③

03. ③ 당좌비율은 유동성에 관한 비율이다.

04. ⑤ 재고자산회전율(매출원가/재고자산 → 손익항목/재무상태표항목)

05. ③

06. ②

07. ④

08. ① 다른 재무비율은 판단기준비율이 있다.

09. ② 유동비율을 제외한 다른 비율은 낮을수록 긍정적이다.

10. ① 당좌비율: 경기에 민감할수록 재고부담이 있다.

11. ②

12. ①

13. ④

14. ③

15. ②

16. ⑤

17. ① 주가수익비율은 수익성변동에 대한 주가의 민감도이다.

18. ③ $\text{ROE} = \text{순이익률} \times \text{총자산회전율} \times \frac{1}{\text{자기자본비율}} = \frac{\text{순이익}}{\text{매출액}} \times \frac{\text{매출액}}{\text{총자산}} \times \frac{\text{총자산}}{\text{자기자본}} = 0.02 \times 3.0 \times \frac{1}{0.5} = 0.12 = 12\%$

19. ①

20. ③

21. ③

22. ②

23. ⑤

24. ① 매출채권회전율 : 7.06(=30,000/[(4,000+4,500)/2] 매출채권회수기간 : 365/7.06=51.7일
재고자산회전율 : 8.89(=20,000/[(2,000+2,500)/2] 재고자산보유기간 : 365/8.89=41.1일
매입채무회전율 : 10.81(=20,000/[(1,550+2,150)/2] 매입채무지급기간 : 365/10.81=33.8 일
현금전환주기=매출채권회수기간+재고자산보유기간−매입채무지급기간=51.7+41.1−33.8=**59.0일**

② 투하자본(20×1년)=(200+4,000+2,000+10,000−1,550−500)=14,150
투하자본 * 20×2년)=(1,000+4,500+2,500+13,300−1,5000−2,150−600)=17,050
(평균)투하자본=(14,150+17,050)/2=15,600 백만원
$\text{투하자본수익률(ROIC)} = \frac{\text{세후영업이익}}{\text{투하자본}} = \frac{8{,}250 \cdot 0.8}{15{,}600} = \frac{6{,}600}{15{,}600} = \mathbf{42.3\%}$

③ 이익잉여금증가분=당기순이익−배당금=14,550−10,150=4,400=6,340−배당금 ∴ 배당금 1,940백만원

$$배당성향 = \frac{배당금}{순이익} = \frac{1,940}{6,340} = \mathbf{30.6\%}$$

④ (주당)배당금 = 1,940백만원/20만주 = 9,700원/주

$$배당수익률 = \frac{(주당)배당금}{주가} = \frac{9,700원}{100,000원} = \mathbf{9.7\%}$$

⑤ 주당순이익(EPS) = 6,340백만원/20만주 = 31,700원

$$PER = \frac{주가}{주당순이익} = \frac{100,000원}{31,700원} = \mathbf{3.15배}$$

⑥ EV = 시가총액 + 순부채 = 20,000 + (6,000 − 3,000) = 23,000백만원

EBITDA = 영업이익 + 감가상각비 = 8,250 + 2,360 = 10,610백만원

$$\frac{EV}{EBITDA} = \frac{23,000}{10,610} = \mathbf{2.17배}$$

25. 유동자산 = 자산총계 − 비유동자산 = 8,500 − 3,500 = 5,000

유동부채 = 매입채무 + 단기차입금 = 500 + 2,000 = 2,500

$$당좌비율 = \frac{유동자산 - 재고자산}{유동부채} \times 100 = \frac{5,000 - 3,000}{2,500} \times 100 = \mathbf{80.0\%}$$

순부채 = 이자성부채 − 현금 및 현금성자산 = (2,000 + 3,300) − 500 = 4,800

$$순부채비율 = \frac{순부채}{자본총계} \times 100 = \frac{4,800}{2,700} \times 100 = \mathbf{177.8\%}$$

투하자본 = 영업자산 − 영업부채 = 8,500 − 500 = **8,000백만원**

26. $총자산순이익률 = \frac{순이익}{매출액} \times \frac{매출액}{총자산} = 순이익률 \times 총자산회전율 = 7\% \times 0.8 = \mathbf{5.6\%}$

$$자기자본순이익률 = \frac{순이익}{매출액} \times \frac{매출액}{총자산} \times (1 + 부채비율)$$
$$= 순이익률 \times 총자산회전율 \times (1 + 부채비율) = 7\% \times 0.8 \times (1 + 1.0) = \mathbf{11.2\%}$$

27. $총자산이익률 = 10\% = \frac{5}{총자산}$ → 총자산 = 50억원이므로 자기자본은 20억원, 따라서 부채비율은 30/20 = 1.5 = **150%**

28. $총자산영업이익률 = 10\% = \frac{영업이익}{총자산} = \frac{200}{총자산}$ → 총자산 = 2,000억원

$자기자본이익률 = 20\% = \frac{100억}{자기자본}$ → 자기자본은 500억원, 따라서 부채는 **1,500억원**

29. $매출채권회수기간 = \frac{365}{매출채권회전율} = 60일$ → $매출채권회전율 = \frac{365}{60} = \frac{매출액}{120}$ → 매출액 = 730억원

$재고자산회전율 = \frac{730}{재고자산} = 10회$ → 재고자산 = 73억원

$유동비율 = \frac{유동자산}{140} \times 100 = 150\%$ → 유동자산 = 210억원

$$당좌비율 = \frac{유동자산 - 재고자산}{유동부채} \times 100 = \frac{210 - 73}{140} \times 100 = \mathbf{97.9\%}$$

30. 자기자본이익률 $=\frac{\text{순이익}}{\text{매출액}}\times\frac{\text{매출액}}{\text{총자산}}\times\frac{\text{총자산}}{\text{자기자본}}=\frac{\text{순이익}}{\text{매출액}}\times\frac{\text{매출액}}{\text{총자산}}\times(1+\text{부채비율})$

$=1\%\times2.0\times(1+\text{부채비율})=10\%$

부채비율 $=4=$ **400%**

제4장

기업위험과 기업부실

기업은 수익이 저하되는 사업위험은 물론 재무구조에 따른 재무위험에도 직면할 수 있다. 업종특성별로 사업위험이 노출되는 양태가 다르므로 사업위험의 유형을 이해할 필요가 있다. 수익이 악화되거나 유동성이 부족하면, 기업부실상황까지 이르기도 한다. 기업부실의 개념을 이해하고 기업부실 예측모형을 살펴보기로 한다.

제1절 기업위험

국내외 경기여건과 같은 외부환경요인 외에도 업종 특성상 비용구조와 자본구조는 경영성과에 많은 영향을 끼친다. 예를 들어, 항공여객운송업의 경우, 여행수요에 따른 운항노선의 증감, 화물수요, 환율변동 등은 매출변동요인으로, 항공유는 원가변동요인으로 작용하여 매출 및 수익이 급감하거나 호전되기도 한다. 또한 업종 특성상 부채 중 리스부채가 상당 부분 차지하므로 불경기일 때 금융비용 부담이 가중되어 이익이 급감할 수 있다. 이와 같은 변동요인으로 인해 경영성과가 감소하는 것을 기업위험이라 하고, 이는 기업 고유의 사업위험(business risk)과 재무위험(financial risk)으로 나눌 수 있다.

그림 4.1
기업위험

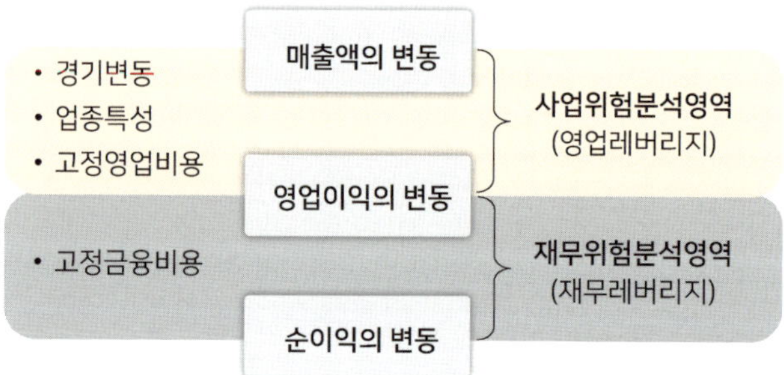

사업(영업)위험이란 경기변동이나 국제원자재가격 변동, 수출지역의존도, 국내외 경쟁구도, 영업비용구조 등 여러 외부 요인들로 인해 매출이나 수익이 축소되는 정도를 말한다. 즉, 사업위험은 수익성 악화나 수익창출에 실패하는 요인들이 작동되는 수준을 의미한다. 사업위험은 소비추세의 변화, 기술융합으로 인한 수요의 변동, 기술고도화로 인한 수요의 감소, 경기위축, 법률규제와 같은 여러 요인들이 기업에 복합적으로 부정적으로 작용했을 때 발생한다. 이러한 위험은 기업이 통제할 수 없어 사업위험에 노출되면 투자자 및 이해관계자에게 적절한 수익을 제공하는 능력이 훼손된다. 경영진이 의사결정과정에서 불확실성을 간과하거나 적절하게 대응하지 않아 사업위험이 증가하기도 한다.

사업위험의 협의적인 의미인 영업위험(operating risk)은 경제여건의 변화에 따라 기업이 통제할 수 없는 수준으로 영업이익이 감소할 가능성을 의미한다. 영업위험은 영업이익의 변동성으로 측정하는데, 영업위험의 주요 결정요인은 영업비용 중 고정영업비용이 차지하는 비중이다. 그 이유는 총비용 중 고정영업비용의 비중이 높을수록 판매량 변화에 따른 영업이익의 변동성이 커지기 때문이다. 즉 반도체, 자동차, 철강, 석유화학 등과 같은 장치산업 위주의 자본집약적 산업에 속하는 기업들은 영업위험이 높은데 이는 영업위험은 비용구조에 의해서 결정됨을 의미한다.

한편 재무위험은 타인자본의 원천과 그 규모에 따라 위험수준이 달라지고 주로 재무레버리지(financial leverage)와 가산금리 변동에 좌우된다. 즉, 기업이 자본조달을 이자성부채로 이용할 때 부담하는 위험을 의미한다. 부채의존도가 높을수록 이자비용이 증가하기 때문에 영업이익이 감소할 때 주당순이익은 영업이익감소분보다 높은 비율로 줄어드는 재무위험이 발생하게 된다. 따라서, 타인자본 조달규모에 따라 기업이 지급해야 하는 이자비용도 달라져 순이익변동분은 영업이익변동분과 차이가 발생하는데 이러한 차이를 재무레버리지라고 한다. 재무위험은 업종과 상관없이 개별기업마다 재무정책에 따라 다르지만, 기업이 자본을 타인자본에 많이 의존할수록 고정금융비용이 가중되어 재무위험이 높아진다.

1.1 사업위험의 유형[1]

■ 전략적 위험

전략적 리스크는 사업이 비즈니스 모델이나 계획과 달리 운영될 때 발생한다. 이러한 경우 경영전략은 시간이 경과하면서 기대효과가 떨어지기 때문에 경영

1 기업과 관련한 위험요소에 대해 주로 다음과 같은 사항을 사업보고서에 공시한다. ① 시장변동성 ② 환율 및 이자율변동성 ③ 천재지변 ④ 경쟁사들 간 경쟁구도 ⑤ 경영전략 이행사항 및 결과 ⑥ 다른 기업과 전략적 제휴 또는 기업인수 현황 ⑦ 자금조달현황 ⑧ 최대주주와 거래 ⑨ 기술 진부화 및 이와 관련한 이슈 ⑩ 생산관련 위험요소(생산과정위험/원재료조달 용이성/아웃소싱 의존도/적정생산수준유지 등) ⑪ 제품의 질 및 제품판매관련 이슈 ⑫ 자본적 지출 ⑬ 장기보유자산의 손상 ⑭ 정보시스템운용 ⑮ 법률규제 ⑯ 유해환경요인 ⑰ 특허(침해)현황 ⑱ 법률소송 등.

진은 목표를 수정해야 한다. 예를 들어, 기업이 가격경쟁력이나 수익성을 확보하기 위해 공급사슬을 내재화하는 전략을 취하면, 품질관리통제는 용이하지만 원가절감효과는 제한적이고 공급망체계의 다변화도 기대할 수 없다.

■ 규정준수위험

규정준수위험은 환경오염을 심각하게 유발시킬 수 있는 업종에서 주로 볼 수 있다. 해운업을 예로 들면, 국제해사기구(IMO)는 2020년부터 모든 선박연료에 대해 황산화물 함유량을 0.5% 이하로 강제하면서, 기존 선박은 스크러버(탈유황장치)를 신규로 설치하거나 값비싼 저유황유를 사용해야 한다. 이에 따라 선주는 유류비의 40~50%를 추가로 지불해야 하고, 노후선일수록 비용부담은 가중되었다. 유럽연합은 신조선에만 적용해왔던 EEDI(energy efficiency design index)와 동일한 탄소배출규제를 2023년부터 기존선박에도 확대하기로 하였다. 규제기준을 통과하지 못한 선박들은 운항 제한이 불가피해짐에 따라 이러한 규제는 선박운임을 상승시키는 결과를 초래하였다.

■ 운영위험

운영위험은 대체재가 출현하거나 공급제한으로 인한 원자재가격 변동과 같은 외부요인들로 인해 이례적으로 경영성과가 급락할 때 발생한다. 예를 들어, 주원재료가 원유인 정유사는 공급가를 국제원유가격이 아닌 싱가포르 휘발유가격을 기준으로 정액세금과 정제마진을 가산하여 책정한다. 싱가포르 복합정제마진이 하락하면, 정유사는 급감하는 수익이나 손실을 고스란히 감당할 수밖에 없다.

■ 평판위험

불미스러운 사건이 벌어지면 기업 평판이 나빠져 브랜드가치는 떨어지고 고객충성도는 낮아진다. 예를 들어, 협력업체에 대한 갑질문화는 기업이미지를 훼손시키고, 때로는 불매운동으로까지 확대되어 매출이 일시적으로 하락하기도 한다.

1.2 손익분기점과 영업비용

손익분기점(break-even point: BEP)이란 매출과 비용이 같아져 영업이익이 0이 되는 조업도(판매량 또는 매출액)를 말한다. BEP분석은 매출의 변동과 비용의 변동이 영업이익에 미치는 영향에 대한 정보를 제공해주므로 사업위험을 판단하거나 경영목표를 설정하는 데 유용하다. BEP분석으로 수익 및 비용의 변동에 따른 이익의 변화를 파악할 수 있어 CVP분석(cost-volume-profit relationship analysis)이라 불린다. 영업비용은 고정영업비용과 변동영업비용으로 구분되고, 고정비용은 BEP분석의 결정요인으로 작용한다.

BEP분석은 다음과 같은 가정을 한다. ① 비용은 고정비용과 변동비용으로 구성된다. ② 수익과 비용은 선형관계이다. ③ 재고없이 생산량 모두 매출로 인식한다. ④ 제품군이 다수인 경우, 제품별 구성비는 일정하다.

▪ 고정영업비용

고정영업비용(fixed operating cost)은 기업이 생산능력범위 내에서 조업도와 무관하게 부담해야 하는 비용이다. 생산능력을 늘리기 위해 설비를 증설하면 고정비용은 증가한다. 고정영업비용은 생산설비로 생산가능한 최대 산출량범위로 한정된다.

▪ 변동영업비용

변동영업비용(variable operating cost)은 조업도의 변화와 비례하는 영업비용을 말한다. 변동영업비용은 노동숙련도, 기술수준의 고도화, 대량구매에 따른 할인혜택, 외주의존도 등 여러 요인에 따라 달라진다.

[표 4.1]은 손익의 주요 항목을 변동영업비용과 고정영업비용으로 정리한 것이다. 만일, 외부분석자는 정보가 충분하지 않으면, 과거자료를 회귀분석하여 변동비를 추정하기도 한다.

표 4.1 | 영업비용의 분류

고정영업비용	변동영업비용
유·무형자산상각비 경영진 보수 및 판매관리부분 인건비 임차료 및 보험료 등	재료비 / 노무비 및 외주비 지급수수료 / 판매성과금 / 수출 제경비 등

■ 손익분기점의 산출

손익분기점에서의 매출액(R^*)은 영업비용(TC)과 같아져 영업이익은 0이 되고, 이때 판매수량(Q^*)과 매출액(R)의 관계는 다음 식과 같다.

$$R^* = P \cdot Q^* = VC + FC = v \cdot Q^* + FC$$

$$Q^* = \frac{FC}{P - v} = \frac{\text{고정영업비용}}{\text{단위당공헌이익}}$$

$$R^* = \frac{FC}{1 - \frac{v}{P}} = \frac{\text{고정영업비용}}{\text{공헌이익률}}$$

R^* : 손익분기점 매출액
TC : 영업비용
VC : 변동영업비용
FC : 고정영업비용
P : 판매가격
Q^* : 손익분기점 판매수량
v : 단위당 변동영업비용

그림 4.2
손익분기점

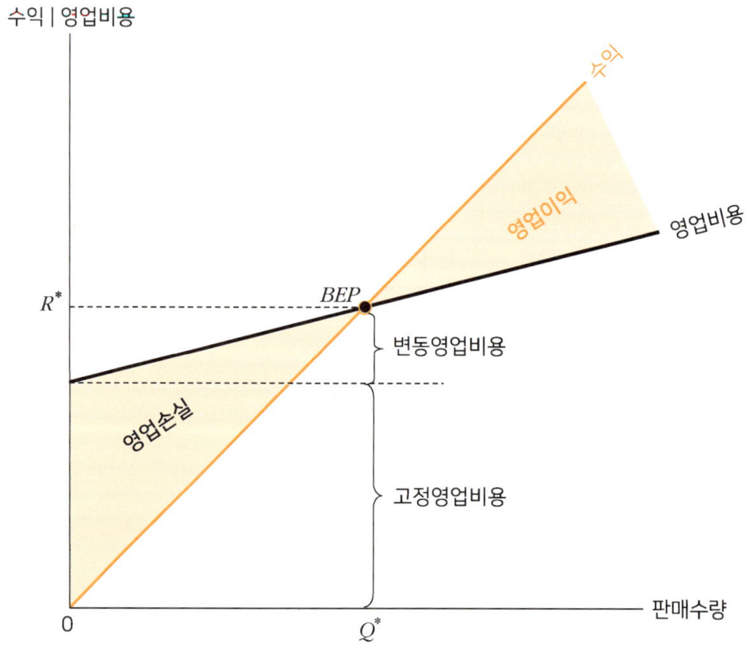

여기서, $(P-v)$는 단위당공헌이익, $(1-v/P)$은 공헌이익률(contribution margin ratio)이다. 공헌이익은 매출액이 변동영업비용을 초과하여 고정영업비용에 기여하는 수준이다. 그러므로 BEP분석은 매출과 비용 간 선형관계를 분석하여 영업이익이 실현되는 매출수준을 파악하는 것이 핵심이다. 고정영업비용은 매출실현과 상관없이 기업이 부담하는 비용이므로 매출이 고정비용을 초과하지 못하면 시간이 경과할수록 그 손실은 더욱 커진다.

■ 손익분기점의 활용

자본조달 측면에서 영업이익이 손익분기점을 초과할 것으로[2] 예상되면 BEP 분석을 응용하여 목표영업이익을 실현하는 매출을 다음과 같이 구할 수 있다.

$$R = P \cdot Q^* = v \cdot Q^* + FC + x_{op}$$

$$Q^* = \frac{FC + x_{op}}{P - v}$$

R : 목표영업이익에 따른 매출액
Q^* : 목표영업이익을 위한 판매수량
x_{op} : 목표영업이익

안전율(margin of safety ratio)은 손익분기점에서 매출과 예상매출과의 차이를 예상매출로 나눈 값이다. 이 비율을 통해 경영진은 실제매출이나 예상매출의 손익분기점과의 괴리도를 알 수 있다.

$$\text{안전율} = 1 - \frac{R^*}{E(REV)}$$

$E(REV)$: 예상매출액
R^*: 손익분기점에서의 매출액

---

2 $Q^*_{cash} = \frac{FC - Dep}{P - v}$ Q^*_{cash}: 현금기반 손익분기점에서의 판매수량, Dep: 감가상각비

손익분기점분석은 발생주의기준이지만 자금관리 측면에서 현금유입과 현금유출이 같아지는 조업도인 현금손익분기점(Cash BEP: CBEP)분석도 가능하다. 여기서 현금기준 고정영업비용은 고정영업비용으로부터 비현금성 비용인 유·무형자산상각비를 차감하여 구한다. 그러므로 CBEP는 프로젝트의 (세전)영업현금흐름이 0일 때를 의미한다.

손익분기점 산출

(주)알파는 의료장비를 제조 · 판매하는 업체이다. 대당 판매가격은 500만원, 고정영업비용과 단위당 변동영업비용은 각각 12억원과 200만원이다.
① 손익분기점에서의 매출액은 ______억원이다.
② 영업이익이 18억원이 되려면, 판매수량은 _____대이고, 이 경우 공헌이익은 ______억원이다.
③ 당사는 설비투자를 통해 단위당 변동영업비용은 100만원으로 감소하지만, 고정영업비용은 16억원으로 증가할 것으로 예상한다. 이때 손익분기점에서 매출액은 ______억원이다.

① $Q=\frac{FC}{P-v}=\frac{1,200}{5-2}=400$ ∴ 손익분기점에서의 매출액은 20억원(=400대×500만원)이다.

② $Q=\frac{FC+x_{op}}{P-v}=\frac{1,200+1,800}{5-2}=1,000$ ∴ 공헌이익은 30억원(=매출액 50억원－변동영업비용 20억원)이다.

③ $Q=\frac{FC}{P-v}=\frac{1,600}{5-1}=400$ ∴ 손익분기점에서 매출액은 20억원(=400대×500만원)이다.

투자와 상관없이 손익분기점에서 매출액은 20억원이고 추가설비투자로 인해 고정비는 증가하지만 단위당 변동비는 감소한다. 이에 따라 단위당 공헌이익은 3백만원(500만원－200만원)에서 4백만원(500만원－100만원)으로 증가하여 판매량이 손익분기점을 초과하는 경우 영업이익의 변동폭은 더욱 커진다. 그러므로 손익분기점에서 판매량인 400대 이상 판매한다면 설비투자가 유리하다.

1.3 레버지리

▪ 영업레버리지

사업위험은 국내외 경기여건이나 업종특성에 따라 다른 양태를 보인다. 경기와 민감한 업종으로는 자동차, 조선, 철강, 화학, 반도체 등이 있고, 경기방어업종으로는 식음료품, 의약품, 에너지 등이 있다. 대규모 설비투자가 요구되는 자본집약적 산업은 인건비에 의존하는 노동집약적 산업보다 상대적으로 영업비용 중 고정비가 차지하는 비중이 큰 것이 특징이다. 즉, 업종별로 비용구조가 달라 매출변동이 일정해도 영업비용에서 고정비용의 비중이 클수록 영업이익증가율(감소율)은 매출증가율(감소율)보다 커지므로 손익규모가 달라진다.

이와 같이 고정비용이 지렛대(lever) 역할을 하여 영업이익의 변동성이 커지는 것을 영업레버리지라고 한다. 영업레버리지도(degree of operating leverage: DOL)는 영업이익변화율을 매출액변화율로 나눈 값으로 매출이 변동함에 따라 고정비가 영업이익에 미치는 명향을 보여준다. 수익과 비용은 선형관계이므로 음(－)의 DOL은 매출이 증가(감소)하면 영업손실이 감소(확대)함(됨)을 의미한다.

$$DOL = \frac{영업이익변화율}{매출액변화율} = \frac{\frac{\Delta OP}{OP}}{\frac{\Delta Q}{Q}} = \frac{\frac{\Delta Q(P-v)}{Q(P-v)-FC}}{\frac{\Delta Q}{Q}}$$

$$= \frac{\Delta Q(P-v)}{Q(P-v)-FC} = \frac{공헌이익}{영업이익} = \frac{영업이익 + 고정영업비용}{영업이익}$$

영업레버리지 산출

① 외주생산	침체	정상	호황	② 자체생산	침체	정상	호황
매출액	400	500	600	**매출액**	400	500	600
영업비용	340	400	460	**영업비용**	380	400	420
고정비	100	100	100	고정비	300	300	300
변동비	240	300	360	변동비	80	100	120
영업이익	60	100	140	**영업이익**	20	100	180
영업이익률	15%	20%	23%	영업이익률	5%	20%	30%

–단위당 변동비는 매출 1원당 0.6원

$DOL(외주) = \frac{40/100}{100/500} = 2.0$

매출 20% 증가(감소)시 영업이익 40% 증가(감소)

–단위당 변동비는 매출 1원당 0.2원

$DOL(자체) = \frac{80/100}{100/500} = 4.0$

매출 20% 증가(감소)시 영업이익 80% 증가(감소)

위의 예시를 보면, 외주생산인 경우 손익분기점은 250억원(=100/(1−0.6)), 자체생산인 경우 손익분기점은 375억원(=300/(1−0.2))이므로 고정비 비중이 커질수록 손익분기점은 높아진다. 경기침체시 자체생산의 영업이익률은 외주생산보다 10% 낮지만 경기가 호황이면, 외주생산보다 7% 높아 40억원의 영업이익을 추가로 얻을 수 있다. 즉, 영업비용 중 고정비용이 차지하는 비중이 클수록 매출변화율보다 영업이익 변화율이 커지는 영업레버리지효과로 인해 사업위험은 증가한다. 영업레버리지효과는 위험지표이지 수익성지표는 아니다.

▪ 재무레버리지

재무레버리지도(degree of financial leverage: DFL)는 재무레버리지효과를 측정하는 지표로서 순이익변화율을 영업이익변화율로 나눈 값이다. 즉, 영업이익에 대한 (주당)순이익의 민감도를 나타낸다.

$$DFL = \frac{(\text{주당})\text{순이익변화율}}{\text{영업이익변화율}} = \frac{\frac{\Delta EPS}{EPS}}{\frac{\Delta OP}{OP}} = \frac{\frac{\Delta OP(1-t)}{(OP-I)(1-t)}}{\frac{\Delta OP}{OP}}$$

$$= \frac{OP}{OP-I} = \frac{\text{영업이익}}{\text{세전이익}} = \frac{R-(VC+FC)}{R-(VC+FC+I)}$$

NI: 순이익, *EPS*: 주당순이익, *t*: 법인세율, *I*: 이자비용

위의 식을 보면, DFL은 영업이익을 영업이익에서 이자비용을 차감한 세전이익으로 나눈 것이다. 타인자본이 없다면, 이자비용도 없으므로 세전이익과 영업이익이 동일하여 DFL은 1.0이다. 세전이익과 이자비용이 모두 발생한다면, DFL은 항상 1 이상이므로 영업이익변화율보다 순이익변화율이 항상 크다. 재무레버리지효과(financial leverage effect)란 타인자본에 많이 의존할수록 금융비용이 증가하여 순이익이 감소하여 영업이익변화율보다 순이익변화율이 커지는 현상이다. 재무레버리지효과는 위험지표이지 수익성지표는 아니다. 재무레버리지(financial leverage)란 자산이 자기자본을 초과하는 정도(자산/자기자본)를 의미한다. 다음은 자체생산을 하기 위해 타인자본조달을 하는 경우와 자기자본조달을 하는 경우를 비교 예시한 것이다.

재무레버리지 산출

타인자본조달 (기발행 주식수 50만주)				자기자본조달 (신주발행 후 주식수 100만주)			
(단위: 억원)	**침체**	**정상**	**호황**	(단위: 억원)	**침체**	**정상**	**호황**
영업이익	**20**	**100**	**180**	**영업이익**	**20**	**100**	**180**
이자비용	10	10	10	이자비용	–	–	–
세전이익	**10**	**90**	**170**	**세전이익**	**20**	**100**	**180**
법인세(20%)	2	18	34	법인세(20%)	4	20	36
순이익	8	72	136	**순이익**	16	80	144
주당순이익	1,600원	14,400원	27,200원	**주당순이익**	1,600원	8,000원	14,400원
$DFL(\text{타인자본조달}) = \frac{(27{,}200-14{,}400)/14{,}400}{(180-100)/100} = 1.1$				$DFL(\text{타인자본조달}) = \frac{(14{,}400-8{,}000)/8{,}000}{(180-100)/100} = 1.0$			
영업이익 80% 증가(감소)시 순이익 88.8% 증가(감소)				영업이익 80% 증가(감소)시 순이익 80% 증가(감소)			

■ 결합레버리지도

결합레버리지도(degree of combined leverage: DCL)는 영업레버리지도(DOL)와 재무레버리지도(DFL)를 결합한 것으로 그 식은 다음과 같다.

$$DCL = DOL \times DFL = \frac{\text{영업이익변화율}}{\text{매출액변화율}} \times \frac{\text{순이익변화율}}{\text{영업이익 변화율}} = \frac{\text{순이익변화율}}{\text{매출액변화율}}$$

$$= \frac{\text{공헌이익}}{\text{영업이익}} \cdot \frac{\text{영업이익}}{\text{세전이익}} = \frac{\text{공헌이익}}{\text{세전이익}} = \frac{\text{매출액} - \text{변동비}}{\text{세전이익}}$$

결합레버리지효과(combined leverage effects)는 매출액변화율에 대한 순이익변화율의 상대적인 수준을 나타내고 기업위험을 나타낸다. 영업비용(FC+VC)에서 고정영업비용(FC)이 차지하는 비중이 크고 이자비용(I)이 많을수록 결합레버리지는 증가한다.

결합레버리지 산출

A기업의 ①안의 결합레버리지는 ______이고 ②안의 결합레버리지는______이다. (단위: 억원)

① 타인자본조달	침체	정상	호황	② 자기자본조달	침체	정상	호황
매출액	400	500	600	매출액	400	500	600
영업비용	380	400	420	영업비용	380	400	420
고정비	300	300	300	고정비	300	300	300
변동비	80	100	120	변동비	80	100	120
영업이익	20	100	180	영업이익	20	100	180
이자비용	10	10	10	이자비용	–	–	–
세전이익	10	90	170	세전이익	20	100	180
법인세(20%)	2	18	34	법인세(20%)	4	20	36
순이익	8	72	136	순이익	16	80	144

① $DCL = \frac{64/72}{100/500} = \frac{500-100}{90} = 4.444$

∴ 매출액 20% 증가(감소)시, 순이익 88.9% 증가(감소)

② $DCL = \frac{64/80}{100/500} = \frac{500-100}{100} = 4.0$

∴ 매출액 20% 증가(감소)시, 순이익 80.0% 증가(감소)

1.4 자본조달분기점

자본조달분기점(financial break-even point: FBEP)이란 자금조달원천과 상관없이 주당순이익(EPS)이 동일해지는 영업이익으로 그 식은 다음과 같다.

$$\frac{EBIT^* - I_1}{N_1} = \frac{EBIT^* - I_2}{N_2} \qquad \therefore\ EBIT^* = \frac{N_1 I_2 - N_2 I_1}{N_1 - N_2}$$

$EBIT^*$: 자본조달분기점 / N_1, N_2: 1안과 2안의 발행주식수 / I_1, I_2: 1안과 2안의 이자비용

자본조달분기점에서 총자산영업이익률(영업이익/총자산)과 타인자본비용인 이자율이 같으면, 주당순이익은 동일하다. 영업이익이 자본조달분기점 미만이면 자기자본조달이 주당순이익에 유리하지만, 자본조달분점을 초과하면 총자산영업이익률이 이자율보다 높아 타인자본조달이 유리하다. 그러나 자본조달분기점이 아무리 낮더라도 기업이 타인자본을 무한 조달할 수 없다.

자본조달분기점 산출

A기업의 자본금은 200억원(기발행주식수 50만주)이다. 경영진은 200억원을 투자하면 영업이익은 100억원에 이를 것으로 전망한다. 이를 위해 ① 연이자율 5%로 장기차입방안과 ② 50만주를 주당 4만원에 신규발행하는 방안을 검토하고 있다. 공정내재화 후 다음과 같이 경영성과가 변동한다면, 타인자본조달의 경우, 재무레버리지도는 ______이고 ①안과 ②안의 자본조달분기점은 ______억원이므로 ____안을 채택하는 것이 유리하다. (단위: 억원)

① 타인자본조달	침체	정상	호황	② 자기자본조달	침체	정상	호황
매출액	400	500	600	**매출액**	400	500	600
영업비용	380	400	420	**영업비용**	380	400	420
고정비	300	300	300	고정비	300	300	300
변동비	80	100	120	변동비	80	100	120
영업이익	20	100	180	**영업이익**	20	100	180
이자비용	10	10	10	이자비용	–	–	–
세전이익	10	90	170	**세전이익**	20	100	180
법인세(20%)	2	18	34	법인세(20%)	4	20	36
순이익	8	72	136	**순이익**	16	80	144
주당순이익	1,600원	14,400원	27,200원	주당순이익	1,600원	8,000원	14,400원
주식수	50만주	50만주	50만주	주식수	100만주	100만주	100만주

$DOL = \frac{64/72}{80/100} = \frac{100}{90} = 1.111$ ∴ 영업이익 80% 증가(감소)시, 순이익은 88.9% 증가(감소)

자본조달분기점에서의 영업이익 $EBIT^* = \frac{50만주 \cdot 0 - 100만주 \cdot 10억원}{50만주 - 100만주} =$ **20억원**

자본조달분기점에서의 총자산영업이익률(5%=20억원/400억원)은 이자율인 5%와 같아 주당순이익(1,600원)도 동일하다. 기대영업이익인 50억원은 자본조달분기점을 초과하므로 타인자본조달안 **①안**을 채택하는 것이 유리하다.

그림 4.3
자본조달분기점

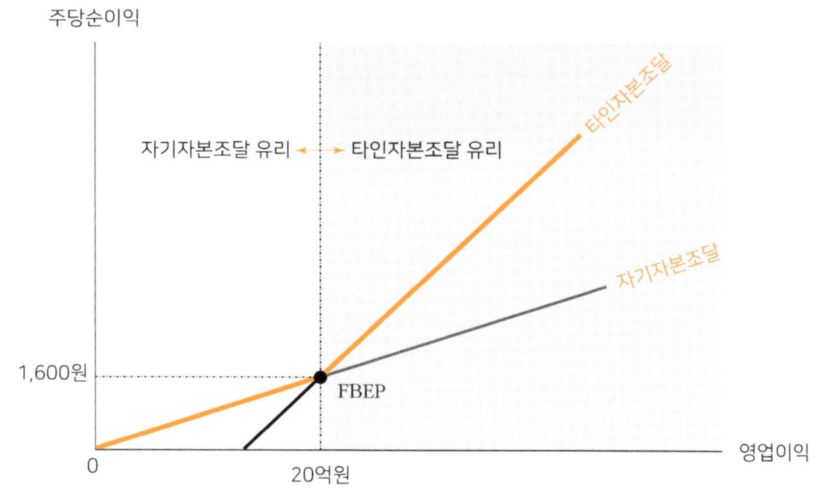

제2절 기업부실의 개념

기업부실(corporate financial distress) 현상은 어느 특정 시점에서 갑자기 발생하는 것이 아니라 여러 요인들이 복합적으로 작용하며 점진적으로 그 징후를 보인다. 부실징후는 사전 노출되는 경우가 많아 예측이 가능하다. 기업부실이란[3] 기업이 재무적 한계에 도달하여 채무변제를 할 수 없는 상태를 말한다. 이는 실질적 지급불능상태(insolvency)까지 이르는 경제적 실패(economic failure), 지급불능, 채무불이행(default)[4] 등을 포함한다. 경영실패란 수익이 급감하여 초래되는 기업부실화 현상을 말한다. 만일, 기업이 총수익이 총비용보다 낮거나 투자수익률이 자본비용을 초과하지 못해 수익성이 저하되면 경제적 실패를 겪는다. 즉 이러한 경제적 실패로 인해 기업이 수익으로 비용을 보상하지 못해 결국 지급불능상태가 되어 채무불이행이 일어난다. 하지만 경영실패가 지속되어도 법적으로 지급의무를 갖는 부채가 없다면 경영실패가 곧 파산으로 반드시 이어지는 것은 아니다.

지급불능(insolvency)은 기업이 유동성이 부족하여 만기가 도래된 채무를 지급할 수 없는 기술적 지급불능(technical insolvency)과 부채가치가 자산가치를 초과하여 실질적 순자산가치가 음(−)이 되는 실질적 지급불능(real insolvency)이 있다. 기술적 지급불능은 일시적으로 유동성이 부족하여 채무를 상환하지 못하는 상태로 유동성위기로 해석할 수 있다. 반면에 실질적 지급불능은 그 원인이 일시적 유동성부족이 아닌 만성적 누적결손이 일반적이다. 경우에 따라 부채가치가 자산가치보다 많아 채무초과상태로 자산을 모두 처분해도 채무상환이 불가능한 파산적 지급불능상태(bankrupt insolvency)를 의미하기도 한다.

파산(bankruptcy)은 법원에 의하여 공식적으로 파산이 선고된 경우를 의미한

---

3 미국 신용조사기관인 Dun & Bradstreet Inc.는 ① 강제집행, 유질(foreclose), 재산압류, ② 미지급부채를 남긴 상태에서 자발적 영업정지, ③ 관리인 선임, 재조직, 정리절차 등에 따르는 법원 소유, ④ 채권자들의 자발적 협약에 의한 영업중지를 기업부실(business failure)로 정의한다.

4 채무불이행(default)은 채무자가 채권자와의 계약을 위반하거나 원리금을 제때에 상환하지 않아 법적 조치의 근거가 된다.

다. 법인인 채무자가 지급불능상태에 이르거나 기업의 자산가치가 부채가치에 미치지 못하는 채무초과의 상황이 발생하면 파산을 신청할 수 있는 파산의 원인이 발생한 것으로 간주한다(채무자 회생 및 파산에 관한 법률 305조, 306조). 이 경우 채권자나 채무자가 법원에 파산신청을 할 수 있고, 법원이 파산을 선고하면 기업은 청산절차를 밟고 해산되는데, 이와 같은 상태를 파산이라 정의한다.

기업부실의 원인은 매우 다양하지만 결국 경영실패에 기인한다. 경영진의 잘못된 의사결정이 당장 경영실패로 나타나지는 않지만, 사후적으로 그 결과가 기업가치를 상실시켜 결국 파산에 이르는 원인이 된다. 부실의 원인은 주로 매출감소에 의한 수익 악화, 차입을 통한 무리한 설비확장, 경영자의 능력부족, 수요변화에 대한 예측오류 등 매우 다양하다. 재무적 부실 징후를 살펴보면, (영업)현금부족, (장기)매출채권 및 재고자산의 급증, 신규단기차입금 증가, 이월결손금 과다로 인한 자본잠식, 매출감소 및 영업비용 급증에 따른 수익성 악화, 영업이익을 초과하는 과다한 금융비용 등이 있다.

상장기업의 경우, 지속적인 경영악화로 인한 포괄적 결과물인 기업부실은[5] 결국 상장폐지의 형태로 주로 나타난다. 상장폐지는 자본시장은 물론 기업의 이해관계자 및 개인투자자에게도 큰 피해를 입힐 수 있다. 금융감독원(2014)에 따르면 상장폐지된 기업을 대상으로 조사한 결과, 그 징후를 보이는 기업은 다음과 같은 특징을 지닌다고 밝힌 바 있다. 첫째, 상장폐지 전년도 공모실적은 전년대비 1/3으로 급감한 반면 사모 및 소액공모실적은 각각 전년대비 약 2배, 2.5배 이상 급증하는 등 자금조달여건이 급격히 악화되었다. 둘째, 지배구조 또는 경영권과 관련하여 최대주주 및 대표이사의 변동이 잦아 경영안정성이 미흡하다. 셋째, 영업위험과 관련하여 타법인출자나 목적사업의 변동이 잦고, 연관성이 별로 없는 신규사업을 추가하는 등 지속경영가능성에 의문이 제기되는 특징이 있다. 넷째, 외부감사인 의견이 적정의견이지만, 계속기업으로서 불확실성이 언급된 경우가 많다.

5 부실은 상장폐지기준과도 관련되는데 내용은 다음과 같다. ① 거래은행에 의한 최종부도나 거래은행과의 거래정지, ② 회사정리절차 개시신청, ③ 최근사업연도 사업보고서상 자본금의 전액잠식이나 자본금의 50% 이상 2년 연속 잠식상태, ④ 2년 연속 매출액 50억원 미만, ⑤ 법률에 따른 해산사유 발생, ⑥ 회생절차 기각이나 불인가 또는 취소, ⑦ 법원의 파산선고 등. 한편, 다음 두 사건 중 하나 이상이 발생하는 경우 부도에 해당한다. ① 채무자가 해당 은행에 부담하는 상당한 정도의 채무에 대해 90일 이상 연체한 경우, ② 보유 담보물의 처분과 같은 상환청구조치를 취하지 않으면 채무자로부터 채무를 일부라도 상환받지 못할 것으로 판단되는 경우.

■ 부실기업 정리절차

부실기업을 정리하는 제도적 장치는 사적절차인 워크아웃(기업개선작업)과 법적절차인 법정관리로 나뉜다.

법적절차는 부실기업의 회생을 목적으로 하는 기업의 주주나 경영자, 채권자는 회생절차의 개시를 법원에 신청할 수 있다. 법원은 기업의 존속가치가 청산가치를 초과할 것으로 판단되면 회생절차개시를 인가하지만, 그렇지 않으면 파산개시를 명령한다. 워크아웃은 부실징후기업과 채권자 당사자들간 직접 합의에 의한 절차로 제도화된 사적절차이다. 채권금융기관협의회(채권단)은 부실기업이 장래에 정상화될 수 있다고 판단되면 자율협약을 통해 채권출자전환이나 원리금상환유예 또는 신규자금지원으로 재무구조를 개선시키고 구조조정을 단행한다.[6]

표 4.2 | 법정관리와 워크아웃의 비교

	법정관리	워크아웃
관련법규	채무자 회생 및 파산에 관한 법률	기업구조조정 촉진법
제도상 차이	법원에 의한 중립적 구조조정	채권단 주도의 사적 구조조정
개시원인	지급불능 및 채무초과	주채권단의 신용평가에 의한 '부실징후'
성격	사후적 구조조정	사전적 구조조정
신청권자	채무기업 및 주주 또는 채권자	채무기업 및 채권자
대상채권범위	금융기관 및 상거래 채권	협약에 가입한 금융기관
지원방식	채무면제	이자율 감면, 채무연장, 신규자금지원 등
경영진	채권자협의회의 요청이 없는 한 법정관리인으로 경영주가 주로 선임됨	일반적으로 경영주가 선임되고 채권금융기관으로부터 지속적인 감독을 받음
주주의 권리	주주는 회생절차에 참여가 가능하고 그때 보유주식 지분이나 출자지분과 비례하여 의결권을 가짐	재무구조개선안에 따라 감자 후 출자전환으로 인해 주주의 권한이 축소될 여지가 있음
승인주체	법원이 회생계획의 인가여부 결정	채권단이 경영정상화계획이행을 위한 약정을 체결
주관	법원이 관리인집회를 소집하여 심리	채권금융기관협의회가 구성되어 그 소집 및 운용은 주채권단이 주관
채무상환기간	통상적으로 10년	일반적으로 5년 이상

6 사적 화의는 워크아웃과 달리 다음과 같은 점에서 비교된다. 워크아웃은 주로 대기업을 대상으로 하지만, 사적 화의는 중소기업을 대상으로 하는 기업회생제도에 속한다. 또한 워크아웃은 기본협약과 기업개선절차가 정해져 있지만, 사적 화의는 채권금융기관 간 협의에 의해 지원내용이 결정된다.

제3절 기업부실 예측

부실예측모형으로는 여러 재무비율을 이용하여 기업부실을 예측하는 다변량 분석방법인 건전기업과 부실기업을 구분하는 판별분석(discriminant analysis)과 로짓분석(logit analysis)이 있다.

3.1 판별분석

■ Z-Score 모형

알트만(Altman(1968))은 1946년~1965년까지 자산규모가 1백~25백만 달러에 이르는 기업 중 도산한 33개 기업과 이와 대응하는 건전기업 33개 기업을 대상으로 도산 1년 직전 정보를 이용하여 다음과 같은 판별함수(Z, Z')를 제시하였다.

$$Z = 1.2X_1 + 1.4X_2 + 3.3X_3 + 0.6X_4 + 1.0X_5$$

$$Z' = 0.717X_1 + 0.847X_2 + 3.107X_3 + 0.420X_4^* + 0.998X_5$$

X_1: 운전자본/총자산 X_2: 이익잉여금/총자산
X_3: 영업이익(EBIT)/총자산 X_4: 자기자본시장가치/총부채(장부가액)
X_4^*: 총자기자본/총부채(장부가액) X_5: 매출액/총자산

채택된 5개 변수들은 유동성(X_1), 재투자수준(X_2), 수익성(X_3), 레버리지(X_4, X_4^*), 활동성(X_5) 등을 나타내는 재무비율이다. X_1(운전자본/총자산)은 단기유동성지표인 운전자본구성비, X_2(이익잉여금/총자산)는 업력이 많을수록 누적되는 이익, X_3(영업이익/총자산)는 총자산영업이익률, X_4(자기자본시장가치/총부채시장가치)는 부채비율의 역수, X_5(매출액/총자산)는 총자산회전율을 각각 의미한다.

알트만(Altman)은 비상장기업의 부실을 판단하기 위해 X_4를 총자기자본/총부

채로 수정한 Z'-Score 모형을 제시하였다. Z-Score 및 Z'-Score 모형의 부실기업 판별기준은 다음과 같다.

$Z < 1.81$	$Z' < 1.23$	부실기업
$1.81 \le Z \le 2.99$	$1.23 \le Z' \le 2.90$	판정유보
$Z > 2.99$	$Z' > 2.90$	건전기업

■ K-Score 모형

Z-Score모형은 미국기업을 대상으로 개발된 모형이므로 경영환경이 다른 한국기업에 동일한 재무비율을 적용하기에는 한계가 있다. 알트만은 Z-Score 모형을 참고하여 IMF 이후 한국기업의 부실예측에 유용하도록 K-Score 모형을 제시하였다. 1989년~1992년 중 34개 부실기업과 61개 건전기업을 표본으로 판별모형에 사용된 재무비율은 4개(기업규모, 총자산회전율, 누적수익성, 재무구조)이다. K-Score모형은 다음과 같이 상장 여부와 무관하게 적용 가능한 $K1$-Score 모형과 상장기업에만 해당되는 $K2$-Score 모형이 있다.

$$K1_{score} = -17.862 + 1.472X_1 + 3.041X_2 + 14.839X_3 + 1.516X_4$$

$$K2_{score} = -18.696 + 1.501X_1 + 2.706X_2 + 19.760X_3 + 1.146X_4^*$$

X_1: log(총자산)　　X_2: log(매출액/총자산)
X_3: 이익잉여금/총자산　　X_4: 자기자본총계/부채총계
X_4^*: 자기자본시장가치/부채총계

위의 모형에서 X_1(log(총자산))은 기업규모를 나타내고, K-Score 모형에 의한 부실기업 판별기준은 다음과 같다.

$K1 < -2.00$	$K2 < -2.30$	부실가능성 심각(severe distress potential)
$-2.00 \le K1 \le 0.75$	$-2.30 \le K2 \le 0.75$	판정유보(gray-zone)
$K1 > 0.75$	$K2 > 0.75$	부실가능성 없음(distress-free)

K-Score 모형의 도산예측 정확도를 검증한 결과, K1-Score 모형(K2-Score 모형)의 경우 도산 1년 전 97.1%(96.6%), 2년 전 88.2%(85.2%), 5년 전 68.8%(75.0%)로 당시 매우 정확했던 것으로 나타났다. 하지만 K-Score 모형이 개발된 1990년대 초는 높은 경제성장률과 기업 파산이 거의 없었던 시기였다. 그 후 30여년이 지난 지금 금융시장환경의 변화로 인해 예측의 정확도에 의문이 제기될 가능성이 있다.

3.2 로짓분석

판별분석은 변수들이 통계적으로 정규분포를 지니는 것으로 가정하지만, 로짓분석(logit analysis)은 도산확률(probability of bankruptcy)을 도출해준다. 이 모형은 기업의 도산가능성을 확률적 수치로 제시하므로 판별점수보다 해석이 용이하다. 통계기법으로 회귀계수부호와 유의수준을 통해 어느 변수가 부실예측에 유효한지 판단할 수 있다. 이 모형에 따르면, 특정 기업이 도산할 누적확률은 0과 1 사이에 있으며, 로지스틱 함수(logistic function)의 형태로 특정기업 i가 도산할 확률인 $Pr(Z_i)$은 다음과 같다.

$$Pr\,(Z_i) = F(a_1X_1 + a_2X_2 + \cdots + a_kX_k) = \frac{1}{1+e^{-Z_i}}$$

X_1, …, X_k는 모형에 적용된 재무적 특성에 대한 설명변수의 집합이고, a_1, …, a_k는 추정된 회귀계수이다. e는 지수(exponential)로서 대략 2.7182의 값을 갖는다. 위의 로짓모형에서 도산기업의 $Z=1$을, 정상기업의 $Z=0$의 더미변수를 부여하고 설명변수집합 X에 재무변수를 채택하여 부실화를 추정한다.

로짓모형을 제시한 올슨(J. A. Ohlson)은[7] 미국에서 1970~1976년 중 105개의 도산기업과 2,058개의 정상기업을 대상으로 1년 후, 2년 후, 3년 후 도산가능성을 예측할 수 있는 3가지 모형을 제안하였다. 이 중 1년 후 도산을 예측하는 로짓모형은 다음과 같다.

---

7 J. Ohlson(1980), "Financial Ratios and the Probabilistic Prediction of Bankruptcy", *Journal of Accounting Research*(Spring).

$$Z = -1.32 - 0.407SIZE + 6.03TLTA - 1.4WCTA + 0.0757CLCA - 2.37NITA$$
$$- 1.83FUTL + 0.285INTWO - 1.72OENEG - 0.521CHIN$$

SIZE: 기업규모(=Log_e(총자산/GNP디플레이터)
TLTA: 부채비율(=총부채/총자산)
WCTA: 운전자본/총자산
CLCA : 유동비율의 역수(유동부채/유동자산)
NITA: 총자산순이익률(=순이익/총자산)
FUTL: 영업현금흐름*/총부채
INTWO : 2년연속 적자기업이면 1, 아니면 0
OENEG: 자본잠식기업이면 1, 아니면 0
CHIN: 순이익증가분/당기 및 전기순이익 절대값의 합
*운전자본투자 차감전 영업현금흐름

위 모형에서 Z값이 클수록 부도확률이 높아지는데 설명변수의 회귀계수부호가 양(+)이면 부도확률을 증가시키고, 부호가 음(−)이면 부도확률을 감소시킨다. 위의 변수 중 기업규모, 운전자본/총자산, 순이익/총자산, 운전자본/총부채, 순이익증가율 등의 값은 높을수록 부도확률은 감소하고, 부채비율, 유동부채/유동자산의 값이 높거나 적자기업일수록 부도확률이 증가할 것이다. 따라서 회귀계수부호가 예상과 달리 음(−)의 추정계수를 보인 자본잠식변수를 제외한 모든 변수가 예상부호로 부도확률에 유의미하게 영향을 미친다. 하지만 유동비율의 역수와 적자기업변수의 회귀계수들은 통계적 유의성이 없다. 이 모형은 예측오류가 최소화되는 최적절사점으로 3.8%를 제시하고, 추정된 부도확률이 3.8%를 초과하는 기업은 부도가능성이 매우 높은 것으로 분류한다.

3.3 부실예측모형의 유용성과 한계

부실예측모형은 금융기관에서 거래기업에 대한 여신을 위한 신용평가나 대출포트폴리오를 효율적으로 운용하기 위해 활용된다. 아울러 경영자는 기업 내부의 문제점을 파악하거나, 사업부 또는 계열사의 경영상태를 종합적으로 검토하는 데 예측모형을 활용할 수 있다. 특히 투자자는 부실예측모형을 이용하여 투자전략수립이 가능하다. 만일, 예측모형에 의해 어느 기업의 부실위험이 커질 것으로 예측되면, 주식을 매각하거나 공매도(short selling)하고, 부실기업이지만 정상화될 것으로 예상되면, 주식을 매입하는 투자포트폴리오전략을 구사할 수 있다. 채권의 경우에도 예측모형은 신용등급을 조정하거나 수익률차(yield spread)를 비교적 정확하게 예측하는 것으로 평가받고 있다. 이와 같이 판별분석이나 로짓분석에 의한 부실예측모형은 유동성, 수익성, 재무구조, 지급능력, 활

동성 등 주요 재무지표를 활용하여 기업성과나 지급능력을 종합적으로 평가하는 분석기법이다.

동일한 기업에 대해 여러 예측모형으로 부실화를 평가해 본다면, 분석자의 자의적인 판단이 개입될 여지를 줄이면서 객관성을 확보할 수 있다. 판별모형은 대부분 실증연구에 의존하고 있어 연구자마다 채택하는 변수가 달라 어떤 변수를 채택할 것인지는 아직 일반화되지 않았다. 급변하는 금융환경에서 다양한 자금조달방법도 기업부실 가능성에 영향을 미치므로 부실예측모형은 축적된 과거 자료를 바탕으로 더욱 정교해질 필요가 있다.

제4절 분식회계

기업은 상황에 따라 기업의 이익을 유지하기 위해 손실이나 이익이 예상보다 저조하면, 특정목적 달성을 위하여 분식회계행위를 행한다. 이러한 분식회계행위는 ① 가공적인/과대 계상된 수익 및 관련자산, ② 수익의 조기인식, ③ 수익과 자산의 분류 오류, ④ 자산의 과대평가나 비용 또는 부채의 과소평가, ⑤ 누락되거나 부적절한 공시, ⑥ 지분부정, ⑦ 특수관계자와 거래 등 다양한 방법으로 행해진다. 주로 순이익이 감소하고 부채가 증가하며 유동성이 악화된 비교적 규모가 큰 기업에서 분식회계가 유발되고, 발생액이 증가될수록, 재고자산과 비영업자산의 비중이 높을수록, 순이익 대비 전기손익 수정손실이 많이 계상될수록 분식회계의 징후가 높다. 특히 사업 고유의 특성(관례)상 업종별로 회계이익을 조정(조작)하기 쉬운 다음과 같은 특징이 있다.[8]

업종	주요 쟁점
금융업	신용손실: 대출금의 충당금 수준
IT 하드웨어	매출인식: 이연매출 및 보증부채 등
IT 소프트웨어	제품의 시장성: 자본화된 R&D의 적정성 용역계약에 대한 매출인식: 매출채권 및 미실현매출에 대한 적정성
소매업	신용손실: 매출채권의 적정성 환불제도: 반품과 관련한 회계처리수준에 대한 적정성
제조업	보증: 제품보증충당부채의 적정성 생산물 책임: 제품하자에 대한 충당부채의 적정성
자동차제조업	과잉설비: 감가상가비의 적정성 생산물 책임: 제품하자 및 보증에 대한 충당부채의 적정성
통신업	기술의 진화: 감가상각비 및 재고자산 장부가액의 적정성
장비대여업	리스채권의 가치: 리스채권의 잔존가치에 대한 적정성
제약업	연구개발비: 자본화된 연구개발비의 적정성 생산물 책임: 제품하자에 대한 충당부채의 적정성
건설업 및 조선업	매출인식: 공사진행률 산정 및 선급금에 대한 적정성
여행운송업	매출인식: 마일리지에 따른 이연수익에 대한 적정성

8 출처는 *Financial Statement Analysis and Security Valuation*(S. Penman, 4ed., McGraw Hill), p. 616이고 일부 첨언함.

분식회계의 유형을 대략 살펴보면, 매출 및 재고자산을 과대계상하여 매출원가를 축소하여 자산과 이익을 동시에 부풀릴 수 있다. 또한 대손충당금을 과소계상하거나 비용을 이연시켜 해당 자산을 과대계상하여 회사의 안정성과 지급능력을 과대하게 포장할 수도 있다. 분식가능성을 회피하기 위해 유형자산과 투자자산을 유동자산으로 일부 오분류하거나, 외화자산을 과대평가의 형태로 변경하기도 한다. 또한 기지급된 유동자산을 아직 잔고가 남아 있는 식으로 처리하거나 미수수익이나 미수금을 과대계상하고 미래수익 등을 변칙처리하여 분식행위를 하기도 한다. 실제로 지급된 비용을 지급하지 않은 것으로 이연시키거나 파생상품이나 역외펀드 등 금융상품의 평가손실 누락, 평가이익을 과대계상하여 분식행위를 행하는 사례도 있다. 매입채무를 근본적으로 누락하여 부외부채로 관리하거나, 차입금 거래를 매출채권회수로 위장, 외화차입금의 누락, 환율조정에 의한 차입금 축소, 가공의 채권과 상계처리 등의 분식행위의 경우도 있다.

조작된 매출을 사전에 발견하려면, 현금과 비례하여 매출의 변화를 살펴보고 매출의 변동에 따른 순운전자본의 변동도 파악해 볼 필요가 있다. 아울러 과거의 평균자산회전율을 기준으로 순영업자산의 변화를 검토하면 이익조작의 가능성을 어느 정도 파악할 수 있다. 분식회계를 유발시키는 재무제표의 주요 항목에 대한 이익조정을 정리하면 다음과 같다.

항목		이익조정	손익효과
자산	매출채권	가득되는 수익의 조기인식	수익의 과대계상
		대손충당금 및 반품충당금의 감소	판매관리비의 과소계상에 따른 수익의 과대계상
	장기매출채권	장기매출채권의 급격한 증가	수익의 과대계상(밀어내기식 매출로 반품 또는 부실채권 개연성 존재)
	재고자산	불용재고의 미인식	매출원가의 과소계상
	선급비용	선급비용 과대계상	판매관리비의 과소계상
	유형자산	내용연수 또는 잔존가액의 증가	매출원가의 과소계상
	무형자산	낮은 감모상각률	판매관리비의 과소계상
부채	선수수익	선수수익의 감소	수익의 과대계상
	보증부채	판매보증 및 충당부채의 감소	낮은 판매비용
	미지급비용	발생비용의 축소	비용의 과소계상

금융감독원이 공표한 한 사례를 인용하면 다음과 같다. A사는 2016년까지 4개년 연속 영업손실이 발생한 상황에서 2017년에도 영업손실이 발생함에 따라 상장폐지실질심사대상에 해당될 것으로 예상되자 이를 회피하기 위해 다음과 같이 일련의 회계 처리하였다. ① 종속회사와 과거에 체결한 용역계약금액을 임의로 100% 증액하여 매출 및 매출채권을 추가로 인식하고, 영업손실을 영업이익으로 전환, ② 대여금 명목으로 종속회사에 자금을 이체하고, 당일 돌려받는 방법으로 상기 인식한 매출채권을 회수(매출채권 → 대여금), ③ 동 종속회사가 발행한 전환사채를 인수하여 매도가능증권으로 인식, ④ 위 대여금과 동 매도가능증권을 대체처리(대여금 → 매도가능증권)한 후 이를 매도가능증권에 대한 손상차손(영업외 손실)을 인식하였다. 이러한 분식회계로 인해 A사는 계약금액을 증액하여 영업이익을 시현하고, 매출채권에서 대손이 발생할 경우 영업손실로 인해 영업이익이 상쇄되므로 매출채권을 순차적으로 대여금, 매도가능증권으로 대체하여 매출채권과의 연관성을 단절시킨 후 영업외손실인 매도가능증권을 손상처리하여 영업이익을 유지하였다. 회계기준 위반지적 내용은 A사는 종속회사와 체결한 용역계약이 경제적 효익의 유입가능성이 없음에도 계약금액을 허위 증액하여 이를 매출로 인식하고 이를 은폐하기 위한 일련의 분식회계처리로 매출 및 영업이익을 과대계상하였다.

mini MBA 재무손익분기점

세금비용은 없고 영업이익을 기준으로 4년 동안 프로젝트의 손익분기점을 산출해 보자. 단 영업 현금흐름은 영업이익에 감가상각비를 가산한 것으로 가정한다(단, 투자자의 요구수익률은 10%이다).

		기초	1년차	2년차	3년차	4년차
현금	매출액		100	100	100	100
	영업비용		125	125	125	125
	영업이익		−25	−25	−25	−25
	감가상각비		25	25	25	25
	현금흐름	−100	0	0	0	0
	누적현금흐름	−100	−100	−100	−100	−100
	NPV@10%	−100				
	IRR	NA				
	투자회수기간	NA				
회계	매출액		100	100	100	100
	영업비용		100	100	100	100
	영업이익		0	0	0	0
	감가상각비		25	25	25	25
	현금흐름	−100	25	25	25	25
	누적현금흐름	−100	−75	−50	−25	0
	NPV@10%	−20.8				
	IRR	0.0%				
	투자회수기간	4년				
재무	매출액		100.0	100.0	100.0	100.0
	영업비용		68.5	68.5	68.5	68.5
	영업이익		6.5	6.5	6.5	6.5
	감가상각비		25.0	25.0	25.0	25.0
	현금흐름	−100	31.5	31.5	31.5	31.5
	누적현금흐름	−100	−68.5	−36.9	−5.4	26.2
	NPV@10%	0.0				
	IRR	10%				
	투자회수기간	3.2년				

위의 사례를 살펴보면, 손익분기점은 그 인식하는 기준에 따라 다음과 같이 달라질 수 있다. 손익분기점에서의 영업현금흐름은 현금손익분기점, 회계손익분기점, 재무손익분기점 순으로 크다.

	현금손익분기점	회계손익분기점	재무손익분기점
영업이익(EBIT)	EBIT=−자산상각비	EBIT=0	EBIT>0
순현가(NPV)	NPV<0	NPV<0	NPV=0
영업현금흐름	OCF=0	OCF=자산상각비	OCF>자산상각비
회수기간	회수불가	회수기간=투자안수명	회수기간<투자안수명
내부수익률	IRR=−100%	IRR=0%	IRR=자본비용

mini MBA

F-Score에 관해 간략하게 설명하여라

피오트로스키는[9] 수익성과 안전성 그리고 효율성 측면에서 9개의 재무지표를 선정하여 기업의 재무건전성을 쉽고 종합적으로 파악할 수 있도록 *F*-Score를 고안하였다. 각각의 재무지표를 계산하고 이 지표들이 긍정적인 신호인 경우 1, 부정적인 신호인 경우 0을 부여하는 이진법 점수를 합산하여 재무건전성 지수인 *F*-Score 값을 산출하는 기법이다. 재무건전성지수인 *F*-Score 변화가 기업의 신용등급의 변화를 예고해주는 신호로 주로 이용된다. *F*-Score 모형은 다음과 같다.

$$F_{SCORE}=F_{ROA}+F_{\Delta ROA}+F_{CFO}+F_{ACCRUAL}+F_{\Delta MARGIN}+F_{\Delta TURN}+F_{\Delta LEVER}+F_{\Delta LIQUID}+F_{OFFER}$$

F_{ROA}: 총자산경상이익률(경상이익/기초자산총액)이 양(+)이면 1, 음(−)이면 0
$F_{\Delta ROA}$: 전기대비 총자산경상이익률의 증감률이 양(+)이면 1, 음(−)이면 0
F_{CFO}: 총자산대비 영업현금흐름비율(영업현금흐름/기초자산총액)이 양(+)이면 1, 음(−)이면 0
$F_{ACCRUAL}$: 경상이익과 영업현금흐름의 차이를 기초자산총액으로 나눈 값이 음(−)이면 1, 양(+)이면 0
$F_{\Delta MARGIN}$: 전기대비 매출액총이익률의 변화가 양(+)이면 1, 음(−)이면 0
$F_{\Delta TURN}$: 전기대비 자산회전율(매출액/(평균)자산)의 변화가 양(+)이면 1, 음(−)이면 0
$F_{\Delta LEVER}$: 전기대비(유동성 장기부채를 포함하는 장기부채)/(평균)자산)의 변화가 음(−)이면 1, 양(+)이면 0
$F_{\Delta LIQUID}$: 전기대비 유동성비율(유동성자산/유동성부채)의 변화가 양(+)이면 1, 음(−)이면 0
F_{OFFER}: 유상증자가 없으면 1, 있으면 0

총자산이익률(ROA)과 총자산이익률의 변화(ΔTURN)가 양(+)이거나 전기보다 높으면 긍정적인 신호로 보고 1을 부여하고, 낮으면 0을 부여한다. 경상이익과 영업현금흐름의 차이인 발생차액(ACCRUAL)에서 영업현금흐름이 경상이익보다 크면 당기 경상이익이 과소계상되어 수익성은 낮게 나타나지만 차기경상이익은 커질 것으로 기대하는 신호로 보고 있다. 그러므로 발생차액이 음(−)의 값이면(CFO>ROA) 1을 부여하고, 영업현금흐름이 경상이익보다 작아(CFO<ROA) 양(+)의 값이면 0을 부여한다. 레버리지의 변화(ΔLEVER)가 감소(증가)하면 재무구조가 개선(악화)되는 신호로 보고 1(0)을 부여한다. 유동비율의 변화(ΔLIQUID)가 증가(감소)하면 유동위험성이 감소(증가)되는 신호로 보고 1(0)을 부여한다. 신규보통주발행을 통한 유상증자(OFFER)는 내부자금으로 채무를 충분히 상환할 여력이 없는 것으로 보고 0을 부여하고, 유상증자가 없는 경우에는 1을 부여한다. 매출액총이익률의 변화(ΔMARGIN)와 총자산회전율의 변화(ΔTURN)가 전기보다 높으면, 영업효율성이 높아지는 긍정적인 신호로 보고 1을 부여하고, 낮으면 0을 부여한다. *F*-Score는 계량적인 분석이 아닌 정성적인 분석이므로 부실화수준을 판단하는 지표로는 한계를 지니지만, 7 이상이면 우량기업으로 판단하는 재무건전성 분석에 적합한 지표이다.

---

9 Joseph D. Piotroski(2000), Value Investing: The Use of Historical Financial Statement Information to Separate Winners from Losers, *Journal of Accounting Research*.

mini MBA | 사례연구: H사의 부실예측

국내 대기업과 거래해온 비상장사인 H사는 0년차에 자본잠식으로 워크아웃을 신청하였다. 다음 재무정보로부터 판별모형과 로짓분석모형을 통해 자본잠식 직전 2년전과 도산 1년전의 부실예측성을 판단하고 사후적으로 0년도의 부실 여부도 평가하여라.

재무정보 (단위: 백만원)	-2	-1	0
환율	1,099원	1,172원	1,207원
GNP디플레이터	96,257	98,588	100,958
총자산	41,737	49,065	86,930
운전자본	−1,702	−2,935	−15,579
유동자산	19,836	18,561	53,747
유동부채	21,537	21,496	69,326
장기부채(유동성 포함)	10,032	13,294	30,917
총부채	28,953	32,594	92,582
자본총계	12,783	16,472	−5,652
자본금	2,164	3,203	3,203
이익잉여금(결손금)	6,474	5,827	−11,962
매출액	56,039	54,765	138,571
매출총이익(손실)	12,260	8,332	−10,577
영업이익(손실)	8,007	3,260	−17,236
경상이익(손실)	7,257	3,191	−17,237
당기순이익(손실)	5,974	2,642	−17,789
영업활동현금흐름	10,442	4,995	5,712
영업활동현금흐름(운전자본투자 차감전)	11,636	7,084	−12,273
과거2년간 적자 여부(1이면 적자)	0	0	0
순자산부호(자본잠식이면 1)	0	0	1
순이익증가율	1.6193	−0.5578	−7.7338

H사는 자본잠식 당해 연도에는 창립 이래 최대의 1,386억원 매출실현에도 불구하고 178억원의 손실이 발생하며 한순간 기업의 지속성이 심각하게 훼손되었다. 경영진은 생산능력 대비 과잉매출을 실현하기 위해 외주의존도가 일시에 집중되었고 결과적으로 품질관리의 한계로 인해 불량률이 높아져서 매출손실이 발생한 것으로 판단된다. 즉, 경영진은 내부자원의 역량으로 기업가치를 극대화해야 하지만, 과도한 성과욕에서 비롯된 의사결정이 결국 내부통제의 한계와 적절한 자원분배의 실패로 인해 막대한 손실이 초래되었다.

mini MBA 사례연구: H사의 부실예측

1) Ohlson의 로짓모형에 의한 도산 1년전 예측확률을 도출하면 다음과 같다.

재무지표	추정계수	-2	-1	0
① 절편		−1.3200	−1.3200	−1.3200
log(총자산*/GDP디플레이터)		5.5961	5.6280	5.8533
② log(총자산/GDP디플레이터)	−0.407	−2.2776	−2.2906	−2.3823
총부채/총자산		0.6937	0.6643	1.0650
③ 총부채/총자산	6.030	4.1831	4.0057	6.4221
운전자본/총자산		−0.0408	−0.0598	−0.1792
④ 운전자본/총자산	−1.430	0.0583	0.0855	0.2563
유동부채/유동자산		1.0858	1.1581	1.2899
⑤ 유동부채/유동자산	0.076	0.0825	0.0880	0.0980
당기순이익/총자산		0.1431	0.0538	−0.2046
⑥ 당기순이익/총자산	−2.370	−0.3393	−0.1276	0.4850
영업현금흐름/총부채		0.4019	0.2174	−0.1326
⑦ 영업현금흐름/총부채	−1.830	−0.7355	−0.3978	0.2426
⑧ 과거2년간 적자 여부	0.285	0.0000	0.0000	0.0000
⑨ 순자산부호	−1.720	0.0000	0.0000	−1.7200
당기순이익증가율	−0.521	1.6193	−0.5578	−7.7338
⑩ 당기순이익증가율		−0.8437	0.2906	4.0293
Z값(①~⑩까지의 합)		−1.1921	0.3339	6.1111
도산확률 ($1/(1+e^{-(Z)})$)		**23.3%**	**58.3%**	**99.8%**
3.8%초과 여부		부실	부실	부실

*추정계수가 고정값이고 미국기업을 대상으로 제시한 모형이므로 총자산을 달러화로 환산하여 산출

2) 비상장사이므로 Z'-Score 모형으로 부실예측을 판별한 결과를 살펴보면 다음과 같다.

재무지표		-2	-1	0
운전자본/총자산	X1	−0.0408	−0.0598	−0.1792
이익잉여금/총자산	X2	0.1551	0.1188	−0.1376
영업이익/총자산	X3	0.1918	0.0664	−0.1983
자본총계/부채총계	X4	0.4415	0.5054	−0.0611
매출액/총자산	X5	1.3427	1.1162	1.5941
Z'-Score		**2.2236**	**1.5903**	**0.7041**
		판정유보	판정유보	부실

판별모형에 부도당해연도(t=0)를 제외하고 모두 판정유보로 판별되었고, 로짓모형에서는 모든 기간에서 부실로 판정되었다. 따라서 −2년 이전까지 꾸준히 성장해 온 H사는 외부요인이 아닌 잘못된 내부의사결정으로 인해 한순간 부실기업으로 이르게 점을 비춰보면 판별모형은 부실의 원인이 내부의사결정의 오류까지 정확하게 예측하기는 어렵다. 반면에 로짓모형은 시간이 경과하며 높은 부실확률을 제시하여 판별모형보다 부실예측에 추세를 판단하는 데 적절한 것으로 나타났다. 분명한 것은 모든 모형에서 −2년차부터 도산시기인 0년차에 가까울수록 공통적으로 부실가능성이 높아지는 추이를 보인 점이다.

주요 국영문용어

손익분기점_break-even point(BEP)	기업회생_corporate turnarounds
고정영업비용_fixed operating cost	기업부실_corporate financial distress
변동영업비용_variable operating cost	파산_bankruptcy
기술적 지급불능_technical insolvency	법정관리_legal management(process)
채무불이행_default	기업개선작업_workout

| 확인학습 |

01. 손익분기점(BEP)분석에 관한 설명으로 옳지 않은 것은?

① BEP분석은 매출액과 비용 및 이익 간의 관계에 대한 분석으로 비용－매출액－이익 분석이라고도 한다.
② BEP분석은 고정금융비용으로 인하여 발생하는 재무레버리지분석에 속한다.
③ BEP분석은 기업의 재무계획수립과 비용구조의 특성을 이해하는 데에도 이용되고 있다.
④ 만약 모든 영업비용이 변동비라면, BEP분석은 의미가 없게 된다.
⑤ BEP분석은 비용을 변동비와 고정비로 구분할 수 있는 경우를 기본전제로 한다.

02. 손익분기점 분석에서 안전율(margin of safety)에 관한 설명으로 옳은 것은? (경영지도사)

① 예상판매량이 손익분기점에서의 판매량을 크게 상회하면 할수록 미래수익성의 안전도는 높다고 할 수 있다.
② 실제판매량이 손익분기점에서의 판매량을 크게 하회하면 할수록 미래수익성의 안전도는 높다고 할 수 있다.
③ 예상판매량이 실제판매량을 크게 하회하면 할수록 미래수익성의 안전도는 높다고 할 수 있다.
④ 손익분기점에서의 판매량이 실제판매량을 크게 상회하면 할수록 미래수익성의 안전도는 높다고 할 수 있다.
⑤ 실제판매량이 이상적 판매량을 크게 하회하면 할수록 미래수익성의 안전도는 높다고 할 수 있다.

03. 영업레버리지도에 관한 설명으로 옳지 않은 것은?

① 영업레버리지도는 매출액이 변동할 때 영업이익이 어느 정도 변동할 것인가를 측정하는 지표이다.
② 영업레버리지도는 고정영업비와 변동영업비의 상대적 크기에 따라 달라진다
③ 총자산 중 비유동자산의 비중이 높아질수록 영업레버리지도가 낮아진다.
④ 영업레버리지도는 고정영업비가 클수록 높아진다.
⑤ 영업레버리지도는 영업이익의 변화율을 판매량의 변화율로 나눈 값으로 측정된다.

04. 기업의 재무레버리지도가 1.5일 때 옳은 것은? (경영지도사)

① 영업이익이 10% 증가할 때 주당순이익은 15% 감소한다는 의미이다.
② 영업이익이 10% 감소할 때 주당순이익은 15% 감소한다는 의미이다.
③ 매출액이 10% 증가할 때 주당순이익은 15% 증가한다는 의미이다.
④ 매출액이 10% 증가할 때 영업이익은 15% 증가한다는 의미이다.
⑤ 매출액이 10% 증가할 때 주당순이익은 15% 감소한다는 의미이다

05. [CPA] 영업레버리지도(DOL), 재무레버리지도(DFL), 결합레버리지도(DCL)에 관한 설명 중 가장 적절하지 않은 것은?

① 영업이익(EBIT)이 영(0)보다 작은 경우, 음(−)의 DOL은 매출액 증가에 따라 이익이 감소함을 의미한다.
② 고정영업비가 일정해도 DOL은 매출액의 크기에 따라 변화한다.
③ DCL은 DOL과 DFL의 곱으로 나타낼 수 있다.
④ 이자비용이 일정해도 DFL은 영업이익의 크기에 따라 변화한다.
⑤ 영업이익이 이자비용보다 큰 경우, 영업이익이 증가함에 따라 DFL은 감소하여 1에 수렴한다

06. 영업레버리지도(DOL)의 특성으로 옳지 않은 것은? (경영지도사)

① 영업레버리지도가 높다는 것은 기업의 영업이익이 높거나 경영상태가 양호함을 의한다.
② 고정영업비용이 없으면 영업레버리지는 발생하지 않는다
③ 영업레버리지는 고정영업비용이 크고 변동비용이 작을수록 크게 작용한다.
④ 고정영업비용이 일정할 때에 매출액이 늘어나면 영업레버리지도가 낮아진다.
⑤ 경기가 불황일 때 영업레버리지도가 큰 기업일수록 매출액의 감소에 따른 영업이익의 하락 폭이 크다.

07. [CPA] 영업레버리지도에 관한 설명으로 적절하지 않은 것은?

① 영업레버리지는 기업의 영업비용 중에서 고정영업비의 부담 정도를 의미한다
② 영업레버리지 분석은 고정영업비의 존재로 인하여 매출액의 일정한 변화율에 대응하여 영업이익이 보다 크게 변화하는 영업 손익의 확대효과를 분석하는 것이다.
③ 영업레버리지의 측정방법으로는 매출액의 변화율에 대한 영업이익의 변화율의 크기를 나타내는 영업레버리지도(DOL)가 사용된다.
④ 영업레버리지도는 매출액 단위 % 변화에 대한 영업이익(EBIT)의 변화 정도를 말한다
⑤ 자본집약적 산업보다 노동집약적 산업의 영업레버리지도가 크게 나타난다.

08. 재무레버리지에 관한 설명으로 옳지 않은 것은? (경영지도사수정)

① 총비용에서 고정재무비용이 차지하는 비중이 클수록 재무레버리지는 증가한다.
② 재무레버리지도는 영업이익을 세전이익으로 나눈 값이다.
③ 재무레버리지도는 고정재무비용이 클수록 작게 나타난다.

④ 주주들은 재무레버리지가 높은 기업일수록 높은 위험을 느끼기 때문에 높은 기대수익률을 요구한다.
⑤ 재무레버리지는 기업이익의 변동성을 나타낸다고 할 수 있다.

09. **재무상태표 상에서 재무레버리지의 정도를 나타내는 정보는 (ㄱ)이고, 영업레버리지의 정도를 나타내는 정보는 (ㄴ)이다. 순서대로 바르게 나열한 것은?** (경영지도사)

① ㄱ. 부채비율, ㄴ. 유형자산구성비율 ② ㄱ. 부채비율, ㄴ. 무형자산구성비율
③ ㄱ. 부채비율, ㄴ. 이자보상비율 ④ ㄱ. 유형자산구성비율, ㄴ. 부채비율
⑤ ㄱ. 무형자산구성비율, ㄴ. 부채비율

10. **레버리지분석에 관한 설명으로 옳은 것은?** (경영지도사)

① 결합레버리지분석은 매출액의 변화에 따른 영업이익의 변화 관계를 분석하는 것이다.
② 레버리지효과는 매출액이 지렛대가 되어 주주에게 귀속되는 손익을 확대시키는 효과를 의미한다.
③ 레버리지분석은 경영환경 변화에 따라 기업의 이익이 어떻게 변할 것인가를 예측하는 데 중요한 정보를 제공해 준다.
④ 레버리지도가 높아지면 그만큼 위험이 작아진다.
⑤ 재무레버리지도가 높다는 것은 타인자본 의존도가 낮다는 것을 의미한다

11. **자본조달분기점(FBEP)이 100억원일 때, 다음 중 옳은 것은?**

① 영업이익이 100억원을 초과하면, 타인자본을 이용할수록 주당순이익은 작아진다.
② 영업이익이 100억원을 초과하면, 타인자본조달보다 자기자본조달이 유리하다.
③ 영업이익이 100억원일 때 자본조달에 따른 자본구성과 상관없이 주당순이익은 동일하다.
④ 영업이익이 100억원일 때 자기자본이익률과 이자율은 동일하다.
⑤ 부채를 이용하면, 자본조달분기점은 절세효과로 인해 100억원 이하로 낮아진다.

12. **다음 설명 중 옳지 않은 것은?**

① 손익분기점은 현금손익분기점(CBEP)보다 항상 크다.
② 손익분기점에서 투자안에 대한 내부수익률은 0이다.
③ 경기악화시 높은 부채비율을 가진 경기민감한 업종의 기업은 부실화 위험이 커진다.
④ 손익분기점에서 공헌이익과 고정영업비용은 같다.
⑤ 영업레버리지도(DOL)는 투자여부를 결정하는 수익성 지표이다.

13. **다음 중 성격이 가장 다른 것은?**

① 사업위험 ② 손익분기점 ③ 운영위험 ④ 평판위험 ⑤ 이자율변동위험

14. 기업부실을 의미하는 것이 아닌 것은? (경영지도사)

① 경제적 실패 ② 지급불능상태 ③ 파산선고 ④ 채권가격하락 ⑤ 기업부도

15. 기업부실에 관한 설명으로 옳은 것은? (경영지도사)

① 지급불능이란 법원에 의해서 파산선고가 공식적으로 내려진 경우이다.
② 경제적 부실이란 기업의 총자산가치가 총부채가치에 미치지 못하는 경우이다.
③ 파산이란 기업의 총수익이 총비용에 미치지 못하는 경우이다.
④ 사적 화의는 기업구조조정협약에 따라 부실기업을 회생시키기 위하여 금융기관이 자율적으로 해당 부실기업을 지원하는 제도이다.
⑤ 법정관리는 지급불능상태에 있는 기업을 법원의 감독 아래 채권자와 주주들의 이해관계를 조정하여 기업을 회생시키는 제도이다.

16. 기업 부실화의 유형이 아닌 것은? (경영지도사)

① 자금부족형 ② 연쇄도산형 ③ 방만경영형 ④ 환경적응실패형 ⑤ 가족중심경영형

17. 기업부실의 징후가 아닌 것은? (경영지도사)

① 자본잠식의 심화
② 재고자산의 감소
③ 매출액의 지속적 감소
④ 차입조건이나 금리면에서 불리한 신규차입금 급증
⑤ 영업활동으로 인한 현금흐름의 부족 지속

18. 알트만의 부실예측모형인 Z-Score 산출시 이용되는 변수 중 경제적 의미에 해당되지 않는 것은?

① 성장성 ② 유동성 ③ 수익성 ④ 레버리지 ⑤ 활동성

19. 부실기업의 판별분석에 관한 내용으로 옳지 않은 것은? (경영지도사)

① 판별분석에서는 재무비율 중 자본이익률, 매출액증가율만을 사용하여 부실기업 여부를 평가하므로 객관적인 판단이 가능하다.
② 판별분석은 분석대상 기업의 재무변수를 개별적으로 검토하는 것이 아니라 여러 재무변수를 동시에 고려하는 종합적인 재무분석기법이다
③ 판별함수를 추정시 사용되는 재무비율의 선정에 있어서 이론적인 근거가 제시되지 못하고 있다는 한계점이 있다.
④ 판별분석은 이미 발표된 과거의 재무자료에 의하여 사후적으로 판별함수를 추정하고 이것에 의하여 미래를 예측하는 기법이다.
⑤ 판별분석을 이용한 기업부실예측 연구 중에는 알트만의 Z-Score 모형이 있다.

20. 다음 설명 중 옳은 것은?

① 결합레버리지도(DCL)는 기업위험을 나타낸다.
② 자기자본조달시 동일한 투자금에 대해 신규발행주식수가 많을수록 자본조달분기점은 높아진다.
③ 법정관리는 사적인 사후 구조조정이다.
④ 기업이 법정관리를 받는 경우 기존 경영진은 부실의 책임 때문에 법정관리인으로 선임될 수 없다.
⑤ 부실기업은 워크아웃으로 채무면제, 이자율감면, 채무연장, 신규자금지원 등의 지원을 받을 수 있다.

계산형 문제

21. [CPA] (주)윈드는 풍력 발전에 사용되는 터빈을 생산하는 기업이며 생산된 터빈은 모두 판매되고 있다.(주)윈드의 손익분기점은 터빈을 2,500개 판매할 때이다. (주)윈드가 터빈을 3,400개 판매할 때, 영업레버리지도(DOL)는 ______이다.

22. [CPA] A기업의 경우, 매출이 1% 증가하면 영업이익(EBIT)은 3% 증가한다. 이 기업의 결합레버리지도(DCL)는 6이며, 현재 주가수익비율(PER)은 12이다. 영업이익이 10% 증가하는 경우, 주가가 10% 상승한다면 PER은 _____이다.

23. [CPA수정] A기업의 재무레버리지도(DFL)는 2.5이고 결합레버리지도(DCL)는 5이다. 현재 A기업의 고정영업비용이 30억원이라면, 영업이익(EBIT)은 _____억원이고, 공헌이익은 _____억원이다.

24. A기업은 예상매출액은 100억원이고 영업이익률은 동일하게 20%를 유지할 것으로 전망한다. 하지만 경영진은 경기침체 시 예상매출이 20% 하락하면 손익분기점에 이를 것으로 예상한다. 이에 따라 영업이익이 25억원이 되기 위해 매출을 상향 조정하려 한다. 조정된 매출이 실현이 가능할 것으로 가정하는 경우, 안전도(margin of safety)는 ________이다.

25. A기업은 신규사업 투자금 10억원에 대해 다음과 같은 자금조달방안을 고려하고 있다.

a) 10,000주를 주당 10만원에 신주발행을 하는 방법
b) 8억원을 5%에 차입하고 주식 2,000주를 주당 10만원에 신주발행을 하는 방법

투자후 세전영업이익이 5억원으로 예상되는 경우, a)안의 주당순이익은 _____원, b)안의 주당순이익은 _____원이고, 자본조달분기점은 _____억원이므로 _____안을 선택하는 것이 유리하다(단, 법인세율은 25%, 기발행주식의 총수는 1만주).

26. 다음 H사의 재무정보로부터 $K1$-Score 모형으로 부실예측을 판별하여라($t=0$일 때 부도기업으로 나타났다).

(단위: 백만원)	$t=-2$	$t=-1$	$t=0$
총자산	41,737	49,065	86,930
총부채	28,953	32,594	92,582
자본총계	12,783	16,472	−5,652
이익잉여금(결손금)	6,474	5,827	−11,962
매출액	56,039	54,765	138,571

해답

01. ②

02. ①

03. ③

04. ②

05. ① 영업이익(EBIT)이 영(0)보다 작은 경우, 음(−)의 DOL은 매출증가에 따른 결손금이 감소함을 의미한다.

06. ①

07. ⑤ 자본집약적 산업과 같은 자본적 지출이 많이 요구되는 산업의 영업레버리지도가 크게 나타난다.

08. ③

09. ①

10. ③

11. ③

12. ⑤

13. ⑤ 이자율변동위험은 사업고유의 위험과 무관하다.

14. ④

15. ⑤, ④는 사적 화의의 대표적인 워크아웃에 대한 설명이다.

16. ⑤

17. ②

18. ①

19. ①

20. ①, ⑤는 채무면제는 법정관리에 해당한다.

21. 손익분기점에서의 영업이익 $=(P-v)\cdot 2{,}500-FC=0$ 그러므로 $FC=(P-v)\cdot 2{,}500$

$$DOL=\frac{\text{공헌이익}}{\text{영업이익}}=\frac{(P-v)\cdot 3{,}400}{(P-v)\cdot 3{,}400-FC}=\frac{(P-v)\cdot 3{,}400}{(P-v)\cdot 3400-(P-v)\cdot 2{,}500}=\frac{3{,}400}{3{,}400-2{,}500}=\frac{3{,}400}{900}=3.78$$

22. $DOL=\frac{3\%}{1\%}=3.0 \quad DCL=6=DOL\cdot DFL$

그러므로 $DFL=2$, 따라서 영업이익률이 10% 증가하면 주당순이익은 20% 증가

$$\therefore PER=\frac{P}{EPS}=\frac{P_0(1+0.1)}{EPS(1+0.2)}=12\times\frac{1.1}{1.2}=11$$

23. $5=DOL\cdot 2.5$ 그러므로 $DOL=2.0=\frac{EBIT+FC}{EBIT}=\frac{\text{공헌이익}}{EBIT}=\frac{EBIT+30}{EBIT}$ $\therefore EBIT=30$, 공헌이익 $=60$

24. 손익분기점에서의 매출 $=80$억원, 매출 125억원인 경우 영업이익은 25억원

$$\therefore margin\ of\ safety=\frac{125-80}{125}=0.36$$

25. 자본조달분기점(FBEP) $= \frac{EBIT^*}{20{,}000주} = \frac{EBIT^* - I}{12{,}000주} = \frac{EBIT^* - 4천만원}{12{,}000주}$ $\quad \therefore EBIT^* =$ **1억원**

a)안 $EPS = \frac{5억원 \cdot (1-0.25)}{20{,}000주} =$ **18,750원**, b)안 $EPS = \frac{4.6억원 \cdot (1-0.25)}{12{,}000주} =$ **28,750원** $\quad \therefore$ ***b*안 채택**

26.

재무지표		**-2**	**-1**	**0**
log(총자산)	X1	10.621	10.691	10.939
log(매출액/총자산)	X2	0.128	0.048	0.203
이익잉여금/총자산	X3	0.155	0.119	−0.138
자본총계/부채총계	X4	0.442	0.505	−0.061
*K*1 -Score		**1.132**	**0.548**	**−3.278**
		부실가능성 없음	판정유보	부실

제5장

추정재무제표와 잉여현금흐름

잉여현금흐름은 현금할인모형의 핵심지표이므로 현금흐름과 재무제표 간 관계를 설명하고자 한다. 미래의 현금창출력을 추정하기 위한 기초 재무정보는 추정재무제표에서 얻어지므로 이를 작성하는 과정을 살펴보고 재무비율을 적용하여 영업현금을 추정하는 과정을 제시한다. 특히 가치평가목적의 투하자본과 잉여현금흐름의 산출과정을 살펴본다.

제1절 추정재무제표 작성

보고기간 동안 경영성과와 한 시점에서 재무상태를 보고한 과거재무제표로부터 재무추정에 필요한 정보를 얻을 수 있다. 즉 재무제표로부터 미래추정에 대한 동인(drive)을 파악하여 추정재무제표(pro-forma financial statements)의 근거를 마련할 수 있다. 추정재무제표는 미래의 재무상태, 미래의 손익, 미래의 현금흐름에 대한 정보를 포함하므로 다음 측면에서 매우 유용하다.

① **재무목표 관리** : 미래의 불확실성을 감안하여 시나리오를 각각 낙관적인 경우(호황), 실현가능한 경우(정상), 비관적인 경우(불황)로 가정하여 재무계획을 수립하면, 경영환경의 변화가 기업성과에 미치는 영향을 파악할 수 있다. 외부요인의 변동에 따른 민감도분석(sensitivity analysis)이나 만약의 상황에 대비한 분석(what-if)에도 용이하다.

② **자금운영 관리** : 추정재무제표는 경영목표에 따른 매출을 실현하기 위해 수반되는 투자 및 자금조달 간 관계를 종합적으로 통찰할 수 있게 해준다.

③ **경영의사 결정** : 신규제품 개발이나 사업부 매각과 같은 중대 사안에 대한 의사결정과정에 필요한 요소를 반영하여 추정재무제표를 작성해봄으로써 수익의 변동, 현금흐름의 원천 및 자본구조의 변화 등을 예상할 수 있다.

④ **주식가치 평가 및 상환여력 평가** : 추정재무제표는 미래현금흐름의 창출력을 반영하고 있어 주식가치평가 및 상환여력을 파악하기 위한 핵심 기초자료이다.

기업가치평가를 위한 기본분석(fundamental analysis)에 필요한 잉여현금흐름(free cash flow: FCF)을 추정하는 데 추정재무제표는 반드시 필요한 자료일 뿐만 아니라 IR 활동에서 요구되는 사업계획서(business plan)에도 포함되는 재무정보이기도 하다. 추정재무제표는 궁극적으로 투자분석지표인 잉여현금흐름(FCF)과 경제적 부가가치(EVA)를 산출하는 기초자료로 활용된다. 앞서 설명한 바와 같이 분석자는 평가대상 기업이 영위하는 산업특성을 이해하고 산업분석을 통해 매출추정 및 이에 따른 손익, 매출실현에 수반되는 투자소요계획 그리고 자본조달계획에 이르기까지 추정재무제표에 전반적으로 이를 모두 반영해야 한다. 재무제표는 기업의 재무전략과 부합하도록 예측치가 합리적이고 객관적인 가정에서 일관성 있게 추정되어야 한다. 예를 들면, 운전자본항목은 회전율 또는 매출 및 매출원가와 일정 비율에 근거해야 한다. 추정기간 동안 증자로 인한 자본증가는 배제되어야 하고, 이자성부채는 상환계획에 기초한다.

[그림 5.1]에서 도시한 바와 같이, 재무제표 중 특히 재무상태표항목과 손익계산서항목을 중심으로 잉여현금흐름을 산출하게 되는데 이들 항목들은 서로 유기적인 관계를 지닌다. 재무추정은 과거재무정보에 기반한 합리적인 가정으로 작성되어야 하므로 추정재무제표가 최종 작성되기까지 실무적으로 복잡한 과정을 거친다. 추정을 단순화하기 위해 매출추정은 과거 성장률을 이용하거나 손익항목은 매출 대비 일정비율로, 자산 및 부채항목은 자산 대비 구성비율로 추정할 수도 있다.

그림 5.1 | 잉여현금흐름과 재무제표 간 유기적인 관계

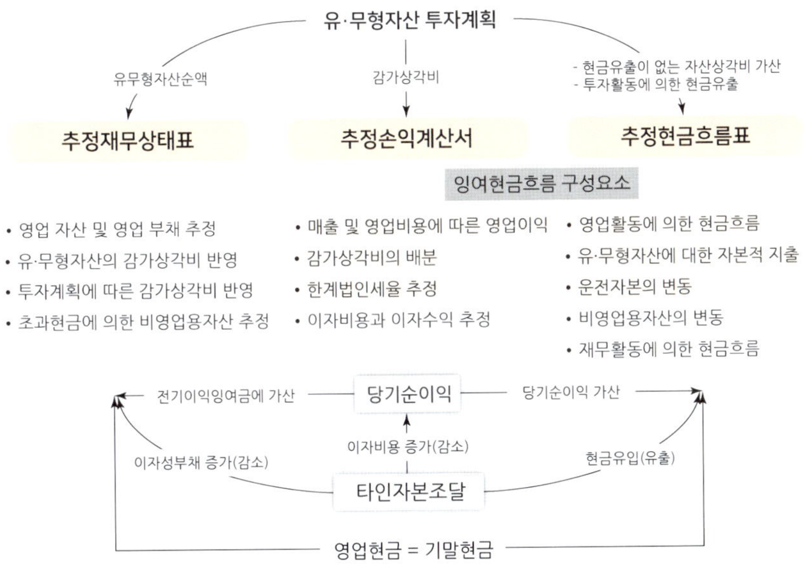

이와 같은 단순비율추정방식은 간단하지만, 판매가격정책, 원가동인의 변동, 채무상환일정, 투자계획과 같은 의사결정에 수반되는 정보를 재무추정에 제대로 반영하지 못한다. 따라서 재무추정은 경영목표를 바탕으로 다음과 같은 사항을 고려하여 보다 면밀하게 수행되어야 한다.

먼저, 추정손익계산서는 예측기간(explicit forecasted horizon) 동안 시장전망과 평가대상기업의 시장점유율을 고려하여 연간매출액을 추정하고 이에 필요한 영업비용을 산출하여 영업이익을 구한다. 금융자산 및 이자성부채로부터 추정된 이자수익과 이자비용을 가감하여 영업외손익을 가산한 세전이익을 산출한다. 이로부터 법인세비용을 차감한 후 순이익(순손실)을 표시한다. 추정재무상태표는 아래와 같은 순증회계관계를 전제한다는 점에 유의해야 한다.

(기말)자본총계 = (기초)자본총계 + 당기순이익 − 배당금

즉, 채무상품 및 지분상품에 대해 기타포괄손익으로 분류된 평가손익이나 퇴직급여부채의 재측정요소 등은 평가시점 이후 변동하지 않는 것으로 가정해야 한다. 이들 항목은 당기순이익에 반영되지 않고 자본에 반영되는 항목이고 예측이 불가하기 때문이다. 즉 가치평가에서 추정기간 동안 순이익은 주주의 부와 직접 관련하므로 자본항목에 대해 "순증회계관계를 유지한다"고 가정하는 것이 타당하다.

아울러 자본변동표에서 포괄손익과 주주와 거래를 구분하는 이유는 가치창출을 불입자본과 주주에게 배분하는 것과 구별하기 위한 것이다. 즉 주주와 거래는 가치창출과 무관하다고 보기 때문이다. 한편 추정기간 중 스톡옵션, 전환사채(CB), 그리고 신주인수권부 사채(BW) 등과 같은 옵션이나 옵션내재채권의 권리행사로 인한 신규주식발행이나 자기주식취득 등에 의한 자본금변동은 없는 것으로 가정한다. 이러한 이유는 첫째, 주식거래는 시장가격으로 이루어져야 하지만 주식이 시장가격보다 낮게 발행되면 주식가치는 감소하고 이러한 가치의 감소분은 재무제표에 나타나지 않는다. 둘째, 옵션이나 옵션내재채권의 권리행사 여부도 예측불가하고 예측이 가능하더라도 시장가격보다 낮은 저가발행에 따른 주식가치의 변동까지 반영하면 주식가치평가과정이 복잡해진다.

추정재무상태표는 최근 재무상태표를 기초로 미래의 경영성과를 실현하기 위해 소요되는 투자금, 자금조달계획, 배당정책까지 고려하여 작성된다. 재무상태표항목 중 매출채권, 재고자산, 매입채무와 같은 본원의 영업활동과 직접 관련된 주요 운전자본항목들은 회전율을 적용하거나 매출(또는 매출원가) 대비 일정 비율을 적용하여 추정한다. 이러한 과정을 거쳐 최종 작성된 재무상태표와 손익계산서로부터 추정현금흐름표를 작성한다. 마지막으로 공통형 재무제표를 작성하여 재무제표의 각 항목들의 구성비 변화를 확인하여 추정치를 재검토한다. 가치평가에 필요한 성과지표인 잉여현금흐름의 산출과 재무제표항목의 추정은 [그림 5.2]에서 도시한 바와 같이 서로 유기적인 관계를 지닌다.

그림 5.2 | 재무제표항목의 유기적인 관계

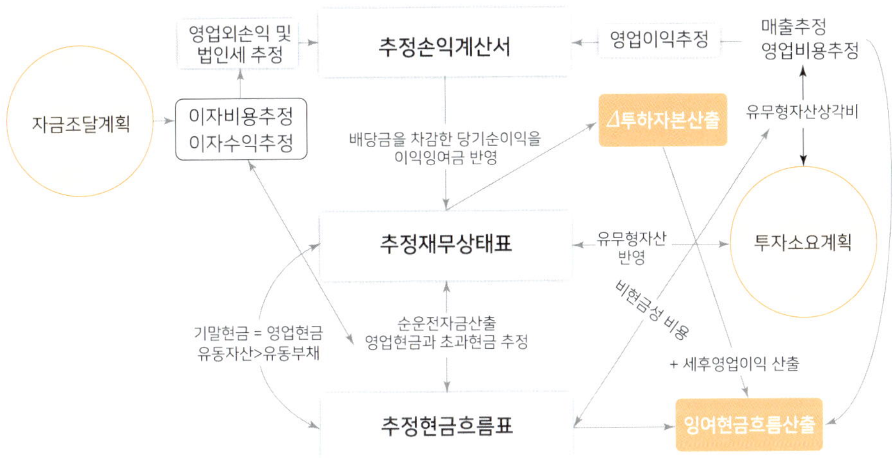

재무예측(financial forecasting) 과정은 다음과 같은 5단계를 거치게 되는데, 본서에서는 분석대상기업을 가상의 기업(K메탈)으로 설정하고 각 단계별 재무추정 과정을 구체적으로 예시하였다.

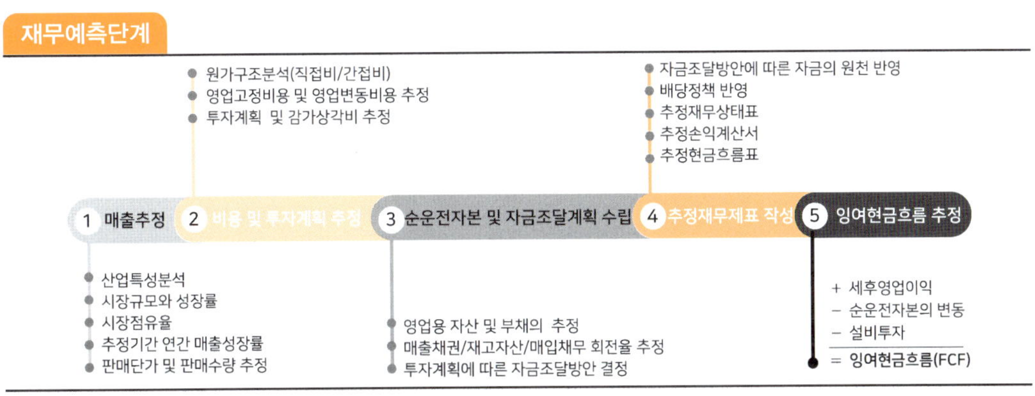

평가모형별로 특징을 뚜렷하게 살펴보기 위해 K메탈은 다음과 같은 예외적인 가정을 필요로 한다. 예측기간 중 ① 매출 및 수익은 꾸준히 성장하고, ② 대규모 자본적 지출은 없이 추정기간 마지막 5년차에만 비현금성비용만큼 재투자한다고 전제한다. 각 단계별로 재무추정과정을 살펴보면 다음과 같다.

1.1 매출추정

[1 단계]에서 먼저 매출을 추정하려면, 평가대상기업이 영위하는 사업의 시장규모와 시장점유율을 분석한다. 매출은 해당 제품이나 서비스의 시장규모와 기업의 시장점유율을 중심으로 추정된다. 하지만 대체품이 없는 신규사업에 대한 매출전망은 기존시장이 존재하지 않아 쉽지 않은 작업이다. 이러한 경우, 예상(대체)수요를 합리적으로 예측한 후 잠재구매자의 채택률로 시장규모를 예상하고 가격정책을 반영하여 매출을 추정한다. 따라서, 과거 매출추이와 함께 예상판매수량 및 가격정책에 따른 판매단가를 반영하여 매출을 추정한다. 생산수량은 설비가동률 및 적정 재고수준을 감안하여 산출하고 경기에 민감한 업종의 경우, 산업 경기의 주기에 따라 탄력적으로 추정한다. 판매량이 생산능력을 초과하면, 설비를 자체적으로 증설할 것인지 아니면 위탁생산할 것인지 시나리오를 결정해야 한다. 한편 고성장하는 기업의 경우, 매출성장률은 시장규모의 성장과 시장점유율의 확대로 인해 비선형형태를 지닌다.

K메탈의 매출과정을 정리하면, 국내시장규모는 연평균 3.7% 점진적으로 증가

매출추정

K메탈은 특수금속소재제조를 영위하는 업체이다. 재무담당자는 다음과 같은 국내시장동향정보를 얻고 경영목표에 따른 K메탈의 시장점유율과 판매단가를 고려하여 매출을 추정하였다.

	20×1F	20×2F	20×3F	20×4F	20×5F	비고
국내시장규모(톤)	110,500	116,000	122,000	128,000	128,000	전년대비 5,500~6,000톤 증가
국내시장성장률	–	4.98%	5.17%	4.92%	0.0%	CAGR: 3.74%
국내시장점유율	4.0%	6.0%	8.0%	10.0%	12.0%	
① 연간판매수량(톤)	4,420	6,960	9,760	12,800	15,360	시장규모×시장점유율
② 톤당판매단가(천원)	8,990	8,980	8,970	8,960	8,950	매년 톤당 판매가격 1만원씩 인하
매출액(백만원) (①×②)	**39,736**	**62,501**	**87,547**	**114,688**	**137,427**	
YoY(전년대비증가율)	–	57.3%	40.1%	31.0%	19.9%	CAGR: 36.38%

하는 추세이나 20×4년 이후 시장규모는 일정하고 K메탈의 시장점유율은 매년 2%씩 확대될 것으로 예상한다. 예측기간 동안 톤당 판매가격은 거의 일정한 상태에서 매출성장은 1차년도 397억원에서 마지막 5년차에는 1,374억원에 이를 것으로 전망한다. 이러한 매출추이는 평균매출성장률 36.4%에 해당한다

1.2 비용 및 투자계획 추정

[2단계]에서는 영업비용인 매출원가와 판매관리비 항목과 매출실현에 소요되는 투자금액 그리고 영업외비용 및 법인세비용을 추정한다. 내부분석자는 제조원가명세서 등 세부비용내역을 쉽게 얻을 수 있어 실질비용을 추정할 수 있다. 그러나 외부분석자는 이러한 정보를 직접 얻기 어려워 과거회계정보로부터 영업비용을 추정한다. 산업별로 비용구조가 다르고 기업마다 원가동인(cost drive)도 상이하므로 산업특성과 해당 기업의 공급사슬과 같은 개별적 특성을 감안하여 매출원가를 추정한다.

▪ 인건비

영업비용은 변동영업비용과 고정영업비용으로 구분하지만, 인건비는 준고정비성격을 지니므로 인력충원은 매출수준과 연동한다. 예상임금상승률을 반영하고 인력충원계획은 부서별, 직능별, 직급별로 추정하되 향후 설비증설계획에 따라 추가인력이 필요하면 이를 감안한다. 하지만 임직원수는 기업이 상황에 따라 필요인력을 위탁하는 경우도 있어 인력운용정책에 따라 변동될 수 있다. 마지막으로 동종업계의 1인당 평균매출과 비교하여 추정인원이 과다한지 검토한다. 인건비항목으로는 급여, 상여금, 퇴직급여, 복리후생비 등이 있다.

다음 표는 K메탈의 인건비 추정 및 근거를 제시한 것이다. 20×2년 자동공정 내재화로 추가인력이 필요치 않아 1인당 매출액은 상당히 급증하였다. 1인당 인건비는 임금상승률을 반영하여 소폭 상승하는 추세로 가정하였다. 이에 따라 고정인건비는 거의 일정하게 유지되는 상태에서 수익성은 대폭 상승할 것으로 전망한다. 인건비는 비용의 원천에 따라 매출원가(노무비)와 판매관리비에 배분된다.

소요인원과 인건비 추정

	20×1F	20×2F	20×3F	20×4F	20×5F	비고
생산팀	30	34	44	44	44	
영업관리팀	6	6	6	6	6	
(기말)인원	36	40	50	50	50	
(기초)인원	30	36	40	50	50	
(평균)임직원수(명)	33	38	45	50	50	
매출원가배분인원	28	32	39	44	44	
판매관리비배분인원	5	6	6	6	6	
1인당매출액(백만원)	**1,204**	**1,645**	**1,945**	**2,294**	**2,749**	
1인당매출액 증가율	–	36.6%	18.3%	17.9%	19.9%	CAGR 22.93%
노무비매출원가	**1,578**	**1,839**	**2,287**	**2,631**	**2,684**	
급여	1,428	1,665	2,069	2,381	2,429	1인당급여 전년대비 2% 상승
퇴직급여	71	83	103	119	121	급여의 5.0%
복리후생비	79	92	114	131	134	급여의 5.5%
인건비판매관리비	**335**	**410**	**418**	**427**	**435**	
급여	306	375	382	390	397	1인당급여 전년대비 2% 상승
퇴직급여	15	19	19	19	20	급여의 5.0%
복리후생비	14	17	17	18	18	급여의 4.5%
인건비 총계	**1,913**	**2,250**	**2,705**	**3,058**	**3,119**	
1인당 인건비(천원)	57,970	59,199	60,110	61,161	62,384	
1인당 인건비상승률	–	2.1%	1.5%	1.7%	2.0%	CAGR 1.85%

▪ 투자계획

유형자산의 투자소요계획은 생산수율을 감안한 설비능력을 검토한 후 판매량 및 적정재고수준을 유지하는 데 문제가 없는 수준에서 결정된다. 영업활동에 필요한 토지나 건물, 기계장치, 구축물과 같이 형태가 있는 유형자산은 경제적 효익이 장기간 재무제표에 영향을 미친다. 평가시점에서 확인되지 않은 이상 유형자산의 손상차손이나 재평가 및 처분은 고려하지 않고 감가상각비만 유형자산에 반영한다. 유형자산 중 영업목적이 아닌 투자부동산은 비영업자산의 성격을 지닌다. 감가상각비는 그 자산이 용역을 제공하는 기간에 걸쳐 인식된다. 유형자산 중 토지는 시간이 경과하여도 효용가치가 훼손되지 않고, 건설중자산은 경제적 효익 창출을 목적으로 아직 사용되지 않았으므로 감가상각대상이 아니다. 추가매출을 실현하기 위해 자본적 지출이 필요하다면 그 증가분은 유·무형자산에 반영한다. 만일 유형자산을 지속적으로 활용할 수 있다면, 유지보수에 필요한 대체투자만 감안한다. 한편, 무형자산은 영업활동에 사용할 목적으로 장기간에 걸쳐 보유하는 물리적인 형체가 없는 자산으로 산업재산권, 시설이용권, S/W, 연구개발비, 광업권 및 어업권 등을 포함한다. 무형자산에 대한 표시방법은 원칙적으로 유형자산과 동일하다.

예측기간 동안 유·무형자산의 투자는 현금흐름표의 '투자활동에 의한 현금흐름' 항목에 해당한다. 자본적 지출 및 대체투자와 건설중자산의 대체로 인한 신규 유형자산감가상각비와 기존 감가상각비를 합산하여 매년 감가상각비를 산출한다. 유·무형자산의 장부가액은 미상각액 및 감가상각방법, 내용연수에 의해 결정된다. 또한 매출이 지속적으로 유지되거나 증가하는 상황이라면 기존 설비가 노후화되어 대체투자가 필요한데 그 규모는 편의상 감가상각비 이내에서 결정한다. 감가상각비는 수익-비용대응 원칙에 따라 매출원가 판매관리비에 적정하게 배분된다. (기말)유형자산의 장부가액은 기초장부가액과 신규자산취득가액의 합에서 유형자산감가상각비를 차감한 것이다.

(기말)유형자산 = (기초)유형자산 + 자산취득가액 − 유형자산감가상각비

설비투자계획 및 유·무형자산상각비 10억원 대체투자(20×1년, 20×3년))

(백만원)	기초	20×1F	20×2F	20×3F	20×4F	20×5F	비고
토지	1,000	1,000	1,000	1,000	1,000	1,000	
건물	3,263	2,975	2,688	2,400	2,113	1,825	
설비	18,700	17,400	15,100	13,700	11,300	9,300	
차량운반구	850	650	450	250	50		
유형자산장부가액	**23,813**	**22,025**	**19,238**	**17,350**	**14,463**	**12,125**	10억원 대체투자(20×1년, 20×3년)
무형자산장부가액	**405**	**360**	**315**	**270**	**225**	**180**	
유형자산감가상각비		2,788	2,788	2,888	2,888	2,338	매출원가에 90%, 판매관리비에 10% 배분
무형자산상각비		45	45	45	45	45	판매관리비 산입
유·무형자산상각비총액		**2,833**	**2,833**	**2,933**	**2,933**	**2,383**	정액법 적용
상각률		12.7%	14.5%	16.6%	20.0%	19.4%	자산상각비/(평균)유·무형자산

▪ 매출원가

매출원가는 고정원가와 변동원가로 분류하고 변동원가는 조업도에 따라 비례하는 비용으로 업종마다 다르지만 제조업의 경우 재료비가 상당부분 차지한다. 재료비는 각 제품별로 생산수율, 물가상승률, 원자재가격 변동추이 및 대량구매에 따른 할인율 등 여러 요인들을 고려하여 추정한다. 또한 기초 및 기말 재료비로부터 생산에 투하된 재료비를 추정한다. 한편, 인원소요계획에 따라 생산에 직접 투입된 노무비는 매출원가에 산입한다. 인건비는 자원배분 측면에서 보면 준고정비에 가깝다. 이외 매출원가항목으로는 유·무형자산상각비, 수선비, 외주가공비, 기타제조경비 등이 있다. 매출원가는 판매수량과 단위당생산원가의 곱에 유·무형자산상각비를 가산하여 산출한다.

$$\text{매출원가} = \text{단위당생산원가} \times \text{판매수량} + \text{유·무형자산상각비}_{\text{매출원가배분}}$$

생산원가와 매출원가 추정

	20×1F	20×2F	20×3F	20×4F	20×5F	비고
생산캐파(톤)	9,000	9,000	9,000	9,000	9,000	
생산수량(톤)	4,469	7,057	9,868	12,917	15,458	
기초재고(톤)	121	170	267	375	492	
기말재고(톤)	170	267	375	492	590	
판매수량(톤)	**4,420**	**6,960**	**9,760**	**12,800**	**15,360**	기초재고수량+생산수량−기말재고수량
톤당재료비(원)	5,850,000	5,350,000	5,377,000	5,404,000	5,431,000	공정내재화에 따른 톤당재료비 감소
톤당노무비(원)	353,085	260,652	231,720	203,713	173,629	공정내재화에 따른 톤당노무비 감소
톤당전력비(원)	603,000	607,800	612,600	617,500	622,400	전년대비 8% 증가
톤당외주비(원)	135,600	40,600	40,800	41,000	41,200	공정내재화에 따른 외주비 감소
톤당기타경비(원)	50,200	35,100	35,300	35,500	35,700	공정내재화에 따른 기타경비 감소
톤당생산비용(원)	**6,991,885**	**6,294,152**	**6,297,420**	**6,301,713**	**6,303,929**	
생산원가(백만원)	**31,247**	**44,418**	**62,143**	**81,399**	**97,446**	유·무형자산상각비 제외
재료비	26,144	37,755	53,060	69,803	83,952	
노무비	1,578	1,839	2,287	2,631	2,684	
전력비	2,695	4,289	6,045	7,976	9,621	
외주비	606	287	403	530	637	
기타경비	224	248	348	459	552	
매출원가(백만원)	**33,413**	**46,316**	**64,062**	**83,261**	**98,932**	
재료비 등	30,904	43,807	61,463	80,662	96,828	톤당생산비용×판매수량(톤)
감가상각비	2,509	2,509	2,599	2,599	2,104	유형자산감가상각비의 90%
매출원가율	**84.1%**	**74.1%**	**73.2%**	**72.6%**	**72.0%**	
재고자산(백만원)	1,189	1,681	2,362	3,100	3,719	톤당생산비용×기말재고수량(톤)
판매대비재고율	3.56%	3.63%	3.69%	3.72%	3.76%	기말재고/매출액

위의 표는 K메탈의 매출원가추정에 관한 내용 및 근거를 제시한 것이다. 20×2년 공정내재화로 생산원가 중 재료비 비중이 상대적으로 약간 증가하였으나 톤당 재료비는 감소하여 매출총이익률은 상당히 개선될 것으로 전망한다. 이

에 따라 20×2년부터 매출원가율은 84.1%에서 74.1%로 대폭 감소할 것으로 기대한다.

■ 판매관리비와 영업비용

판매관리비는 상품(제품)판매나 용역을 제공하기 위해 수반되는 관리와 유지를 목적으로 발생하는 비용으로 매출원가에 산입되지 않는 모든 영업비용을 말한다. 매출원가에 산입되지 않은 인건비는 판매관리비에 산입한다. 판매관리비의 주요 항목들로는 급여 및 퇴직급여, 복리후생비 등 인건비와 임차료 및 경상연구개발비 등이 있다. 특히 매출과 연동되는 지급수수료, 수출제반경비, 운반비와 같은 변동 비용항목들도 면밀히 파악해 볼 필요가 있다.

총비용인 영업비용은 발생주의에 기반한 매출원가와 판매관리비의 합이고, 현금영업비용은 재무회계기준 영업비용에서 감가상각액을 제외한 것이다.

K메탈은 매출이 증가함에 따라 영업비용 및 현금영업비용의 연평균증가율은 각각 30.7%와 32.6%일 것으로 예상한다.

판매관리비 추정 및 구성비

	20×1F	20×2F	20×3F	20×4F	20×5F	비고
판매관리비	**2,237**	**2,941**	**3,651**	**4,407**	**4,995**	
인건비	335	410	418	427	435	인원충원계획 반영
감가상각비	279	279	289	289	234	유형자산감가상각비의 10%
무형자산상각비	45	45	45	45	45	무형자산상각비의 100%
지급수수료	993	1,563	2,189	2,867	3,437	매출대비 2.5%
접대비	60	94	131	172	206	매출대비 0.15%
기타경비	525	551	579	608	638	전년대비 5% 증가
구성비						
인건비	15.0%	13.9%	11.5%	9.7%	8.7%	
상각액	14.5%	11.0%	9.1%	7.6%	5.6%	
지급수수료	44.4%	53.1%	59.9%	65.1%	68.8%	
접대비	2.7%	3.2%	3.6%	3.9%	4.1%	
기타경비	23.5%	18.7%	15.9%	13.8%	12.8%	

일일영업비용 산출

(백만원)	20×1F	20×2F	20×3F	20×4F	20×5F	비고
매출원가	33,413	46,316	64,062	83,261	98,932	
판매관리비	2,237	2,941	3,651	4,407	4,995	
영업비용재무회계기준	35,650	49,257	67,712	87,668	103,927	매출원가+판매관리비
(현금)영업비용재무분석기준	32,817	46,425	64,780	84,736	101,545	영업비용−유·무형자산상각비
일일(현금)영업비용(천원)	89,910	127,192	177,479	232,152	278,205	(현금)영업비용/365

▪ 영업외손익 추정

영업외손익 중 외환(환산)손익, 지분법평가손익, 자산처분 손실 등은 추정할 수 없어 이러한 항목들은 변동이 없는 것으로 가정한다. 하지만 금융자산에 의한 이자수익과 이자성부채로부터 발생한 이자비용은 추정이 가능하므로 영업외손익은 이자수익과 이자비용만 고려한다.

금융자산의 이자수익은 예금이자율보다 높고 채권수익률보다 낮은 수준에서 결정한다. K메탈의 이자수익은 (평균)단기금융상품의 2%로 산정하였다. 이자비용은 평가대상기업과 동일한 신용등급인 기업의 이자율이나 신규프로젝트에 적용되는 이자율을 적용한다. K메탈의 20×0년에 발행한 5년 만기 회사채에 대한 이자비용은 아래와 같다.

사채 만기상환시 이자비용 추정

- 사채발행일: 20×0년 1월 1일
- 발행권면총액: 200억원(만기: 20×4년 12월 31일)
- 액면이자율: 2%
- 만기보장수익률: 5%

	20×0A	20×1F	20×2F	20×3F	20×4F
이자비용	400	400	400	400	3,725

$$B_0 = \frac{I_1}{(1+r)} + \frac{I_2}{(1+r)^2} + \frac{I_3}{(1+r)^3} + \frac{I_4}{(1+r)^4} + \frac{F+I_5}{(1+r)^5}$$

$$20{,}000 = \frac{400}{1.05} + \frac{400}{(1.05)^2} + \frac{400}{(1.05)^3} + \frac{400}{(1.05)^4} + \frac{20{,}000+3{,}725}{(1.05)^5}$$

액면이자율보다 만기수익률이 큰 경우 할인발행을 하기도 하지만, 일반적으로 액면발행을 하고 만기에 원금(F) 상환과 함께 추가이자를 지급하는 방식을 따르기 때문에 만기시점에 지급해야 할 이자비용(I_5)은 3,725백만원으로 기중 이자비용과 다르다.

▪ 법인세

당기법인세부채(자산)는(은) 보고기간말까지 실질적으로 제정된 세율을 적용하여 과세당국에 납부할(과세당국으로부터 환급받을) 것으로 예상되는 금액으로 표시한다. 과세소득기준액과 일시적인 차이는 이연법인세자산(부채)으로 인식된다. 별도(개별)재무제표의 이연법인세는 자산과 부채를 상계처리하여 표시하므로 이연법인세자산(부채)만 보고되지만, 연결재무상태표는 종속기업의 이연법인세를 모두 반영하므로 이연법인세자산과 이연법인세부채 모두 표시된다. 당기 중 이연법인세부채의 증가(감소)는 납부해야 할 세액이 증가(감소)함을 의미하므로 법인세비용은 그 증가(감소)분을 가산(차감)한다. 단, 이월결손금에 대한 세금공제나 세제상 혜택이 있다면, 해당 기간에만 법인세율을 달리 적용한다. 다음 표는 최근 2023년에 개정된 법인세율 과세표준이다.

| 법인세율 |

과세표준구간	법인세율	누진공제액
2억원 이하	9%	–
2억원 초과~200억원 이하	19%	2,000만원
200억원 초과~3,000억원 이하	21%	4억 2,000만원
3,000억원 이상	24%	94억 2,000만원

K메탈의 20×1년 손익계산서와 이연법인세부채의 변동으로부터 영업이익에 대한 법인세율은 20.3%로 계산되었고 그 산출근거는 아래와 같다

한계법인세율 추정

20×1년 추정손익계산서 중 일부		
영업이익	4,086	
이자수익	70	
이자비용	400	**부담해야 할 법인세는 763백만원(=3,756×0.19−2천만원)×1.1)이다.**
세전순이익	3,756	손익계산서상 법인세비용
		=763+15=778(이연법인세부채의 증가액은 15백만원인 경우)
법인세비용	778	영업이익에 대한 법인세는 830백만원(4,086÷3,756×763)
순이익	2,978	영업이익에 대한 법인세율=830/4,086=**20.3%**(=763÷3,763)

1.3 순운전자본의 추정과 차입금 상환계획

[3단계]인 운전자본의 추정은 매출채권회전율, 매입채무회전율, 재고재산회전율을 활용하여 산출한다. 가치평가과정에서 운전자본항목들의 특성을 일일이 파악하는 것이 번거롭기 때문에 기타운전자본은 매출과 연동되지 않는 것으로 단순 가정한다. 과거 매출변동이 크지 않다면, 운전자본항목의 회전율은 거의 일정하다. 만일, 매출이 급성장하면 소요운전자금도 급증하여 운전자본항목의 회전율도 크게 변동한다. 운전자본항목은 간단하게 회전율 대신 매출채권은 매출액백분율법으로, 매입채무와 재고자산은 매출원가백분율법으로 추정할 수도 있다. 이 경우 운전자본을 회전율을 이용하여 변동추세를 재확인해 볼 필요가 있다. 분석자에 따라 회귀분석기법을 이용하여 각 항목을 예측하기도 하지만, 통계적 강건성을 확보하려면 많은 자료가 축적되어야 한다.

■ 순운전자본의 추정

순운전자본(net working(operating) capital)은 영업현금, 매출채권, 재고자산, 선급비용 등 유동영업자산에서 매입채무, 미지급비용 등 유동영업부채를 차감한 금액이다. 재무적 활동과 관련한 유동자산(유동부채)은(는) 해당되지 않는다. 운전자본 중 매출채권과 매입채무는 매출과 매출원가 대비 일정 비율로 추정한다. 특히 운전자본 중 영업현금(working cash)은 가까운 시일내 지급해야 할 영업활동과 관련한 현금으로 적정 수준이 어느 정도인지 모호하다. 재무상태표에 표시된 현금 및 현금성자산이 경영자의 사적 이익을 위해 쓰일 것인지 아니면 불확실한 경영환경에 대비한 것인지 파악하기 힘들기 때문이다. 더군다나 기업마다 상황에 따라 영업현금을 잠시 초단기금융상품으로 보유하는 경우도 있어 비교기업의 영업현금추정은 애매하다. 영업현금의 적정 수준은 산업 특성별로 다르고, 매출액의 2%를 적정선으로 보는 견해도[1] 있으나 일반화하기 어렵다. 매출액의 일정비율을 영업현금으로 보고 이를 초과하는 보유현금을 직관적으로 초과현금(excess cash)으로 추정하기도 한다. 기업들이 초과현금을 보유하는 이유는 일반적으로 재투자목적이지만 이외에도 부채상환, 배당금지급, 비영업자산

---

1 A. Damodaran교수의 *Investment Valuation*(1996).

투자 등 기업마다 처한 상황에 따라 다르다.

가치평가에서 보유현금은 영업현금과 초과현금으로 구분하고 단·장기금융상품항목은 초과현금으로 판단한다. 영업현금을 추정하는 방법으로 영업현금을 제외한 유동자산과 유동부채의 차액으로 쉽게 추정할 수 있다. 하지만, 영업현금을 현금전환주기(=매출채권회수기간+재고자산보유기간−매입채무지급기간)를 기준으로 영업현금을 추정하는 것이 더욱 합리적일 것이다. 단, 매출원가를 현금주의 기반으로 도출하기 위해 매출원가에 산입된 유·무형자산상각비를 가산하여 매출원가를 조정한 후 이를 기초로 재고자산보유기간과 매입채무지급기간을 재산정한다. 이로부터 산출된 조정현금주기를 바탕으로 영업현금을 계산한다.

분석자의 판단에 따라 평가시점에서 과도한 기초현금보유, 급작스러운 수요증가, 원자재 가격급등, 불용재고의 존재나 채권회수의 불확실성 등을 감안하여 현금전환주기에 가중치를 둘 수 있다. 영업현금은 과거 현금전환주기를 반영하여 가중치를 1.0보다 크게 설정하는 것이 바람직하다. 단기유동성관리 측면에서 영업현금을 포함한 당좌자산이 유동부채를 초과해야 한다는 점에 주의해야 한다. 또한 동종업계와 비교하여 매출대비 영업현금이 적정한지 최종 확인한다.

영업현금 = [일일(현금)영업비용 × (조정)현금전환주기] × 가중치

단, 영업현금을 포함한 당좌자산 > 유동부채

영업현금 추정

	20×1F	20×2F	20×3F	20×4F	20×5F	비고
매출채권회전율	19.5	20.4	19.4	18.9	18.2	매출/평균매출채권
재고자산회전율	30.0	30.5	30.4	29.5	28.4	조정매출원가/평균재고자산
매입채무회전율	56.0	58.6	58.4	56.8	54.6	조정매출원가/평균매입채무
매출채권회수기간①	18.8일	17.9일	18.8일	19.3일	20.1일	365÷회전율
재고자산보유기간②	12.2일	12.0일	12.0일	12.4일	12.9일	365÷회전율
매입채무지급기간③	6.5일	6.2일	6.3일	6.4일	6.7일	365÷회전율
(조정)현금전환주기(일)④	**24.4일**	**23.6일**	**24.5일**	**25.2일**	**26.2일**	①+②−③
일일(현금)영업비용(천원)⑤	89,910	127,192	177,479	232,152	278,205	
(적정)영업현금(백만원)⑥	2,194	3,002	4,348	5,850	7,289	④×⑤
가중치⑦	1.169	1.169	1.169	1.169	1.033	5년차는 기초투하자본으로 조정
영업현금(백만원)	**2,565**	**3,510**	**5,084**	**6,841**	**7,527**	⑥×⑦
영업현금/매출액	6.5%	5.6%	5.8%	6.0%	5.5%	

주요 운전자본항목 추정

(백만원)	20×1F
매출액	39,736
매출원가①	33,413
판매관리비②	2,237
유무형자산상각비③	2,833
(현금)영업비용(= ①+②-③)	32,817
매출원가항목의 감가상각비④	2,509
조정매출원가(자산상각비 제외)(=①-④)	30,904
톤당생산원가(천원)	6,991,885

영업현금	2,565	현금전환주기를 반영하여 산출
매출채권	2,384	매출액×6.0%
재고자산	1,189	톤당생산원가×판매수량×2/52
매입채무	618	조정매출원가×2%

-보유재고자산수량은 판매수량의 3.84%(=2/52)수준으로 가정

위의 표는 K메탈의 현금전환주기를 기준으로 연도별 영업현금과 운전자본의 산출과정을 예시한 것이다. 단, 현금전환주기의 특성을 반영한 조정매출원가는 감가상각비를 제외한 매출원가이다. 각 연도별 현금전환주기를 기준으로 산출된 영업현금은 매출 대비 5.5%~6.5%수준으로 분석되었다. 단, 가중치는 1.169로 가정하되 20×5년은 (기말)투하자본이 (기초)투하자본과 같아지도록 1.033으로 조정하였다. 매입채무지급기간은 공급자가 교섭우위이므로 매우 짧은 편으로 가정하였다. 각 항목의 매출채권회수기간, 재고자산보유기간, 매입채무지급기간 등은 거의 유사하다. 결과적으로 현금전환주기는 평균 24.8일로 산출되었고, 영업현금은 매출이 확대됨에 따라 증가하지만 이는 매출대비 평균 6.2% 내외로 변동은 크지 않다.

참고로 다음은 식품면류업종의 (적정)영업현금과 현금 및 현금성자산을 비교분석한 것으로 그 내용을 살펴보면 아래 표와 같다.

농심과 오뚜기의 매출규모는 매우 비슷하고 이에 따라 영업비용도 거의 유사하다. 특히 두 기업의 현금영업비용은 거의 동일하여 일일현금영업비용이 일치한다. 영업비용 및 조정현금전환주기는 오뚜기가 가장 길고 삼양식품이 가장 짧은 반면, 농심과 팔도는 유사한 모습이다. 이에 따라 산출된 매출대비 (적정)영업현금 비율은 오뚜기는 7.2%이고 삼양식품은 그 절반 이하인 3.1% 수준인 반면, 농심과 팔도는 유사한 수준으로 산출되었다. (적정)영업현금과 기말현금을 비교해보면, 농심과 오뚜기의 기말현금은 (적정)영업현금에 근접하지만, 삼양식품의 기말현금은 (적정)영업현금은 물론 영업활동 외 차입금의 상환이나 기타대금지급 목적의 현금이 포함된 것으로 판단된다. 농심과 오뚜기의 가중치가 1.0에 접

근하는 결과로부터 조정현금전환주기를 적용한 영업현금의 추정은 합리적일 것으로 기대한다.

팔도의 경우, 현금전환주기가 농심과 유사함에도 불구하고, 기말현금은 (적정) 영업현금보다 상대적으로 매우 적다. 이는 영업현금 중 상당 부분이 초단기금융상품으로 대체된 것으로 판단된다. 초과현금인 단기금융상품을 감안하면 단기 유동성은 매우 풍부한 편이다. 이와 같이 현금 및 현금성자산과 (적정)영업현금의 괴리 정도는 기업마다 매우 상이하다.

면류업계 (적정)영업현금 추정

	농심	오뚜기	삼양식품	팔도
영업비용①(매출원가+판매관리비)	2,556,843	2,572,462	576,667	712,222
현금영업비용②(①－유 · 무형자산상각비)	2,451,765	2,452,224	561,398	699,688
일일현금영업비용(②÷365)	6,717	6,718	1,538	1,917
조정매출원가(감가상각비 제외 매출원가)	**1,779,113**	**2,193,192**	**459,843**	**509,236**
매출채권회전율(매출액/매출채권)	12.2	12.5	13.2	13.7
재고자산회전율(조정매출원가/재고자산)	7.3	7.3	11.6	11.2
매입채무회전율(조정매출원가/매입채무)	6.4	7.3	7.9	10.3
매출채권회수기간	29.8일	29.2일	27.8일	26.6일
재고자산보유기간	49.7일	50.2일	31.4일	32.6일
매입채무지급기간	57.2일	50.0일	46.2일	35.5일
(조정) 현금전환주기	**22.3일**	**29.4일**	**13.0일**	**23.7일**
(적정) 영업현금	**149,793**	**197,522**	**19,995**	**45,432**
(적정)영업현금/매출액	5.6%	7.2%	3.1%	5.9%
기말현금	157,476	222,280	114,492	17,241
기말현금/매출액	5.9%	8.1%	17.8%	2.2%
가중치(기말현금/(적정)영업현금)	1.05	1.13	5.73	0.38

▪ 재무계획과 자금조달계획

재무계획(financial planning)은 미래의 경영성과를 실현하기 위해 향후 자금운용 및 조달에 관한 재무정책을 수립하는 과정이다. 재무계획은 재무정책에 따라 달라지므로 결국 기업의 투자계획과 자본조달을 통합시키는 작업으로 볼 수 있다. 따라서 기업은 신규투자기회, 추가자금조달 능력 및 현금보유수준 등 여러 여건을 고려하여 재무목표를 설정한다. 이러한 재무목표를 효과적으로 달성할 수 있는 투자정책과 자본조달정책 그리고 운전자본운용계획 등을 종합적으로 검토하여 재무계획이 수립되어야 한다. 재무계획은 단기재무계획과 장기재무계획으로 구분된다. 단기재무계획은 운전자본운영 및 이에 수반되는 단기자금조달정책이 반영되고 장기재무계획은 설비투자정책과 이에 따른 장기자본조달정책을 고려하여 수립된다. 이러한 단·장기 자금조달정책은 추정재무제표에 반영하여 구체화되어 표시된다. 특히 장기재무계획은 비유동자산에 대한 투자정책과 자금조달방안을 포함하므로 불확실한 경영환경에서 일관된 가정하에 실행가능한 투자정책, 자본조달정책 그리고 배당정책 등을 담아야 한다. 미래의 성과를 실현하기 위해 얼마만큼 자본적 지출이 필요한지 추정하고, 필요한 자금원을 내부유보금으로 할지 아니면 외부자금으로 조달할지 재무적 의사결정이 필요하다. 주식가치평가에서 장기자금조달의 원천은 자기자본조달이 아닌 내부유보금 또는 타인자본조달에 국한된다.

K메탈은 20×1년과 20×3년에 각각 10억원씩 내부자금으로 대체투자하고 회사채 200억원에 대한 원금은 만기일인 20×4년 12월 31일에 일괄상환하는 것으로 가정하였다.

1.4 추정재무제표 작성

[4단계]에서는 앞에서 가정한 각 항목별 비율 및 추정치에 근거하여 추정재무제표를 작성한다. 추정재무제표는 궁극적으로 영업가치를 산출하기 위한 잉여현금흐름의 재무정보를 제공해준다. 일정시점에서 자본운용측면과 자금조달의 원천을 보여주는 재무상태표, 일정기간 성과에 대한 정보를 나타내는 손익계산서, 그리고 활동의 원천별로 현금흐름을 표시한 현금흐름표는 서로 유기적인 관계를 지닌다. 따라서 추정재무제표로부터 잉여현금흐름을 작성하는 과정에서 수반되는 오류를 추정현금흐름표로 확인할 수 있다. 한편 현금흐름표를 추정하고 기말현금을 재무상태표의 유동자산에 산입했을 때 자산이 부채와 자본의 합과 일치되는 순으로 작성하는 것이 효율적이다. 과거재무제표와 추정재무제표를 결합하여 재무정보와 비재무정보 간 개연성을 검토하여 재무정보를 평가하는 분석검토(analytical review)절차가 필요하다. 이를 통해 재무항목들이 과거정보에 기초하여 재무비율의 장기추이가 제대로 추정되었는지 파악할 수 있다.

■ 추정손익계산서 작성

매출추정 후 이를 실현하기 위해 소요되는 영업비용(매출원가+판매관리비)을 산출하고 이때 투자계획에 의해 취득된 유형자산의 감가상각비도 반영한다. 이자비용과 이자수익만 고려한 영업외손익을 산출한 후 세전이익을 구한다. 이로부터 지방소득세까지 감안하여 법인세비용을 추정한다. 마지막으로 영업이익으로부터 영업외손익 그리고 법인세비용 등을 가감하여 당기순이익을 산출한다.

[표 5.1]은 K메탈의 추정손익계산서이고 주요 가정과 추이를 살펴보면 다음과 같다. 20×1년부터 시장점유율을 점진적으로 확대하며 2005년까지 매출은

표 5.1 | 추정손익계산서

(백만원)	20×1F	20×2F	20×3F	20×4F	20×5F
매출액	**39,736**	**62,501**	**87,547**	**114,688**	**137,472**
매출원가	33,413	46,316	64,062	83,261	98,932
매출총이익	**6,323**	**16,185**	**23,486**	**31,427**	**38,540**
판관비	2,237	2,941	3,651	4,407	4,995
영업이익	**4,086**	**13,243**	**19,835**	**27,020**	**33,545**
EBITDA	6,919	16,076	22,767	29,952	35,927
이자수익	70	162	333	352	452
이자비용	400	400	400	3,715	–
세전이익	**3,756**	**13,005**	**19,768**	**23,656**	**33,997**
법인세	778	2,881	4,245	5,058	7,598
당기순이익	**2,978**	**10,124**	**15,523**	**18,576**	**26,399**
주당순이익	496원	1,687원	2,587원	3,096원	4,399원
매출(YoY)	40.2%	57.3%	40.1%	31.0%	19.9%
매출원가율	84.1%	74.1%	73.2%	72.6%	72.0%
영업이익률	10.3%	21.2%	22.7%	23.6%	24.4%
EBITDA마진	17.4%	25.7%	26.0%	26.1%	26.1%
법인세율	20.7%	22.2%	21.5%	21.5%	22.3%
순이익률	7.5%	16.2%	17.7%	16.2%	19.2%
배당금(백만원)	900	3,030	4,650	5,550	7,890
주당배당금	150원	505원	775원	925원	1,315원
배당성향	30.2%	29.9%	29.9%	29.9%	29.9%

• 발행주식수: 600만주(액면가액 500원)
• 이자수익은 (평균)단기금융상품에 대해 2%의 수익률로 산출하고 이자비용은 (평균)이자성부채의 5%를 기준으로 계산하였다.
• 법인세비용(지방소득세 포함 가정)=(세전이익×법인세율−누진공제액)×1.1+이연법인세부채의 증감

연평균 36.4%로 성장하고, 20×2년 공정내재화를 위한 설비구축이 완료됨에 따라 1인당 매출액의 상승과 생산수율이 향상되어 매출원가율은 20×2년부터 대폭 축소된다. 이로 인해 영업이익률은 20% 이상 실현하며 현금창출력이 풍부해지고, EBITDA 마진은 26% 수준을 유지할 것으로 가정하였다. 회사채는 20×4년 만기상환으로 일시적으로 이자비용이 급증하지만 20×5년부터 순금융수익이 발생하며 무차입경영을 실현할 것으로 예상한다. 유효법인세율은 20%~22%대를 유지하는 것으로 산출되었다. 순이익률은 영업이익률 상승과 순이자비용의 축소로 인해 20×2년부터 매년 16%~19% 수준을 유지할 것으로 추정한다.

■ 추정재무상태표

추정재무상태표는 현금흐름표의 영업현금과 순운전자본 및 투자계획에 의한 유·무형자산의 장부가액, 차입금상환계획에 따른 이자성부채의 변동과 당기순이익 등을 반영한 것이다. 특히 영업현금을 추정하여 대차(貸借)가 일치하도록 재무상태표를 작성하는 것이 중요하다. 보유현금 중 영업현금을 제외한 초과현금은 금융상품으로 배분한다. 또한 기타자산 및 비이자성부채항목에 대한 추정도 필요하다. 유·무형자산은 감가상각비를 차감한 순액으로 표시하고 이연법인세부채는 예측하기 어렵지만, 법인세비용에 대한 이해를 돕기 위해 세전이익과 비례한다고 가정하였다. 퇴직급여부채는 당해 퇴직급여를 누적가산한다.

잉여금은 당기순이익에서 배당금을 차감한 이익을 (전기)이익잉여금에 가산하여 (기말)이익잉여금을 추정한다.

[표 5.2]는 K메탈의 추정재무상태표를 예시한 것이다. 이자성부채(interest-bearing debts)는 4년차에 모두 상환함에 따라 5년차부터 무부채기업으로 가정하였다. 하지만 3년차부터 초과현금이 이자성부채를 초과하므로 사실상 무차입경영을 실현하고 있다. 20×4년 회사채 상환으로 인해 금융자산이 축소되며 총자산이 전년 대비 11.1% 감소하였다. 한편, 공정내재화로 인해 매출이 확대되면서 총자산회전율은 증가하는 추세이다.

[표 5.3]은 K메탈의 추정수정재무상태표이고 주요 내용을 살펴보면, 20×1년 10억원의 대체설비투자 이후 매출이 증가하면서 순운전자금이 투하자산이 차지하는 비중과 투하자본회전율은 높아진다. [표 5.2]의 총자산회전율과 비교해보면, 투하자본회전율은 증가추세가 더욱 뚜렷하다. 이는 시간이 경과함에 따라 초과현금인 금융자산이 총자산에서 상당부분 차지하며 자본화비율이 떨어지기 때문이다. 이러한 자본화비율의 하락은 투하자본의 연평균성장률은 1.7%이지만, 총투하자산의 연평균성장률은 18.2%에 이른다는 점이 뒷받침해준다.

표 5.3 | 추정(수정)재무상태표

(백만원)	기초	20×1F	20×2F	20×3F	20×4F	20×5F
영업유동자산①	**4,781**	**7,578**	**10,699**	**14,772**	**19,311**	**22,480**
영업현금	1,006	2,565	3,510	5,084	6,841	7,527
매출채권	1,701	2,384	3,750	5,253	6,881	8,248
재고자산	875	1,189	1,681	2,362	3,100	3,719
기타당좌자산	1,200	1,440	1,728	2,074	2,488	2,986
영업유동부채②	**2,016**	**2,179**	**2,468**	**2,853**	**3,269**	**3,626**
매입채무	486	618	876	1,229	1,613	1,937
기타유동부채	1,500	1,561	1,592	1,624	1,656	1,689
순운전자본③(①−②)	**2,766**	**5,399**	**8,201**	**11,919**	**16,401**	**18,854**
유무형자산④	24,218	22,385	19,553	17,620	14,688	12,305
기타순영업자산⑤	−212	−460	−749	−1,088	−1,476	−1,907
보증금	500	500	500	500	500	500
기타비유동자산	510	520	531	541	552	563
퇴직급여부채	77	164	266	388	527	668
기타비유동부채	1,145	1,316	1,514	1,741	2,002	2,302
투하자본(③+④+⑤)	**26,772**	**27,325**	**27,004**	**28,452**	**29,252**	**29,252**
단기금융상품	2,747	4,288	11,887	21,448	13,751	32,467
총투하자산	**29,519**	**31,612**	**38,891**	**49,900**	**43,004**	**61,719**
이연법인세부채	60	75	260	395	473	680
자기자본금	9,459	11,537	18,631	29,505	42,531	61,040
이자성부채	20,000	20,000	20,000	20,000		
총투하자산	**29,519**	**31,612**	**38,891**	**49,900**	**43,004**	**61,719**
투하자본회전율		**1.47**	**2.30**	**3.16**	**3.98**	**4.70**
순운전자본/투하자본	10.33%	19.8%	30.4%	41.9%	54.8%	64.5%
투하자본/총투하자산	90.69%	86.4%	69.4%	57.0%	68.0%	47.4%
자본화비율(투하자본/자기자본)	2.83	2.37	1.45	0.96	0.69	0.48

■ 추정현금흐름표

간접법에 의한 현금흐름표는 활동별 원천에 따라 현금흐름을 표시하고 그 내용은 아래와 같다.

① 영업활동 현금흐름(당기순이익 + 비현금성 수익(비용)의 가감 + 영업활동 관련 자산부채의 변동)
② 투자활동 현금흐름(투자소요계획에 의한 자본적 지출 및 비영업자산에 대한 현금흐름)
③ 재무활동 현금흐름(신규 차입 및 상환과 배당에 따른 현금흐름)
④ 현금의 순증감(①+②+③)
⑤ 기초 현금
⑥ 기말 현금(④+⑤)

현금흐름표는 당기순이익에서 시작하므로 당기순이익에 포함된 영업외손익을 조정해야 한다. 영업활동에 의한 현금흐름 중 유·무형자산상각비, 퇴직급여 등은 현금유출이 없는 비현금성 비용이므로 이는 가산한다. 영업활동관련 자산부채의 변동은 매출채권, 재고자산, 매입채무 등 운전자본의 순증을 의미한다. 투자활동에 의한 현금흐름은 유·무형자산 및 투자자산의 취득, 재무활동에 의한 현금흐름은 차입금의 조달 및 상환과 배당 등에 의한 현금흐름을 포함한다. 현금흐름표에서 영업활동 현금흐름은 잉여현금흐름(FCF)을 산출하는 데 매우 유용하다. 만일, 영업활동에 의한 현금창출력이 풍부하면 기업은 차입에 의존하지 않고 차입금상환, 배당지급, 사업확장 등 재무적 역량을 발휘할 수 있다.

[표 5.4]는 K메탈의 추정현금흐름표를 예시한 것이다. 영업활동 현금흐름은 꾸준한 매출신장과 영업이익의 증가로 인해 현금유입이 급증하였고 이에 따라 초과현금을 금융자산에 투자하는 규모도 증가하는 모습이다. 운전자금 및 자본적 지출은 비현금성 비용과 유사하거나 약간 상회하는 수준이지만, 20×5년에는 비현금성 비용만큼 재투자하는 것으로 가정하였다. 단기금융상품의 취득으로 투자활동으로 인한 현금유출이 발생하지만 20×4년에는 금융상품을 매각하여 회사채의 원리금상환에 충당한다. 재무활동으로 인한 현금흐름은 배당금의 증가 및 회사채의 원리금상환으로 인해 현금유출이 현저하게 늘어난 추세이다.

표 5.4 | 추정현금흐름표

(백만원)	20×1F	20×2F	20×3F	20×4F	20×5F
순이익	2,978	10,124	15,523	18,576	26,399
조정	**2,934**	**3,119**	**3,190**	**3,149**	**2,731**
유형자산감가상각비	2,788	2,788	2,888	2,888	2,338
무형자산상각비	45	45	45	45	45
퇴직급여충당금	87	102	123	139	141
이연법인세부채의 변동	15	185	135	78	207
영업활동에 따른 자산부채의 변동	**−913**	**−1,670**	**−1,928**	**−2,115**	**−1,838**
매출채권	−683	−1,366	−1,503	−1,628	−1,367
재고자산	−314	−492	−681	−739	−619
기타유동자산	−240	−288	−346	−415	−498
기타비유동자산	−10	−10	−11	−11	−11
매입채무	132	258	353	384	323
기타유동부채	31	31	32	32	33
기타비유동부채	172	197	227	261	300
① 영업활동으로 인한 현금흐름	**5,000**	**11,574**	**16,786**	**19,610**	**27,292**
유형자산	−1,000	−	−1,000	−	−
단기금융상품	−1,540	−7,599	−9,561	7,697	−18,716
② 투자활동으로 인한 현금흐름	**−2,540**	**−7,599**	**−10,561**	**7,697**	**−18,716**
사채의 감소	−	−	−	−20,000	−
배당금지급	−900	−3,030	−4,650	−5,550	−7,890
③ 재무활동으로 인한 현금흐름	**−900**	**−3,030**	**−4,650**	**−25,550**	**−7,890**
④ 순현금흐름(①+②+③)	1,559	945	1,574	1,756	686
⑤ 기초현금	1,006	2,565	3,510	5,084	6,841
기말현금(④+⑤)	**2,565**	**3,510**	**5,084**	**6,841**	**7,527**

제2절 잉여현금흐름 추정

마지막 단계에서는 영업가치를 산출하기 위한 성과지표인 잉여현금흐름(FCF 또는 FCFF(free cash flow to the firm))를 추정해야 한다. 앞서 2장에서 설명한 바와 같이 잉여현금흐름은 자본제공자에게 귀속가능한 재무적 현금흐름과 일치한다. 즉, 영업활동에서 창출된 잉여현금흐름은 자본제공자에게 배분 가능한 기업의 현금창출력을 내포한다. 잉여현금흐름은 세후영업이익(NOPLAT)으로부터 여러 항목들을 가감하여 구성항목에 따라 다음과 같이 달리 표현된다.

잉여현금흐름 = (총)영업현금흐름 − 총투자금
= 세후영업이익 − (투하자본의 변동 + 건설중자산의 변동)

(총)영업현금흐름(gross cash flow)은 세후영업이익에 감가상각비 및 퇴직급여와 같은 비현금성 비용을 가산한 금액이다. 총투자금(gross investment)은 영업현금, 매출채권, 재고자산, 매입채무 등 순운전자본의 변동, 순비유동영업자산에 대한 현금흐름(순비유동영업자산의 변동+감가상각비)을 합한 것이다.

[그림 5.3]에서 도시한 바와 같이, 잉여현금흐름은 투하자본의 변동과 관련하여 재구성할 수 있다. 단, 건설중자산은 자본적 지출에 포함되므로 투하자본에 가산하여 산출하고 영업현금은 영업자산에 포함됨에 유의해야 한다. 잉여현금흐름은 본연의 영업활동과 직접 관련한 현금흐름이므로 자본제공자에게 배분 가능한 현금창출력을 파악할 수 있어 현금흐름표의 영업활동으로 인한 현금흐

그림 5.3
잉여현금흐름의 구조

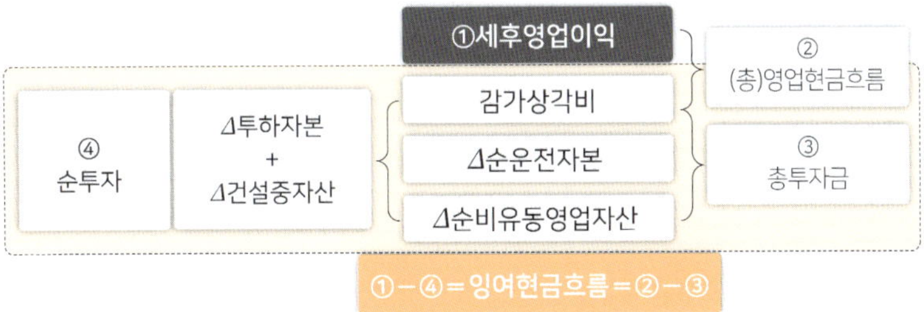

름보다 재무적 탄력성을 뚜렷하게 보여준다. 결국 잉여현금흐름이 풍부한 기업은 부채상환, 배당금지급, 자기주식 취득 등 여러 상황에서 자본제공자 측면에서 유연하게 의사결정을 할 수 있다.

[표 5.5]는 K메탈의 손익계산서와 재무상태표를 기초로 FCF 산출과정을 나타낸 표이다. (총)영업현금흐름(세후영업이익+비현금성 비용)으로부터 총투자금을 차감한 잉여현금흐름은 세후영업이익에서 순투자를 차감한 금액과 일치함을 확인할 수 있다. 투하자본은 20×2년 일시적으로 감소하였으나 그 이후부터 대체 설비투자와 매출성장에 따른 순운전자본의 증가로 인해 늘어나는 추세이다. 한편, 20×5년 (기말)투하자본이 (기초)투하자본과 동일한 것은 비현금성 비용만큼 재투자됨을 시사한다. 지속적인 매출증대로 인해 영업이익도 급증하여 잉여현금흐름은 추정기간 동안 연평균 82.2 % 증가하는 것으로 산출되었다.

표 5.5 | 잉여현금흐름 추정

(백만원)	20×1F	20×2F	20×3F	20×4F	20×5F
영업이익	4,086	13,243	19,835	27,020	33,545
법인세비용_영업이익	−830	−2,745	−4,143	−5,714	−7,293
NOPLAT①	**3,256**	**10,498**	**15,711**	**21,306**	**26,252**
비현금성항목	**2,934**	**3,119**	**3,190**	**3,149**	**2,731**
유·무형자산상각비	2,833	2,833	2,933	2,933	2,383
퇴직급여	87	102	123	139	141
이연법인세부채의 변동	15	185	135	78	207
(총)영업현금흐름(gross cash flow)②	**6,190**	**13,617**	**18,902**	**24,455**	**28,982**
(순)(영업)운전자본증감	−2,634	−2,801	−3,719	−4,122	−2,813
자본적 지출	−1,000	−	−1,000	−	−
기타비유동자산의 변동	146	2	81	173	82
총투자(gross investment)③	**−3,487**	**−2,799**	**−4,638**	**−3,949**	**−2,731**
잉여현금흐름(FCF)(②+③)	**2,703**	**10,818**	**14,264**	**20,505**	**26,252**
(기초)투하자본④	26,772	27,325	27,004	28,452	29,252
(기말)투하자본⑤	27,325	27,004	28,452	29,252	29,252
순투자⑥(⑤−④)	**553**	**−320**	**1,447**	**801**	**−**
잉여현금흐름(FCF)(①−⑥)	**2,703**	**10,818**	**14,264**	**20,505**	**26,252**

제3절 종합평가

■ 주요 재무비율

	20×1F	20×2F	20×3F	20×4F	20×5F
매출채권회전율	19.5	20.4	19.4	18.9	18.2
재고자산회전율	32.4	32.3	31.7	30.5	29.0
매입채무회전율	60.5	62.0	60.9	58.6	55.7
총자산회전율	1.17	1.59	1.79	2.21	2.35
투하자본회전율	1.47	2.30	3.16	3.98	4.70
현금전환주기	24.4일	23.6일	24.5일	25.2일	26.2일
영업현금/매출액	6.5%	5.6%	5.8%	6.0%	5.5%
유동비율	544.6%	913.9%	158.5%	1,011.3%	1,515.4%
당좌비율	490.1%	845.8%	148.2%	916.4%	1,412.9%
영업이익률	10.3%	21.2%	22.7%	23.6%	24.4%
EBITDA마진	17.4%	25.7%	26.0%	26.1%	26.1%
순이익률	7.5%	16.2%	17.7%	16.2%	19.2%
ROIC	12.0%	38.6%	56.7%	73.8%	89.7%
ROE	35.1%	96.4%	102.9%	77.2%	73.3%
ROA	8.8%	25.8%	31.7%	35.8%	45.1%
EPS	496원	1,687원	2,587원	3,096원	4,399원
주당순자산가치	1,922원	3,105원	4,917원	7,088원	10,173원
순차입금/자기자본	136.2%	43.6%	−4.9%	−32.3%	−53.2%

주요 운전자본항목인 매출채권회전율, 재고자산회전율, 매입채무회전율 등은 추정기간 동안 모두 유사한 모습이고 이에 따라 현금전환주기는 미미하게 증가하지만 큰 변동은 없다. 초과현금이 증가하여 총자산회전율보다 투하자본회전율은 더욱 높게 나타났다. (평균)현금전환주기는 24.8일로 산출되었으며 그 변동은 1.2일 내외이다. 매출 대비 영업현금비율은 평균 5.9%이고 20×5년은 5.5%로 가정하였다. 한편 유동비율 및 당좌비율은 20×4년에 회사채 만기상환으로 20×3년도에 일시적으로 감소하지만 그 이후부터 다시 초과현금이 누적되며 증가하는 모

습이다.

수익성측면에서 보면, 영업이익률과 순이익률은 완만하게 증가하지만 재투자로 인해 EBITDA마진은 거의 일정하다. 총자산이익률(ROA)과 투하자본수익률(ROIC)은 증가추세이나 20×4년에는 순이익률이 전년보다 감소하였고 순자산 중 비영업자산의 비중이 상대적으로 높아짐에 따라 20×4년부터 자기자본이익률(ROE)은 체감한다. 지속적으로 영업이익률이 증가함에 따라 주당순이익(EPS) 및 주당순자산가치(BPS)의 연평균성장률도 각각 91.6%와 59.4%로 매우 높게 나타났다. 또한 초과현금의 증가로 20×3년부터 음(−)의 순부채를 보이며 사실상 무차입상태이다.

■ 공통형 재무상태표

	20×1F	20×2F	20×3F	20×4F	20×5F
유동자산	**33.6%**	**52.3%**	**66.0%**	**67.7%**	**80.4%**
영업현금	7.3%	8.1%	9.3%	14.0%	11.0%
단기금융상품	12.2%	27.6%	39.1%	28.2%	52.3%
매출채권	6.8%	8.7%	9.6%	14.1%	12.1%
재고자산	3.4%	3.9%	4.3%	6.4%	5.4%
기타당좌자산	4.1%	4.0%	3.8%	5.1%	4.4%
비유동자산	**66.4%**	**47.7%**	**34.0%**	**32.3%**	**19.6%**
유형자산	62.4%	44.6%	31.6%	29.6%	17.7%
보증금	1.4%	1.2%	0.9%	1.0%	0.7%
무형자산	1.0%	0.7%	0.5%	0.5%	0.3%
기타비유동자산	1.5%	1.2%	1.0%	1.1%	0.8%
자산총계	**100.0%**	**100.0%**	**100.0%**	**100.0%**	**100.0%**
유동부채	**6.2%**	**5.7%**	**41.6%**	**6.7%**	**5.3%**
매입채무	1.8%	2.0%	2.2%	3.3%	2.8%
유동성장기부채	0.0%	0.0%	36.4%	0.0%	0.0%
기타유동부채	4.4%	3.7%	3.0%	3.4%	2.5%
비유동부채	**61.1%**	**51.1%**	**4.6%**	**6.2%**	**5.3%**
사채	56.7%	46.4%	0.0%	0.0%	0.0%
퇴직급여부채	0.5%	0.6%	0.7%	1.1%	1.0%
이연법인세부채	0.2%	0.6%	0.7%	1.0%	1.0%
기타비유동부채	3.7%	3.5%	3.2%	4.1%	3.4%
부채총계	**67.3%**	**56.8%**	**46.2%**	**12.8%**	**10.7%**
자본금	8.5%	7.0%	5.5%	6.1%	4.4%
자본잉여금	14.2%	11.6%	9.1%	10.2%	7.4%
이익잉여금	10.0%	24.6%	39.2%	70.8%	77.6%
자본총계	**32.7%**	**43.2%**	**53.8%**	**87.2%**	**89.3%**
부채 및 자본총계	**100.0%**	**100.0%**	**100.0%**	**100.0%**	**100.0%**

위의 공통형 재무상태표를 살펴보면, 매출이 증가함에 따라 20×4년까지 영업현금, 매출채권, 재고자산, 그리고 매입채무 등이 총자산에서 차지하는 비중은 늘어나는 모습이다. 초과현금인 단기금융상품은 증가추세이나 20×4년에는 회사채 상환으로 인해 그 비중이 다소 줄어든다. 그럼에도 불구하고 20×4년 이후 비영업자산인 단기금융상품이 총자산에서 상당부분 차지하며, 초과현금의 비중은 점차 늘어난다.

▪ 공통형 손익계산서

	20×1F	20×2F	20×3F	20×4F	20×5F
매출액	100.0%	100.0%	100.0%	100.0%	100.0%
매출원가	84.1%	74.1%	73.2%	72.6%	72.0%
매출총이익	**15.9%**	**25.9%**	**26.8%**	**27.4%**	**28.0%**
판매관리비	5.6%	4.7%	4.2%	3.8%	3.6%
자산상각비	7.1%	4.5%	3.3%	2.6%	1.7%
(현금)영업비용	82.6%	74.3%	74.0%	73.9%	73.9%
영업비용	89.7%	78.8%	77.3%	76.4%	75.6%
영업이익	**10.3%**	**21.2%**	**22.7%**	**23.6%**	**24.4%**
EBITDA	**17.4%**	**25.7%**	**26.0%**	**26.1%**	**26.1%**
이자수익	0.2%	0.3%	0.4%	0.3%	0.3%
이자비용	1.0%	0.6%	0.5%	3.2%	0.0%
영업외손익	−0.8%	−0.4%	−0.1%	−2.9%	0.3%
세전이익	9.5%	20.8%	22.6%	20.6%	24.7%
법인세	2.0%	4.6%	4.8%	4.4%	5.5%
당기순이익	**7.5%**	**16.2%**	**17.7%**	**16.2%**	**19.2%**

위의 공통형 손익계산서를 살펴보면, 매출원가율이 감소함에 따라 영업이익률은 증가하지만 EBITDA마진은 거의 일정한 수준이다. 또한 매출대비 (현금)영업비용도 74% 내외로 거의 일정한 추세이다. 20×4년에는 회사채 만기상환으로 인해 이자비용이 차지하는 비중이 일시적으로 늘어나며 순이익률은 20×2년과 동일하다. 20×5년에는 영업이익률이 높아지며 무부채기업이 됨에 따라 순영업외이익이 발생하여 순이익률은 추정기간 중 가장 높은 19.2%로 추정되었다.

mini MBA | 영업활동으로 인한 현금흐름으로부터 FCF 산출

아래 표는 K메탈의 현금흐름표의 영업활동으로 인한 현금흐름으로부터 FCF를 산출하는 과정을 보여준다. FCF는 세후영업이익에 초점을 두는 반면, 현금흐름표는 순이익에서 출발하므로 조정이 필요하다. 현금흐름표의 영업활동에 의한 현금흐름은 이자수익 및 이자비용항목 등을 포함하므로 이를 제거한다. 세후이자수익(이자비용)은 세후영업이익에 적용한 한계세율을 기준으로 산출되어야 한다.

또한 현금흐름표에서 영업활동에 의한 자산부채의 변동항목에는 영업현금이 산입되지 않았고 현금흐름표의 기말현금항목은 영업현금에 해당되므로 영업현금의 변동분이 고려되어야 한다. 마지막으로 투자활동에 의한 현금흐름 중 자본적 지출만 반영한다.

(백만원)	20×1F	20×2F	20×3F	20×4F	20×5F
영업활동에 의한 현금흐름①	5,000	11,574	16,786	19,610	27,292
세후이자비용②	319	317	317	2,930	
세후이자수익③	−56	−128	−264	−278	−354
한계법인세율	20.31%	20.73%	20.79%	21.15%	21.74%
영업현금의 변동④	−1,559	−945	−1,594	−1,756	−686
자본적 지출⑤	−1,000		−1,000		
FCF(①+②+③+④+⑤)	**2,703**	**10,818**	**14,264**	**20,505**	**26,252**

주요 국영문용어

비순증회계_dirty surplus accounting
순증회계_clean surplus accounting
예측기간_explicit forecasted horizon
영업현금_working cash
이자성부채_interest-bearing debts
잉여현금흐름_free cash flow
재무예측_financial forecasting
초과현금_excess cash
(총)영업현금흐름_gross cash flow
총투자_gross investment

| 확인학습 |

01. 다음 잉여현금흐름에 대한 설명 중 가장 적절하지 않은 것은?

① 세후영업이익 + 감가상각비 − (운전자본의 변동 + 순비유동영업자산의 변동 + 감가상각비)
② EBITDA − 영업이익의 법인세 − 총투자금
③ 주주귀속 현금흐름(FCFE) + 채권자귀속 현금흐름(CCF)
④ (총)영업현금흐름 − 총투자금
⑤ 세후영업이익 − 투하자본의 변동

02. 다음 설명 중 가장 적절하지 않은 것은?

① 잉여현금흐름은 (총)영업현금흐름(gross cash flow)에서 총투자금(gross investment)를 차감한 것이다.
② 총투자금은 순운전자본 및 순비유동영업자산의 변동과 감가상각비를 합한 것이다.
③ (총)영업현금흐름(gross cash flow)은 세후영업이익과 감가상각비의 합이다.
④ 세후영업이익(NOPLAT)은 유효법인세율을 기준으로 산출한다.
⑤ 해당사항 없음.

계산형 문제

03. **[CPA] A기업은 2015년에 비유동자산을 처분(장부가액 10,000원, 처분손익은 발생하지 않음)하였으며 8,000원의 장기부채를 신규로 차입하였다. 다음은 A기업의 2014년과 2015년 재무제표 정보이며 법인세율은 30%이다. 다음 설명 중 가장 적절한 것은?** (단위는 원이다)

재무상태표 일부					
	2014년말	2015년말		2014년말	2015년말
자산			부채		
유동자산	5,000	5,500	유동부채	2,000	2,200
비유동자산	25,000	30,000	비유동부채	20,000	26,000

2015년 포괄손익계산서 일부	
매출액	150,000
매출원가	80,000
감가상각비	10,000
이자비용	2,000

① 2015년 비유동자산 취득액은 24,000원이다.
② 2015년 영업현금흐름은 53,000원이다.
③ 2015년 채권자의 현금흐름은 -5,000원이다.
④ 2015년 비유동부채 상환액은 2,000원이다.
⑤ 2015년 순운전자본은 500원 증가하였다.

04. [CPA 수정] 기업이 자산에서 창출하는 현금흐름을 잉여현금흐름(free cash flow)이라고 한다. 이는 주주와 채권자에게 자유롭게 배분해 줄 수 있는 현금이라는 의미이다. 다음 재무제표로부터 현금흐름표를 작성하면, 영업활동에 의한 현금흐름은 _____억원, 투자활동에 의한 현금흐름은 _____억원, 재무활동에 의한 현금흐름은 _____억원이다. 이로부터 잉여현금흐름을 구하면 _____억원이다. (단, 총자산과 유동부채는 영업용이고 비유동부채는 장기차입금이다. 법인세율은 25%, 단위는 억원이다)

재무상태표

	당기	전기
영업현금	30	25
매출채권	70	60
비유동자산	200	165
자산총계	300	250
유동부채	50	40
비유동부채	120	110
자본	130	100
부채 및 자본총계	300	250

손익계산서

매출액	500
변동영업비	220
고정영업비	180
감가상각비	24
영업이익	76
이자비용	12
세전이익	64
법인세	16
당기순이익	48

해답

01. ⑤ 세후영업이익 − 투하자본의 변동 − 건설중자산의 변동

02. ④ 한계법인세율을 기준으로 NOPLAT를 산출한다.

03. ④

① 비유동자산취득액 = 기말비유동자산 − 기초비유동자산 + 감가상각비 + 비유동자산처분액
= (30,000 − 25,000) + 10,000 + 10,000 = 25,000원

② 영업현금흐름 = 세후영업이익 + 감가상각비
= (150,000 − 80,000 − 10,000) × (1 − 0.3) + 10,000 = 52,000원

③ 채권자의 현금흐름 = 세후이자비용 − 차입금의 순증가 = 2,000 × (1 − 0.3) − (26,000 − 20,000)
= 1,400원 − 6,000원 = −4,600원

④ 비유동부채의 상환액 = 신규차입금 − 차입금의 순증가 = 8,000 − (26,000 − 20,000) = 2,000원

⑤ 순운전자본 증가액 = (5,500 − 2,200) − (5,000 − 2,000) = 300원

04. 영업활동에 의한 현금유입 72억원, 투자활동에 의한 현금유출 59억원, 재무활동에 의한 현금유출 8억원, 잉여현금흐름 17억원

영업활동에 의한 현금흐름	**72**
순이익	48
감가상각비	24
영업활동에 의한 자산부채의 변동	0
매출채권의 변동	−10
유동부채의 변동	10
투자활동에 의한 현금흐름	**−59**
비유동자산의 변동(= −비유동자산의 변동 + 감가상각비)	−59
재무활동에 의한 현금흐름	**−8**
차입금의 증가	10
배당금(= 당기순이익 − 이익잉여금의 변동)	−18
현금의 증감	**5**
기초현금	**25**
기말현금	**30**

FCF = 세후영업이익 + 감가상각비 − 운전자본변동 − 자본적 지출 = 76 × 0.75 + 24 − 5 − 59 = 17억원
운전자본의 변동 = 기초운전자본 − 기말운전자본 = (85 − 40) − (100 − 50) = −5
자본적 지출 = −(기말비유동자산 − 기초비유동자산 + 감가상각비) = −(200 − 165 + 24) = −59

참고: 현금흐름표와 기타항목으로부터 FCF 산출	
영업활동에 의한 현금흐름	72
투자활동에 의한 현금흐름	−59
세후이자비용	9
영업현금의 변동(현금흐름 중 현금의 증가는 차감)	−5
FCF	17

제2부

기업가치평가

제6장

기업가치평가의 개요

기업가치는 부채의 시장가치와 주식의 시장가치의 합으로 정의된다. 기업가치는 일반적으로 부채가치보다 주식가치에 의해 변동되므로 주식의 내재가치와 기업가치의 핵심인 영업가치의 의미를 살펴보고 그 관계를 파악해본다.

제1절 기업가치 평가목적과 가치의 개념

1.1 기업가치 평가목적

기업의 궁극적인 목적은 고전적 의미인 이윤의 극대화에서 1990년대에 들어서 주주가치 중심으로 변화하기 시작하였다. 이러한 배경은 외적 성장보다 영업활동을 통해 풍부한 미래현금흐름을 창출하여 기업가치를 극대화시키는 가치창조경영(value based management)으로 경영패러다임이 전환되었기 때문이다. 이를 실천하기 위한 방안으로 리엔지니어링, 구조조정, 의사결정과정정비 등 경영전반에 걸친 여러 행태들이 주주가치에 기반하도록 요구되어 왔다. 예를 들면, 기업이 수평적 계열화로 규모의 경제를 추구하여 시너지 효과를 극대화하거나 수직적 계열화로 수익을 극대화하는 가치사슬(value chain)을 구축하는 것이다.

시장지배력을 강화하기 위해 외형을 확장하기 앞서 가치창조경영에 기반한 수익성 확보전략이 기업가치제고의 최우선 명제가 되었다. 기업은 신사업에 진출하여 새로운 성장동력을 마련하거나 마케팅 차별화, 가격경쟁력 강화 등을 통해 시장점유율을 확대하는 성장전략을 실현한다. 특히 사업확장 또는 신규사업 진출을 위한 방법 중 하나로 기업인수를 활용하는데, 이때 의사결정의 도구로 기업가치평가모델이 이용된다. 무엇보다 인수·합병실무에서 가치평가결과는 향후 주주의 부와 과세에도 영향을 미치므로 그 적정성은 매우 중요하다.

한편 투자자들은 투자의사결정을 위해 그들이 지닌 정보와 기업으로부터 취득한 정보를 바탕으로 기업가치를 평가하고 분석한다. 투자자는 투자목적에 따라 전략적 투자자(strategic investor)와 재무적 투자자(financial investor)로 나뉜다. 전략적 투자자는 인수·합병(M&A)으로 시너지 효과를 추구하는 투자자로 이들은 경영 전반에 걸쳐 기업의 모든 문제를 공유하며 공동경영자로 참여한다. 재무적 투자자들은 안정적인 장기투자목적으로 대규모 기업인수나 프로젝트 파이낸싱(project financing)에 투자파트너로 참여하거나, 경영참여 없이 단순투자목적인 메자닌증권 형태의 기업금융으로 고수익을 추구한다. 이러한 투자자들로는 벤처캐피탈(venture capital: VC)과 사모펀드(private equity fund: PEF)가 대표적이다. 전략분석가(strategic analyst)는 인수·합병, 대규모 설비투자, 주요 자산이나 사업부 매각, 사채발행이나 유상증자와 같은 중대한 사건이 기업가치에 미치는 영향을 검토한다. 내부경영자는 주식보상이나 IPO공모가격결정을 위한 합의 등에 대한 가이드라인으로 평가모형을 활용한다. 아울러 재무분석사(financial analyst)는 기업보고서 작성, 공모가격결정 등에 수반되는 기업가치평가가 주된 업무이다. 이 밖에도 법규상 주식양도, 주식의 상속 및 증여, 주식교환에 의한 합병과 같은 주식거래와 관련한 주식가치의 평가방식이나 비상장기업의 주식가치평가에도 별도의 평가모형이 권고된다.

그림 6.1
기업가치평가의 확장성

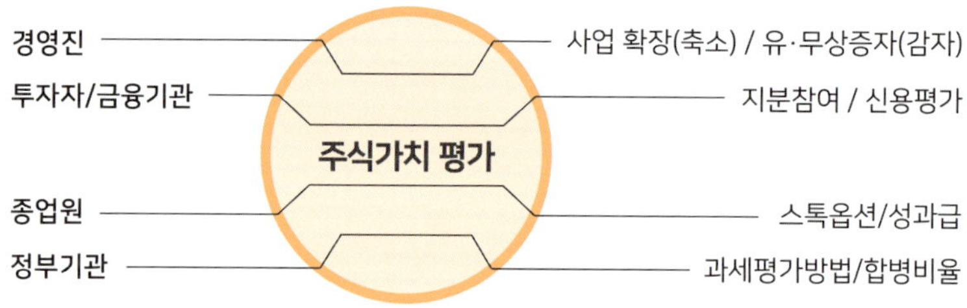

이와 같이 분석자마다 의사결정과정에서 주식가치 평가목적은 다른데 간략하게 살펴보면 아래와 같다.

① **주식의 선택** : 주식이 시장에서 공정하게 평가되었는지 또는 저(고)평가된 주식을 선별하여 투자포트폴리오에 편입 또는 제외시킨다.

② **시장기대치 추정** : 현재주가는 미래성과에 대한 투자자의 기대치를 반영한다. 분석자는 주식가치가 지속적으로 유지될 것인지, 기업의 펀더멘털(fundamental)이 주가에 적정하게 반영이 되었는지 판단할 필요가 있다. 따라서 분석자는 평가대상기업과 동일한 펀더멘털을 지닌 기업들과 비교하여 시장기대치를 추정한다.

③ **중대한 사건의 평가** : 인수·합병, 사업부 매각, 사업분할, 상장폐지 등 기업에 중대하게 영향을 미치는 사건들은 주식가치의 변동요인으로 작용한다. 이러한 사건들은 미래현금흐름에도 영향을 미치므로 주식가치평가에서 주

요 관심대상이다.

④ **사업전략 및 사업모델의 평가** : 사업전략 및 사업모델이 향후 주식가치에 어떠한 영향을 미치는지 평가해 볼 필요가 있다.

⑤ **주식 보상** : 임직원들에게 인센티브로 제공되는 스톡옵션이나 스톡그랜트(무상주식교부)와[1] 같은 주식보상과 관련하여 주식가치평가과정이 필요하다.

⑥ **비상장주식의 평가** : 비상장주식의 인수와 같은 주식거래와 소유주의 상속이나 증여와 관련한 세무에서도 주식가치 평가방법을 규정하고 있다. 특히 비상장주식의 경우 형성된 시장가격이 없고, 장외거래가 되더라도 그 가치가 공정가치가 아니므로 별도의 주식가치평가가 요구된다. 기업공개(IPO) 과정에서 주관사는 공모기업의 희망공모가액을 결정하기 위해 주식가치평가를 수행한다.

⑦ **적정성에 대한 의견** : (비)상장기업의 가치평가나 합병에 따른 주식교환비율에 필요한 주식가치의 적정성에 대한 의견을 독립성을 지닌 전문기관에게 구하기도 한다.

---

1 스톡옵션(stock option)은 자사주식을 정해진 기간 내에서 특정가격(액면가나 시세보다 낮은 가격)으로 매입할 수 있는 권리를 부여하고, 정해진 기간이 지나면 임의대로 처분할 수 있는 권한을 부여하는 것이다. 즉, 회사가 주식을 부여한 날로부터 일정기간 이후에 효력이 발생한다. 효력이 발생한다는 것은 권리에 대한 행사가 가능한 것을 의미하며, 행사시 행사시점의 공정가격과 특정가격과의 차이인 명목이득을 얻는다. 단, 주식가격이 특정가격 이하로 떨어지는 경우 행사를 포기하게 되고 만기일에 그 권리는 자연스레 소멸된다. 통상 기업의 경영성과가 우수하여 주가가 상승하면 임직원은 스톡옵션을 행사하며 차익을 남기게 하여 보상을 받는다. 이러한 이유에서 벤처기업이나 신규사업에 진출하는 기업일수록 스톡옵션의 활용도가 높다. 처음에는 벤처기업에서 활용되었던 이 제도가 1999년부터는 동기부여 및 능률향상을 위해 대기업들도 이를 정관에 반영하기 시작했다. 전문경영인들은 이 제도로 기본연봉보다 더 많은 소득을 올리는 경우도 많다. 김정태 전국민은행장이 1998년 한국주택은행장으로 취임하면서 '연봉 1원'을 받는 대신 40만주를 받고 행사해서 4년만에 110억원을 벌어 화제가 된 바 있다. 스톡그랜트(stock grant)는 기업에서 인재영입시 자사주를 무상으로 부여하는 제도이다. 스톡옵션과 달리 정관변경 등 복잡한 절차를 거치지 않고 활용할 수 있다. 또한 미래의 결과에 대한 보상이 아니라 현재 시세로 부여받으며, 즉시 현금화할 수 있는 장점이 있다. 스톡옵션은 경영상태 악화나 대규모 증자를 하면 주식가치의 하락으로 행사권리가 소멸될 수 있으나 이 제도는 경영악화나 대규모 증자로 주당가치가 하락할 경우에도 잔존가치가 보장된다.

1.2 가치의 개념

기업가치평가는 분석자의 평가목적에 따라 평가대상기업의 특성에 맞게 적정한 방법으로 수행된다. 그렇다면 기업가치평가란 무엇인가? 기업가치평가란 궁극적으로 "분석자가 이용 가능한 정보를 바탕으로 분석자의 평가목적과 부합하고 불확실성이 배제된 상태에서 기업가치를 추정하는 과정"이다. 여기서 기업가치(enterprise value)란 기업이 소유하거나 통제하고 있는 자산으로부터 미래의 경제적 효익이 창출되는 가치에 대한 정량적인 개념이다. 기업이 고객에게 기대편익을 제공해야만 주식은 내재가치(intrinsic value)[2]를 지니게 된다. 내재가치는 미래현금흐름에 할인율을 적용하여 산출된 현재가치로 정의하고 이는 영업가치로 측정되며 기업가치평가의 핵심요소이다. 이때 적용되는 할인율은 시간경과에 따른 화폐의 시간가치라는 본질적 속성과 해당 자산에 대한 투자위험이 반영된 투자자의 요구수익률이다. (총)기업가치(firm value)는 자본제공의 원천에 따라 주식의 시장가치(market value of equity)와 부채의 시장가치(market value of debts)의 합으로 정의하고 이를 파이 모델(pie model)이라고도 부른다.

(총)기업가치 = 주식의 시장가치 + 부채의 시장가치

그림 6.2
기업가치 개념

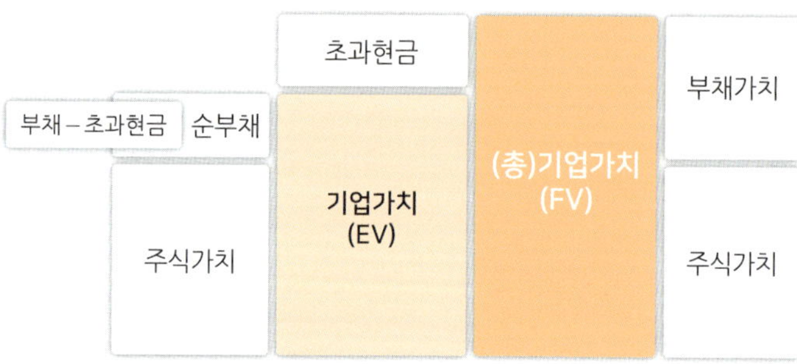

부채의 시장가치는 기업의 신용이 크게 훼손되지 않는 한 변동은 없으므로 기업가치의 변동은 곧 주식가치의 변동을 의미한다. 이러한 접근방법은 주식가치

2 내재가치는 기초자산(underlying asset)에 따라 다르게 정의된다. 옵션의 내재가치는 행사가격과 기초자산의 시장가격과의 차이이다. 콜옵션(풋옵션)의 경우에는 행사가격이 기본자산의 시장가격보다 낮을(높을) 때 내재가치를 지닌다. 한편, 부동산의 경우, 내재가치는 부동산 소유에 따른 미래순현금흐름에 대한 현재가치로 정의된다.

평가의 논거가 되고 주식가치의 핵심인 내재가치(intrinsic value)는 곧 영업가치(operating value)에 의해 좌우된다. (총)기업가치는[3] 자본제공자의 청구권가치(total value of all claims)이고 초과현금이나 투자부동산과 같은 비영업자산을 포함한다. 따라서 영업가치 관점에서 (총)기업가치에서 초과현금을 차감한 가치를 협의적으로 기업가치(EV)라고 정의한다.

기업가치는 과연 어떻게 평가하는 것일까? 예를 들어, B기업이 자기자본조달 50억원, 타인자본조달 50억원, 총 100억원을 투자하여 영구히 매년 10억원의 수익을 낸다고 단순 가정해 보자. 만일 어느 금융상품이 시장이자율이 5%이고 매년 5억원을 영구히 투자자에게 지급한다면 이 금융상품의 가치는 100억원(5억원/5%)이다. 이러한 금융상품의 개념을 확장해보면, 이 기업이 투자한 100억원에 대한 10억원의 수익에 따른 기업가치는 200억원(10억원/5%)에 해당된다. 따라서 기업가치는 부채 50억원과 그 잔여분인 150억원은 미래의 수익가치인 주식가치로 구성된다. 하지만 이 기업이 매년 10억원이라는 순수익이 확정적일지라도 영구적이라는 보장도 없고 미래에 10억원 이상의 수익도 실현할 수도 있어 주식가치는 150억원 미만이거나 초과할 수도 있다. 만일, 어느 투자자가 이 기업의 모든 부채와 주식을 인수하는 조건으로 150억원을 지불했다면 150억원은 거래에 따른 인수대가이지 주식의 내재가치를 의미하는 것은 아니다.

평가목적에 따라 가치는 내재가치, 영업가치, 투자가치, 청산가치, 공정가치, 투자 전·후 가치 등 여러 개념이 있는데 간략하게 설명하면 다음과 같다.[4]

▪ 내재가치

주식의 내재가치란 투자자들이 자산의 특성을 가설적으로 모두 파악한 상태에서 모두 동의한 가치이다. 기업가치평가는 계속기업(going concern)을 전제하지만, 특수목적회사(SPC)와 같이 존속기간이 한정되어 어느 한 시점에서 소멸되거나 청산(liquidation)을 전제로 가치평가가 수행되기도 한다.

---

3 일반적으로 기업가치의 용어가 (total) enterprise value, firm value 등으로 혼용되고 있으나 본서에서는 (총)기업가치를 firm value로 구분하고자 한다.

4 내용 중 일부는 *Equity Asset Valuation*, 2nd edition(Pinto, Henry, Robinson and Stowe)의 2~4p를 요약하고 첨언하였다.

투자자는 매입하려는 주식가격이 적정한지 고민하는데 그 적정성은 투자자가 위험을 대하는 태도에 따라 달리 받아들여진다. 이러한 투자자의 행태에 따라 투자자는 수동적 투자자와 공격적 투자자로 구분된다. 수동적 투자자는 기업의 내재가치와 본질적 위험은 주가에 모두 반영된다고 전제하고 기업을 평가한다. 이들은 투자위험을 분산하려는 목적으로 투자 포트폴리오를 구성하는데 단적인 예가 인덱스투자(index investment)이다. KOSPI 200에 대한 인덱스투자는 특정 주가지수와 일치하는 포트폴리오를 구성한 것으로 가격이 주가지수에 따라 오르내리는 만큼 시장흐름을 넘어서는 급락이 없다면, 수익이 비교적 안정적이어서 장기투자에 유리하다. 반면에 공격적 투자자는 주가에 기업의 내재가치가 모두 반영되지 않는다는 견해를 지니며 고위험·고수익을 선호한다. 이와 같이 투자자의 성향에 따라 위험을 감수하는 행태가 달라 투자이익(손실)의 정도에도 차이가 발생한다. 그 이유는 투자자의 성향에 따른 추정가치와 시장가치의 차이, 즉 그들이 인지한 가격결정오류(perceived mispricing)가 발생하기 때문이다. 이 오류는 내재가치와 추정가치의 차이 그리고 내재가치와 시장가치의 차이로 설명된다. 즉, 평가대상기업에 대한 가치평가의 적정성과 자본시장에서 해당 주식의 내재가치가 반영되는 수준에 따라 오류수준이 결정된다. 이를 식으로 표현하면 다음과 같다.

$$V_E - P = \underbrace{(V - P)}_{\text{비정상수익}} + \underbrace{(V_E - V)}_{\text{평가오류}}$$

V_E: 추정가치
P: 시장가치
V: 내재가치

앞의 괄호는 비정상수익(abnormal return)인[5] 알파(alpha)를 의미하며 뒤의 괄호는 내재가치에 대한 평가오류이다.

분석자는 평가오류를 줄이려면 평가목적과 부합하는 평가모형을 결정하고 이에 적용되는 변수를 적절하게 선택해야 한다. 미래의 불확실성으로 인해 내재가치를 정확하게 추정하기란 현실적으로 사실상 불가능하다. 예상 밖의 시장상황은 초과수익실현을 어렵게 만들거나 투자기간에 걸쳐 시장가격이 내재가치로 수렴하지 않을 수 있기 때문이다. 만일 어느 투자자가 기업가치를 적정하게 평가했다는 확신을 가지더라도 여전히 불확실성이 존재하므로 합리적인 평가결과

5 비정상수익률은 예상수익률과 균형기대수익률의 차이인 반면, 초과수익률이란 무위험자산을 초과하는 수익률을 말한다.

가 반드시 성공적인 결과를 보장하는 것은 아니다. 또한 시장의 특수한 상황이나 사건을 반영하여 추정치를 조정하더라도 가격결정오류는 다시 반복적으로 발생한다.

■ 영업가치

본연의 영업활동과 관련한 자산은 토지, 건물 및 설비장치와 같은 유형자산과 특허권, 연구개발비와 같은 무형자산을 포함한다. 영업자산은 거래가 목적이 아니라 미래의 현금을 창출하는 데 사용되므로 청산가치가 아닌 이상 재무정보만으로 자산가치를 평가하는 데 한계가 있다. 예를 들어, 바이오기업이나 게임콘텐츠기업의 연구개발비는 대체 불가하고 자산구성에서 매우 중요한 역할을 하지만 이 자산의 경제적 효익이 어느 정도인지는 분석자에 따라 주관적이다.

영업가치(operating value)는 사업목적과 관련한 영업자산 및 브랜드파워 같은 기업의 내부역량으로부터 창출될 내재가치의 개념이다. 영업가치는 미래에 창출될 것으로 기대되는 잉여현금흐름에 대한 현재가치로 정의한다. 따라서 기업가치평가는 궁극적으로 영업가치평가에 핵심을 두게 된다. 한편 시장정보를 이용한 기업가치로부터 비영업자산의 가치를 차감한 것을 영업가치로 정의할 수 있다.

■ 투자가치

주주의 이해관계와 최선으로 부합하는 책임경영이 이루어진다면 주식가치는 그러한 방향으로 시장에서 반영될 것이고 결국 공정한 시장가치로 수렴할 것이다. 전략적 투자의 경우, 투자자와 시너지효과로 인해 해당 자산은 그 이상의 가치를 지니게 되는데 이러한 기대치가 반영된 가치를 투자가치(investment value)라고 한다. 투자가치가 주관적인 효용가치(value-in-use)의 개념이라면, 시장가치는 객관적인 교환가치(value-in-exchange)의 개념이다.

■ 청산가치

기업은 경제적 편익을 고객에게 지속적으로 제공할 때 계속기업으로서 가치가 존재하므로 가치평가의 기본전제는 계속기업이다. 하지만 재무적 곤경으로 인해 영업활동이 불가능한 기업이 자산을 매각하여 청산이 목적이라면, 기업가치는 청산가치(liquidation value)로 평가한다. 법정관리를 신청한 경우, 장래에 회생가능성 측면에서 계속기업가치와 청산가치를 비교하여 기업가치를 평가한다. 기업인수시 인수대가 중 피인수기업의 순자산가치를 초과하는 부분을 영업권이라 하는데 이러한 영업권 산정시에도 청산가치 개념을 필요로 한다.

■ 공정가치[6]

공정(시장)가치(fair market value)란 해당 자산에 대한 충분한 정보가 서로 공유된 상태에서 거래자간 어떠한 강제성이 없이 합리적으로 합의된 교환가치를 의미한다.

■ 투자 전·후 가치

벤처캐피탈(VC)나 사모펀드(PE)와 같은 재무적 투자자들이 흔히 쓰는 실무용어로 pre(post) money investment value(투자 전(후) 가치)가 있는데 실무적으로 pre(post) money로 약칭한다. 투자 전·후 가치는 투자자와 투자대상 사이에 직관적으로 의견교환과정에서 통용되는 개념이다. 투자자가 기업에 투자한 후 주식가치를 투자 후 가치(post money investment value)라고 한다. 가령, 투자자 A가 B기업에 대해 20억원을 투자하여 지분율을 20% 취득한다면 B기업의 투자 후 주식가치는 아래와 같이 100억원으로 평가한다는 것이다.

$$\text{post-money investment value} = \frac{\textbf{투자금액}}{\textbf{취득 지분율}} = \frac{20}{0.2} = 100\text{억원}$$

한편 투자 후 가치가 아닌 투자 후 가치에서 투자금액을 차감한 투자 전 가치는 다음과 같이 대신 표현할 수도 있다.

$$\text{pre-money investment value} = \textbf{투자 후 가치} - \textbf{투자금액} = 100 - 20 = 80\text{억원}$$

---

6 K-IFRS(한국채택국제회계기준)에서는 공정가치를 합리적인 판단력과 거래의사가 있는 독립된 당사자 간 거래에서 자산의 교환 또는 부채의 결제금액 또는 부여된 지분상품이 교환될 수 있는 금액으로 정의한다.

참고로 기업의 성장단계별로 투자금액이 달라지는데, 기관투자자로부터 투자단계는 시간이 경과함에 따라 투자금액이 커지면서 시리즈 A, B, C로 나누어 표현된다. 일반적으로 IPO직전 투자유치를 시리즈 B 또는 C라고 한다. 예를 들어, 시리즈 B단계에서 투자유치 진행시 잠재투자자는 투자희망기업에게 이전 A단계에서 기존투자자의 post-money investment value를 염두에 두고 A단계에서 투자 이후 기업성과가 어느 정도 변동되었는지를 검토하여 주식가치평가에 이를 반영한다.

제2절 기업가치 평가과정

기업가치평가에 앞서 분석자는 평가대상기업의 재무제표를 이해하고 평가목적에 맞게 재구성해야 한다. 재무제표는 평가대상기업의 과거와 현재의 기업성과와 자산구성 및 자본구조에 대한 재무정보를 제공해준다. 이러한 재무정보에 기초한 재무분석은 가치평가과정에서 필요한 추정근거를 제공해준다. 재무상태표의 순자산가치(net asset value)는 시장가치(market value)와 차이가 나는데 이러한 차이는 역사적 원가에 기반한 회계기준으로 표시된 부채와 자기자본이 자본시장에서 객관적으로 평가된 기업가치와 괴리에서 비롯되기 때문이다. 순자산가치가 시가총액과 거의 같을 수도 있지만 순자산가치가 반드시 시가총액의 최저치(floor)는 아니다. 우량기업의 시가총액은 일반적으로 순자산가치를 초과하지만 부실기업의 주가는 심지어 주당장부가액(BPS: book value per share)에도 미치지 못한다. 하지만 우량기업임에도 불구하고 이익률이 낮아 시가총액이 순자산가치에 미치지 못하는 경우도 있어 면밀하게 분석할 필요가 있다.

주식가치와 관련한 주요 재무비율로는 자기자본이익률(ROE), 영업이익률 및 순이익률, 배당성향, 배당성장률, 그리고 부채비율 등이 있다. 결국 주식가치는 수익창출력과 직결되고 배당의 증가는 주주의 부(wealth of shareholders)와 직접 관련한다. 아울러 부채비율도 기업의 재무건전성을 보여주므로 기업의 재무위험도 기업가치에 영향을 미친다. 한때 IMF 외환위기 당시 국내 100대 상장기업의 부채비율은 무려 600%에 달하였으나 그 후 부채비율을 국제기준에 맞추고 외국인투자자는 200% 이하로 낮추도록 권고하여 현재 주권상장법인의 평균부채비율은 110% 내외이다.

분석자는 주식가치평가시 과거 재무분석결과로부터 미래의 영업활동에 의한 성과지표를 무엇으로 결정할 것인지, 특히 가치창출의 동인(value drivers)을 파악하는 데 중점을 두어야 한다. 예를 들어, 영업가치를 창출하는 주요 세 가지 요소는 세후영업이익과 자본비용 그리고 투자규모이다. 세후영업이익은 매출액에서 영업비용을 차감한 영업이익에서 영업이익 관련 법인세를 제거한 것이다.

가치동인을 파악하려면 산업특성에 따른 매출속성을 파악하고 원가구조 및 기타 영업비용구조를 이해해야 한다. 이와 같은 분석과정을 거치면서 향후 매출에 따른 이익의 성장여력과 수익성을 예측할 수 있다. 가치평가에서 활용되는 재무정보는 비교기업의 비재무정보도 포함한다. 또한 운전자본이나 유형자산의 증감 등 자산의 활동성을 분석하여 자산의 운용상태를 파악한다. 아울러 과거 현금흐름의 원천을 분석하고 향후 영업활동에 수반되는 현금흐름의 특징을 검토해야 한다.

한편 투자규모에 따라 현금흐름의 규모도 달라지므로 투자수익률에 따라 창출되는 현금흐름수준은 영업가치에 영향을 미친다. 자본비용추정에 필요한 정보는 현재의 자본구조와 시장정보를 활용하여 얻는다. 과거 재무제표는 보고목적상 주주나 이사회 등 재무제표 정보이용자들에게 유용한 정보를 제공할 목적으로 작성된 것이다. 따라서 평가목적과 부합하는 재무제표를 재구성하는 작업은 재무제표분석 중 하나이다. 제3장에서 살펴본 바와 같이 재무상태표상 자산을 유동성 기준이 아닌 영업목적에 따라 순영업자산(투하자본) 및 비영업자산으로 분류하고, 손익계산서상 이익을 세후영업이익(NOPLAT)과 EBITDA 등 여러 성과요소로 재구성해야 한다.

기업가치평가는 평가대상기업이 속한 산업환경의 특성, 경쟁구도, 기술진입장벽과 같은 외부요인과 기술경쟁력, 브랜드파워, 시장지배력, 인적자원의 우수성 등과 같은 내부요인 등을 먼저 파악하고 분석해야 한다. 기업가치 창출의 원천은 기업 본연의 영업활동에서 비롯되고 소요자금은 내부자금으로 자체 조달하거나 사채발행 또는 차입을 통한 타인자본조달로 마련한다. 기업의 자본에 대한 청구권자(claimer)는 자본제공자인 주주와 채권자이므로 기업가치는 주식가치와 부채가치의 합이 된다. 주식가치는 상장사인 경우 시가총액으로, 비상장사인 경우 대체방법으로 평가한다. 분석자는 국내외 경제전망과 평가대상기업이 속한 산업과 관련한 외부환경요인을 파악하고 기업이 지닌 시장경쟁력과 시장점유율에 따른 시장지위, 성장단계 등을 고려하여 향후 매출과 수익을 추정한다. 이러한 기업성과를 실현하는 데 필요한 자본조달방안과 부채의 상환스케줄을 고려하여 미래현금흐름을 추정한다. 마지막으로 이 결과를 바탕으로 평가대상기업의 특성을 잘 반영하는 평가모형으로 가치평가를 수행한다. 분석자가 평가대상기업이 지닌 경영환경 및 내부역량과 관련하여 고려해야 할 주요 요소는 다음과 같다.

① **기업의 매출구성 및 제품시장의 특성** : 제품내용과 수요에 대한 가격탄력성/대체재의 출현/특허침해 여부/시장규모/수출비중 등.

② **수익성 제고 역량** : 공정기술/유통망구조/매입처 안정성/규모의 경제 실현성/비용구조 등.

③ **시장 대응력** : 기술적 변화의 격차/연구개발계획/협업긴밀도/기술혁신 능력 등.

④ **산업내 경쟁력** : 시장점유율/가격교섭력/노조의 역량/생산능력/전략적 제휴 등.

⑤ **경영진** : 구성원 경력/주주중심 경영전략/주식보상제도/윤리강령/지배구조 등.

⑥ **기타** : 가격규제 또는 환경규제와 같은 법률적 제약/과세제도 등.

그림 6.3
기업가치 평가과정

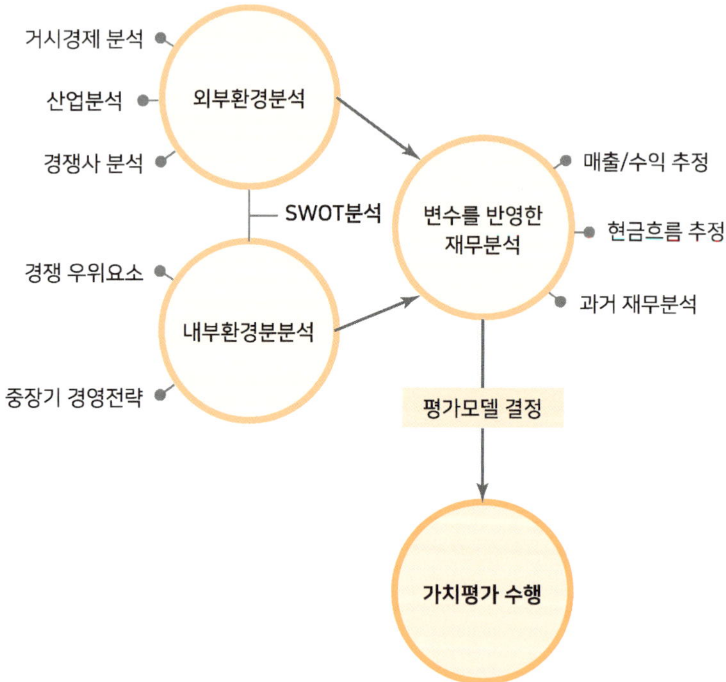

제3절 기업가치평가의 기초

3.1 화폐의 시간가치와 영구연금

■ 시간가치

기업이 영업활동과 투자활동 그리고 이에 수반되는 자금조달활동 등으로 인해 현재와 여러 기간에 걸쳐서 현금흐름(cash flow)이 수반된다. 기업 내부로 들어오는 현금은 현금유입(cash inflow)이고, 외부로 나가는 현금을 현금유출(cash outflow)이라 한다. 설비투자활동은 당장 현금이 지출되지만 향후 장기간에 걸친 설비자산의 경제적 효익으로 인해 현금이 유입된다. 기업이 금융기관으로부터 차입하면 당장은 현금이 유입되지만 미래에 일정 기간 원리금을 상환하며 현금유출이 발생한다.

현금흐름은 발생시기가 달라 시간이 경과함에 따라 그 시점마다 다른 현금흐름의 가치를 갖는다. 동일한 금액이어도 발생되는 시점에 따라 현금흐름의 가치가 다르다. 오늘 100원을 10% 이자율의 예금에 투자하여 1년 후 110원이 된다면, 현재의 100원과 1년 후의 110원은 본질적으로 동등한 가치를 지닌다. 미래가치가 현재가치보다 큰 주된 이유는 현재의 100원을 1년 후 확실하게 110원으로 만들어 주는 기회가 존재하기 때문이다. 달리 말하면, 미래가치는 이러한 기회의 존재를 반영하여 현재가치보다 높기 마련이고, 할인율은 현재가치와 미래가치가 실질적으로 동등한 가치가 되도록 투자자의 요구수익률이 반영되어 결정된다.

이와 같이 현재가치를 미래가치로 또는 미래가치를 현재가치로 변환하는데 필요한 개념이 이자율(할인율)이다. 그러므로 가까운 장래에 발생할 일정한 현금흐름은 먼 미래에 발생할 일정한 현금흐름보다 가치가 큰데 이는 양(+)의 이자율에서 항상 성립한다(예외적으로 일본경제에서 이자율이 0인 경우 제외한다). 즉 "오늘의 100원이 내일의 100원 보다 그 가치가 크다"는 원칙이다. 미래의 시점에 발생하는 현금흐름을 현재시점의 가치로 환산한 것을 현재가치(PV: present value) 또는 현가라고 한다. 같은 할인율일지라도 이자율 계산횟수에 따라 현재가치는 달라진다. 예를 들면, 3개월 후 1,000원, 6개월 후 2,000원, 2년 후 5,000원이 각각 유입되는 금융상품의 현재가치는 다음과 같다.

① 반기복리시장이자율이 12%인 경우

$$PV1 = \frac{1{,}000}{(1.06)^{0.5}} + \frac{2{,}000}{(1.06)} + \frac{5{,}000}{(1.06)^4} = 6{,}818\text{원}$$

② (연)실효시장이자율이 12%인 경우

$$PV1 = \frac{1{,}000}{(1.12)^{0.25}} + \frac{2{,}000}{(1.12)^{0.5}} + \frac{5{,}000}{(1.12)^2} = 6{,}848\text{원}$$

이와 같이 이자율의 계산방식에 따라 현재가치는 달라진다. 기업가치평가에서 연간 다양한 현금거래가 수차례 발생하지만 각 시점별로 측정하기 어려워 편의상 현금흐름발생주기는 1년으로 한다.

■ 영구연금

기업은 계속기업을 가정하므로 영구연금은 영구가치를 추정하기 위해 필요한 개념이다. 영구연금(perpetuity)이란 매기간마다 일정금액(C)이 영속적으로 지급되는 현금흐름을 의미하고 영구연금의 가치는 다음과 같다.

$$PV = \frac{C}{(1+r)} + \frac{C}{(1+r)^2} + \cdots + \frac{C}{(1+r)^n} + \cdots = \frac{C}{r}$$

영구연금이 무한의 현금흐름이지만 유한값을 가지는 이유는 일정금액에 대한 매기간의 현재가치는 시간이 경과할수록 할인이 많이 되면서 마지막 항은 0에 가깝게 수렴되기 때문이다. 한편 연말마다 발생하는 현금흐름이 g%만큼 성장하는 영구연금식은 다음과 같다.

$$PV = \frac{C}{(1+r)} + \frac{C(1+g)}{(1+r)^2} + \cdots + \frac{C(1+g)^{n-1}}{(1+r)^n} + \cdots = \frac{C}{r-g}$$

위의 식을 기업가치평가에서 예측기간 이후 영구가치(CV: continuing value)개념으로 응용하면 아래와 같다.

$$CV = \frac{C(1+g)}{(1+r)} + \frac{C(1+g)^2}{(1+r)^2} + \cdots + \frac{C(1+g)^n}{(1+r)^n} + \cdots = \frac{C(1+g)}{r-g}$$

분모가 음(−)이 안되려면 성장률 g가 할인율 r보다 작아야 하고 성장률의 적용시점은 $(n+1)$년차부터 일정 성장한다는 점에 주의해야 한다.

3.2 기업가치평가의 개념

기업가치평가는 이론적으로 '일물일가의 법칙(law of one price)' 또는 '무차익원리'를 가정한다. 즉, 자산의 균형가격이란 차익거래가 가능하지 않은 상태에서의 가격으로 경쟁시장에서 "미래수익이 같은 두 자산의 가격은 같아야 한다"는 것으로 이 원리는 다음과 같은 조건을 전제한다.

① 미래수익이 같은 두 자산의 가격(또는 두 투자전략의 비용)은 같다.
② 자기자금과 위험을 부담하지 않는 투자에 대한 수익은 0이다.
③ 위험을 부담하지 않는 투자에 대한 수익률은 무위험이자율과 같다.
④ 위험이 같은 투자에 대한 기대수익률은 동일하다.

'무차익원리'는 규모에 대한 수익이 불변(constant returns to scale)하는 생산기술을 가진 기업의 경제적 이익은 0이 되어야 한다는 논리와 매우 유사하다. 만약 이러한 기업들이 양(+)의 이익을 실현한다면 생산규모를 무제한으로 확대하려 할 것이고 이 경우 최적생산은 존재하지 않기 때문이다.

시장에서 거래되는 자산의 가치는 그 자산으로부터 미래현금흐름이 발생하는 시기에 따라 화폐의 시간가치를 반영하여 결정된다. 매 시점마다 발생하는 현금흐름을 현재가치로 할인하여 평가하는 모형을 현금흐름할인(DCF: discounted cash flow)모형이라 한다. 만일 현금흐름이 확실하면 적정할인율은 무위험이자율(r)일 것이다. 모든 기간에서 이자율(r)이 일정하고, t 시점에서 발생하는 현금흐름을 CF_t라고 할 때 현금할인모형은 다음과 같다.

$$PV = \frac{CF_1}{(1+r)} + \frac{CF_2}{(1+r)^2} + \cdots + \frac{CF_n}{(1+r)^n}$$

하지만 미래현금흐름이 불확실한 경우 현가모형은 불확실성을 반영하여 매기의 불확실한 현금흐름은 기대현금흐름으로 대체되어야 하고, 할인율은 무위험이자율이 아닌 위험이 반영된 할인율(k)을 적용한다.

$$PV = \frac{E(CF_1)}{(1+k)} + \frac{E(CF_2)}{(1+k)^2} + \cdots + \frac{E(CF_n)}{(1+k)^n}$$

특정자산으로부터 기대할 수 있는 수익률은 할인율이 되고 이 할인율은 시장의 전반적인 상황을 반영해서 결정된 명목이자율과 해당 자산의 미래수익의 불확실성, 즉 위험을 반영한 위험프리미엄의 합으로 결정된다. 그리고 위험프리미엄은 해당 자산의 위험수준에 따라 달라진다. 만일 미래수익이 확실한 정기예금과 같은 금융상품의 수익률은 명목무위험이자율(r_f)과 같지만, 주식은 미래수익이 불확실하므로 기대수익률은 명목이자율과 달리 결정된다. 개별위험자산에 대한 기대수익률($E(r_i)$)은 다음과 같이 위험과 수익 간 상충관계를 지닌다.

$$E(r_i) = r_f + a_i$$

여기서 a_i는 개별자산에 대한 위험프리미엄으로 위험과 비례한다. 즉, 위험과 수익의 상충관계란 투자위험이 클(작을)수록 투자자의 수익률은 높게(낮게) 요구된다는 것이다.

■ 영업가치

기업가치평가는 본원적 영업활동으로부터 지속적으로 창출될 미래현금흐름의 현재가치인 영업가치(operating value)를 산출하는 것이 핵심이다. 기업가치를 결정짓는 요소는 미래의 잉여현금흐름과 기업위험에 따른 투자자의 요구수익률이다. 이때 적용하는 할인율(k)은 평가시점에서 이용 가능한 모든 정보를 활용한 추정치이므로 가변적이다. 영업가치는 평가시점부터 예측기간인 n년까지 현재가치와 예측기간 이후 영구가치(CV)의 현재가치를 합하여 산출한다.

$$\text{Operating Value} = \sum_{t=1}^{n} \frac{CF_t}{(1+k)^t} + \frac{CV}{(1+k)^t}$$

= 예측기간 현재가치 + 영구가치의 현재가치

예를 들어, 기업의 미래현금흐름은 매출성장률, 영업이익률, 투자규모 등에 따라 변동된다. 예측기간은 보통 5년~10년이고, 이 기간을 확장하더라도 신뢰성이 떨어질 뿐만 아니라 평가결과에 미치는 영향은 거의 없다. 기업가치(firm value)는 미래현금흐름의 현재가치인 영업가치와 비영업자산가치의 합으로 정의한다. 하지만 기업가치는 본원의 영업활동으로 창출된 영업가치에 의해 좌우되므로 영업가치가 곧 (총)기업가치의 핵심지표가 된다.

(총)기업가치 = 영업가치 + 비영업자산가치 = 주식의 시장가치 + 부채의 시장가치

이러한 등식은 재무상태표에서 자산총계는 부채와 자본을 합한 값과 같다는 회계등식과 유사하다. 위의 식을 정리하면 기업가치에 내포된 영업가치는 시가총액과 부채가치의 합에서 비영업자산을 차감하여 구한다. 만일 이자성부채가 없다면, 주식가치는 영업가치와 비영업자산가치의 합이 된다.

그림 6.4
영업가치의 구조

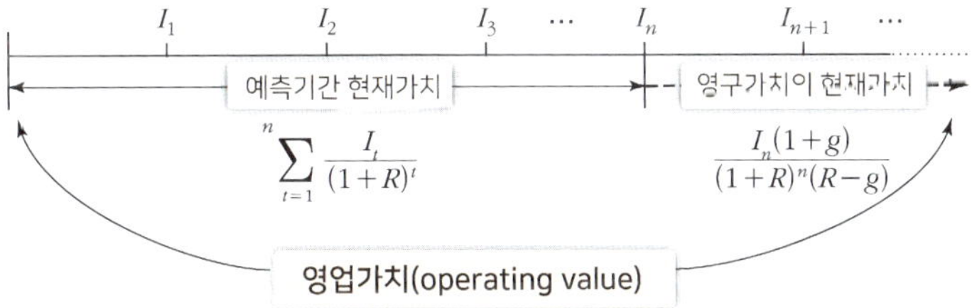

영업가치 = 주식의 시장가치 + 부채의 시장가치 − 비영업자산가치

재무상태표의 부채와 자기자본이 자산에 대한 자금의 원천을 보여준다면, 이와 유사하게 영업가치도 자본의 원천인 주식가치와 부채가치로 구성이 가능하다. 따라서 기업가치는 채권자에게 배분되는 가치인 부채가치와 주주에게 배분되는 가치인 주식가치로 구성된다. 채권자의 몫인 부채가치는 원금과 이자상당액에 대한 우선청구권이므로 기업가치에서 이를 제외한 잔여가치는 모두 주주에게 귀속되므로 곧 주식가치가 된다.

그림 6.5
자산의 성격과 영업가치

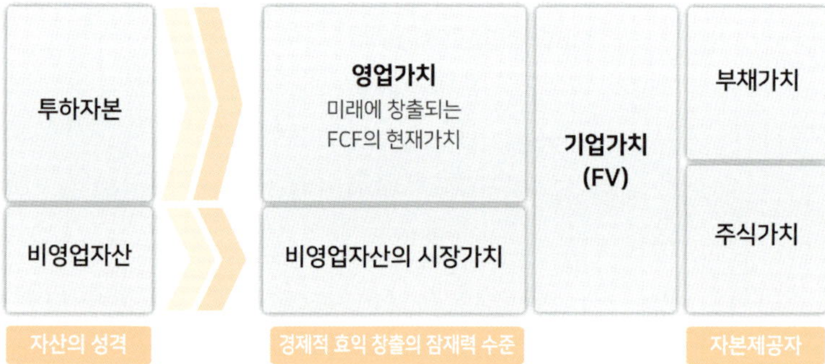

기업가치와 영업가치

평가시점에서 다음과 같은 농심의 시장정보로부터 기업가치와 영업가치를 산출하여라.

- 평가시점 월평균주가: 312,240원
- 발행주식수: 5,782,624주
- 비영업자산: 652,404백만원
- 이자성부채: 105,772백만원

시가총액: 312,240원×5,782,624주=1조 8,056억원
기업가치=시가총액+부채가치=1조 8,056억원+1,058억원=1조 9,113억원
영업가치=기업가치−비영업자산=1조 9,113억원−6,524억원=1조 2,589억원
농심의 경우 기업가치 중 영업가치가 차지하는 비중은 65.9%이다. 영업가치는 순비영업자산(비영업자산−이자성부채)의 규모에 따라 시가총액보다 작을 수 있다.

■ 성장률(g)

영업가치는 미래의 기대현금흐름에 의해 결정되므로 (영구)성장률은 가치평가 결과에 가장 많은 영향을 미치는 핵심요소 중 하나이다. 성장률을 추정하는 간단한 방법은 과거 성장률을 적용하는 것이다. 산술평균성장률은 과거 연간성장률을 단순평균한 것으로 복리효과가 무시되지만, 기하평균성장률은 이를 반영한다. 다음과 같이 성장률의 편차가 큰 과거 5년간 주당순이익(EPS)을 예로 들면 아래와 같다.

	EPS	g
2016	500원	−
2017	700원	40.0%
2018	600원	−14.3%
2019	750원	25.0%
2020	800원	6.7%
2021	950원	18.8%

산술평균: (40.0−14.3+25.0+6.7+18.8)/5=15.23%

기하평균: $(950/500)^{1/5}-1=13.70\%$

산술평균성장률이 기하평균성장률보다 1.53% 높다.

연간성장률의 변동성이 클수록 두 성장률의 차이도 커지는데 그 편차가 큰 경우, 산술평균보다 기하평균이 합리적인 방법이다. 기하평균성장률은 처음과 마지막 기간을 기준으로 성장률을 산출하므로 중간추세를 반영하지 못하는 단점이 있다. 산술평균성장률의 단점을 보완하는 방법은 최근 성장률에 가중치를 많이 부여하여 평균하는 것이다. 성장률은 평가기간에 따라 다른데 최근 3년간 성장률로 평균성장률을 산출하면 아래와 같이 5년간과 달리 3년간 산술평균성장률과 기하평균성장률은 유사하다.

$$\text{산술평균성장률(3년간)} = (25.0 + 6.7 + 18.8)/3 = 16.80\%$$
$$\text{기하평균성장률(3년간)} = (950/600)^{1/3} - 1 = 16.55\%$$

이처럼 성장률 추정구간은 분석자의 자의적인 판단에 의존하는 수밖에 없다. 최근 성장률이 비정상적이거나 예외적이라면 예측구간을 확장하여 안정적인 (평균)성장률을 추정해야 한다. 일반적으로 과거 성장률에 일정한 패턴이 없고 변동이 크다면 최근 성장률을 적용하는 것이 합리적이다. 과거 성장률을 미래추정치로 사용하는 것은 과거 추세가 미래에도 지속됨을 전제한다. 하지만 외부 경영환경은 계속 변하고 불확실성도 존재하는 상황에서 과거 패턴이 미래에도 동일하게 반복된다는 보장은 없다. 따라서 과거 성장률을 성장률의 대용치(proxy)로 이용하려면 다음 요인들을 감안해야 한다.

① 과거 성장률의 변동성이 클수록 미래 성장률에 대한 예측력은 떨어진다. 예를 들어, 순손실인 경우 평균성장률이 왜곡된다. 적자에서 흑자로 전환된 기업의 성장률은 부(−)의 값을 보이는 모순이 생기므로 과거 성장률을 영구성장률로 대용할 수 없다.

② 기업규모에 따라 성장률은 다르다. 기업규모가 클수록 성장률은 체증하므로 고성장한 기업의 (영구)성장률은 과거 성장률보다 낮게 추정한다.

③ 경기변동을 감안하여 성장률을 추정한다. 과거 추정기간이 경기순환에서 호황(불황)인 시기의 평균성장률을 적용하면 평가오류가 생긴다.

이 외에도, 재무분석가들은 종목분석(기업분석)보고서나 산업동향보고서를 주기적으로 발표한다. 이들은 과거 정보는 물론 정부정책(금융, 조세, 환경, 재정 등), 국내외 산업환경의 변화, 거시경제정보(금리, 환율, 경제성장률 등) 등을 포함하는 산업동향 정보를 가지고 있어 이를 인용하여 성장률을 구할 수 있다.

한편 순이익성장률은 사업의 속성, 재무구조, 영업이익, 배당정책 등에 의해 결정되는데 자기자본이익률(ROE)과 내부유보율(b)로 간단히 구할 수 있다. 유보자금으로 재투자한 수익률은 자기자본이익률과 같고, 순이익 중 일부를 일정하게 유보하여 재투자하면 차기 순이익도 g% 성장한다.

$$g = b \cdot ROE = (1-d) \cdot ROE$$

성장률은 내부유보율(b)과 재투자수익률인 자기자본이익률(ROE)에 비례한다. 즉, 배당성향은 변동없이 내부유보금으로 재투자하고 ROE를 매년 일정하게 유지한다면(재투자수익률이 ROE와 같다면), 매년 g%씩 순이익(배당)이 지속적으로 성장한다. 특히 고성장하는 기업은 수익의 변동성이 크므로 이러한 관계를 적용하기 힘들고 무엇보다 해당산업에서 마켓플레이어로서 성장한 후에는 과거 성장률을 그대로 유지하기 어렵다. 따라서 기업규모가 클수록 성장률은 체증할 뿐만 아니라 일정한 성장은 무한한 미래의 사업기회를 가정하므로 비현실적이다. 이러한 이유에서 무성장($g=0$)이 합리적이라는 견해도 있다. 하지만 기업은 계속기업으로서 해당 산업에서 시장점유율이 확장하며 성장하는 지속가능경영을 전제하므로 무성장을 가정하는 것은 매우 보수적인 견해로 판단된다.

성장률은 시장규모의 성장률과 함께 제품 또는 용역의 장기소비추세와 기대 인플레이션도 같이 고려하여 성장률을 추정하는 것이 바람직하다. 성장률은 평가대상기업의 산업규모와 시장특성에 따라 다르지만 실무적으로 1%~3% 범위에서 선택한다.

[표 6.1]에서 제시한 바와 같이, 배당성향(또는 내부유보율)과 자기자본순이익률이 일정하다면 배당성장률과 순이익성장률은 동일하다.

표 6.1 | 자본이익률과 성장률과의 관계

배당성향	20%				
내부유보율	80%	$g = b \cdot \text{ROE} = 0.8 \times 25\% = 20\%$			
ROE	25%				
(억원)	20×1	20×2	20×3	20×4	20×5
기초자본①	1,000	1,200	1,440	1,728	2,074
순이익②(①×0.25)	250	300	360	432	518
배당금③(②×0.2)	50	60	72	86	104
기말자본(①+②−③)	1,200	1,440	1,728	2,074	2,488
배당성장율	−	20.0%	20.0%	20.0%	20.0%
순이익성장률	−	**20.0%**	**20.0%**	**20.0%**	**20.0%**

성장률 추정

2021년말 재무정보에 기초하여 ROE와 배당성향을 적용한 면류업계의 성장률을 추정하여라.

(별도재무제표 기준)	농심	오뚜기	삼양식품	평균	팔도
배당성향①	32.5%	27.0%	15.4%	24.9%	17.0%
내부유보율②(1－①)	67.5%	73.0%	84.6%	75.1%	83.0%
ROE(순이익/(기초)순자산)③	3.6%	7.7%	15.4%	8.9%	11.7%
지속성장률(②×③)	**2.4%**	**5.7%**	**13.1%**	**7.1%**	**9.7%**

위의 예시는 배당성향과 자기자본이익률(ROE)이 일정하다고 단순 가정하여 면류업계의 성장률을 산출한 결과이다. 면류업계의 내부유보율(b)과 자기자본이익률(ROE)을 살펴보면, 두 지표 모두 삼양식품이 가장 높고 농심이 가장 낮다. 이에 따라 삼양식품의 성장률은 13.1%, 오뚜기의 성장률은 5.7%, 농심의 성장률은 2.4% 순으로 산출되었다. 이와 같이 기업마다 추정된 성장률은 편차가 큰데, 팔도의 성장률은 삼양식품과 오뚜기의 중간 수준인 9.7%로 동종업 (평균) 성장률인 7.1%보다 높은 수준이다. 동종업 기업이지만 성장률이 달리 산출되는 이유는 기업마다 면류 매출의 비중에 따라 수익의 기여도가 다르고, 상대적으로 기업규모와 배당성향도 상이하기 때문이다.

▪ 영구가치(continuing value: CV)의 산출

영구가치(또는 잔존가치(terminal value))는 이론적 주식가치 중 상당부분 차지하므로, 성장률과 할인율은 예측기간 이후 가치에 대한 평가결과를 좌우한다. 영구가치의 현재가치는 다음과 같다.[7]

$$n\text{년 이후 } CV\text{의 현재가치} = \frac{CV}{(1+r)^t} = \frac{CF_{n+1}/(r-g)}{(1+r)^t}$$

$$CV = \frac{CF_n(1+g)}{(r-g)} = \frac{CF_{n+1}}{(r-g)}$$

CF: 기대현금흐름
r: 할인율(자본비용)
g: 성장률(단, $g<r$)

7 영구가치는 영구연금(영구채권)과 동일한 의미이다. 일정금액(I)을 영구히 지급하고 매년 g% 성장하는 영구연금의 가치(V_0)는 $I/(r-g)$가 된다. 따라서 n년 후 영구가치의 현재가치는 영구연금을 n+1년차부터 지급받는 것과 같은 의미이다.

예측기간이 짧을수록 예측기간 후 가치인 영구가치의 현재가치가 상대적으로 영업가치 중 차지하는 비중이 커지므로 예측기간은 전망 가능한 범위에서 장기적으로 설정하는 것이 바람직하다. 예측기간은 영업성과의 변동을 고려하여 성장단계를 거친 후 안정단계에 접어드는 시기까지 정한다. 예측기간 이후 가치는 성장률과 할인율 두 변수로 산출한 영구가치의 현재가치로 구한다.

성장률과 영구가치

4년차까지 FCF에 대한 예측기간가치는 12,345백만원이다. 4년차말 FCF는 4,000백만원, 할인율은 12%이다. 성장률이 1%씩 증가할 때마다 영구가치의 현재가치에 대한 민감도를 구하고 설명하여라.

g	영구가치 PV	영업가치	비중
0%	21,184	33,529	63.2%
1%	23,341	35,686	65.4%
2%	25,929	38,274	67.7%
3%	29,093	41,438	70.2%
4%	33,047	45,392	72.8%
5%	38,131	50,476	75.5%
6%	44,910	57,255	78.4%
7%	54,400	66,745	81.5%
8%	68,636	80,981	84.8%
9%	92,362	104,707	88.2%
10%	139,814	152,159	91.9%

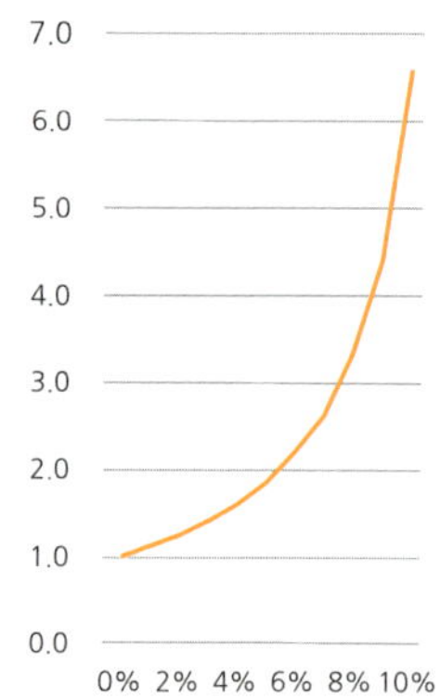

예시에서 제시한 바와 같이 예측기간 이후 가치는 영구가치의 현재가치로 산출한다. 무성장($g=0\%$)일 때 영구가치의 현재가치를 1로 하고, 성장률이 1%씩 증가할 때마다 상대적으로 영구가치의 현재가치가 얼마만큼 증가하는지를 보여준다. 6%인 경우 영구가치의 현재가치는 2배 이상 급증하고 10%인 경우에는 더 확대되어 7배 수준에 이른다. 이와 같이 성장률이 클수록 영구가치가 영업가치에서 차지하는 비중은 높아지고 특히 성장률이 1%씩 증가할수록 영구가치의 증가 폭은 더 커진다.

제4절 주식가치 평가방법

가치평가는 기업의 경영성과 및 경영상태와 관련한 재무지표들은 주가와 밀접하게 관련한다는 논리적 추론과 연장선상에 있음을 전제한다. 만일 어느 기업이 신규 차입을 통해 향후 순이익이 증가할 것으로 예상되면 어느 투자자는 기업의 성과를 긍정적으로 전망하여 주가상승을 기대하고, 다른 투자자는 재무위험이 증가하여 부정적으로 주가하락을 예측할 수도 있다. 하지만 시장상황이나 여러 외부요인들이 주가에 복합적으로 작용하면서 주가는 투자자의 합리적인 기대 안에서 움직이지 않는다. 따라서 아무리 정교하게 계량화된 가치평가기법이라도 주식의 내재가치와 시장가치 간 괴리가 발생하므로 사후적으로 평가방법에 대한 유용성에 의구심이 제기되기도 한다. 그럼에도 불구하고 의사결정도구로 활용되는 기업가치평가는 이용목적에 맞는 판단기준을 제시하는 것은 분명하다.

대부분의 가치평가는 정보접근의 용이성과 재무비율의 객관성 측면에서 회계정보에 의존하여 주로 수행된다. 자본제공자 입장에서 기업의 성장성과 함께 수익성 지표들은 기업의 재무적 성과를 측정하는 가장 직관적인 지표로 주식가치 평가에 근간이 된다. 주식가치와 관련한 주요 재무지표들로는 세후영업이익, 배당성장률, 자기자본이익률(ROE), 투하자본수익률(ROIC) 등이 있다. 한편 재무위험과 관련한 비율은 채무불이행위험 및 타인자본비용을 예측하는 데 필요한 기초정보를 제공해 준다.

주식가치평가방법은 상대가치접근법인 시장가치접근법(market based approach)과 절대가치접근법인 소득접근법(income based approach)으로 나눌 수 있다.

상대가치접근법은 자본시장은 효율적이라는 가정하에 평가대상기업과 기업위험이 유사한 비교기업(peer firms)들을 선정하여 비교기업들이 속한 자본시장 정보를 이용하여 주식가치를 평가하는 방법이다. 이 방법은 비교적 간단하지만 평가시점의 시장상황에 따라 평가결과가 다를 수 있다. 상대가치접근법은 주식가치를 직접 산출하는 주가배수법(P-multiple method)과 기업가치를 산출한 후 부채가치를 차감하여 주식가치를 구하는 기업가치배수법(EV-multiple method)으로 구분된다. 한편 소득접근법은 자본제공자 관점에서 가치평가를 하는 방법으로 투자분석지표의 선택과 할인율이 결정요소로 작용한다. 이 평가방법은 미래에 창출될 성과지표를 현재가치로 할인하여 환원하는 방법으로 기업의 내재가치(intrinsic value)에 중점을 둔 기법이다. 경영자의 의사결정이나 외부 요인으로 인해 발생하는 기업가치의 변동을 반영하고 있어 자본제공자인 주주와 채권자에게 유용한 정보를 제공해 준다. 소득접근법으로는 잉여현금흐름(FCF)모형, 초과이익(RI: residual income)모형, 그리고 경제적 부가가치(EVA: economic value-added)모형이 대표적이다.

잉여현금흐름(FCF)은 영업활동에 의한 현금창출력을 나타내는 지표인 반면, 발생주의에 기반한 초과이익(RI)과 경제적 부가가치(EVA)는 투자자의 요구수익률인 자본(조달)비용을 기준으로 측정되는 지표이다. 이외에도 자본시장법시행령에 따라 상장법인과 합병하는 비상장법인의 주식가치는 자산가치와 수익가치를 가중평균한 가치인 본질가치의 개념을 적용한다.

한편, 주식가치산출방법은 주식가치를 직접 구하는 자본접근법과 기업가치를 구한 후 부채를 차감하여 주식가치를 간접적으로 산출하는 기업가치접근법으로 나눌 수 있다. EVA 모형은 여러 모형 중 유일하게 두 접근법으로 모두 산출 가능하다. 여러 투자분석지표들을 활용한 가치평가모형들은 독립적이기보다 상호보완적이다.

그림 6.6 주식가치평가방법

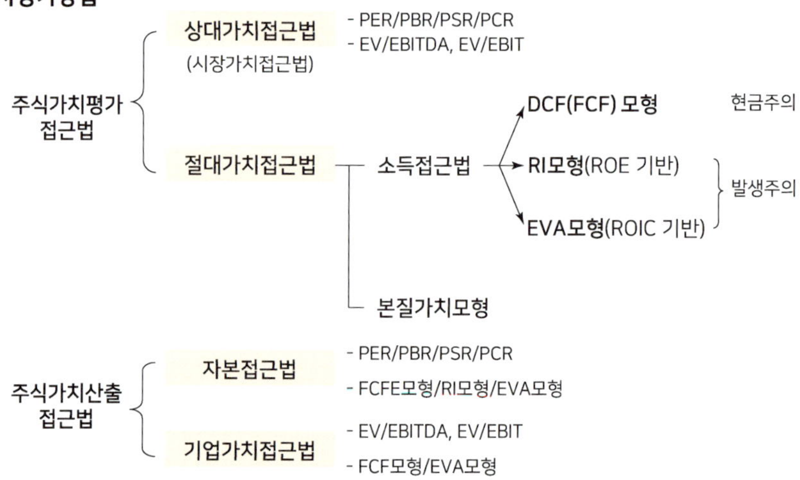

mini MBA Tobin's q에 대해 설명하여라.

토빈(Tobin)의 q Ratio는 기업의 시장가치를 자산의 대체원가로 나눈 비율로 PBR의 대안으로 볼 수 있다.

$$\text{Tobin의 } q \text{ Ratio} = \frac{\text{자산의 시장가치}}{\text{자산의 대체원가}}$$

예일대 토빈교수는 설비투자의 동향을 설명하는 지표로 기업의 설비투자가 얼마나 이윤을 창출하는지를 나타내는 개념으로 토빈 q Ratio를 제안하였다. 이 비율은 즉 기대이윤을 설비자금의 소요금액으로 나눈 것이다. 자산의 시장가치는 주식의 시가총액과 부채의 합계로 기업의 미래의 기대되는 성과를 반영한 것으로 간주한 것이다. 이 비율이 1보다 작으면 기업에게 투자유인이 없고 1보다 크면 투자유인이 생긴다는 주장이다. 따라서 시장의 균형수준은 시장가치가 대체원가와 같을 때 이루어진다고 본다. 이러한 균형이 깨지면 특정 기업이 과대평가되었는지 또는 저평가되었는지 여부를 측정하는 수단으로 q Ratio가 이용된다. q Ratio가 1보다 낮은 값을 나타내면 기업의 자산을 대체하는 비용이 주식가치보다 크다는 의미를 내포하므로 해당 주식은 시장에서 저평가된 것으로 본다. 반대로, 이 비율이 1 이상인 기업은 주식이 자산의 대체원가보다 더 비싸다는 것을 의미하므로 이러한 주식은 과대평가된 것으로 본다. 이와 같이 주식평가척도로서 q Ratio는 주식의 투자 여부를 결정하는 기준이 된다. q Ratio는 기본적으로 개별기업이 그 자산을 대체하는 데 들어가는 비용만큼의 가치가 있다는 주장이다. 대부분의 경우 자산의 대체가치는 특정기업에게만 국한되어 있을 뿐만 아니라 특히 고도로 전문화된 무형자산의 특성 때문에 객관적인 추정치를 얻기는 어렵다는 것이 q Ratio의 한계이다. q Ratio의 논리는 시장의 공정가치는 q Ratio가 1일 때 달성되는 것으로 보지만 실질적으로 그런 경우는 없다. 이 비율이 1보다 높다는 것은 기업이 대체비용보다 더 큰 초과수익을 창출하고 있음을 의미하므로 다른 기업들이 시장에 진입하여 초과수익은 서로 나뉘게 되므로 경쟁이 치열해질 수 있다. 이로 인해 기존 기업의 시장점유율은 낮아지고 기업의 시장가격이 낮아지며 q Ratio가 떨어진다는 것이다. 반대로 q Ratio가 1보다 작으면 기업가치가 총자산의 대체원가에 비해 저평가되었거나 경영자가 방만한 경영을 했다는 의미이므로 인수대상이 될 가능성이 높다는 주장이 있다. 즉, q Ratio가 낮은 기업이 구조조정과 가치창출의 목적으로 다른 기업에게 인수될 가능성이 크고 q Ratio가 높은 합병기업의 주주들이 q Ratio가 낮은 합병기업의 주주들보다 공개청약매수(tender offer)에서 보다 많은 이익을 얻었음을 실증적으로 밝혔다.[8] 한편, 더그 헨우드(Doug Henwood)는 그의 저서 '월 스트리트 누구를 위해 어떻게 움직이나?'에서 q Ratio는 과대평가되거나 저평가된 기업을 예측하는 데 실패하였다고 서술하였다. 그렇다면 q Ratio는 인플레이션에 의한 대체원가의 변동측면에서 간접적으로 기업의 설비투자에 대한 유인의 수준을 나타내는 척도임은 자명해 보인다.

8 Lang, Stulz, Walkling, Managerial Performance, Tobin's Q, and the Gains from Successful Tender Offers, *Journal of Financial Economics*, 1989.

주요 국영문용어

교환가치_value-in-exchange	영업가치_operating value
기업가치_firm(enterprise) value	청산가치_liquidation value
내재가치_intrinsic value	투자 전(후) 가치_pre(post) money investment value
비교기업_peer firms, comparable firms	추정기간_explicit forecasted horizon
영구가치(잔존가치)_continuing(terminal) value	효용가치_value-in-use

| 확인학습 |

01. 투자자 A씨는 가치평가모형을 이용하여 주식의 내재가치를 주당 2만원으로 산출하였는데 시장가격은주당 3만원이다. 이러한 차이를 설명할 수 있는 이유에 해당하는 것을 모두 고르면?

가. 비효율적인 시장	나. 평가모형 선택의 오류
다. 평가모형에 적용된 변수의 오류	라. 투자자의 위험에 대한 태도

① 가, 나 ② 다, 라 ③ 가, 나, 다 ④ 나, 다, 라 ⑤ 가, 나, 다, 라

02. 현금흐름할인(DCF)법에 의한 영업가치는 미래현금흐름의 현재가치이다. 현재가치에 적용되는 할인율은 위험이 반영되었다. 모든 조건이 일정하다면, DCF법에 대해 가장 옳지 않은 설명은?

① 할인율이 커질수록 영업가치는 감소한다.
② 지속성장률이 클수록 영업가치는 증가한다.
③ 주식의 내재가치는 곧 영업가치이다.
④ 미래현금창출의 불확실성이 커질수록 영업가치는 감소한다.
⑤ 영구히 지속될 것으로 기대되는 영업가치는 유한하다.

03. 다음 중 가치에 대한 설명으로 가장 올바르지 않은 것은?

① 가치평가란 미래의 투자수익과 관련한 변수와 유사자산에 기초하여 자산가치를 추정하는 것이다.
② 영업가치에서 순부채를 차감한 것이 주식가치이다.
③ 기업가치는 영업가치와 비영업자산가치의 합이다.
④ 계속기업의 전제는 재고자산의 가치에 영향을 미친다.
⑤ 해당사항 없음

04. 다음 중 가치에 대한 설명으로 가장 올바르지 않은 것은?

① 영업가치는 주식가치보다 항상 크다.
② 청산가치는 내재가치를 포함하지 않는다.
③ 기업가치는 자산총계와 같거나 작을 수도 있다.
④ 주식가치는 자기자본총계와 같거나 미만일 수도 있다.
⑤ 내재가치와 시장가치는 같을 수 없다.

05. 다음 중 가장 옳지 않은 것만 묶은 것은?

A. 부채의 장부가액이 50억원이고 자기자본의 장부가액이 100억원이면 기업가치는 150억원이다.
B. 투자가치는 교환가치의 개념을 지닌다.
C. Pre-money investment value를 70억원으로 평가하고 30억원을 투자한 투자자의 지분은 30%이다.
D. 소득가치접근법에서 성장률은 자본비용보다 작아야 한다.
E. 알파란 초과수익률을 의미한다.

① A, B ② A, B, E ③ B, C ④ D ⑤ B, D

06. [CPA] 행동재무학(behavioral finance)과 투자자의 비합리성에 관한 설명으로 가장 적절하지 않은 것은?

① 투자자의 비합리성과 차익거래의 제약으로 인하여 금융시장은 비효율적일 수 있다.
② 보수주의(conservatism)의 예로 어떤 기업의 수익성이 악화될 것이라는 뉴스에 대해 투자자가 초기에는 과소반응을 보여 이 정보가 주가에 부분적으로만 반영되는 현상을 들 수 있다.
③ 동일한 투자안이더라도 정보가 제시되는 방법(예, 이익을 얻을 가능성만 강조되는 경우, 반대로 손실을 입을 가능성만 강조되는 경우)에 따라 투자의사결정이 달라지는 현상은 액자(framing) 편향으로 설명될 수 있다.
④ 투자자가 이익(gain)의 영역에서는 위험회피적 성향을, 손실(loss)의 영역에서는 선호적 성향을 보이는 것은 전망이론(prospect theory)과 관련이 있다.
⑤ 다수의 의견이 틀리지 않을 것이라는 믿음 하에 개별적으로 수집·분석한 정보를 무시한 채 대중이 움직이는 대로 따라가는 현상을 과신(overconfidence)이라고 한다.

07. 다음 중 현금할인모형을 적용하기 어려운 상황을 모두 고르면?

A. 매각되려는 기업
B. 판매하는 제품이 소량이었지만 기존 구매처로부터 장기간 대량구매가 확정되어 납품이 확실시되는 기업
C. 경기불황기에 있는 경기에 둔감한 기업
D. 미사용 토지를 과다보유한 기업
E. 사업부 매각 등 구조조정과정에 있는 기업

① A, B, D ② A, D, E ③ B, C ④ A, E ⑤ 해당사항 없음

계산형 문제

08. B기업의 자기자본이익률(ROE)은 25%, 배당성향은 20%이고 당기말(t_0) 자기자본총계는 100억원이다. 자기자본이익률과 배당성향이 일정하다면, 이 기업의 차기연도(t_1) 자기자본총계는 ______억원일 것으로 예상하고, 성장률은 ______%이다.

09. 다음은 A기업의 영업활동에 따른 향후 5년간 잉여현금흐름이고, 보유자산 중 비영업자산은 2억원이다. 가중평균자본비용(WACC)이 10%이라면, 기업가치는 ______백만원이다.

연도	1	2	3	4	5	영구가치
잉여현금흐름(백만원)	340	355	370	385	400	4,000
현가계수	0.9091	0.8264	0.7513	0.6830	0.6209	

10. 평가시점의 삼영식품 시가총액은 7,810억원이고, 이자성부채는 2,072억원, 비영업자산은 905억원이라면, 영업가치는 ______억원이다.

해답

01. ⑤ 투자자의 위험에 대한 태도 및 투자목적에 따라 가치평가를 달리할 수 있으므로 가, 나, 다, 라 모두 해당된다.

02. ③ 내재가치는 기업의 수익창출력뿐만 아니라 자산가치도 포함한다.

03. ⑤
④ 청산시 현금화를 위해 재고가치는 감소하므로 상황에 따라 달라진다.

04. ①
⑤ 내재가치와 시장가치가 같다면 초과수익은 없다.

05. ① A. 기업가치는 부채와 자본의 시장가치를 합한 것이다. B. 투자가치는 효용가치의 개념을 지닌다.

06. ⑤ 다수의 의견이 틀리지 않을 것이라는 믿음 하에 개별적으로 수집·분석한 정보를 무시한 채 대중이 움직이는 대로 따라가는 현상을 군집행동이라고 한다.

07. ②
A. 매각되려는 기업의 가치는 인수자와 매도자의 협상력에 의해 좌우된다.
D. 사용하지 않는 토지를 과다보유한 기업은 영업현금흐름과 무관하므로 별도의 평가가 필요하다.
E. 사업부 매각 등 구조조정과정에 있는 기업은 미래의 자산구조 및 자본구조가 변동되므로 과거 재무정보로부터 추정이 어렵다.

08. 자기자본이익률과 배당성향이 일정하면 자본도 g%만큼 성장한다.
기말자본 = 기초자본 · (1 + g%) = 100 · 1.2 = **120억원**
$g = ROE \cdot (1-d) = 25\% \cdot (1-0.2) =$ **20%**
검증: (기말)자기자본총계(t_1) = (기초)자기자본총계(t_0) + 당기순이익 − 배당금
= 100 + 100 × 0.25 − 25 × 0.2 = 125 − 5 = **120억원**

09. 영업가치 = 340 · (0.9091) + 355 · (0.8264) + 370 · (0.7513) + 385 · (0.6830) + 400 · (0.6209) + 4,000 · (0.6209)
= 1,391.8 + 2,483.6 = 3,875.4백만원

FV = 영업가치 + 비영업자산가치 = 3,875.4백만원 + 2억원 = **4,075.4백만원**

10. 영업가치 = 기업가치 − 비영업자산 = 주식의 시장가치 + 부채의 시장가치 − 비영업자산
= 7,810 + 2,072 − 905 = **8,977억원**

제7장 자본비용

자본제공자의 요구수익률인 자본비용은 초과수익의 판단기준이 될 뿐 아니라 기업가치와 주식가치평가의 할인모형에서 요구되는 핵심지표이다. 타인자본과 자기자본비용 그리고 가중평균자본비용의 산출과정을 살펴보고 주요 이슈를 다루기로 한다.

제1절 타인자본비용

기업은 영업활동에 수반되는 투자소요자금을 재무정책에 따라 내부유보자금이 아닌 외부자금인 타인자본이나 자기자본으로 조달할 수 있다. 자본제공자인 투자자의 요구수익률(required rate of return)은 기업이 자본사용대가로 부담해야 하는 자본비용(cost of capital)이 된다. 결국 투자자의 요구수익률은 비슷한 조건으로 다른 투자안으로부터 얻을 수 있는 기회비용(opportunity cost)에 대한 보상이기도 하다. 특히 타인자본비용인 이자비용은 손익계산서에 표시되지만 주주의 요구수익률인 자기자본비용은 표시되지 않아 분석자가 직접 산출해야 한다. 또한 기업마다 자본구조가 달라 타인자본비용과 자기자본비용을 가중평균한 자본비용(WACC: weighted average cost of capital)도 상이하다. 기업가치평가의 결정요인 중 하나인 성장률과 함께 자본비용에 따라 평가결과가 달라지므로 합리적으로 이를 추정하는 것은 매우 중요하다. 타인자본으로는 차입금, 회사채, 리스부채 등이 있다. 기업이 부담해야 하는 이자비용이 많을수록 순이익은 감소하므로 이자비용은 주주의 부에 직접 영향을 끼친다. 타인자본조달방법 중 차입은 약정형식으로 비교적 간단한 과정이지만, 채권은 발행과정을 거치므로 다소 복잡하다. 채권에 대한 간단한 이해를 돕기 위해 개념을 살펴보면 다음과 같다.

1.1 채권의 개념

채권(bonds)이란 기업이 필요한 자금을 조달하기 위해 발행하는 증권으로, 미래에 만기까지 정해진 액면이자를 정기적으로 지급하고 만기에 액면금액 상환을 약속한 채무증서이다. 채권보유자는 그 채권의 효력이 소멸할 때까지 혹은 채권을 타인에게 매도하기 전까지 일정 금액을 정해진 일자에 지급받는다. 이와 같이 채권은 "확정된 현금지급"이라는 특성이 있어 고정수익증권(fixed-income securities)이라 불린다.

그림 7.1
채권발행구조

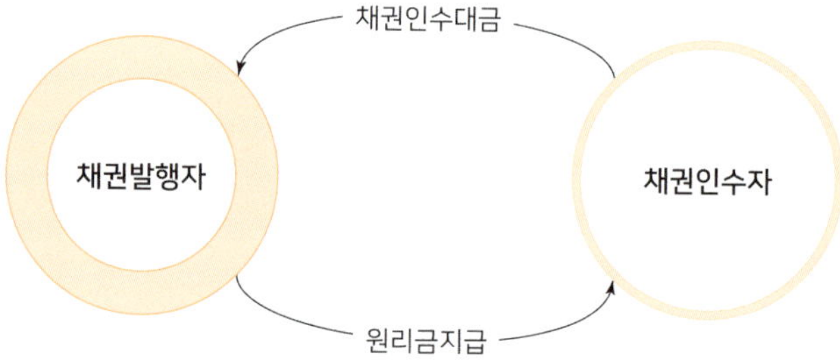

발행시장에서 채권을 인수한 채권투자자는 유통시장에서 채권을 거래한다. 따라서 최초의 채권가격은 발행시장에서 결정되며, 그 이후 채권가격은 유통시장에서 결정된다. 유통시장에서는 기본적으로 채권의 위험과 발행조건을 감안한 투자자들의 매매에 의하여 그 가격이 결정된다. 채권의 기본구성은 이자지급 횟수, 액면가액, 액면이자율, 만기이자율, 그리고 이표채 및 무이표채 등이다.

■ 이자지급횟수

회사마다 이표채의 경우, 발행일 기준 3개월, 6개월, 12개월 등 지급주기가 다르지만 일반적으로 3개월 분할후급이 일반적이다.

■ 만 기

채권보유자는 채권의 효력이 소멸할 때까지 일정금액을 정해진 일자에 발행자인 기업으로부터 지급받는데, 여기서 채권의 효력이 소멸하는 때는 채권발행자가 지급하기로 약속한 미래의 현금 중 마지막으로 현금을 지급하는 날을 의미하며 이를 만기일(maturity date)이라 한다. 채권의 만기(term to maturity)는 채권발행일로부터 채권의 만기일까지 소요기간을 의미하는 용어로, 3년 만기, 5년 만기 등으로 표시한다. 일반적으로 1년~5년까지의 만기를 지닌 채권을 단기채권, 5년 이상~10년까지의 만기를 지닌 채권을 중기채권, 이보다 긴 만기를 지닌 채권을 장기채권으로 분류한다.

▪ 액면가와 액면이자

채권발행자가 채권보유자에게 지급하는 현금은 액면가(par value, face value)와 액면이자(coupon) 두 가지가 있다. 액면가(액) 또는 원금(principal)은 채권 만기일에 지급하기로 명시된 현금액수이다. 한편 채권의 액면이자는 채권발행 후 만기일까지 채권발행자가 매 기간마다 지급하기로 약속한 현금을 의미한다. 액면이자 지급액은 액면가와 일정한 비율로 결정되는데, 우리나라의 경우 관행상 액면이자를 1년 중 4회에 걸쳐 분할지급하므로 채권보유자는 매 3개월마다 액면이자의 1/4을 지급받는다. 액면이자율(coupon rate)이란 액면이자를 액면가로 나눈 액면가의 일정 퍼센트(%)를 의미한다. 액면가가 동일할 때 액면이자율이 높을수록 채권보유자에게 지급되는 액면이자금액은 커진다. 채권과 관련한 이자율 중 시장이자율(market interest rate)은 채권투자자의 요구수익률로 액면이자율과 별개이다. 시장이자율이 상승하면 채권가격은 하락하는데 시장이자율은 시장여건에 의해 사후적으로 결정되지만, 액면이자율은 채권발행시에 사전 결정된다.

▪ 만기이자율과 만기(보장)수익률

채권발행자는 액면이자율과 별도로 채권보유자에게 만기이자율을 제시하는데 만기이자율은 채권발행 당시 발행회사의 위험을 반영한 채권자의 요구수익률이다. 그러므로 만기이자율은 채권발행자가 채권보유자에게 채권을 만기까지 보유시 약속한 복리이자율로 중도상환 등 만기수익률의 산출의 근거가 된다. 만기수익률(YTM : yield to maturity)은 채권 만기까지 지급이자 및 발행총액(또는 권면총액)에 대한 할인가액과 액면가액이 일치되는 연평균수익률로서 채권의 내부수익률(IRR)을 의미한다. 즉, 만기수익률은 투자자에게 채권발행자가 고지한 원금 및 이자율 등을 고려하여 채권존속기간에 걸쳐 제공되는 수익률로, 현재채권가격과 채권의 현재가치가 일치하는 복리의 수익률이다.

▪ 이표채와 무이표채

이표채(coupon bonds)란 정기적으로 이자를 지급하고 만기일에 잔여이자와 액면가를 지급하는 채권을 말한다. 우리나라의 경우 일부 공채를 제외하고는 상당수의 채권은 이표채로 발행되고 있는데, 만기는 대부분 3년이고 3개월 이자후급이다. 즉, 채권발행자는 정해진 이자지급일마다 액면이자의 1/4, 만기일에는 만기이자율에 해당하는 잔여이자 및 액면가를 채권보유자에게 지급한다.

반면에, 무이표채(zero-coupon bonds)란 액면이자가 없고, 만기에 액면가만을 지급하는 채권으로 순수할인채(pure discount bonds)라고 한다. 이표채는 구조가 간단해 채권의 가치평가, 투자전략 및 위험관리에 유용한 기초정보를 제공한다.

만기원리금의 추정

두산인프라코아는 2017년 31회차 국내 무기명식이권부무보증공모 분리형신주인수권부사채를 다음과 같은 조건으로 발행한다. 아래는 공시내용 중 일부이다. 만기일상환금액이 사채원금의 115.4175%의 근거를 제시하여라.

권면총액	5,000억원	사채만기일	2022년 08월 01일(5년)
표면이자율	2%	이자지급방법	1/4씩 분할후급하여 이자지급기일에 지급한다
만기이자율	4.75%(YTM)		

만기까지 보유하고 있는 "본 사채"의 원금에 대하여는 사채의 만기일에 사채 원금의 115.4175%에 해당하는 금액을 일시 상환하되, 원 미만은 절사한다.

$$10{,}000=\frac{50}{\left(1+\frac{4.75}{4}\right)}+\frac{50}{\left(1+\frac{4.75}{4}\right)^2}+\cdots+\frac{50+X}{\left(1+\frac{4.75}{4}\right)^{20}}\rightarrow X=\mathbf{11{,}541.75}\text{원}$$

1.2 옵션내재채권

고정이자만 지급하는 일반채권(straight bonds)와 달리 발행자 혹은 채권보유자에게 일정 권리를 행사할 수 있는 권리, 즉 옵션(option)이 함께 부여되는 옵션내재채권(bonds with embedded options)도 있다. 이러한 권리를 행사할 수 있는 조건은 채권발행시 이미 투자자와 발행자 사이에 확정되므로, 채권의 시장가격은 이러한 조건을 적절하게 감안하여 결정된다. 옵션내재채권으로는 수의상환채권, 상환요구채권, 전환사채, 신주인수권부사채, 교환사채 등이 있고 각 채권의 특징을 설명하면 다음과 같다.

■ 수의상환채권과 상환요구채권

수의상환채권(callable bonds)은 발행자가 원할 경우 만기 이전이라도 채권을 상환, 소멸시킬 수 있는 권리가 부여된 채권이다. 상환액은 상환기간 전체에 걸쳐 단일금액으로 결정되거나 상환시점에 따라 일련의 상환액이 주어지는 상환일정(call schedule)을 가질 수도 있다. 채권발행자는 시장이자율이 하락하면 기존 채권을 상환하여 소멸시키고, 낮아진 이자율로 채권을 신규발행하여 자금조달비용을 줄일 수 있다. 이러한 권리는 채권발행자에게 부여된 것으로 만기 이전에 상환하게 되면 채권보유자는 잔여 만기까지 투자기회를 상실하여 불리한 조항이다. 그러므로 수의상환채권의 시장가격은 채권보유자에 대한 이러한 불이익의 크기와 옵션이 행사될 확률 등을 감안하여 일반채권보다 낮은 가격으로 거래되는 것이 특징이다.

상환요구채권(puttable bonds)은 채권보유자가 원할 경우 만기 이전이라도 발행자에게 채권상환을 요구할 수 있는 권리가 부여된 채권이다. 상환요구기간과 상환요구액(put price)은 채권발행시 인수자와 발행자 사이에 확정되므로, 시장에서 채권가격은 일반채권보다 높은 가격으로 거래되는 것이 일반적이다. 상환요구액은 상환요구기간 전체에 걸쳐 단일금액으로 결정될 수도 있고 상환요구시점마다 일정 상환액이 주어지기도 한다. 채권발행사는 채권보유자의 상환요구에 대응하기 위해 상환대금을 항상 준비해야 하므로 발행자에게 불리한 조항이다.

■ 전환사채

전환사채(CB: convertible bonds)는 채권보유자에게 채권을 발행기업의 주식으로 전환할 수 있는 권리가 부여된 채권이다. 전환권이 행사되면 부채(전환사채)가 자본금(주식)으로 전입되어 발행회사로서는 재무구조 개선효과가 있다. 전환사채보유자는 채권보유자의 권리와 주식으로 전환할 수 있는 권리도 함께 갖기 때문에 전환사채의 가치는 발행기업과 동일한 신용등급을 지닌 일반채권보다 높다.

■ 신주인수권부사채

신주인수권부사채(BW: bonds with warrants)란 채권발행기업의 주식을 일정한 가격에 일정 수량만큼 매입할 수 있는 권리(신주인수권)가 부여된 채권이다. 이 채권은 일반채권으로서 가치는 낮지만 신주인수권의 가치가 비중있게 평가되는 경우가 많다. 신주인수권부사채는 신주인수권이 채권보유자에게만 인정되는 비분리형(undetachable)과 제3자에게 양도가능한 분리형(detachable)으로 구분된다. 즉, 분리형신주인수권부 사채보유자는 신주인수권을 따로 거래가 가능하므로 신주인수권보유자와 채권보유자는 다를 수 있다.

■ 교환사채

교환사채(EB: exchangeable bonds)는 채권발행자가 보유한 타법인의 상장유가증권(또는 IPO 직전 비상장유가증권) 또는 자기주식(상장사인 경우)을 만기에 일정가격으로 교환하여 원리금을 상환하는 권리가 부여된 채권이다. 교환사채는 만기에 해당 주식과 교환시 자산과 부채가 동시에 감소한다는 점에서(자기주식인 경우는 예외) 전환사채와 차이가 있다. 채권투자자는 향후 교환대상 주식의 가격이 상승할 경우 시세차익을 얻을 수 있고 발행회사는 낮은 이율로 채권을 발행할 수 있어 자금조달비용이 경감되고 자금조달을 촉진시키는 장점이 있다.

옵션내재채권은 일정가격으로 주식으로 변환할 수 있는 권리를 지닌다는 점에서 같지만 유형별로 특징을 정리하면 다음과 같다.

옵션내재채권의 비교

	전환사채(CB)	신주인수권부사채(BW)	교환사채(EB)
발행목적	일반사채보다 낮은 이자비용으로 자금조달 가능		
대상주식	발행회사 주식		타 법인 주식 또는 발행회사 주식(자사주)
권리행사시 만기상환 형태	부채의 자본계정 대체	신주인수권행사와 별개이므로 만기시 사채상환	자산의 감소와 부채의 감소 (자사주 예외)

채권에 이와 같은 옵션이 내재하면 통상적인 방법으로 채권가치를 산출하기 어렵다. 일반적으로 옵션내재채권의 가치를 평가하기 위해서는, 먼저 이 채권을

일반채권의 가치로 산정한 후 옵션에 대한 권리의 가치는 따로 산출한다. 만일 채권보유자가 행사할 수 있는 권리는 채권의 가치를 높여주므로 일반채권의 가치에 이 권리의 가치를 더해주고, 반대로 채권발행자가 행사할 수 있는 권리의 경우에는 일반채권의 가치에 권리가치를 차감하여 옵션내재채권의 가치를 산출한다.

금융감독원(2019)에 따르면 주식이나 채권투자에 실패하지 않으려면 다음과 같은 사항에 유의해야 한다고 권고한다.

① **최대주주가 자주 바뀌는 회사는 유의한다.** 최대주주 변경은 신규자금유입과 사업확대 등에 따른 기대감으로 주가에 호재로 작용하는 경우도 있지만, 최대주주 변경이 잦은 회사는 지배구조 변경으로 인한 경영불안 가능성이 있다.

② **임직원의 횡령·배임 발생 여부를 확인한다.** 경영진 등의 횡령·배임 등이 적발된 사실이 있는 경우 기업에 대한 신뢰도 저하, 내부통제 취약에 따른 경영악화 등으로 이어질 가능성이 높다.

③ **사모방식의 자금조달 비중이 큰 회사는 유의한다.** 50인 미만의 개인, 법인 등에게 자금을 조달하는 사모방식의 자금조달 비중이 늘어난다면 회사가 재무상태 악화 등으로 절차가 상대적으로 까다로운 일반투자자 대상의 자금조달(공모)에 어려움을 겪고 있다는 징후일 수도 있다.

1.3 채권투자의 위험

[표 7.1]을 살펴보면, 신용등급별 채권금리의 기준수익률은 만기기간이 길고 신용등급이 낮을수록 높아진다. 국채와 AAA등급 채권의 스프레드(spread)는 만기 3년 이내까지 0.79% 수준이나 3년 이상부터 0.67% 수준까지 약간 줄어들다가 20년 만기는 0.755%로 다시 증가한다. 반면에 BBB−등급 채권의 스프레드는 만기가 길수록 1년 만기는 5.08%에서 20년 만기는 8.52%로 증가한다. 이와 같은 스프레드 추이는 신용위험이 크고 만기가 길수록 스프레드가 커짐을 시사한다.

표 7.1 | 신용등급별 채권금리 기준수익률

2022년 6월 30일 기준

단위: (%)	신용등급	1년	2년	3년	4년	5년	10년	20년
국채	–	3.000	3.545	3.552	3.635	3.647	3.620	3.570
무보증회사채	AAA	3.773	4.343	4.346	4.329	4.313	4.316	4.325
	AA+	3.862	4.415	4.443	4.432	4.416	4.506	4.671
	AA	3.914	4.488	4.502	4.485	4.482	4.887	5.295
	AA–	3.958	4.551	4.561	4.565	4.598	5.285	5.861
	A+	4.219	4.760	4.872	4.924	5.157	5.959	6.531
	A	4.424	4.989	5.178	5.357	5.635	6.490	7.161
	A–	4.767	5.341	5.664	5.816	6.209	6.990	7.778
	BBB+	6.296	7.712	8.376	8.387	8.524	8.791	9.341
	BBB	7.069	8.772	9.523	9.582	9.729	10.098	10.606
	BBB–	8.079	10.062	11.017	11.055	11.219	11.539	12.091
Spread	국채와 AAA채권(①)	0.773	0.798	0.794	0.694	0.666	0.696	0.755
	국채와 BBB–채권(②)	5.079	6.517	7.465	7.420	7.572	7.919	8.521
	차이(②–①)	4.306	5.719	6.671	6.726	6.906	7.223	7.766

타인자본비용은 기업의 채무상환능력에 따라 달라지는데 여러 위험 중 채권 및 차입금은 지급불능위험이 증가할수록 타인자본비용이 증가한다. 채권가치와 밀접하게 관련한 위험으로는 이자율위험, 재투자위험, 신용위험 및 상환위험 그리고 유동성위험 등이 있고 그 의미를 간단하게 살펴보면 다음과 같다.

■ 이자율위험

채권가치의 산출과정은 미래의 현금을 시장의 현물이자율로 할인하여 현재가치를 구하는 것인데, 이때 현물이자율은 채권투자자의 기대요구수익률을 반영한다. 요구수익률은 궁극적으로 경쟁적인 채권거래에 의하여 결정되는 시장이자율에 의존한다. 따라서 채권의 현재가격은 만기일까지 주기적으로 지급되는 액면이자의 현재가치와 만기일에 지급되는 액면가의 현재가치를 합하여 구한다. 시장이자율은 시간이 경과함에 따라 변동하므로 채권가격도 변동하는 위험이라고 볼 수 있다. 이러한 위험을 이자율위험(interest rate risk)이라 하는데, 엄밀하게 이자율위험은 향후 시장이자율이 현재 시장이자율보다 높아져 채권가격이 하락할 위험을 말한다.

■ 재투자위험

시장이자율은 미래의 현금을 현재가치로 할인하거나 현재의 현금을 미래가치로 변환하는 데에도 사용된다. 만일 채권을 만기일까지 보유한다면, 주기적으로 지급받는 액면이자를 그 시점의 시장이자율로 만기일까지 재투자하는 것을 전제로 채권의 미래가치를 산정하게 된다. 그러므로 시장이자율은 액면이자의 재투자수익률이 된다. 향후 시장이자율이 하락하면 액면이자의 재투자수익률도 낮아지므로 채권의 미래가치를 하락시킨다. 이처럼 시간이 경과하여 시장이자율이 하락함에 따라 채권가치는 상승하지만 그 가치의 일부를 하락시킬 위험을 재투자위험(reinvestment risk)이라 한다. 채권 대부분이 이표채이므로 필연적으로 액면이자에 대한 재투자위험이 존재한다. 무이표채는 지급이자가 없어 재투자위험은 없다.

■ 신용위험

신용위험(credit risk)이란 채권의 발행자가 액면이자와 액면가를 정해진 시점에 지급하지 못할 위험을 의미하는 것으로 채무불이행위험(default risk)이라고도 한다. 채권발행자가 파산하지 않은 경우에도 정해진 시점에 이자 혹은 원금을 지급하지 못할 수도 있어 신용위험은 발행자의 파산위험(bankruptcy risk)보다 포괄적인 개념이다. 따라서 신용위험이 커질수록 채권가격은 하락한다. 현실적으로 신용위험은 신용평가기관이 평가한 신용등급이 하락할 때, 이 채권에 투자한 투자자의 요구수익률이 상승하여 채권가격이 하락할 위험을 의미한다. 이와 같은 신용등급 하락에 의한 채권가격의 하락위험을 신용스프레드위험(credit spread risk)이라고 한다. 그러므로 채권투자자가 가장 관심을 두는 위험은 이자율위험과 신용위험으로 볼 수 있다.

■ 상환위험

수의상환채권의 경우 채권보유자의 의사와 관계없이 채권발행자에 의해 채권이 상환될 위험이 있다. 채권발행자는 언제나 자신에게 유리한 경우 채권을 상환할 것이므로 채권보유자의 입장에서는 이로 인하여 채권투자에 따른 기회비용이 발생하게 되는데, 수의상환채권의 시장가격은 이러한 불이익, 즉 기회비용의 크기와 발생할 확률이 적정하게 감안되어 결정된다. 수의상환채권의 보유자에게 발생하는 기회비용은 크게 세 가지로 구분할 수 있다.

첫째, 시장이자율이 하락하여 채권의 가치가 상환액(call price) 이상으로 상승하면, 발행자는 보다 낮은 액면이자율의 채권을 신규발행하여 기존 채권을 대환하여 자금조달비용을 줄일 수 있다. 그러므로 수의상환채권의 시장가격은 정해진 상환액 이상으로 상승하기 어렵다.

둘째, 시장이자율이 하락하여 실제로 채권이 상환되면, 채권보유자는 이 상환액을 낮아진 이자율로 재투자해야 한다.

셋째, 채권발행자가 상환권을 언제 행사할지 사전적으로 파악할 수 없어 채권보유자 입장에서는 채권으로 인한 미래현금흐름이 불확실하다.

▪ 유동성위험

유동성위험(liquidity risk)이란, 자산을 매각하여 당장 현금화하려고 할 때 공정한 시장가격(fair market price)보다 낮게 매각될 위험을 말한다. 즉, 시장참여자가 매우 많고 거래비용이 매우 작으면 유동성위험은 적어진다. 예를 들어, 부동산의 유동성위험은 주식(비상장주식은 제외)보다 훨씬 크다고 할 수 있다. 그러므로 유동성위험은 채권을 매도할 때 매도자에게 돌아가는 현금이 채권의 시장가격보다 어느 정도 낮은가에 의해 결정된다. 구체적으로 채권시장 딜러들이 제시하는 호가차이(bid-asked spread)에 의하여 유동성위험이 결정된다. 따라서 유동성위험은 가치평가모형에 반영하기 어려운 질적인 위험으로 볼 수 있다. 발행자의 신용위험이 적을수록 유동성위험도 작은데, 그 예로 국채의 유동성위험은 회사채보다 적다.

기업가치평가시 전환사채(CB)나 신주인수권부사채(BW)가 있는 경우 자본변동의 원인이 되므로 해당 채권의 권리행사는 없는 것으로 간주한다. 타인자본비용은 평가대상기업과 동일한 신용위험을 가진 기업의 채권만기수익률이나 시중이자율을 이용한다. 자금조달방법에 따라 이자율이 다른데 예를 들면, 옵션내재채권의 금리는 일반채권보다 낮고, 차입금은 고정금리 여부와 담보제공조건에 따라 금리가 다르다. 따라서 타인자본을 성격에 따라 구분한 후, 이를 각 항목별로 가중평균하여 장기간 지급해야 할 금융비용을 구해야 하는데 이러한 작업은 번거롭고 복잡하다. 그러므로 금융비용은 자본원천별로 추정된 가중평균차입이자율로 구하거나 평균차입이자율로 단순 추정한다.

타인자본비용

농심의 2021년 단·장기차입금은 3M Libor +0.9%~5.9%까지 변동금리를 적용한다. 고정금리가 아니므로 세후이자비용/(평균)차입금으로 단순 산출한다. 단, 법인세율은 25%이다.

차입금(평균)이자율 = 세후이자비용/(평균)이자성부채 = 3,365백만원 × (1 − 0.25)/78,833백만원 = 3.20%

제2절 자기자본비용

자기자본비용(cost of equity)은 보통주를 발행하여 자본을 조달하는 대가로 보통주의 주주에게 지급하는 비용으로 보통주 자본비용(cost of common stock)이라 한다. 타인자본비용은 재무정보에 명시되고 신용등급에 따른 기준수익률을 통해 추정이 가능하지만, 보통주의 자기자본비용을 추정하는 작업은 매우 번거롭다. 자기자본투자자인 주주들은 배당과 기업의 성과에 따라 주가가 상승하여 높은 수익을 얻을 수 있지만, 경영이 악화되어 청산하게 되면 투자원금을 회수 못할 수도 있다. 그러므로 자기자본청구권은 타인자본청구권보다 후순위여서 주식이 채권보다 투자위험이 크다. 자기자본비용은 주식이라는 증권 특성상 위험에 대한 보상으로 위험프리미엄(risk premium)을 포함하는데 이를 합리적으로 추정하는 것은 어려운 과제이다. 자기자본비용을 산출하는 대표적인 모형은 자본자산가격결정모형(CAPM)이다. 다른 방법으로는 배당할인모형을 응용하거나, 이들 모형의 대안으로 최근 채권수익률정보에 기초한 채권수익률위험프리미엄가산법(bond yield plus risk premium methods: BYPRPM)을 이용하여 자기자본비용을 구하기도 한다.

2.1 자본자산가격결정모형(CAPM: capital asset pricing model)

주주는 자본을 제공한 대가를 요구하는데 이는 주주의 부(shareholders' wealth)가 창출될 때 가능하다. 자기자본이 영업활동이나 투자활동을 위한 재원으로 이용되어 창출된 주주의 부는 배당과 시세차익실현의 형태로 주주에게 배분된다. 하지만 이러한 보상체계는 불확실해 주주의 기대수익률을 합리적으로 추정하는 작업은 기업가치 평가에서 매우 중요한 핵심과정 중 하나이다. CAPM은 무위험자산수익률과 주식위험프리미엄(equity risk premium: ERP)을 가산하여 자본비용을 추정하는 방법이다.

CAPM에서 무위험자산수익률, 시장위험프리미엄, (주식)베타 등은 자기자본비용의 결정요인으로 작용한다. 하지만 시장의 체계적 위험만 고려하므로 기업 고유의 리스크와 그에 상응하는 수익률을 적절히 반영하지 못하는 한계가 있다.

$$E(R_i) = r_f + \beta_i [\underbrace{E(R_m) - r_f}_{MRP}]$$

$E(R_i)$: 자기자본비용, r_f: 무위험자산수익률, β_i: 베타, $E(R_m)$: 시장기대수익률, MRP: 시장위험프리미엄

▪ 무위험자산수익률

포트폴리오이론은 무위험자산이 존재한다면 위험자산의 기대수익률은 무위험수익률(risk-free rate)과 기대위험프리미엄(expected risk premium)의 합으로 본다. 무위험자산의 투자는 실제수익이 기대수익과 항상 동일하므로, CAPM에서는 체계적 위험인 베타값이 0인 제로베타포트폴리오수익률을 무위험수익률로 정의한다. 하지만 현실적으로 완전한 제로베타포트폴리오를 찾는다는 것은 불가능하다. 무위험자산의 실제수익률이 기대수익률과 같아지려면 지급불이행이 되는 파산위험(default risk)과 재투자위험(re-investment risk)이 없어야 한다.

실무적으로 무위험자산은 장기자본인 주식의 특성을 고려하여 장기채권인 국채할인채권(zero coupon bond)으로 선택하는 것이 바람직하나. 미국의 경우 장기재정증권의 만기는 10~30년이지만, 우리나라의 경우 20~30년 이상 장기채권은 거의 발행되지 않아 유통물량이 적다. 갑작스러운 인플레이션에 주가는 민감하게 반응하므로 무위험자산으로 장기국채를 적용하는 것에 대해 이견이 있다. 10년물과 20년물 국공채는 상대적으로 드물고 국채수익률은 5년물과 유사하다. 따라서 무위험자산수익률은 3년물이나 5년물 국공채수익률을 주로 적용한다.

▪ 시장위험프리미엄

시장위험프리미엄(market risk premium: MRP)은 미래예측(forward-looking)의 개념에 기반하므로, 위험프리미엄은 시장참여자의 기대치를 내포한다. 시장위험프리미엄은 시장에 존재하는 모든 위험자산을 포함하며, 분산투자로 비체계적 위험이 제거된 시장포트폴리오의 기대수익률($E(R_m)$)과 무위험이자율(R_f)의 차이로 정의하고, 위험의 시장가치로 볼 수 있다.

$$MRP = \frac{E(R_i) - r_f}{\beta_i} = E(R_m) - r_f$$

시장위험프리미엄은 나라별로 다를 뿐만 아니라 평가시점마다 변동되는데, 시장위험프리미엄을 결정하는 요소들로는 경제발전단계, 정치상황, 자본시장구조 등이 있다. 자본시장구조는 자본시장에 상장된 기업의 수와 기업규모의 분포 등을 포함한다. 시장위험프리미엄은 직접 관찰이 불가능해 다양한 방법과 표본을 이용하여 산출해야 한다. 시장위험프리미엄을 추정하는 접근방법은 과거 MRP, 내재적 MRP, 성숙시장 MRP에 스프레드를 가산하는 방식 등이 있다. 미래의 위험프리미엄을 체계적으로 추정하기 위한 신뢰성 있는 모형이 제시되지 않아 과거 MRP를 주로 이용한다.

표 7.2 | 주요 아시아국의 시장위험프리미엄과 국가위험프리미엄 2022년 7월 1일 기준

	한국	일본	대만	중국	홍콩	싱가포르	베트남	인도네시아	말레이지아	인도
Moody's rating	Aa2	A1	Aa3	A1	Aa3	Aaa	Ba3	Baa2	A3	Baa3
국가위험 프리미엄	0.69%	0.99%	0.84%	0.99%	0.84%	0.00%	5.03%	2.66%	1.68%	3.07%
시장위험 프리미엄	6.70%	7.00%	6.85%	7.00%	9.08%	6.01%	11.04%	8.67%	7.69%	9.08%

출처: NYU, Damodaran교수

[표 7.2]에서 제시한 바와 같이, 최근 2022년 상반기 주요 아시아권 시장위험프리미엄을 살펴보면 신흥국가일수록 경제상황의 변동성이 높아 시장위험프리미엄은 큰 편이다. 한편 한국의 시장위험프리미엄은 6.7%로 일본 및 대만보다 약간 낮지만 싱가포르 다음으로 높다. 국가위험프리미엄은 시장위험프리미엄에 포함되므로 국가위험수준은 시장위험프리미엄의 결정요인으로 작용한다. 가치평가실무현황, 국내외 자본시장추세, 글로벌 경제상황 및 기타 요소 등을 종합적으로 분석한 결과, 한국의 시장위험프리미엄은 실무적으로 7%~ 9%를 제시하고 있다.[1]

이 외에도 시장위험프리미엄은 신용등급별 채권금리의 기준수익률로 직관적으로 추론 가능하다. [표 7.1]에서 제시한 바와 같이, 주식투자위험은 채권투자보다 크므로 주식의 기대수익률은 신용등급이 BBB인 채권의 기준수익률보다

1 한국공인회계사협회, "한국의 시장위험 프리미엄 가이던스"(2022년 6월 28일 현재).

높을 것이므로, 시장위험프리미엄은 국채와 BBB− 채권의 스프레드보다 커야 할 것이다. 3년물 및 5년물 국채와 BBB− 채권의 스프레드는 7.5% 수준이고 20년물 국채와 BBB- 채권의 스프레드는 8.5%인 점은 앞서 제시된 시장위험프리미엄의 범위와 유사하다.

종합해 보면, 한국의 시장위험프리미엄 대용치(proxy)로 국채와 일반채권의 스프레드를 활용이 가능하고, 시장위험프리미엄은 평가시점에 따라 다르지만 스프레드의 평균인 7.0%와[2] 향후 인플레이션을 감안하는 것이 합리적일 것이다.

■ 베 타

시장전체요인과 기업고유요인은 자산의 수익률에 결정적으로 영향을 미친다. 시장전체요인(market-wide factor)은 시장에 공통적으로 영향을 미쳐 개별자산수익률이 동반 상승하거나 하락하게 하는 요인을 말한다. 예를 들면, 리먼브라더스 파산으로 촉발된 글로벌 금융위기나 코로나 팬데믹에 의한 세계경제 위축과 같이 갑자기 예측치 못한 외부요인으로 인해 발생하는 체계적 위험(systematic risk)은 분산투자로 제거할 수 없는 위험이다. 비체계적 위험(non-systematic risk)은 파업, 법률소송, 대형화재, 자연재해, 경영진의 사회적 물의 등과 같이 어느 특정 기업만이 가지는 사건이나 상황 변동으로 인해 발생하는 위험이다. 투자자는 여러 종목의 증권으로 포트폴리오를 구성하여 비체계적 위험을 거의 제거할 수 있어 이러한 위험은 투자자가 부담하지 않는 위험이다. 하지만 체계적 위험은 분산이 불가능해 투자자가 부담해야 하므로 프리미엄이 요구된다.

체계적 위험인 베타값은 시장포트폴리오의 수익률(R_m) 변화를 1로 하고 주식 수익률(R_i)이 상대적으로 변화하는 수준을 측정한 값으로 시장변동에 따른 주식 수익률의 민감도(sensitivity)를 나타낸다. 시장포트폴리오의 대용치로 KOSPI200 지수, KOPSI 지수, KOSDAQ 지수 등과 같은 시장지수(market index)를 이용한다. 주식 i의 베타는 다음과 같이 정의한다.

2 Spread(국채와 BBB− 채권)의 평균값인 7.213%.

$$\beta_i = \frac{Cov(r_i, r_m)}{Var(r_m)} = \frac{\sigma_{mi}}{\sigma_m^2} = \rho_{mi} \cdot \frac{\sigma_i}{\sigma_m}$$

ρ_{mi} : 시장포트폴리오와 주식 i의 상관계수
σ_i : 주식 i의 표준편차
σ_m : 시장포트폴리오의 표준편차
σ_m^2 : 시장포트폴리오의 분산
σ_{mi} : 시장포트폴리오와 주식 i의 공분산

예를 들어, 해당 주식이 KOSPI 시장에서 거래되고 베타값이 1.5이면, KOSPI 시장수익률(R_m)이 1% 증가(감소)할 때, 주식수익률(R_i)도 1.5% 증가(감소)한다는 의미이다. 이러한 점에서 베타값이 1 이상인 주식은 시장수익률보다 크게 변동하므로 공격적 주식(aggressive stock)이라 하고, 반도체와 같은 경기에 민감한 업종이 이에 해당된다. 베타값이 1보다 작은 주식은 시장수익률보다 변동이 적어 방어적 주식(defensive stock)이라 하고 경기에 둔감한 생활소비재업종이 주로 해당된다.

주가의 움직임이 주식시장의 움직임과 반대방향인 음(−)의 베타값을 지닌 주식이 존재하지만 이러한 주식은 거의 드물다. 음(−)의 베타를 지닌 주식은 베타 산출기간이 길수록 0에 가까운 양(+)의 베타로 나타나기도 한다.

베타값은 시계열 회귀모형인 단일지수모형(single index model)으로 산출할 수 있다. 주식가격은 시장포트폴리오의 변동성과 기업고유의 특성(잔차항) 때문에 변동됨을 의미한다. 회귀식의 기울기(b_i)는 베타값이고 주식의 변동성을 나타낸다.

$$R_{it} = a + b_i \cdot R_{mt} + e_{it}$$

R_{it}: t기간 주식 i의 수익률, a: 회귀식절편, b_i: 회귀식 기울기, R_{mt}: t기간 주식시장수익률, e_{it}: 잔차

회귀식 절편인 a에 해당하는 CAPM에서의 $r_f(1-\beta_i)$를 서로 비교하면 주식성과를 측정할 수 있다.[3] 회귀분석에서 R^2은 통계적 설명력을 나타내는데 총위험 중 시장위험이 차지하는 비중을 의미한다. 따라서 $1-R^2$은 총위험 중 고유위험이 차지하는 비중이 된다.

$$E(R_i) = r_f + \beta_i[E(R_m) - r_f] = r_f(1-\beta_i) + \beta_i \cdot E(R_m) = a + b_i \cdot R_{mt}$$

3 Damodaran교수의 *Investment Valuation*(1996), p. 52.

만일, $a > r_f(1-\beta_i)$이면 기대수익률보다 높은 수익률을 얻은 것이다.

$a = r_f(1-\beta_i)$이면 기대수익률과 같은 수익률을 얻은 것이다.

$a < r_f(1-\beta_i)$이면 기대수익률보다 낮은 수익률을 얻은 것이다.

시장모형에 의한 베타값 추정

2021년 5월부터 2022년 4월 말까지 KOSPI지수와 KOSPI200지수의 주별 수익률정보를 각각 회귀분석하여 농심의 베타값을 산출하여라.

회귀분석 통계량(KOSPI)	
다중상관계수	0.32075
결정계수	0.10288
조정된 결정계수	0.08494
표준오차	0.03287
관측수	52

분산분석

	자유도	제곱합	제곱평균	F 비	유의한 F
회귀	1	0.00619	0.00619	5.73406	0.02043
잔차	50	0.05402	0.00108		
계	51	0.06022			

	계수	표준오차	t 통계량	P 값	하위 95%	상위 95%
Y 절편	0.00368	0.00461	0.79726	0.42907	−0.00558	0.01294
X1	**0.614531**	0.25663	2.39459	0.02043	0.09907	1.13000

회귀분석 통계량(KOSPI200)	
다중상관계수	0.30750
결정계수	0.09456
조정된 결정계수	0.07645
표준오차	0.03302
관측수	52

분산분석

	자유도	제곱합	제곱평균	F 비	유의한 F
회귀	1	0.00569	0.00569	5.22149	0.02659
잔차	50	0.05452	0.00109		
계	51	0.06022			

	계수	표준오차	t 통계량	P 값	하위 95%	상위 95%
Y 절편	0.00386	0.00465	0.82998	0.41050	−0.00558	0.01320
X1	**0.59659**	0.26108	2.28506	0.02659	0.07219	1.12099

EXCELL 프로그램에 의한 회귀분석결과 KOSPI와 KOSPI200에 대한 농심의 베타값(X1의 계수)은 **0.6145**와 **0.5966**이다. 이와 같이 적용하는 시장지수에 따라 베타값은 다르게 산출된다.

위의 표는 단일지수모형으로 농심의 베타값을 산출한 결과이다. 비교기업 3개사 모두 KOSPI와 KOSPI200에 편입되어 있다. KOSPI에 대한 베타값(0.615)은 KOSPI200에 대한 베타값(0.597)보다 조금 크다. 분석자는 어느 시장지수로 베타값을 산출해야 할지 판단해야 하는데 KOSPI는 대형주의 움직임에 따라 변동이 크므로 산업별로 대형주로만 구성된 KOSPI200을 기준으로 산출함이 타당할 것으로 판단된다.

■ 비상장기업의 베타

비상장기업의 자기자본비용은 관찰 가능한 시장자료가 없어 비상장기업과 유사업종인 상장기업의 주가정보에 하마다모델(Hamada model)을 적용하여 베타값을 산출한다.

$$\beta_L = \beta_U + \beta_U(1-t)\left(\frac{D}{E}\right)$$

β_L: 재무레버리지가 반영된 주식베타(equity beta)
β_U: 무부채기업의 베타(unlevered beta)
t: 법인세율
D/E: 부채비율

무부채기업(pure equity firm)의 베타(β_U)는 사업유형에 따른 영업위험만 반영된 베타이므로 부채기업의 베타(β_L)는 기업의 영업위험과 재무위험을 모두 반영한다. 동종업의 영업위험은 유사하므로 상장기업의 β_U값으로 무부채비상장기업의 β_U값을 도출할 수 있다.

$$\beta_U = \frac{\beta_L}{1+(1-t)\left(\frac{D}{E}\right)}$$

비상장기업의 목표 자본구조를 반영하여 비상장기업의 베타(re-levered Beta)값을 다음과 같은 2 단계과정을 거쳐 산출한다. 단, 부채비율은 반드시 주식의 시장가치를 기준으로 산출한다.

① 유사(비교)기업인 상장기업에서 관찰된 베타값에서 재무레버리지를 제거한 무부채기업의 베타값(β_U)을 산출한다. 각 기업마다 산출된 β_U값을 매출(또는 시가총액)기준으로 가중평균하여 동종업 무부채기업의 β_U값을 계산한다.

② 동종업 기업들에 대해 가중평균한 β_U값과 목표자본구조를 반영한 비상장기업의 베타(re-levered beta) 값을 산출하여 이를 자기자본의 체계적 위험으로 적용한다. 단 목표자본구조 대신 산업(평균)부채비율로 산출하기도 한다. 즉, PBR의 변동성이 크지 않아 자기자본비용에 미치는 영향은 작기 때문이다. 하지만 분석자는 비교기업 간 부채비율의 차이가 크다면 평가대상기업과 부채비율이 가장 유사한 비교기업의 부채비율을 선택하거나 상대가치모형에 의한 PBR(시가총액/자기자본총계)을 활용하여 평가대상기업의 추정주식가치를 기준으로 부채비율을 산출한다.

▪ 수정베타

과거 수익률로부터 구해진 베타값은 실질적으로 미래수익률의 변동이 과거 움직임과 동일하다는 점을 상정한다. 과거 베타값은 시간이 경과함에 따라 모든 주식의 베타의 평균값에 가까워지므로 이를 반영한 것을 수정베타(adjusted beta)라고[4] 한다. 글로벌 증권사인 메릴린치(Merrill Lynch)는 과거 베타의 가중치를 적게 반영한 수정베타(β_{adj})를 제시하였다.

$$\beta_{adj} = \frac{2}{3} \cdot \beta_i + \frac{1}{3}$$

1보다 높은 베타값을 갖는 주식은 시간이 흐르면서 시장평균인 1에 접근하고, 반대로 1보다 낮은 베타값을 지닌 주식은 그 다음 기간부터 1을 향해 높아지며 시장베타(1.0)로 회귀하려는 경향(mean tendency)이 있다. 수정베타값을 적용하는 경우, 방어적(공격적) 주식은 베타값이 보다 높게(낮게) 산출되어 자기자본비용은 높게(낮게) 조정된다.

▪ 베타 추정시 유의할 점

베타값 추정시 기업이 속한 주가지수, 수익률 측정구간 등을 합리적으로 고려해야 한다. 베타값은 회귀분석에서 추정구간을 몇 년으로 하느냐에 따라, 수익

4 Blume(1979), "Betas and their Regression Tendencies: Some Further Evidence", *Journal of Finance*.

률을 일별과 월별 중 어느 수익률을 선택하느냐에 따라 산출 결과가 다르다. 즉, 분석자가 베타산출에 필요한 투입요소의 선택에 따라 베타값은 차이가 난다.

베타값은 배당성향과 무관하고, 가치가중지수(value weighted index)와 동일가중지수(equally weighted index) 중 어느 시장지수를 적용하는가에 따라 다르다. 베타값은 자료가 많을수록 신뢰구간은 좁아져서 더욱 신뢰할 만하지만 추정기간에 따라 다르게 산출된다. 또한 일별수익률과 월별수익률 간 베타값은 차이가 있다.[5] 아울러 베타값은 일별수익률을 기준으로 하고, 추정기간이 너무 길면 평가시점의 시장동향이 희석되므로 최소 추정기간은 1년 이상으로 하는 것이 합리적일 것이다.

비상장사 베타값 추정

2021년 5월부터 2022년 4월 말까지 KOSPI200의 일일수익률을 기준으로 하마다모형에 의한 무부채베타를 구하고 팔도의 추정베타를 산출하여라. 법인세율은 25%로 가정한다.

(백만원, %)	팔도	농심	오뚜기	삼양식품	가중평균	비고
시장베타①	–	**0.5098**	**0.5848**	**0.7392**	**0.5688**	**연간 일별수익률기준**
가중치(매출기준)	–	0.430	0.465	0.105		
시가총액②	946,600	1,805,567	1,581,474	780,981		최근 1개월(4월) 평균
이자성부채③	33,131	105,772	546,494	207,172		
부채비율④	3.5%	5.86%	34.46%	26.53%		=③÷②
무부채베타	–	**0.4884**	**0.4644**	**0.6165**	**0.4907**	=①÷(1+0.75·④)
목표부채비율⑤	**3.5%**	농심보다 부채비율이 낮아 3.5%로 선택하였다.				
무부채베타⑥	**0.4907**					
(추정)주식베타⑦	**0.5036**	=⑥·(1+0.75·⑤)				
수정베타	**0.6691**	=⑦·2÷3+1÷3				

연간일일수익률을 기준으로 산출한 베타값은 비교기업 모두 1.0 이하로 생활소비재업종으로서 방어적 주식임을 알 수 있다. 동종업이지만 무위험베타값은 삼양식품이 가장 크게 산출되어 3개사 중 영업위험이 크고 농심과 오뚜기 순으로 영업위험수준을 보여준다. 이와 같이 3개사의 영업위험수준이 시장에서 달리 받아들여지는 이유는 기업마다 면류매출의 의존도가 다르기 때문이다. 비교기업에 대한 (가중평균)무부채베타값인 0.4907로부터 부채비율 3.5%를 적용한 팔도의 (추정)주식베타값(re-levered beta)은 0.5036으로 산출되었다. 한편, 농심과 같이 초과현금이 이자성부채를 초과하는 경우, 무부채베타값은 시장베타값보다 커 영업위험의 변별력은 낮아진다. 이는 부채비율 대신 순부채비율을 적용하지 않는 이유이다. 실질적인 무부채기업인 팔도의 (추정)주식베타값인 0.5036은 농심의 베타값과 가장 유사하므로 합리적으로 산출된 것으로 판단된다. 이로부터 계산된 수정베타(adjusted beta)값은 0.6691이다. 목표부채비율 3.5%와 부합하는 팔도의 추정주식가치는 9,466억원이다.

---

5 Michael Ehrhardt(2001), *The Search for Value: Measuring the Company's Cost of Capital*에서 인용하고 첨언함.

2.2 배당평가모형에 의한 자기자본비용의 추정

Gordon의 배당평가모형은 배당이 무성장이거나 일정 성장하며 영구적이라는 가정에서 주식가치를 구한다. 만일 순이익을 모두 배당한다면 주당순이익과 배당금이 같아 순이익이나 배당의 성장은 없다. 이러한 무성장배당모형에서 도출된 주당주식가치로부터 자기자본비용(k_e)을 정리하면 다음과 같다.

$$\text{무성장모형 } P_0 = \frac{D_1}{k_e} = \frac{EPS_1}{k_e} \quad \rightarrow \quad k_e = \frac{D_1}{P_0} = \frac{EPS_1}{P_0} = \frac{1}{PER}$$

만일 매년 g% 만큼 배당이 성장한다는 일정배당성장모형에 따르면, 주당주식가치와 자기자본비용(k_e)의 관계는 아래와 같다.

$$P_0 = \frac{D_1}{k_e - g} \rightarrow k_e = \frac{D_1}{P_0} + g$$

ROE와 재투자수익률이 같고 일정하게 g%만큼 성장하면, 주가성장률과 배당성장률은 같아진다. 따라서 자기자본비용은 배당수익률과 성장률의 합이 되고 결국 자본적 이득률은 배당성장률과 같으므로 보유기간수익률(holding period return: HPR)은 자본비용이 된다.

$$k_e = \frac{D_1}{P_0} + \frac{P_1 - P_0}{P_0} = \text{배당수익률} + \text{자본적 이득률} = \text{보유기간수익률}$$

2.3 채권수익률 위험프리미엄가산법(BYPRPM)[6]

평가대상기업이 채권시장에서 거래가능한 채권(publicly traded debt)을 발행하면, 채권수익률 위험프리미엄가산법(bond yield plus risk premium methods: BYPRPM)으로 자기자본비용을 간접적으로 추정할 수 있다. 만일 발행채권이 없다면, 비교기업의 신용등급을 이용한다. BYPRM 에 의한 자기자본비용은 다음과 같다.

6 Pinto, Henry, Robinson, and Stowe, *Equity Asset Valuation*, 2nd edition의 p. 74를 요약 기술하였다.

자본비용 = 장기회사채 만기수익률 + 위험프리미엄

회사채 만기수익률(yield to maturity: YTM)은 화폐의 시간적 가치와 채무불이행 위험을 모두 고려하고 있다. 한편 위험프리미엄은 우선청구권을 가진 채권에 대한 보상을 의미한다. 미국 증시의 위험프리미엄은 경험적으로 3~4% 수준으로 알려져 있다

자기자본비용 추정

다음과 같은 팔도의 재무정보와 평가시점에서의 시장정보로부터 CAPM을 이용하여 자기자본비용을 추정하여라. 팔도의 위험프리미엄은 3%이고 AAA 신용등급의 기업이 발행한 채권수익률을 고려하여 채권수익률 위험프리미엄가산법을 이용한 자기자본비용과 비교하여라. (팔도의 부채비율은 3.5%, 법인세율은 25%이다)

부채비율	3.5%	시장위험프리미엄	7.0%
타인자본비용	3.8%	법인세율	23.0%
무위험이자율	3.5%	10년 만기 AAA 채권수익률	4.32%
추정베타값(유사업체 평균)	0.569		

$k_e = r_f + MRP \cdot \beta = 3.5\% + 7.0\% \cdot 0.569 =$ **7.48%**

BYPRPM에 의한 자기자본비용 = 4.32% + 3% = 7.32%

제3절 가중평균자본비용

기업의 자본구조(capital structure)에 따라 자본비용도 달라지므로 자본제공자인 주주와 채권자의 투자위험이 반영된 가중평균자본비용(weighted average cost of capital: WACC)을 자본비용으로 적용한다. 이는 조달자본 중 타인자본과 자기자본이 차지하는 구성비율로 가중평균한 것으로 다음과 같다.

$$WACC = k_e \times \frac{E}{E+D} + k_d(1-t) \times \frac{D}{E+D}$$

k_e: 자기자본비용
k_d: 타인자본비용
E: 주식의 시장가치(시가총액)
D: 부채의 시장가치
t: 법인세율

위의 식을 적용하려면 WACC은 일관성을 유지하기 위해 다음과 같은 원칙을 전제한다.

① 자본비용은 목표자본구조(target capital structure)를 기준으로 산출한 자본구성비로 가중평균한다. 부채가치는 타인자본인 차입금이나 사채와 같은 이자성부채만 포함한다. 다만, 시장가치가 자금조달항목의 경제적인 가치를 실질적으로 반영하기 때문에 목표자본구조인 부채비율은 장부가치가 아닌 주식의 시장가치를 기준으로 산출한다.
② 이자비용에 따른 절세효과를 감안하여 타인자본비용은 세후이자비용으로 산출한다.
③ 체계적 위험만 고려한다. 즉, 자기자본제공자는 체계적 위험(systematic risk)에 상응하는 보상을 원하므로 자기자본비용은 체계적 위험만 반영한다.

한편 자본비용은 영업가치의 결정요인으로 작용한다. 예를 들어, 가중평균자본비용이 12%, 성장률은 0%인 경우, 잉여현금흐름(FCF)에 따른 영업가치가 다음과 같을 때, 자본비용의 증감에 따라 영업가치에 미치는 영향을 살펴보자.

성장률 0%	$t=1$	$t=2$	$t=3$	① 예측기간가치	② 영구가치의 현가	③ 영업가치 (①+②)	증감분	영구가치비중 (②/③)
	2,000	3,000	4,000					
WACC=16%	1,724	2,229	2,563	6,516	16,016	22,533	−26.7%	71.1%
WACC=14%	1,754	2,308	2,700	6,763	19,285	26,048	−15.3%	74.0%
WACC=12%	1,786	2,392	2,847	7,024	23,726	30,750	0%	77.2%
WACC=10%	1,818	2,479	3,005	7,303	30,053	37,355	21.5%	80.5%
WACC=8%	1,852	2,572	3,175	7,599	39,692	47,291	53.8%	83.9%

가중평균자본비용이 12%인 경우를 기준으로 자본비용이 2%씩 증가(감소)할 때마다 영업가치는 크게 감소(증가)한다. 가중평균자본비용이 8%인 경우에는 12%인 경우보다 영업가치는 53.8% 증가하지만, 16%인 경우에는 26.7% 감소하는 데 그친다. 이와 같이 자본비용에 따른 영업가치의 변동은 자본비용이 감소할수록 급증함을 알 수 있다. 이는 자본비용이 감소할수록 영구가치의 현재가치가 영업가치에 대해 상대적으로 많은 비중을 차지하기 때문이다. 이와 같이 자본비용에 대한 영업가치의 민감도는 매우 크다. 특히 자기자본비용은 산업별로 다르고 나라마다 자본시장의 성숙도에 따라 상이하므로 자기자본비용을 과거 자료로 일반화하여 일률적으로 적용하기 어렵다. 그러므로 자본비용을 추정하는 과정은 분석자의 주관이 개입될 수밖에 없어 합리적인 판단이 요구된다.

■ 목표자본구조

WACC를 도출하려면, 먼저 평가대상기업의 현재자본구조가 아닌 목표자본구조를 적용해야 한다. 평가시점에서 평가대상기업의 자본구조는 그 기업이 영위하는 사업이 계속 존속될 것으로 예상되는 자본구조와 다를 수도 있다. 또한, 경영자가 향후 자본구성을 바꾸려는 계획을 수립하면 미래의 자본구성도 달라진다. 만일, 기업이 설비자금을 내부유보금이 아닌 타인자본으로 조달하는 경우, 자본구조는 달라진다. WACC를 산출하기 위해, 시장가치에 의한 가중치가 필요하므로 주식의 시장가치를 알아야 하는데 이를 결정하려면 WACC이 요구되는 순환적 문제가 발생한다. 이러한 문제를 해결하기 위한 대안으로 목표자본구조를 이용하는 것이다. 이 접근방법은 예측기간 중 자본구조의 변동이 가치평가결과에 영향을 주지 않을 뿐만 아니라 목표자본구조로 추정한 기업가치가 잘못 산출될 개연성을 사전 제거해준다. 목표자본구조는 비교기업의 자본구조를 반영한 WACC로 결정해야 하고, 기업이 장기적으로 기업가치가 극대화되는 최적의 자본구조로 자금조달의 기준으로 활용하고 있지만 그 기준은 기업마다 다르다. 평가시점에서 추정된 목표자본구조로부터 추정된 할인율은 추정기간에 걸쳐 일률적으로 기업가치평가에 적용된다. 하지만 목표자본구조는 평가시점 및 비교기업의 선택기준에 따라 달라진다. 그러므로 분석자는 목표자본구조에 대해 다음과 같은 사항을 종합적으로 고려하여 추정해야 한다.

첫째, 현재의 자본구조와 목표자본구조가 어느 정도 차이가 나는지 확인해 볼 필요가 있다. 상장기업 중 PBR이 1 이하인 기업이 다수 존재하지만 장부가치가 항상 시장가치보다 항상 작다고 보기 어렵다.

둘째, 평가대상기업과 가장 자본구조가 유사한 비교기업으로부터 목표자본구조를 도출할 수도 있다.

셋째, 평가대상 기업의 장기자금조달계획이 목표자본구조에 얼마나 상응하는지 검토한다.

목표자본구조 추정

K메탈의 평가시점에서 유사 상장기업의 시가총액대비 부채비율 및 주가배수는 다음과 같다. K메탈의 가중평균자본비용을 구하기 위해 목표자본구조를 추정하여라.

(백만원)	시가총액	이자성부채	자본총계	부채비율	PBR	PER
S메탈	59,532	19,764	74,095	33.20%	0.80	14.88
DI금속	163,583	3,438	141,113	2.10%	1.16	10.82
D메탈	438,013	19,592	261,901	4.47%	1.67	13.75
DY금속	149,803	26,860	99,577	17.93%	1.50	9.83
DD금속	37,283	25,730	43,735	69.01%	0.85	14.53
합계	848,211	95,384				
부채비율	11.25%		(=95,384÷848,211)			

최소 PER과 PBR을 보인 풍산을 제외한 5개비교기업에 대한 시가총액과 이자성부채의 합계액으로부터 합산평균액을 기준으로 부채비율은 11.25%로 산출되었다. 이 부채비율을 기준으로 자본구성비를 산출하면 자기자본 90%(=1/1.1125)와 타인자본 10%에 해당된다.

마지막으로 목표자본구조에 의한 자본비용으로 할인하여 산출된 주식가치가 목표자본구조를 얼마나 충족하는지 확인한다. 만일, 최종 산출된 주식가치를 적용한 자본구조가 목표자본구조와 차이가 크면 자본비용을 다시 조정하여 주식가치를 재산출하는 반복과정을 거치는 시행착오법으로 문제를 해결한다. 목표자본구조의 추정은 분석자의 주관이 많이 개입되므로 가급적 유사기업의 평균 부채비율과 PBR을 서로 비교하여 타당한 근거가 뒷받침되어야 한다.

가중평균자본비용의 산출

시장정보를 이용하여 가중평균자본비용을 산출하여라.

타인자본비용	5.00%	
세후타인자본비용	3.95%	(적용세율 21%)
무위험이자율(R_f)	3.50%	
시장위험프리미엄	7.50%	
목표자본구조	11.25%	(부채/자기자본)
베타값	1.0705	

$k_e = r_f + MRP \cdot \beta = 3.5\% + 7.5\% \cdot 1.0705 = \mathbf{11.53\%}$ 그러므로 $WACC = 0.9 \times 11.53\% + 0.1 \times 3.95\% = \mathbf{10.77\%}$

■ 자본비용추정에서 유의해야 할 점

기업가치평가모형과 부합되는 자본비용을 추정하기 위해 충족되어야 하는 사항을 정리하면 다음과 같다.

① 기존 부채의 상환계획은 반영하되 추정기간 동안 추가 타인자본조달은 없는 것으로 가정한다. 부채비율이 증가할수록 재무위험이 증가하여 타인자본조달비용도 높아지기 때문이다.

② 전환사채나 신주인수권부사채와 같이 주식연계형 증권이 있는 경우 그 권리행사의 확실성 유무와 무관하게 고려하지 않는다. 또한 자사주의 변동이 없어야 한다. 추정기간 동안 주식수의 변동으로 인해 자본금이 변동하면 주당 주식가치에 대한 일관성이 결여된다.

③ 자기자본비용은 한계자본비용을 적용한다. 한계자본비용이란 투자에 소요되는 자금을 한 단위 증가시켰을 때 발생하는 추가적인 비용이다. 그러므로 자기자본비용은 기존 자기자본비용이 아닌 신규투자나 추가투자에 소요되는 자본비용을 감안하여 추정되어야 한다.

④ 타인자본비용은 세후자본비용으로 산출한다.

제4절 발행비용

기업이 외부자금조달을 위해 채권이나 주식을 발행하거나 금융기관으로부터 차입하는 경우 부대비용이 발생한다. 여기에는 등록비, 담보설정비, 실사를 위한 법무법인 및 회계법인의 자문용역비, 주간사의 인수수수료율(gross spread) 등 여러 비용을 포함한다. 포괄적으로 유가증권을 시세보다 싸게 할인해 주는 할인비용도 포함되며 이를 통틀어 발행비용(flotation costs)이라 한다. 발행비용을 고려하면 자금조달규모는 실제투자자금보다 커야 한다. 가령 100억원의 회사채를 발행하여 자금조달을 하고자 할 때, 발행비용이 3% 발생한다면 총발행규모는 103억원이 되어야 한다. 발행비용효과를 반영하는 방법으로 두 가지가 있다.

첫번째 방법은 발행비용을 감안하여 할인율을 상향조정하는 것이다. 자금조달금액 중 발행비용이 차지하는 비율을 f, 주당 발행비용을 $f'(=P_0 \times f)$이라면 주당 순조달금액은 $P_0(1-f)$ 또는 P_0-f'이므로 실질자본비용은 다음과 같다.

$$k_e = \frac{D_1}{P_0(1-f)} + g \quad \rightarrow \quad P_0 - f' = \frac{D_1}{k_e - g}$$

따라서 발행비용인 f가 클수록 실질자본비용은 높아진다. 이 방법은 발행비용이 일회성이지만, 현재가치로 할인하는 과정에서 미래현금흐름 전체에 영향을 미치는 문제가 있다.

두번째 방법은 투자비용에 발행비용을 포함시키는 대신 미래현금흐름에 적용되는 할인율에 발행비용을 감안하지 않고 가치를 평가하는 것이다. 만일 발행비용으로 인한 세금효과가 없다고 가정하면 투자안의 NPV는 다음과 같다.

$$NPV = \sum_{t=1}^{n} \frac{CF_t}{(1+k)^t} - \frac{I_0}{(1-f)}$$

여기서 발행비용은 일반적으로 일정비율이지만 경우에 따라 가중평균발행비용을 적용하기도 한다.

발행비용이 다른 투자안의 *NPV*를 계산하는 예를 들어 보자. A사는 48억원을 투자하여 시설확장을 고려 중이다. 시설확장 후 세후현금흐름증분은 연간 10억원으로 영구히 지속된다고 가정하자. A사의 목표자본구조(부채/자기자본=1/2)으로 주식과 채권을 새로 발행하려 한다. 자기자본비용은 15%, 타인자본비용은 10%이고 발행비용은 주식의 경우 5%, 채권은 2%이다. 법인세율이 25%일 때 투자안의 *NPV*는 다음과 같이 계산된다. 가중평균자본비용과 가중평균발행비용을 구하면 다음과 같다.

$$WACC = 15\% \times \left(\frac{2}{3}\right) + 10\% \times (1 - 0.25) \times \left(\frac{1}{3}\right) = 12.5\%\text{이다.}$$

$$f = 5\% \times \left(\frac{2}{3}\right) + 2\% \times \left(\frac{1}{3}\right) = 4\%\text{이다.}$$

투자안의 *NPV*를 산출해보면, 30억원이므로 설비투자안은 채택된다.

$$NPV = \frac{10\text{억원}}{0.125} - \frac{48\text{억원}}{(1-0.04)} = 30\text{억원}$$

참고로 IPO 공모시 인수수수료율은 공모규모가 클수록 작아지지만 평균 2.42% 이다. 최근 카카오게임즈인 경우 매출 및 모집 총액 3,840억원에 대한 인수수수료는 85.92억원으로 이는 공모금액의 2.24%에 해당한다.

제5절 유동성 프리미엄과 규모위험 프리미엄

5.1 유동성 프리미엄

KOSPI 시장 및 KOSDAQ 시장과 같은 유통시장은 발행된 주식이 투자자간 거래가 이루어지는 2차시장이다. 이러한 유통시장은 다수의 투자자가 참여하는 자유경쟁시장이어서 주식의 공정한 가치가 형성될 뿐만 아니라, 형성된 가격은 앞으로 발행할 증권의 가격을 결정하는 핵심적인 역할을 한다. 이러한 유통시장은 CAPM모형이 공개시장에서 거래되는(publicly traded) 기업들의 기대수익률을 설명하는 데 충분한 조건을 제공해 준다. 하지만 이 모형으로 자기자본비용을 비상장기업(private firm)에 직접 적용하기 어렵다. 비상장기업의 주식은 장외시장에서 일부 거래되지만 그 거래량도 미비해 투자자는 보유주식을 장외시장을 통하거나 개별적으로 거래해야 한다. 그러므로 비상장기업의 투자자는 보유주식을 쉽게 매각할 수 없는 유동성 부족(lack of liquidity)을 감수해야 하므로 유동성 프리미엄이 추가로 요구된다. 유동성 프리미엄을 추정하는 것은 쉽지 않을 뿐더러 일반화된 검증결과도 없다. 분석자의 판단에 따라 자기자본비용을 3% 수준으로 추가로 가산하거나 산출된 주식가치를 30%~ 40% 추가 할인하여 유동성 프리미엄을 반영한다. 단, 평가대상기업이 타기업에게 매각되거나 IPO(initial public offering)예정이면 유동성 프리미엄을 고려할 필요는 없다.

5.2 규모위험 프리미엄[7]

여러 위험 프리미엄 중 자본시장 전체와 관련된 시장위험 프리미엄 외에 개별 기업에 적용되는 기업특유위험 프리미엄(firm specific risk premium)은 다양하게 존재한다. 규모위험 프리미엄(size risk premium: SRP)은 기업특유위험 프리미엄 중 하나이며 실무적으로 상황에 따라 고려되기도 한다. 규모위험은 소규모회사가 규모가 큰 회사보다 상대적으로 수익률이 높다는 연구결과에 근거를 두고 있다. SRP는 여러 방법으로 구할 수 있는데, 실무적으로는 시가총액 규모 분위수별(3분위, 5분위, 10분위 등)로 수익률 스프레드를 나타내는 방법을 많이 사용한다. 한국공인회계사회 가치평가위원회는 실무에서 한국의 SRP를 고려할 경우에 참고할 수 있도록 외부에 의뢰한 한국의 SRP 연구결과를 다음과 같이 보여주기로 하였다. 국내기업의 규모위험 프리미엄은 규모에 따라 0.44%~4.16%로 나타났고, 1조 내외의 시가총액인 경우 -0.25%~0%로 프리미엄은 없는 것으로 확인된다.

규모위험 프리미엄: 3분위수

규모	주1)평균	시가총액(단위: 백만원)			
		Min	Max	Median	Mean
Mid	−0.26%	922,834	544,116,848	11,103,155	2,238,130
Low	0.60%	336,121	859,621	556,629	543,750
Micro	3.35%	63,685	333,630	212,443	216,340

규모	주2)순자산 장부금액(단위: 백만원)					
	Min	Max	Median	Mean	Q1(1분위)	Q3(3분위)
Mid	123,757	275,948,016	1,074,278	주3)7,170,951	551,593	주3)3,712,136
Low	53,082	3,454,653	337,508	512,961	188,064	589,531
Micro	28,757	1,243,463	137,782	203,946	75,267	241,805

7 한국공인회사회, "한국의 기업규모위험 프리미엄 연구결과"(2022년 6월)를 인용하고 가이던스는 아님.

규모위험 프리미엄: 5분위수

규모	주1)평균	시가총액(단위: 백만원)			
		Min	Max	Median	Mean
1분위	−0.25%	1,851,312	544,116,848	4,187,573	17,793,014
2분위	0.00%	721,685	1,824,793	1,067,545	1,127,037
3분위	0.44%	402,051	718,622	543,751	546,965
4분위	1.82%	236,816	401,845	305,786	314,292
5분위	4.16%	63,685	234,320	162,566	163,406

규모	주2)순자산 장부금액(단위: 백만원)					
	Min	Max	Median	Mean	Q1(1분위)	Q3(3분위)
1분위	197,605	275,948,016	1,846,502	주3)11,419,987	831,889	주3)6,859,108
2분위	61,252	5,032,291	641,216	1,050,385	270,464	1,295,141
3분위	53,081	2,617,104	337,012	426,536	187,750	499,074
4분위	43,622	1,243,462	203,695	292,375	125,056	460,925
5분위	28,757	760,165	120,254	157,634	69,299	189,056

주 1) 여러 방법론에 따라 산출된 평균값을 단순 평균한 것임.

주 2) 규모분위수별 순자산 장부금액 관련 내용은 실무적용시 참고목적으로 보여주는 것이며 주재무제표(연결재무제표)를 기준으로 함.

주 3) 특정 기업의 순자산 장부금액이 예외적으로 커서 3 분위보다 평균이 더 크게 나옴.

mini MBA | **KOSPI 주간수익률로부터 면류업계 3개사의 베타값을 산출하여라.**

2021년 5월부터 2022년 4월 말까지 주간 KOSPI수익률로부터 엑셀함수를 이용하여 각 기업의 베타값을 산출하여라.

주간	농심	오뚜기	삼양식품	KOSPI	주간	농심	오뚜기	삼양식품	KOSPI
1	3.375%	−1.639%	2.203%	2.238%	27	−2.116%	−1.767%	−1.589%	−0.047%
2	3.436%	1.296%	2.909%	−1.372%	28	1.081%	−1.164%	−1.366%	−0.016%
3	−5.150%	0.366%	−11.099%	0.098%	29	1.783%	−1.285%	1.385%	0.075%
4	4.904%	−1.275%	6.007%	1.024%	30	0.350%	−1.627%	3.727%	−1.164%
5	0.835%	0.369%	−0.111%	1.610%	31	−0.175%	−0.331%	4.551%	1.086%
6	−0.166%	−0.368%	−0.890%	0.285%	32	1.748%	0.885%	5.613%	1.412%
7	6.468%	0.369%	1.347%	0.573%	33	8.763%	1.974%	3.471%	0.249%
8	−1.246%	−0.184%	0.997%	1.068%	34	−0.316%	0.645%	−3.669%	−0.176%
9	0.315%	−0.368%	−0.439%	−0.638%	35	0.951%	−2.564%	3.156%	−1.155%
10	−3.459%	−3.142%	−2.533%	−1.945%	36	1.099%	−1.645%	3.903%	−0.764%
11	9.935%	6.489%	7.345%	1.832%	37	−2.174%	−2.230%	−6.497%	−1.116%
12	−4.148%	−2.330%	−4.421%	−0.686%	38	−2.063%	−0.570%	−4.343%	−2.999%
13	1.700%	−1.101%	1.101%	−1.601%	39	4.700%	0.344%	−3.746%	−6.031%
14	−2.128%	−0.928%	−1.089%	2.125%	40	5.573%	3.314%	7.665%	3.264%
15	−4.814%	−2.060%	−3.304%	−3.029%	41	−1.906%	0.553%	4.053%	−0.093%
16	−4.241%	−3.250%	−8.656%	−3.493%	42	−1.495%	−0.770%	−3.789%	−0.116%
17	2.044%	2.569%	1.621%	2.398%	43	−5.159%	−2.993%	−4.814%	−2.469%
18	0.334%	0.385%	2.699%	2.143%	44	−1.120%	0.114%	0.115%	1.370%
19	−2.496%	−1.919%	−2.151%	−2.352%	45	−5.987%	−2.626%	−0.918%	−1.922%
20	−1.024%	0.196%	−0.611%	0.472%	46	1.377%	0.586%	6.952%	1.719%
21	−0.172%	−1.953%	0.246%	−0.486%	47	0.170%	3.963%	1.842%	0.848%
22	−2.763%	−2.789%	−0.368%	−3.394%	48	1.186%	−0.336%	4.255%	0.362%
23	3.908%	0.307%	2.091%	−2.083%	49	4.858%	4.499%	9.694%	−1.440%
24	−0.171%	−0.102%	−0.120%	1.988%	50	−1.438%	−1.615%	−4.651%	−0.160%
25	−0.171%	−0.818%	−1.809%	−0.295%	51	1.945%	2.188%	3.902%	0.321%
26	−2.744%	−0.825%	0.491%	−1.180%	52	−3.498%	0.642%	−7.700%	−0.357%
평균	0.202%	−0.279%	0.243%	−0.270%	Average(array1: array52)				
분산	0.118%	0.039%	0.184%	0.032%	VAR(array1: array52)				
표준편차①	3.436%	1.986%	4.285%	1.793%	STDEV(array1: array52)				
공분산	0.020%	0.016%	0.033%	0.032%	COV(array1: array52, arrayM1: arrayM52)*(52/51)				
상관계수②	0.3208	0.4456	0.4359		CORREL(array1: array52, arrayM1: arrayM52)				
베타	**0.6145**	**0.4933**	**1.0412**		SLOPE(array1: array52) (=①×②/표준편차)				
베타	0.547	0.629	0.818		일별수익률기준				
가중치	0.430	0.465	0.105		매출기준				

베타값은 오뚜기가 가장 작고 삼양식품이 1.0 이상으로 가장 크게 나타나 큰 편차를 보여준다. 산술평균한 베타값은 0.7164이고 매출기준으로 가중평균한 베타값은 0.6030(0.6145×0.43+0.4933×0.465+1.0412×0.105)으로 평균산출기준에 따라 차이가 있다. 이와 달리 KOPSI200 기준 일별수익률기준의 베타값은 농심이 가장 작고 삼양식품이 가장 크다. 이와 같이 수익률 산출기준과 수익률구간에 따라 베타값은 다르게 산출된다.

mini MBA

자본비용의 산출이 기업가치평가에 미치는 영향

팔도의 목표부채비율은 3.5%로 추정하고 다음 재무정보와 유사기업의 시장배수모형인 PBR(시가총액/자기자본)으로부터 추정 주식가치와 가중평균자본비용에 대해 논하여라. (단, 규모위험 프리미엄은 0%에 해당되고, 유동성 프리미엄은 평가목적에 따라 다르므로 감안하지 아니하였다.)

- 2021년 이자성부채: 33,131백만원(평가시점과 변동은 없음)
- 무위험자산수익률: 3.5%
- MRP: 7%
- 하마다모형에 의한 무부채베타: 0.4907
- 타인자본비용: 3.8%
- 평가시점 재무정보

	농심	오뚜기	삼양식품	(합산)평균	팔도
PBR	0..83×	1.05×	2.00×	1.02×	1.30×
부채비율시가총액	5.9%	34.6%	26.5%	20.6%	−
부채비율장부가액	4.8%	35.5%	52.4%	20.8%	4.5%
순부채비율장부가액	−13.5%	5.2%	9.4%	−4.3%	−18.3%
(추정)시가총액	1조 8,056억원	1조 5,815억원	7,810억원		9,446억원

재무회계기준 팔도의 부채비율과 순부채비율은 농심과 유사하고 동종업 기업 중 가장 낮다. 농심과 마찬가지로 사실상 무차입 경영이지만 팔도의 목표부채비율을 농심보다 낮은 3.5%로 추정하고 추정주식가치인 9,446억원(33,131백만원/0.035)은 1.30 PBR에 해당된다. 이는 팔도의 매출구성은 삼양식품과 유사하고 자본구조는 농심과 유사하여 팔도의 주식가치는 삼양식품과 농심의 PBR에 대해 중간수준이다.
목표자본구조에 의한 자기자본비용의 산출내용은 다음과 같다.

하마다모형에 의한 팔도의 베타값 $= 0.4907 \times \{1 + (1 - 0.25) \cdot 3.5\%\} = 0.5036$

$k_e = 3.5\% + 7\% \times 0.5036 = 7.025\%$

$WACC = 7.03\% \cdot 0.966 + 3.8\% \cdot (1 - 0.25) \cdot 0.034 = \mathbf{6.88\%}$로 산출되었다.

주요 국영문용어

교환사채_exchangeable bond	신주인수권부사채_bond with warrant
만기수익률_yield to maturity(YTM)	이표채_coupon bond
무부채기업_pure equity firm(unlevered firm)	인수수수료율_gross spread
발행비용_flotation cost	자본비용_cost of capital
규모위험 프리미엄_size risk premium	전환사채_convertible bond

| 확인학습 |

01. [CPA] 불완전자본시장하에서 유보이익의 자본비용에 대한 설명으로 가장 올바른 것은?

① 신주발행에 의한 자기자본비용보다 작다.
② 신주발행에 의한 자기자본비용과 같다.
③ 신주발행에 의한 자기자본비용보다 크다.
④ 신주발행에 의한 자기자본비용과는 관계가 없다
⑤ 유보이익은 추가로 자금을 조달하는 것이 아니므로 자본비용은 없다.

02. [CPA] 자본비용과 관련된 다음 서술 중 가장 옳은 것은?

① 자기자본비용은 부채의존도와는 무관하다.
② 타인자본비용이 자기자본보다 크다.
③ 신규투자안 평가시 기존의 WACC를 사용한다.
④ WACC가 최소가 되는 자본구성이 최적자본구조이다.
⑤ 사내유보이익을 투자재원으로 사용하는 경우 자본비용이 없다.

03. [CPA 수정] CAPM에 의한 위험(risk)에 대한 여러 설명 중 옳은 것을 모두 고르면?

a. 총위험이 큰 주식의 기대수익률은 총위험이 낮은 주식의 기대수익률보다 항상 크다.
b. 시장포트폴리오의 베타가 항상 1로서 비체계적 위험은 제거되었다.
c. 베타로 추정한 주식의 위험과 표준편차로 추정한 주식의 위험 사이에는 일정한 관계가 있다.
d. 위험자산의 수익률보다 낮은 기대수익률을 지닌 위험자산이 있다.
e. 무위험자산의 베타값은 0이다.

① a, b ② b, c ③ b, d, e ④ c, d ⑤ 모두 해당

04. 자산, 자기자본, 타인자본 등에 일반적으로 적용되는 각 자본비용을 큰 순서대로 나열하면 가장 옳은 것은?

① 자기자본≥자산>타인자본 ② 자기자본>자산>타인자본 ③ 자산≥자기자본>타인자본
④ 자기자본>자산≥타인자본 ⑤ 타인자본>자산>자기자본

05. [CPA] 무위험 이자율은 3%, 시장포트폴리오의 기대수익률은 13%이다. 아래 두 자산에 대한 균형 및 고(저)평가 여부로 가장 적절한 것은?

자산	β 계수	기대수익률
A	0.5	9%
B	1.5	17%

① 두 자산의 가격은 균형상태이다.
② 두 자산의 가격은 모두 저평가되었다.
③ 두 자산의 가격은 모두 고평가되었다.
④ A 자산은 저평가되어 있고 B자산은 고평가되어 있다.
⑤ A자산은 고평가되어 있고 B자산은 저평가되어 있다.

06. 다음 채권위험 중 채권투자자가 가장 고려하는 사항은?

ㄱ. 이자율위험	ㄴ. 재투자위험	ㄷ. 신용위험	ㄹ. 상환위험	ㅁ. 유동성위험
① ㄱ, ㄴ	② ㄱ, ㄷ	③ ㄱ, ㄹ	④ ㄷ, ㄹ	⑤ ㄱ, ㄹ

07. 기업가치평가에서 자본비용추정에서 고려해야 할 사항으로 가장 옳지 않은 것은?

① 추정기간 동안 추가 타인자본조달은 없거나 미미하다.
② 옵션내재채권이 있는 경우 그 권리 행사 여부는 확실성과 무관하게 고려하지 않는다.
③ 자본비용은 기존자본비용을 적용한다.
④ 자본제공자들이 부담하는 체계적 위험을 반영하여야 한다.
⑤ 자본비용은 시장가치에 근거한 가중치를 이용하여야 한다.

계산형 문제

08. [CPA] ㈜명동의 가중평균자본비용은 ____%이다(소수점 둘째 자리까지 산출하여라).

(주)명동 주식의 베타는 1.2이고 부채비율(부채/자기자본)은 150%이다. 명동이 발행한 회사채는 만기 2년, 액면가 1,000,000원인 무이표채이다. 현재 만기가 1년 남은 이 회사채의 시장가격은 892,857원이고, 이 회사의 다른 부채는 없다. 시장포트폴리오의 기대수익률은 연 10%이고 무위험수익률은 연 2%이며 법인세율은 30%이다.

09. [CPA] A기업의 자본구조는 액면가 5,000원, 시장가격이 10,000원인 보통주 30,000주와 액면가 1억원, 액면(표면)이자율 14%, 시장가격 1억원인 회사채로 구성되어 있다. A기업의 당기순이익은 3,750만원인데 이 중 40%가 배당되었고 재투자수익률은 20%이며, 이러한 배당성향과 재투자수익률은 앞으로도 계속될 것이다. 법인세율이 40%일 경우, 가중평균자본비용(WACC)은_____%이다. (소수점 첫째 자리까지 계산하여라)

10. [CPA] A기업의 총자산은 부채 5,000만원과 보통주 5,000만원으로 이루어져 있다. 총자산 규모가 2억원이 되도록 사업을 확장하려 한다. 현재 최적인 자본구조를 계속 유지할 것이며, 사업확장에 필요한 자본은 지급이자율이 5%인 회사채와 보통주를 발행하여 조달하기로 결정하였다. 보통주의 시장가격은 20,000원이고, 배당금은 주당 1,000원을 지급하고 있으며 향후 5%로 계속 성장할 것으로 예상하고 있다. 신주의 발행비용은 주당 2,500원이 소요되고 법인세가 40%일 때 A기업의 자본조달비용은 ____%이다. (부채의 발행비용은 없으며 조달된 자본으로 시작하는 사업은 현행과 동일한 것이고 위험변화는 없다고 가정함)

11. [CPA] 주가가 18,000원이고 직전 배당금은 1,100원이며 성장률은 10%인 기업이 있다. 무위험이자율은 10%, 시장포트폴리오 기대수익률의 15%인 경우 이 기업의 β는 ____이다. (소수점 둘째 자리까지 산출하여라)

12. [CPA] A사의 다음 연도 주당순이익은 2,500원, ROE는 12.5%를 예상하고 있다. 투자자들이 이 주식에 대해 요구하는 수익률은 연 9.5%이다. 회사의 내부유보율이 60%라 하면 이 주식의 내재가치는 ________원이다.

13. [CPA] 총 1억원의 자금을 1천만원씩 10개의 주식을 투자한 포트폴리오가 있다. 현재 포트폴리오의 β는 1.64이다. β가 2.0인 주식을 매각하고 새로운 주식을 매입한 경우, 새로운 포트폴리오의 β가 1.5일 때 새로운 주식의 β는 ______이다.

14. A기업의 자본비용에 대한 정보는 다음과 같다. 가중평균자본비용은______%이다.

CAPM에 의한 자기자본비용	15%	타인자본비용	10%
법인세	25%	목표자본구조	부채비율 25%

15. [CPA] A기업의 재무레버리지(B/S)는 1이고, 동일한 위험을 가진 B기업의 재무레버리지는 2이다. A기업의 보통주 베타계수가 0.5일 때, B기업의 보통주 베타계수는 ______이다. 단, 두 기업은 무위험차입이 가능하다.

16. 분석자는 평가시점에서 1년간 주별 KOSPI200에 대한 농심의 주간주식수익률을 회귀분석하여 다음과 같은 회귀식을 도출하였다. 시장위험프리미엄은 7%이다.

$$R_{농심} = 0.386\% + 0.5966R_m$$

무위험자산수익률은 3.5%, 현재주가는 303,500원이고 이는 1년전 주가보다 17,500원 오른 가격이다. 올해 주당배당금은 작년과 같이 4,000원이다. 올해 농심의 기대수익률은 ______%이고 실제수익률은 ______%, 보유수익률은 ______%이다.

17. [CPA수정] 포트폴리오 매니저인 김민국씨는 A기업의 자본비용을 추정하였다. 이를 위해 A기업에 대해 다음과 같은 자료를 수집하였다. 아래의 정보는 이후 변동이 없을 것으로 예상되며, 회사채는 채무불이행위험이 없다고 가정한다.

- 자본구조 – 회사채를 발행하여 조달한 부채와 보통주를 발행하여 조달한 자본으로 구성 – 부채비율(B/S): 100%
- 회사채 관련 정보
  – 액면이자율(coupon rate): 8% – 현재 액면가(par value)로 거래되고 있으며, 1년에 한 번 이자를 지급하는 영구채
- 보통주 관련 정보
  – 시장포트폴리오의 기대수익률: 9%
  – 무위험이자율: 5%
  – A기업의 주식베타: 1.2
  – A기업의 배당성장률 예측치: 5%
  – 작년말 주당 배당(d_0): 5원
  – A기업의 현재 주가: 250원
- 법인세율: 30%

위의 자료를 바탕으로 김민국씨는 다음과 같은 보고서를 작성하였다.

- 자기자본비용
  – 일정성장 배당평가모형(항상성장모형 혹은 고정성장모형)을 활용하여 자기자본비용을 계산할 수 있으나, A기업의 경우 CAPM모형을 적용하는 것이 적절하다고 판단되었다.
  – CAPM모형을 이용하여 추정한 자기자본비용 (가)%이고 부채비율(B/S)은 100%이다.
- 타인자본비용
  – 세전타인자본비용은 현재 시장에서 거래되고 있는 A기업 회사채를 통해 추정한 만기수익률을 이용하였으며, 세후타인자본비용은 (나)%이다.
- A기업의 현재 부채비율(B/S)은 100%이고, 자기자본비용과 세후타인자본비용을 활용하여 추정한 가중평균자본비용은 (다)%이다.

(물음 1) 빈 칸 (가)와 (나)에 들어갈 자기자본비용과 세후타인자본비용은 얼마인가? 계산결과는 %단위로 표시하되 반올림하여 소수점 첫째 자리까지 표기하라.

(물음 2) A기업의 자기자본비용 추정과 관련하여 다음 물음에 답하여라

① 일정성장 배당평가모형을 활용하여 A기업의 자기자본비용을 추정하라. 계산결과는 %단위로 표시하되 반올림하여 소수점 첫째 자리까지 표기하라.

② ①의 계산결과를 이용하여 김민국씨가 일정성장 배당평가모형을 이용하였을 때 문제점을 2줄 이내로 설명하라.

③ 빈 칸 (다)에 적절한 가중평균자본비용은 얼마인지 계산하라. 계산결과는 %단위로 표시하되 반올림하여 소수점 첫째 자리까지 표기하라.

18. A기업의 PBR은 2.0×이고 당기 재무상태표와 손익계산서는 추정재무자료이다. 다음 재무정보로부터 자기자본비용을 구하면 ______%이다. (발행주식총수는 2백만주이다)

추정재무상태표						추정손익계산서	
(백만원)	기초	당기		기초	당기	(백만원)	
영업현금	700	940	매입채무	1,700	3,100	매출액	30,000
단기금융상품	2,500	2,900	미지급비용	300	500	매출원가	22,500
매출채권	1,500	2,500	미지금	50	180	매출이익	7,500
재고자산	4,500	5,200	단기차입금	1,500	1,000	판매관리비	4,500
장기금융상품	550	1,100	장기차입금	2,000	2,000	영업이익	3,000
토지	5,000	5,000	사채	5,000	5,000	이자비용	300
건물	7,000	7,050	자본금	10,000	10,000	세전이익	2,700
기계장치	10,400	10,310	이익잉여금	11,600	13,220	법인세	540
자산총계	**32,150**	**35,000**	**부채와 자본총계**	**32,150**	**35,000**	당기순이익	2,160

해답

01. ①

① 불완전시장은 거래비용이 존재하므로 유보이익의 자본비용보다 신주발행자본비용이 크다.
② 신주발행에 의한 자기자본비용과 같으면 거래비용이 없는 완전자본시장이다.

02. ④

① 부채가 증가하면 재무위험이 증가한다.
② 타인자본비용이 자기자본보다 작다.
③ 신규투자안 평가시 신규투자에 따른 WACC를 사용한다.
⑤ 사내유보이익을 투자재원으로 사용하더라도 유보이익에 대해 자기자본비용이 존재한다.

03. ③

a. 자산의 기대수익률은 체계적 위험에 의해 결정된다.
c. 베타는 체계적 위험이고 표준편차는 총위험이므로 이 두 위험 간에는 일정한 관계가 성립하지 않는다.

04. ① 무부채기업인 경우, 자본비용은 자기자본비용이다.

05. ④ $A(E_r)=3\%+0.5(13\%-3\%)=8\%$ 그러므로 저평가, $A(E_r)=3\%+1.5(13\%-3\%)=18\%$ 그러므로 고평가.

06. ② 채권투자자는 이자율위험과 채무불이행위험인 신용위험에 더 민감하다.

07. ③ 투자의사결정은 증분현금흐름을 따르므로 신규투자시 조달되는 자본의 자본비용인 한계자본비용으로 추정해야 한다.

08. $WACC=k_d(1-t)\dfrac{B}{B+S}+k_e\dfrac{S}{B+S}=12\%\times(1-0.3)\times0.6+11.6\%\times0.4=5.04\%+4.64\%=\mathbf{9.68\%}$

자기자본구성비 $=1/(1+\text{부채비율})=1/2.5=40\%$

$892,857=\dfrac{1,000,000}{1+k_d}\rightarrow k_d=12\%,\quad k_e=2\%+(10\%-2\%)\times1.2=11.6\%$

09. $g=ROE\times(1-d)=20\%\times60\%=12\%\quad EPS=\dfrac{3,750\text{만원}}{3\text{만주}}=1,250\text{원}$

$P_0=10,000=\dfrac{D_1}{k_e-g}=\dfrac{D_0(1+g)}{k_e-g}=\dfrac{EPS_0\times d\times(1+g)}{k_e-g}=\dfrac{1,250\times0.4\times1.12}{k_e-0.12}\rightarrow k_e=17.6\%$

$WACC=17.6\%\times\dfrac{3}{3+1}+14.0\%\times(1-0.4)\dfrac{1}{3+1}=\mathbf{15.3\%}$

10. $P_0=20,000-2,500=17,500=\dfrac{D_1}{k_e-g}=\dfrac{D_0(1+g)}{k_e-g}=\dfrac{1,000\times1.05}{k_e-0.05}\rightarrow k_e=11\%$

$WACC=11\%\times\dfrac{1}{2}+5\%\times(1-0.4)\dfrac{1}{2}=\mathbf{7\%}$

11. $P_0=18,000=\dfrac{D_1}{k_e-g}=\dfrac{D_0(1+g)}{k_e-g}=\dfrac{1,100\times1.1}{k_e-0.10}\rightarrow k_e=16.72\%$

$k_e=16.72\%=10\%+(15\%-10\%)\times\beta_i\rightarrow\beta_i=\mathbf{1.34}$

12. $g=12.5\%\times0.6=7.5\%\quad D_1=2,500\times0.4=1,000\text{원}$

$P_0=\dfrac{D_1}{k_e-g}=\dfrac{1,000}{9.5\%-7.5\%}=\dfrac{1,000}{2\%}=\mathbf{50,000\text{원}}$

13. 기존포트폴리오 베타: $\frac{1}{10}(\beta_1+\beta_2 \cdots+\beta_9+2.0)=1.64 \rightarrow \frac{1}{10}(\beta_1+\beta_2 \cdots+\beta_9)=1.44$

신규포트폴리오베타$=\frac{1}{10}(\beta_1+\beta_2 \cdots+\beta_9+\beta_{\text{new}})=1.5 \rightarrow \beta_{\text{new}}=\mathbf{0.6}$

14. 자기자본=1/1.25=80% 부채 20%로 구성
$WACC=15\%\times0.8+10\%\times(1-0.25)\times0.2=12\%+1.5\%=\mathbf{13.5\%}$

15. $\beta_U=\dfrac{\beta_L}{1+\dfrac{B}{S}}=\dfrac{0.5}{1+1}=0.25 \rightarrow \beta_L^B=0.25\times(1+2)=0.75$

16. 기대수익률$=3.5\%+0.5966\cdot7\%=\mathbf{7.676\%}$
CAPM모형을 적용하면 Y절편과의 차이$=0.386\%-R_f(1-\beta_i)=0.386\%-3.5\%\cdot(1-0.5966)=-1.026\%$
그러므로 실제수익률은 $7.676\%-1.026\%=\mathbf{6.65\%}$
보유수익률$=17{,}500/286{,}000+4{,}000/286{,}000=6.12\%+1.40\%=\mathbf{7.52\%}$

17. (물음1) (가) $k_e=5\%+(9\%-5\%)\times1.2=\mathbf{9.8\%}$, (나) $k_d(1-t)=8\%(1-0.3)=\mathbf{5.6\%}$

(물음2) ① $250=\dfrac{5\times1.05}{k_e-5\%} \rightarrow k_e=\mathbf{7.1\%}$

② 성장률이 자기자본비용보다 작음은 충족하지만 매년 5%씩 영구히 성장하지 못할 가능성이 있다.

③ $WACC=9.8\%\times\frac{1}{2}+5.6\%\times\frac{1}{2}=\mathbf{7.7\%}$

18. $P_0=2\times BPS_0=2\times\dfrac{(10{,}000+11{,}600)}{2}=21{,}600$원

배당성향$=\dfrac{\text{배당금}}{\text{당기순이익}}=\dfrac{2{,}160-(13{,}320-11{,}600)}{2{,}160}=\dfrac{540}{2{,}160}=25\%$, 내부유보율=75%

$D_1=25\%\times EPS_1=0.25\times\dfrac{2{,}160}{2}=270$원

$g=ROE\times b=\dfrac{2{,}160}{10{,}000+11{,}600}\times0.75=0.075=7.5\%$

$k_e=\dfrac{D_1}{P_0}+g=\text{배당수익률}+\text{성장률}=\dfrac{270}{21{,}600}+0.075=0.0125+0.075=0.0875=\mathbf{8.75\%}$

PBR의 검증:

$ROE=\dfrac{EPS_1}{BPS_o}=10\% \rightarrow EPS_1=10\%\times BPS_0 \qquad P_o=\dfrac{EPS_1\times0.25}{k_e-7.5\%}=\dfrac{10\%\times BPS_0\times0.25}{k_e-7.5\%}$

$PBR=2.0=\dfrac{P_0}{BPS_o}=\dfrac{10\%\times0.25}{k_e-7.5\%}$

$(k_e-7.5\%)\times2.0=10\%\times0.25=2.5\% \qquad k_e=\mathbf{8.75\%}$

제8장

상대가치평가모형

주식의 내재가치의 동인을 보여주는 투자분석지표들을 중심으로 시장정보를 이용한 상대가치평가의 특성을 파악하고 투자분석지표에 따른 유용성과 한계점을 살펴본다. 아울러 시가배수모형을 보완해주는 영업가치배수모형의 개념을 국내외에서 처음으로 제시하고 소개한다.

제1절 상대가치모형의 개념과 적용절차

상대가치평가(relative valuation) 또는 시장가치배수법(market multiple method)은 평가대상기업과 유사한 비교가능한 기업의 시가배수(market multiples)를 바탕으로 주식가치를 산출하는 방법이다. 여기서 시가배수란 주식가치(stock price)나 기업가치(EV: enterprise value)를 가치동인(value driver)으로 나눈 상대적인 값을 말한다. 가치동인은 수익성, 성장성, 재무건전성과 관련한 기업의 펀더멘털을 의미한다. 펀더멘털이 변동하여 주가가 움직인다면 시가배수로부터 펀더멘털에 의한 기대치와 시장반응과의 차이를 파악할 수 있다.

상대가치법은 크게 주식가치로부터 투자분석지표에 대한 배수를 산출하는 주가배수법(P-multiple model)과 기업가치로부터 투자분석지표에 대한 배수를 산출하는 기업가치배수법(EV-multiple model)이 있다. 주가배수법의 대표적인 비율로는 PER, PBR, PCR, PSR 등이 있다. 한편 기업가치배수법은 기업가치에서 부채를 차감한 잔여가치인 주식가치를 간접적으로 구한다는 점에서 주식가치를 직접 산출하는 주가배수모형과 구분된다. 기업가치배수법은 자본구조가 서로 다른 기업들을 비교하는 데 효과적이고 대표적인 비율로는 EV/EBITDA와 EV/EBIT 등이 있다.

상대가치모형에서 가치동인 관련 투자분석지표들로는 매출액, 영업이익, 순이익, EBITDA, 순자산 등이 있다. 상대가치법은 산출방식이 간단해 인수·합병 관련 가격산정이나 IPO 공모가격 등 주로 비상장사의 주식가치를 평가하는 데 활용된다. 이 모형은 주식시장에 평가대상기업과 동일하거나 유사한 사업을 영위하는 비교가능한 기업들이 존재하고, 주식시장은 이들 기업의 주식가치를 평균적으로 적정하게 평가하고 있다고 가정한다. 이 방법은 소득접근법보다 비교적 간단하고 유사기업과 연관성을 갖기 때문에 주식가치평가에 신뢰성이 있는 유용한 방법으로 인정받고 있다. 특히 소득접근법에서 적용하는 영구가치(CV)를 이 방법으로 대신 활용이 가능하다.

▪ 적용절차

상대가치모형에 필요한 비교기업들을 먼저 선정하고, 가치동인별로 비교기업의 시가배수(market multiple)들을 산출한다. 비교기업은 표준산업분류코드가 동일한 업종에 속한 기업 중 주력 제품, 기업규모, 보유기술, 고객특성, 경쟁상황, 재무구조 등 여러 측면에서 가장 유사한 기업을 선정한다. 특히, 평가대상기업과 동일한 주요 제품군을 영위하는 동종업 기업들은 재무비율수준도 비슷할 것으로 기대되기 때문에 재무비율은 투자분석지표를 결정하는 데 중요하다. 예를 들어, 평가대상기업과 비교기업이 부채비율만 다를 뿐 모든 면에서 동일하다면, 레버리지와 무관한 투자분석지표를 선택해야 한다.

시가배수는 주가가 투자분석지표인 주당순이익(earnings per share: EPS), 주당순자산(book-value per share: BPS), 주당매출액(sales per share: SPS) 등 대비 몇 배인지 또는 기업가치가 EBIT 및 EBITDA 대비 몇 배가 되는지를 나타내는 값이다. 시가배수는 업종특성 및 성장단계 그리고 기업규모 등에 따라 차이가 있어 비교기업으로부터 산출된 여러 시가배수 중 비교기업간 편차가 적고 평가목적과 가장 적합한 시가배수모형을 최종 선정한다. 마지막으로 선정된 시가배수를 평가대상기업의 투자분석지표와 곱하여 주식가치 및 기업가치를 산출한다.

상대가치평가법에서 가장 유의해야 할 점은 비교기업의 선정과 적용방법의 선택이다. 평가대상기업의 사업특성이 잘 반영된 비교기업을 선택하지 않으면 평가결과가 왜곡된다. 특히 상대가치평가모형은 평가시점의 시장상황에 따라 평가대상기업의 주식가치가 과대(과소) 평가될 수 있는 개연성도 존재한다. 아울러 시장배수에 적용되는 투자분석지표들 중 산업특성상 선호되는 것도 있다. 그러므로, 시가배수의 여러 모형들은 각각 특징을 지니므로 평가대상기업이 영위하는 산업적 특성이 잘 반영되고 비교기업간 편차가 적은 가치동인에 기초한 모형을 선택해야 한다. 따라서 상대가치모형은 분석자가 어떤 기업을 비교기업으로 선정할 것인지, 어떤 재무정보를 기준으로 모형을 선택할 것인지에 따라 평가방법의 적합성이 결정되므로 그 기준을 선정하는 데 각별한 주의가 필요하다.

제2절 투자분석지표를 활용한 상대가치평가

2.1 주가수익비율(PER: price earnings ratio)

PER(또는 P/E ratio)은 주가를 주당순이익(EPS)으로 나눈 비율이다. PER은 기업이 벌어들인 한 단위의 이익에 대해 주식시장의 투자자들이 대가를 얼마나 지불하고 있는지를 나타낸다. 그러므로 이 지표는 기업의 단위당 수익에 대한 상대 적 주가수준을 보여준다.

$$PER = \frac{주가(P_0)}{주당순이익(EPS)} = \frac{시가총액}{(지배기업\ 소유)순이익}$$

위의 PER은 과거 PER(trailing PER)이다. PER은 주당이익 대비 주가가 몇 배인지를 나타낸다는 의미에서 이익승수(earnings multiplier)라고 한다. PER은 기업마다 이익의 질(earnings quality)이 다르기 때문에 동종업 기업이라도 차이가 난다. 이익의 질이란 회계처리방법, 이익의 지속성, 성장성, 기업위험, 시장경쟁우위와 같은 질적요인에서 비롯된 차이를 의미한다.[1] 당기순이익은 영업활동에 의해 창출된 수익은 물론 영업외손익도 반영된 결과이므로 PER은 기업이 창출한 이익의 질에 대한 정보를 제공한다.

동종업 기업의 단위당 이익이 동일해도 상대적으로 PER이 낮으면 저평가된 것으로 판단한다. 이와 같이 PER은 수익에 대한 질적평가를 반영하고 있어 해당 주식에 대한 투자자의 신뢰를 내포한 신뢰도지수(confidence index)로서 의미도 갖는다. 하지만, 주식거래량이 적은 기업도 낮은 PER 상태에 머물거나, PER이 평가시점에서 특정 산업에 대한 과도한 시장반응으로 인해 과대평가될 수도 있다. 가령, 평가대상기업이 전기자동차 관련 업종이라면, 미래 지향적인 업종으

---

1 이익의 질이란 보수적인 회계처리방법 외에도 이익의 현금흐름가능성과 이익의 지속가능성이 중요한 개념으로 포함된다. 이 경우 회계이익의 질은 이익이 현금흐름으로 전환되는 정도로 측정되며, 전환되는 속도가 빠를수록 이익의 질은 높아진다. 따라서 영업활동으로 지속적인 이익이 창출될 가능성과 현금으로 실현될 가능성이 높을수록 회계이익의 질은 높다.

로 인식되어 시장에서 과열 분위기가 형성되어 평가시점에 따라 일시적으로 과대평가될 수도 있다. 이때 비교기업의 주가정보를 이용해서 가치평가를 하면 체계적인 오류를 범하게 된다.

Gordon의 배당모형의 과거 PER(trailing PER)과 선행 PER(forward PER)로부터 자기자본이익률(ROE)과 배당성장률과의 관계를 살펴보면 아래와 같다.

$$P_0 = \frac{D_1}{k_e - g} = \frac{EPS_0(1+g)(1-b)}{k_e - g} = \frac{EPS_0(1+g)(1-b)}{k_e - ROE \times b} \text{(단, } k_e > g)$$

$$PER = \frac{P_0}{EPS_0} = \frac{(1+g)(1-b)}{k_e - ROE \times b} = \frac{(1+g)(1-b)}{k_e - g}$$

$$PER(forward) = \frac{P_0}{EPS_1} = \frac{\frac{EPS_1(1-b)}{k_e - g}}{EPS_1} = \frac{1-b}{k_e - g} = \frac{d}{k_e - g}$$

PER은 배당성향과 성장률에 대해 비례하고, 위험에 대해 반비례한다. 그러므로 같은 기대성장률일지라도 위험이 높을수록 PER이 낮아지므로 위험이 낮은 기업의 PER은 위험이 높은 기업의 PER보다 크다. 즉 위험이 클수록 요구수익률이 크기 때문이다.

PER의 활용

PER을 활용하여 팔도의 적정주가를 산출하여라(단 주식수는 4,814,002이다).

단순평균	(백만원)	농심	오뚜기	삼양식품	팔도
14.72×	순이익①	99,828	129,410	56,348	55,222
	시가총액②	1,805,567	1,581,474	780,981	–
	PER(②÷①)	18.09×	12.22×	13.86×	
P = 14.72배 × 55,222백만원/4,814,002주 = 168,850원					

위의 표는 동종업 PER을 산출한 결과이다. 오뚜기와 삼양식품의 PER은 유사한 반면에 농심은 매우 높다. 이는 비영업자산이 총자산에서 차지하는 비중이 비교기업보다 상대적으로 크기 때문이다. 즉 농심의 주가에 비영업자산의 가치도 반영됨을 시사한다. 동종업 평균 PER인 14.72배를 적용하면 팔도의 주당주식가치는 168,850원으로 평가된다.

■ PER의 한계

① 순손실이 발생하는 기업은 PER을 적용할 수 없다.

② 순이익의 변동으로 인해 PER은 기간에 따라 변동성이 크다. PER은 주당순이익의 크기에 따라 민감하게 변동하는 경향이 있어 다른 배수지표보다 안정성이 떨어진다. 예를 들어, 이익이 너무 작아 PER이 높아질 수 있다.

③ 국제간 PER을 비교하여 주가수준을 평가할 때 국가간 회계처리방법이나 과세 등에 차이가 있어 주당순이익을 재조정할 필요가 있다.

④ 주당순이익은 경제적 이익이 아닌 취득원가에 기초한 회계적 이익을 사용하므로 결과적으로 인플레이션이 적용되지 않아 이익이 과대계상되어 PER이 낮을 수 있다.

2.2 주가순자산비율(PBR: price book-value ratio)

PBR은 주가를 주당순자산(자기자본/유통주식수: BPS)로 나눈 비율이다. 시가총액을 장부가치로 나눈 승수로서 M/B비율(market to mook ratio)이라 불린다.

$$PBR = \frac{\text{주가}(P_0)}{\text{주당순자산}(BPS)} = \frac{\text{시가총액}}{\text{지배기업소유 순자산}}$$

PER이 수익가치에 대한 상대적인 주가수준을 보여준다면, PBR은 자산가치에 대한 상대적인 주가수준을 측정한 지표라는 점에서 차이가 있다. 또한 PER은 주가와 수익의 흐름(flow) 관계를, PBR은 주가와 순자산의 저량(stock) 관계를 각각 나타낸다. 주당순자산 산출시 자본총계는 지배기업 소유지분을 의미한다. 자산의 시장가치는 기업의 이익창출력(earning power)과 미래현금흐름을 반영하므로 역사적 원가로 표시한 자산과 시장가치의 차이는 기업의 수익창출력을 보여준다.

$$PBR = \frac{\text{순이익}}{\text{순자산}} \times \frac{\text{시가총액}}{\text{순이익}} = ROE \times PER = \frac{ROE(1-b)}{k_e - g} = \frac{ROE - g}{k_e - g}$$

PBR은 ROE와 수익의 질적인 요소인 PER이 결정요인으로 분해할 수 있다.

이론적으로 ROE가 자기자본비용을 충족하지 못하면(초과하면) 시장가치는 장부가치보다 작게(크게) 된다. 그러므로 PBR은 ROE와 k_e의 차이에 의해 결정된다. PBR에 대해 배당성향 및 성장률 그리고 ROE는 비례하고, 주주요구수익률은 반비례한다. PBR과 ROE의 관계를 달리 살펴보면, PER의 역수인 E/P는 주당순이익을 주가로 나눈 비율로 이를 이익수익률(earnings yield)이라 한다.

$$\frac{1}{PER}=\frac{E}{P}=\frac{\frac{EPS}{BPS}}{\frac{P}{BPS}}=\frac{ROE}{PBR}$$

투자수익을 높이려면 높은 ROE에도 불구하고 상대적으로 PBR이 낮은 주식이 가장 바람직한 투자대상이고, 이는 저평가된 PER과 궤를 같이 한다.

PBR의 활용

PBR을 활용하여 팔도의 적정주가를 산출하여라(단, 주식수는 4,814,002이다).

단순평균	(백만원)	농심	오뚜기	삼양식품	팔도
1.29×	순자산①	2,184,550	1,505,165	390,387	728,247
	시가총액②	1,805,567	1,581,474	780,981	–
	PBR(②÷①)	0.83×	1.05×	2.00×	
	ROE	4.73%	8.90%	15.38%	7.95%

P＝1.29배×728,247백만원/4,814,002주＝**195,150원**

위의 표에서 동종업 PBR을 살펴보면, ROE가 PBR의 결정요인으로 작용하는 것으로 나타났고 농심의 PBR이 1.0 이하로 가장 낮지만 ROE도 가장 낮아 상대적으로 다른 비교기업보다 저평가된 것으로 해석하기 어렵다. 동종업 평균 PBR인 1.29배를 적용하면 팔도의 주당주식가치는 195,150원으로 평가된다

■ PBR의 장점 및 한계[2]

① 기업간에 비교적 일관성 있는 회계원칙을 적용하면, PBR은 유사기업과 비교하여 저평가 여부를 판단하는 데 유용하다.

② 순손실 여부와 상관없이 PBR은 적용 가능하다.

③ 금융기관 같이 유동자산을 많이 보유한 기업의 가치평가에 적당한 평가방법이다.

④ 순이익과 마찬가지로 장부가치도 회계처리방법에 따라 영향을 받으므로 비교기업 간 회계원칙이 다른 경우 PBR의 적용은 적합하지 않다.

⑤ 산업특성상 자본적 지출이 별로 요구되지 않는 서비스업의 경우 장부가치가 주는 의미는 크지 않다.

⑥ 장기간 누적손실로 인해 장부가치가 음(−)인 기업은 PBR을 적용할 수 없다.

2.3 주가매출액비율(PSR: price sales ratio)

PSR은 주가를 주당매출액(sales per share)으로 나눈 비율로 순이익률과 PER로 재구성할 수 있다.

$$PSR = \frac{\text{주가}(P_0)}{\text{주당매출액}(SPS)} = \frac{\text{시가총액}}{\text{순이익}} \times \frac{\text{순이익}}{\text{매출액}} = PER \times \text{순이익률}$$

어떤 기업이 창업 초기여서 PER이 낮지만 미래에 수익이 늘어나 성장잠재력이 있다면 PSR이 낮은 주식이 좋은 투자대상이다. 일반적으로 매출총이익률이 높고 PSR이 낮은 기업의 주식은 저평가된 것으로 본다. 따라서 PSR은 이익률에 직·간접적으로 크게 좌우되는데 수익성은 미래의 성장률과도 직결되기 때문이다. 매출을 확대하고 자기자본이익률을 유지하지 않으면 순이익이 감소하여 결국 미래의 성장률은 감소할 수밖에 없다. PSR은 계산이 매우 간단하여 저평가된

---

2 일부 교재에서 장부가치는 변동성이 적은 비교적 안정된 수치로서 시장가치와 비교될 수 있는 장점이 있다고 일방적으로 서술하고 있으나 산업별로 상이할 것으로 판단된다. BPS는 다른 투자분석지표에 비해 상대적으로 큰 수치여서 PBR배수모형의 특성상 안정된 배수로 보이는 것뿐이다. 각 비교기업의 PBR배수를 적용하여 평가대상기업의 평가금액으로 전환하면 변동성은 크므로 안정된 수치라는 견해는 산업별로 달리 판단되어야 한다.

비 인기종목을 고르는 방법으로 주로 활용된다.

PSR의 활용

PSR을 활용하여 팔도의 적정주가를 산출하여라(단 주식수는 4,814,002이다).

단순평균	(백만원)	농심	오뚜기	삼양식품	팔도
0.81×	매출액①	2,662,983	2,875,272	642,030	767,864
	시가총액②	1,805,567	1,581,474	780,981	–
	PSR(②÷①)	0.68×	0.55×	1.22×	
P=0.81×767,864백만원/4,814,002주=129,200원					

위의 표에서 PSR을 살펴보면, 농심과 오뚜기의 PSR은 유사하지만 삼양식품의 PSR은 다른 비교기업에 비해 매우 높은 것으로 나타났다. 동종업 평균 PSR인 0.81배를 적용하면 팔도의 주당주식가치는 129,200원으로 평가된다. 다른 상대가치모형에 비해 PSR배수는 팔도의 주식가치를 현저하게 낮게 평가된다.

▪ PSR의 장점

① 동종업 기업간 매출인식에 대한 회계처리방법이 기업간 차이가 거의 없어 비교가 쉬워 PSR은 장기적으로 안정적인 지표이다.

② 순손실이나 자본잠식에 처한 기업의 주식가치평가에 보조지표로 적용 가능하고 순이익 구성상 비경상적 요인과 무관하여 동질적인 비교를 할 수 있다.

③ 경기순환업종의 경우, PER보다 변동성이 적어 평가지표로서 신뢰성이 높은 편이다. 예를 들면, 경기순환기업의 PER은 매출액보다 순이익이 경기변화에 민감하므로 PSR보다 변동이 크다.

▪ PSR의 한계

기업이 비용을 통제하지 않는 경우이다. 순이익이 급감하고 주식가치가 급락함에도 불구하고 매출액은 유지될 수 있기 때문에 기업간의 순이익률 차이를 조정하지 않으면 평가결과에 심각한 오류가 생길 수 있다. 즉, PSR이 적합한 투자지표로 적용되려면 비교기업 간에 매출액 대비 수익률이 유사해야 한다. 하지만, 현실적으로 기업마다 수익성이 달라 매출규모로만 주가를 단순비교하면 수익성을 배제한 외형적 크기만 강조되어 정보가 왜곡될 수 있어 주의가 필요하다.

2.4 주가현금흐름비율(PCR: price cash-flow ratio)

PCR은 주가를 주당영업활동에 의한 현금흐름(operating cash flow per share)으로 나눈 비율이다.

$$PCR = \frac{\text{시가총액}}{\text{영업활동에 의한 현금흐름}}$$

동일한 주가에서 PCR은 PER보다 배수가 낮고 수익성을 고려할 때 PER보다 PCR이 투자분석지표로서 타당하다는 견해도 있다. 이 배수는 PER과 함께 보완적인 지표로 활용된다. 현금흐름은 업종특성 및 기업규모에 따라 차이가 많이 발생한다. 이러한 비교가능성의 문제점을 극복하고 경제적 실질과 일치하는 지표로 제시된 것이 PCR이다. 따라서, PCR에서 현금흐름은 이익과 비현금성비용의 합(earnings-plus-noncash-charges)을 의미한다. PCR은 이익에 비해 조작이 쉽지 않을 뿐만 아니라 이익의 질 차이에 따른 문제를 해결할 수 있다.

PCR의 활용

PCR을 활용하여 팔도의 적정주가를 산출하여라(단 주식수는 4,814,002이다).

단순평균	(백만원)	농심	오뚜기	삼양식품	팔도
10.58×	현금흐름①	231,492	149,782	58,358	54,420
	시가총액②	1,805,567	1,581,474	780,981	–
	PCR(②÷①)	7.80×	10.56×	13.38×	

P = 10.58배 × 54,420백만원/4,814,002 = **119,600원**

위의 표에서 보는 바와 같이, PER과 달리 PCR은 비교기업 중 삼양식품이 가장 높고 농심이 가장 낮게 나타났다. 동종업 평균 PCR인 10.58배를 적용하면 팔도의 주당주식가치는 119,600원으로 평가된다. PSR 배수와 함께 PCR 배수에 의한 팔도의 주식가치는 다른 모형보다 상대적으로 매우 낮게 평가되었다.

2.5 EV/EBITDA

기업가치배수법은 유사기업의 지표로부터 평가대상기업의 기업가치를 평가한 후 타인자본을 차감하여 주식가치를 간접적으로 구하는 방법이다. 대표적인 기업가치배수모형으로는 EV/EBITDA와 EV/EBIT가 있다. 기업가치(enterprise value: EV)는[3] 개념적으로 인수자가 인수대상기업의 부채와 주식을 모두 인수할 때 필요한 자금을 의미하고 그 식은 다음과 같다.

$$EV = \text{시가총액} + \text{이자성부채} - \text{초과현금} = \text{시가총액} + \text{순부채}$$

여기서 초과현금 = 현금 및 현금성자산 + 장·단기 금융상품 + 시장성유가증권

인수자 입장에서는 시가총액은 매도자에게 프리미엄까지 포함한 인수대가이다. 인수자는 부채까지 부담해야 하므로 인수대상기업이 보유한 초과현금으로 부채를 상환하는 데 사용할 수가 있다. 따라서 인수자가 실제로 부담해야 할 부채는 이자성부채에서 초과현금을 차감하는 이유이다. 다른 한편으로는 시가총액은 비영업자산의 가치를 포함하고 있고 EBIT이나 EBITDA는 비영업자산에 대한 수익과 무관하므로 일관성을 유지하기 위해 초과현금을 제외한다는 견해도 있다. 따라서 EV는 초과현금을 배제한 영업가치(operating value)에 초점을 둔 협의적인 의미의 기업가치로 볼 수 있다. 그러나 EV는 초과현금을 영업현금과 구분하지 않고, 초과현금 외 투자부동산과 같은 비영업자산도 포함하고 있어 완전한 개념의 영업가치로 보기 힘들다.

EV/EBITDA는 PER과 유사하게 시장에서의 기업가치(EV)가 영업활동을 통해 얻은 이익(EBITDA)의 몇 배인지를 나타내는 비율이다.

$$EV/EBITDA = \frac{\text{시가총액} + \text{순부채}}{EBITDA} = \frac{\text{시가총액} + \text{이자성부채} - \text{초과현금}}{\text{영업이익} + \text{유·무형자산상각비}}$$

초과현금 = 현금 및 현금성자산 + 장·단기금융상품 + 시장성유가증권

평가목적상 순부채 산정시 초과현금인 금융상품은 산입하되 영업현금은 제외되어야 한다. 하지만 비교기업의 현금 및 현금성자산 중 영업현금이 기업마다 어느 정도인지 추정하기 어려워 현금 및 현금성자산을 재무현금으로 본다.

---

3 기업가치배수에서 의미하는 협의적인 의미인 EV와 구분하기 위해 FCF모형 및 EVA모형과 같은 소득접근법에서는 (총)기업가치를 FV(firm value)로 표현하기로 한다. EV와 FV 모두 기업가치라고 해석하지만 평가목적에 따라 기업가치에 대한 정의가 다르다.

EBITDA는 감가상각비와 같은 회계처리방법의 선택이나 변경이 배제되므로 의미있는 영업활동에 의한 현금창출력을 나타낸다. 따라서 기업 간 가치평가수준을 객관적으로 판단할 수 있어 분석자가 가장 선호하는 지표이다. 만일 인수자가 낮은 EV/EBITDA의 비율로 기업을 인수했다면, 인수자 입장에서는 그만큼 기업을 저평가하여 인수한 셈이어서 투자회수기간이 그만큼 빨라짐을 의미한다.

EV/EBITDA의 활용

EV/EBITDA를 활용하여 팔도의 적정주가를 산출하여라(단 주식수는 4,814,002이다).

단순평균	(백만원)	농심	오뚜기	삼양식품	팔도
7.65×	EBITDA조정①	210,495	298,408	80,168	75,294
	이자성부채②	105,772	546,494	207,172	33,131
	초과현금*③	402,012	466,786	170,079	169,591
	순부채④(②－③)	－296,240	79,708	37,493	－136,460
	시가총액⑤	1,805,326	1,581,474	780,981	－
	EV⑥(④＋⑤)	1,509,326	1,661,182	818,074	
	EV/EBITDA(⑥÷①)	**7.17×**	**5.57×**	**10.20×**	

*초과현금＝현금 및 장·단기 금융상품

P＝(7.65배×75,294백만원＋136,460백만원)/4,814,002＝**148,000원**

위의 표에서 동종업의 EV/EBITDA를 살펴보면, 삼양식품의 EV/EBITDA는 10.20배로 오뚜기의 5.57배보다 매우 높다. 비교기업 간 많은 편차를 보이는 이유는 영업비용 중 감가상각비가 차지하는 비중이 농심과 오뚜기는 각각 4.11%와 4.69%로 유사하지만 삼양식품은 2.65%로 상대적으로 매우 작기 때문이다. 한편, 팔도는 영업비용 중 감가상각비의 구성비는 1.76%로 동종업 중 가장 작다. 이와 같이 기업의 감가상각비의 비중에 따라 EBITDA가 다르므로 EBIT과 같이 비교 평가해 볼 필요가 있다. 동종업 평균 EV/EBITDA인 7.65배를 적용하면 팔도의 주당주식가치는 148,000원으로 평가된다.

■ EV/EBITDA 의 장점 및 한계

① PER보다 재무레버리지 및 재무구조가 다른 기업과 비교가 간단하다.

② 감가상각비를 고려하므로 투자회수기간이 비교적 긴 자본집약적 산업을 영

위하는 기업평가에 적합하다.

③ 순손실인 경우에도 EBITDA는 양(+)의 값인 기업이 많다.

④ 감가상각법은 영업이익과 순이익에 영향을 미치지만 EBITDA는 영향을 받지 않아 기업간 영업성과의 비교가 용이하다.

⑤ 자본적 지출이 비교적 적은 업종(예, S/W나 IT서비스업종 등)에는 적용이 어렵다.

2.6 EV/EBIT

EV/EBIT은 기업가치(EV)와 회계적 영업이익(EBIT)의 관계를 나타내는 비율이다.

$$EV/EBIT = \frac{\text{시가총액} + \text{순부채}}{EBIT} = \frac{\text{시가총액} + \text{이자성부채} - \text{초과현금}}{EBIT}$$

EV/EBIT과 EV/EBITDA의 차이를 이해하기 위해 간단한 예를 들어 보자. 다음 표를 살펴보면, A기업은 설비를 내재화하여 운영비가 더 들지만 원재료비가 적게 들고, B기업은 아웃소싱으로 운영비가 적은 대신 원재료비가 상대적으로 많이 소요된다. 하지만 두 기업의 매출액과 영업비용이 같고, 감가상각비만큼 재투자한다고 단순 가정하면, 두 기업이 창출하는 잉여현금흐름도 같다. 두 기업의 가치가 모두 영업이익의 10배 수준인 4,000억원이라면 기업가치는 차이가 없다. 그러나 두 기업의 영업비용이 같아도 감가상각비수준과 자본적 지출규모에 따라 EBITDA가 달라 EV/EBITDA는 서로 상이하게 산출된다. 그러므로 EV/EBITDA로 판단하면, B(A)기업이 상대적으로 고(저)평가된 것으로 해석된다.

(억원)	A기업	B기업		A기업	B기업	
매출액	1,000	1,000	세후영업이익	320	320	법인세율 20%
영업비용	600	600	(총)영업현금흐름	520	370	세후영업이익+감가상각비
재료비	150	250	운전자본의 변동	−20	−20	동일금액으로 가정
운영비	450	350	설비투자	−200	−50	감가상각비만큼 설비대체투자
영업이익(EBIT)	400	400	잉여현금흐름	300	300	
감가상각비	200	50				
EBITDA	600	450				
EV/EBITDA	6.7×	8.9×				
EV/EBIT	10.0×	10.0×				

EV/EBIT의 활용

EV/EBIT을 활용하여 팔도의 적정주가를 산출하여라(단 주식수는 4,814,002이다).

단순평균	(백만원)	농심	오뚜기	삼양식품	팔도
	EBIT조정①	105,416	178,170	64,899	62,760
	이자성부채②	105,772	546,494	207,172	33,131
	초과현금③	402,012	466,786	170,079	169,591
12.08×	순부채④(②−③)	−296,240	79,708	37,493	−136,460
	시가총액⑤	1,805,326	1,581,474	780,981	−
	EV⑥(④+⑤)	1,509,326	1,661,182	818,074	
	EV/EBIT(⑥÷①)	14.32×	9.32×	12.61×	
	P=(12.08배×62,760백만원+136,460백만원)/4,814,002=**185,830원**				

위의 표에서 제시한 동종업의 EV/EBIT 배수를 살펴보면, 농심의 EV/EBIT은 EV/EBITDA와 달리 PER과 마찬가지로 3개사 중 가장 높다. EBIT은 손익계산서의 영업이익과 지분법순손익을 합한 것이다.[4] 비교기업 중 삼양식품은 영업비용 중 감가상각비가 차지하는 비중이 상대적으로 적어 EV/EBITDA와 EV/EBIT과 차이가 적다. 동종업 평균 EV/EBIT인 12.08배를 적용하면 팔도의 주당주식가치는 185,830원으로 평가되고 EV/EBITDA에 의한 주당주식가치인 148,000원과 차이가 크다. 이와 같이 EV/EBITDA와 EV/EBIT의 비교기업 간 차이를 보인다는 점에서 상호보완적으로 비교해볼 필요가 있다.

4 영업이익은 일반적으로 손익계산서상 영업이지만 팔도는 사업지주회사이므로 관계회사주식은 투자목적이 아닌 영업 목적으로 보유하고 있다. 따라서 비교가능성을 위해 비교기업 3개사의 지분법적용주식의 보유목적과 무관하게 영업이익에 지분법 순손익을 산입하였다.

2.7 상대가치모형에 대한 종합평가

재무정보 특성상 팔도와 비교하여 동종업 기업들과 주요 특징 및 차이점을 살펴보면 다음 표와 같다.

비교기업 간 재무적 특성비교

	농심	오뚜기	삼양식품
매출비중			●
기업규모			●
감가상각비구성비			●
(순)부채비율	●		
자본화비율(농심과 삼양식품 중간수준)	△		△
ROIC(오뚜기를 상회하는 수준)		●	

팔도의 전반적인 매출특징이나 기업규모 그리고 자산의 비용화 측면에서 삼양식품과 가장 유사하고 순부채비율은 농심과 동일하게 음(−)의 비율로 실질적 무차입경영으로 양(+)의 순재무자산을 보여준다. 수익성은 동종업계 중 삼양식품 다음으로 매우 양호하다. 그러므로 이러한 특징을 반영한 상대가치배수지표를 활용하여 팔도의 적정 주식가치를 검토해 볼 필요가 있다.

아래 표는 동종업 3개사에 대한 단순평균으로 산출한 시가배수에 대해 투자분석지표별 팔도의 주당주식가치의 산출결과를 정리한 것이다.

팔도의 수익성측면과 기업규모에서 삼양식품과 유사하고 자본화비율은 농심과 유사하므로 PER과 EV/EBIT를 중심으로 살펴보면 다음과 같다. PBR, PSR, PCR, EV/EBITDA는 동종업 기업 간 차이가 크므로 이는 배제하였다.

각 기업별 배수에 대한 팔도의 주당주식가치의 최대값 및 최소값을 살펴보면, 농심의 적용배수의 경우 PER과 EV/EBITDA에서 가장 크고 그 외에는 삼양식품의 적용배수에서 가장 크다. 오뚜기의 적용배수의 경우, PER, PSR, EV/EBITDA 및 EV/EBIT, 그리고 농심의 적용배수인 경우, PBR과 PCR에서 각각 가장 작다. 이와 같이 시장배수모형은 개별기업마다 배수지표별 추세는 다소 일관성이 떨어진다. 그러므로 동종업 지표배수의 평균으로 평가대상기업에 대해 일률적으로 시장가치배수를 적용하면, 평가시점에서 평가대상기업의 적정주가에 대한

배수모형		농심	오뚜기	삼양식품	평균	변동률	
PER		18.09×	12.22×	13.86×	14.72×	39.9%	188,080원
		207,470	140,180	158,990	168,850		
PBR		0.83×	1.05×	2.00×	1.29×	91.0%	–
		124,950	158,950	302,630	195,150		
PSR		0.68×	0.55×	1.22×	0.81×	77.9%	–
		108,150	92,100	194,030	129,200		
PCR		7.80×	10.56×	13.38×	10.58×	52.8%	–
		88,170	119,360	151,290	119,600		
EV/EBITDA		7.17×	5.57×	10.20×	7.65×	49.0%	–
		140,500	115,420	187,950	148,000		
EV/EBIT		14.32×	9.32×	12.61×	12.08×	35.0%	206,080원
		251,010	149,900	192,680	185,830		
평균		147,380	129,220	197,780	158,040	57.8%	
적정 주당가치 197,080원							

* 변동률은 각 지표별 최대값과 최소값의 차이를 평균값으로 나눈 것이다.
** PER과 EV/EBIT에 의한 팔도의 적정주가는 농심에 대해 50% 할증하여 가중평균한 값이다.

예측력이 저하될 수 있다. 따라서, 비교기업과 팔도의 기업특성을 반영하여 배수지표별로 검토해 볼 필요가 있다.

상대가치평가모형 중 EV/EBIT 및 PER이 가장 변동성이 적고 PBR이 가장 큰 것으로 확인된다. 한편 영업비용 중 유·무형자산상각비가 차지하는 비중이 삼양식품과 유사하고 삼양식품의 EV/EBITDA와 EV/EBIT을 적용한 주식가치는 차이가 별로 없어 비교기업 간 감가상각비의 차이를 고려하여 EV/EBIT을 선택하였다. PER은 순비영업자산을 반영한 지표이고 EV/EBIT는 자본구조가 반영된 지표이므로 팔도의 자산구조 및 자본구조와 유사한 농심에 대해 1.5배의 가중치를 두고 팔도의 적정주가를 산정하였다. 종합해 보면, 팔도의 적정 주당가치는 PER과 EV/EBIT을 적용한 197,080원으로 최종 산출하였다.

제3절 영업가치배수모형

3.1 영업가치의 산출

기업가치배수의 측면에서 앞서 설명한 영업가치개념인 기업가치(EV)를 영업가치로 대신하는 영업가치배수모형(operating value multiple model)을 제시하고 이러한 접근법은 본서에서 처음으로 소개하는 것이다. 영업가치에 초점을 둔 배경은 기업가치의 핵심인 영업가치가 주식가치에 반영되는 수준을 면밀하게 비교해 봄으로써 시장배수에 내포된 순비영업자산의 효과를 구분하는 데 있다.

영업가치에 의한 주가의 반응을 분석해 보면, 영업가치배수모형의 산출결과로부터 시장가치평가모형에 의한 주식가치가 합리적으로 추정되었는지도 검토 가능하다. 시가총액은 영업가치와 순비영업자산(또는 순재무자산)의 합이므로 이로부터 영업가치를 정리하면 다음과 같다.

영업가치=(총)기업가치−비영업자산가치
=(시가총액+이자성부채)−비영업자산가치=시가총액+순부채

영업가치는 EV와 유사한 등식을 갖지만 초과현금 대신 비영업자산으로 확장한 것이 다르다. 특히 현금 및 현금성자산 모두 영업현금으로 가정하고, 건설중자산은 영업활동에 직접 투하되지 않았으나 향후 영업활동 목적이므로 영업자산으로 산입하였다.

주요 동종업계 3개사의 영업가치를 산출하고, 시가총액과 영업가치와의 관계를 비교한 결과는 다음 표와 같다. 시가총액과 영업가치와 관계를 살펴보면, 동종업 3개사 중 시가총액은 농심이 가장 크지만 영업가치는 오뚜기가 가장 크다. 시가총액과 영업가치 간 차이가 생기는 이유는 총자산 중 비영업자산이 차지하는 비중과 재무레버리지가 기업간에 상이하기 때문이다. 자산 중 비영업자산의 구성비는 삼양식품과 오뚜기는 유사하지만, 농심은 22.5%로 상대적으로 매우 높다. 농심의 투하자본 부채의존도는 0 이하로 이는 비영업자산은 내부유보금으로 조달됨을 시사한다. 투하자본 부채의존도((투하자본−자기자본)/이자성부채)는 자본화비율(투하자본/자기자본)과 유사한 표현으로 자본화비율과 관련한다. 따라서 농심의 비영업자산의 가치가 주가에 반영되면서 영업가치는 시가총액보다 적어진 것이다. 한편, 오뚜기와 삼양식품의 투하자본 부채의존도는 0 이상으로 내부유보금이 아닌 타인자본으로 투하자본에 투자하여 재무레버리지를 충분히 활용함을 시사한다. 주식가치는 영업가치에서 순부채를 차감한 것, 즉 영업가치와 순비영업자산가치(순재무자산)를 합한 것이다.

주식가치 = 영업가치 − 순부채 = 영업가치 + 순비영업자산

아래 표를 살펴보면, 농심의 영업가치는 시가총액의 0.697배인 반면, 오뚜기와 삼양식품의 영업가치는 시가총액의 1.15배 내외로 유사하다.

주식가치와 영업가치

(백만원)	농심	오뚜기	삼양식품	팔도
주식가치①*	**1,805,567**	**1,581,474**	**780,981**	–
이자성부채②	105,772	546,494	207,172	33,131
비영업자산③	652,404	266,927	90,490	166,294
순비영업자산④(③−②)	546,663	−279,567	−116,683	133,163
영업가치(①−④)	**1,258,934**	**1,861,041**	**897,663**	–
영업가치/주식가치	0.697	1.177	1.149	–
비영업자산/총자산	22.5%	10.2%	12.0%	18.5%
투하자본 부채의존도**	−4.90	0.74	0.65	−3.05

*2022년 4월 (월)평균주가기준
**투하자본 부채의존도 = (투하자본 + 건설중자산 − 자기자본)/이자성부채

영업가치배수모형은 비교기업의 영업가치에 대한 투자분석지표별 배수로 계산한 평가대상기업의 영업가치와 순비영업자산을 합하여 주식가치를 산정한 후 유통주식수로 나누어 주당주식가치를 산출한다.

주식가치 = 영업가치배수$_{\text{투자분석지표(비교기업)}}$ · 투자분석지표$_{\text{평가대상기업}}$ + 순비영업자산

팔도의 2022년말 현재 순비영업자산(비영업자산−이자성부채)은 1,331.6억원(주당 27,662원에 해당)이고 농심과 마찬가지로 투하자본 부채의존도는 0 이하인 −3.05로 나타났다. 그러므로 팔도는 자산구성과 부채의존도 측면에서 농심의 재무적 특성과 가장 유사하다.

3.2 영업가치수익비율(operating value-earnings ratio: OVER)

PER과 대응하는 영업가치수익비율(OVER 또는 O/E ratio)은 영업가치를 순이익으로 나눈 값이다. OVER은 기업이 벌어들인 이익에 대해 투자자들이 어느 정도 영업가치로 반영하고 있는지 의미하고 기업의 순이익에 대한 상대적인 영업가치 수준을 내포한다.

$$OVER = \frac{영업가치}{순이익}$$

OVER의 활용

OVER을 활용하여 팔도의 적정주가를 산출하여라(단 주식수는 4,814,002이다).

단순평균	(백만원)	농심	오뚜기	삼양식품	팔도
14.31×	순이익①	99,828	129,410	56,348	55,222
	영업가치②	1,258,934	1,861,041	897,663	–
	OVER(②÷①)	12.61×	14.38×	15.93×	–
14.72×	PER	18.09×	12.22×	13.86×	주당 168,850원

주당 OV=14.31배×55,222백만원/4,814,002주=164,152원　P=164,152+27,662=**191,810원**

위의 표에서 유사기업의 평균 OVER인 14.31배를 적용하면 팔도의 주당 주식가치는 191,810원으로 PER에 의한 주당 주식가치인 168,850원보다 높게 평가된다. 앞서 언급한 바와 같이, PER은 농심의 주식가치에 순비영업자산의 가치가 반영됨에 따라 동종업 중 가장 큰 배수이나 OVER은 PER과 달리 삼양식품이 상대적으로 가장 큰 것으로 나타났다. 투하자본수익률이 높을수록 OVER도 높아지는 것으로 나타나 주식시장은 수익성에 따라 효율적으로 작동하는 것으로 판단된다. 이와 같이 시가총액과 영업가치 간 측정지표에 따라 다른 양태의 결과는 PER의 해석상 편의(bias)를 줄일 수 있을 것으로 기대한다.

3.3 영업가치자본비율(operating value-invested capital ratio: OVICR)

기업가치배수의 측면에서 PBR은 ROE가 밀접한 관계가 있으므로 자기자본을 투하자본으로 확장한 PBR과 유사한 비율을 고려해 볼 필요가 있다. 영업가치는 투하자본수익률(ROIC)과 자본화비율과 비례관계를 지닌다면, 다음과 같은 등식이 성립한다.

$$\frac{\text{영업가치}}{\text{자기자본}} = (1 + \text{투하자본수익률}) \cdot \text{자본화비율} \cdot f$$
$$= (\text{자본화비율} + \text{자기자본세후영업이익률}) \cdot f$$
$$= \left(\frac{\text{투하자본} + \text{세후영업이익}}{\text{자기자본}}\right) \cdot f$$

f를 $OVICR$로 정리하고 이를 정리하면,

$$f = OVICR = \frac{\text{영업가치}}{\text{(기초)투하자본} + \text{세후영업이익}} = \frac{\text{영업가치}}{\text{조정투하자본}}$$

영업가치자본비율(OVICR: operating value-invested capital ratio)은 영업가치를 조정투하자본(adjusted invested capital: (기초)투하자산과 세후영업이익의 합)으로 나눈 비율로 정의한다. 즉 분모인 조정투하자본이 (기말)투하자본이라면, 분모는 잉여현금흐름이 0이 되는 기준을 제공해준다. 따라서 OVICR은 기업의 영업활동에 따른 미래의 현금창출력에 대한 영업가치의 민감도로 해석이 가능하다.

$$OVICR = \frac{\text{영업가치}}{\text{조정투하자본}} = \frac{\text{영업가치}}{\text{순이익}} \times \frac{\text{순이익}}{\text{조정투하자본}} \approx OVER \times ROIC$$

OVICR은 OVER과 ROIC의 곱으로 분해할 수 있다. 즉 순투자비 대비 세후영업이익이 클수록 현금흐름창출에 대한 기대감이 영업가치에 반영됨을 의미한다. OVICR의 핵심요인은 OVER에서 순이익의 원천도 영업이익이므로 결과적으로 투하자본수익률로 볼 수 있다.

[그림 8.1]은 OVICR과 ROIC의 관계로부터 주식의 과대(과소)평가 여부를 보여주는 매트릭스(matrix)이다. ROIC가 높음(낮음)에도 불구하고 OVICR이 낮으면(높으면) 주식은 과소(과대)평가됨을 의미한다. 아울러 OVICR을 PBR과 비교하여 주식가치에 대한 영업가치의 민감도를 파악할 수 있다. PBR 기준 추정주식가치를 OVICR에 의한 주식가치와 비교하여 PBR에 의한 예측치가 합리적인지 확증할 수 있다.

그림 8.1
과소(과대)평가된 주식

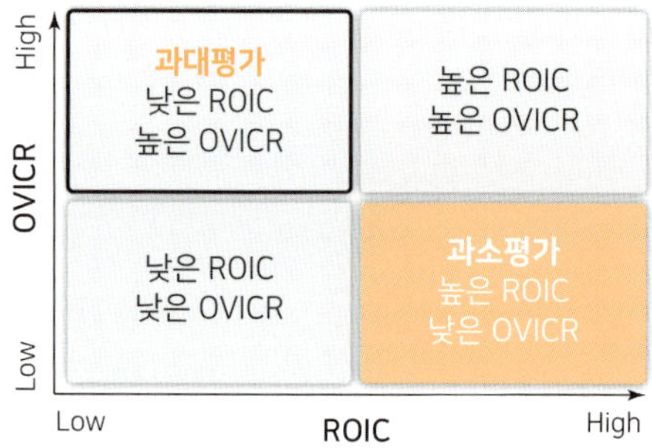

OVICR과 관련한 영업가치승수(operating value multiplier: OVM)를 다음과 같이 정의하고자 한다.

$$OVM = \frac{OVICR}{\text{자본화비율} + \text{자기자본세후영업이익률}} = \frac{OVICR}{\text{영업가치결합계수}}$$

여기서 영업가치결합계수(combined factors of operating value)는 자본화비율(투하자본/자기자본)과 자기자본세후영업이익률(세후영업이익/자기자본)의 합이다. OVM은 투하자본 및 세후영업이익의 규모가 영업가치에 반영되는 수준을 보여주는 지표이다. 그러므로 동종업 기업들간 영업가치승수와 자본화비율 그리고 자기자본세후영업이익률을 비교하여 영업가치에 대한 민감도를 면밀하게 검토해 볼 필요가 있다.

다음의 표에서 보는 바와 같이 동종업 평균 OVICR인 1.34배를 적용하면 팔도의 주당 주식가치는 212,520원으로 PBR에 의한 주당주식가치인 195,150원보다 높게 평가된다. OVICR은 PBR과 유사한 양태를 보이지만 농심을 제외하고 PBR보다 크다. 또한 농심의 OVICR은 1보다 작으므로 영업가치는 조정투하자본을 초과하지 못하는 것으로 나타났고 1 이하의 PBR과 궤를 같이한다. 이러한 결과는 결국 ROIC와 관련한 것으로 판단된다. OVICR을 재구성한 OVICR1을 살펴보면, OVICR와 OVER 모두 투하자본수익률과 비례한다는 점에서 핵심요인은 ROIC임이 확인된다. 이는 기업의 수익창출력이 좋을수록 영업가치가 증가한다는 것은 시장이 비교적 효율적으로 작동됨을 시사한다. 종합해보면, 농심이 비교기업 중 가장 높은 PER을 보이는 것은 상대적으로 고평가된 것이 아닌 순비영업자산의 가치에서 비롯되었다는 근거를 마련해 준다.

영업가치승수는 삼양식품은 1.847로 가장 높고, 오뚜기는 1 이하로 가장 낮으며, 농심은 삼양식품과 오뚜기의 중간수준이다. 특히 오뚜기는 영업가치결합계수가 큼에도 불구하고 영업가치승수는 매우 낮게 나타났다. 이러한 차이는 면류의 매출구성이 가장 높은 삼양식품에서 뚜렷한 점을 보면, 각 기업마다 면류매출비중 및 매출구성의 차이에서 기인한 것으로 판단된다. OVICR의 동종업 평균인 1.34배를 적용한 팔도의 영업가치는 8,899억원으로 산출되었다. 한편 팔도의 영업가치결합계수는 0.949, 영업가치승수는 1.370으로 각각 산출되었고 두 지표 모두 농심보다 높고 삼양식품보다 낮은 수준이다. 오뚜기를 제외한 3개사는 영업가치결합계수가 높을수록 영업가치승수도 높아짐을 알 수 있다. 따라서 영업가치승수는 비교기업의 선별기준으로 활용이 가능할 것으로 기대한다.

OVICR의 활용

OVICR을 활용하여 팔도의 적정주가를 산출하여라(단 주식수는 4,814,002이다).

단순평균	(백만원)	농심	오뚜기	삼양식품	팔도
1.34×	NOPLAT①	79,062	133,627	48,675	47,070
	(기초)투하자본②	1,531,504	1,568,031	370,182	617,029
	조정투하자본③(①+②)	1,610,566	1,701,658	418,857	664,099
	영업가치②	1,258,934	1,861,041	897,663	889,908
	OVICR(②÷③)	**0.78×**	**1.09×**	**2.14×**	**1.34×**
	영업가치승수	1.050	0.794	1.847	1.370
	영업가치결합계수	0.743	1.373	1.159	0.949
	ROIC④	5.15%	7.66%	12.69%	–
	OVER⑤	12.61×	14.38×	15.93×	–
	OVICR1(④×⑤)	**0.65×**	**1.10×**	**2.02×**	–
1.29×	PBR	0.83×	1.05×	2.00×	주당 195,150원

주당OV=1.34배×664,099백만원/4,814,002주=184,855원 P=184,855+27,662=**212,520원**

만일 PBR이 OVICR보다 크고, 양(+)의 잉여현금흐름에도 불구하고 OVICR이 1보다 작으면, 해당 주식은 저평가된 것으로 해석할 수도 있다. OVICR 배수모형은 영업손실이 발생하는 기업은 적용하기 힘든 단점이 있다.

3.4 영업가치매출비율(operating value-sales ratio: OVSR)

PSR과 대응되는 영업가치매출비율(operating value-sales ratio: OVSR)은 영업가치를 매출액으로 나눈 비율로 OVER과 순이익률로 재구성할 수 있다.

$$OVSR = \frac{\text{영업가치}}{\text{매출액}} = \frac{\text{영업가치}}{\text{순이익}} \cdot \frac{\text{순이익}}{\text{매출액}} = OVER \cdot ROS$$

다음 표를 살펴보면, OVSR은 삼양식품이 동종업 중 가장 높고 PSR과 달리 농심이 가장 낮게 나타났다. 동종업 평균 OVSR인 0.85배를 적용하면 팔도의 주당 주식가치는 163,240원으로 PSR배수에 의한 129,200원보다 매우 높게 평가된다.

OVSR의 활용

OVSR을 활용하여 팔도의 적정주가를 산출하여라(단 주식수는 4,814,002이다).

단순평균	(백만원)	농심	오뚜기	삼양식품	팔도
0.85×	매출액①	2,662,983	2,875,272	642,030	767,864
	영업가치②	1,258,934	1,861,041	897,663	–
	OVSR(②÷①)	0.47×	0.68×	1.40×	
	OVER③	12.61×	14.38×	15.93×	
	ROS④	3.75%	3.75%	8.78%	
	OVSR1(③×④)	047×	0.68×	1.40×	
0.81×	PSR	0.68×	0.55×	1.22×	주당 129,200원
주당OV=0.85배×767,864백만원/4,814,002주=135,580원				P=135,580+27,662=**163,240원**	

3.5 영업가치현금흐름비율(operating value-cash flow ratio: OVCR)

PCR과 대응되는 지표인 영업가치현금흐름비율(operating value-cash flow ratio: OVCR)은 영업가치를 영업활동에 의한 현금흐름으로 나눈 값이다.

$$OVCR = \frac{\text{영업가치}}{\text{영업활동에 의한 현금흐름}}$$

다음 표에서 제시한 바와 같이 OVCR은 PCR과 마찬가지로 삼양식품이 동종업 중 가장 높고 농심이 가장 낮다. 동종업 평균 OVCR인 11.08배를 적용하면 팔도의 주당주식가치는 152,920원으로 PCR에 의한 119,600원보다 매우 높다.

OVCR의 활용

OVCR을 활용하여 팔도의 적정주가를 산출하여라(단 주식수는 4,814,002이다).

단순평균	(백만원)	농심	오뚜기	삼양식품	팔도
11.08×	현금흐름①	231,492	149,782	58,358	54,420
	영업가치②	1,258,934	1,861,041	897,663	–
	OVCR(②÷①)	**5.44×**	**12.43×**	**15.38×**	
10.58×	PCR	7.80×	10.56×	13.38×	119,600원
주당OV=11.08배×54,420백만원/4,814,002주=125,254원			P=125,254+27,662=**152,920원**		

3.6 OV/EBITDA(operating value-EBITDA ratio)

EV/EBITDA와 대응되는 OV/EBITDA배수는 영업가치(OV)를 EBITDA로 나눈 비율이다

$$OV/EBITDA=\frac{영업가치}{EBITDA}$$

다음 표에서 제시한 바와 같이, EV/EBITDA와 마찬가지로 OV/EBITDA는 삼양식품이 다른 기업에 비해 가장 높고 농심이 가장 낮게 나타났다. 동종업 평균 OV/EBITDA인 7.80배를 적용하면 팔도의 주당 주식가치는 149,660원으로 산출되어 EV/EBITDA와 유사하게 평가되었다.

OV/EBITDA의 활용

OV/EBITDA를 활용하여 팔도의 적정주가를 산출하여라(단 주식수는 4,814,002이다).

단순평균	(백만원)	농심	오뚜기	삼양식품	팔도
7.80×	EBITDA$_{조정}$①	210,495	298,408	80,168	75,294
	영업가치②	1,258,934	1,861,041	897,663	–
	OV/EBITDA(②÷①)	**5.98×**	**6.24×**	**11.20×**	
7.65×	EV/EBITDA	7.17×	5.57×	10.20×	148,000원
주당OV=7.80배×75,294백만원/4,814,002주=121,997원			P=121,997+27,662=**149,660원**		

3.7 OV/EBIT

EV/EBIT과 대응되는 OV/EBIT은 영업가치(OV)와 회계적 영업이익(EBIT)의 관계를 나타내는 비율로 영업이익에 대한 영업가치의 민감도를 보여준다.

$$OV/EBIT = \frac{\text{영업가치}}{\text{영업이익}}$$

다음의 표를 살펴보면, OV/EBIT은 삼양식품이 가장 높은 반면 EV/EBIT은 농심이 가장 높아 두 배수지표 사이에 다른 양상을 보인다. 앞서 언급한 바와 같이 삼양식품은 영업비용 중 유·무형자산상각비가 차지하는 비중이 상대적으로 적어 EV/EBITDA와 EV/EBIT과 마찬가지로 OV/EBITDA와 OV/EBIT는 서로 유사하다. OV/EBIT는 EV/EBIT보다 비교기업 간 차이가 상대적으로 적어 비교가능성을 높여준다. 동종업 평균 OV/EBIT인 12.07배를 적용하면 팔도의 주당주식가치는 185,020원으로 평가되고 이는 EV/EBIT에 의한 주식가치와 거의 유사하다.

OV/EBIT의 활용

OV/EBIT을 활용하여 팔도의 적정주가를 산출하여라(단 주식수는 4,814,002이다).

단순평균	(백만원)	농심	오뚜기	삼양식품	팔도
12.07×	EBIT조정①	105,416	178,170	64,899	62,760
	영업가치②	1,258,934	1,861,041	897,663	–
	OV/EBIT(②÷①)	**11.94×**	**10.45×**	**13.83×**	
12.68×	EV/EBIT	14.32×	9.32×	12.61×	185,830원
주당OV=12.07배×62,760백만원/4,814,002주=157,356원			P=157,356+27,662=**185,020원**		

3.8 영업가치배수모형에 대한 종합평가

다음 표는 동종업 3개사의 영업가치배수와 이를 적용하여 팔도의 주식가치를 산출한 결과를 정리한 것이다. 시장배수법과 달리 모든 영업가치배수법에서 삼양식품의 배수가 가장 높고, OV/EBIT를 제외하고 농심이 가장 낮아 가치평가법에 대한 일관성을 제시해준다. 특히, 기업 간 OVER과 OV/EBIT의 주당 주식가치의 변동성은 PER 및 EV/ EBIT보다 매우 줄어든 모습으로 영업가치배수모형의 신뢰성은 높아진 것으로 기대한다.

팔도의 기업특성면에서 기업규모, 매출규모, 그리고 수익성 측면에서 삼양식품과 가장 유사하므로 삼양식품의 OVER과 OV/EBIT의 배수를 적용한 평균값을 적정 주당주식가치로 산출하였다. 그 결과 팔도의 주당 주식가치는 시장배수모형(197,080원)보다 6.1% 할증된 209,200원(주식가치 1조 71억원에 해당)으로 산출되었고, 이는 삼양식품(7,810억원)보다 29% 높은 수준이다. 팔도의 영업가치는 삼양식품의 영업가치(8,977억원)보다 약간 낮은 수준인 8,739억원으로 과대평가의 개연성은 배제된 것으로 판단된다.

배수모형	농심	오뚜기	삼양식품	평균	변동률*	
OVER	12.61×	14.38×	15.93×	14.31×	19.4%	210,400원
	173,320	192,630	210,400	191,810		
OVICR	0.78×	1.09×	2.14×	1.34×	85.1%	–
	131,450	172,870	312,220	212,520		
OVSR	0.47×	0.68×	1.40×	0.85×	90.4%	–
	103,070	136,040	250,980	163,240		
OVCR	5.44×	12.43×	15.38×	11.08×	73.5%	–
	89,140	168,120	201,550	152,920		
OV/EBITDA	5.98×	6.24×	11.20×	7.80×	54.5%	–
	121,210	125,210	202,800	149,660		
OV/EBIT	11.94×	10.45×	13.83×	12.07×	23.9%	207,990원
	183,360	163,840	207,990	185,020		
평균	133,430	159,670	230,780	175,770	57.2%	
적정 주당주식가치 209,200원**						

* 변동률은 각 지표별 최대값과 최소값의 차이를 평균값으로 나눈 것이다.
** 삼양식품의 OVER과 OV/EBIT 값의 평균을 적정주가로 산출하였다.

팔도의 적정 주식가치의 산출결과

지분가치@209,200원	PER	EV/EBIT	OVER	OVICR	OV/EBIT	영업가치결합계수
팔도	**18.24×**	**13.87×**	**15.83×**	**1.32×**	**13.92×**	**0.949**
농심	18.09×	17.13×	12.61×	0.78×	11.94×	0.743
삼양식품	13.86×	12.03×	15.84×	2.14×	13.83×	1.159

아래 그림에서 도시한 바와 같이, 팔도 및 농심과 같이 순재무자산이 있는 경우, 주식가치에 비영업자산의 가치가 반영되어 영업가치는 주식가치보다 작다.

팔도의 주식가치를 종합적으로 검토해보면, PER, OV/EBIT, OVER 등은 동종

그림 8.2
면류업계의 가치비교

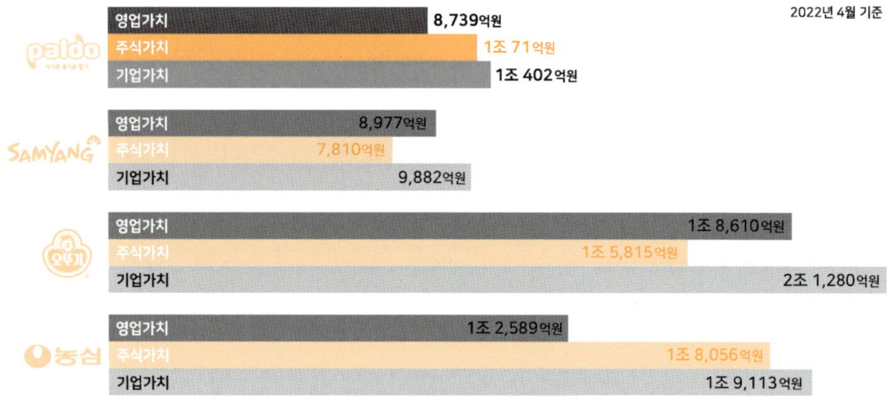

업중 가장 큰 비율이거나 거의 삼양식품과 유사한 배수로 추정되지만, 이는 농심과 삼양식품의 EV/EBIT 및 OVICR 의 중간 수준에 해당한다. 다른 기업과 달리 팔도는 지주회사의 특징을 지니므로 영업가치결합계수는 삼양식품보다 낮고 농심보다 높다. 하지만 지분법적용투자주식을 제외한 투하자본을 기준으로 팔도의 ROIC를 산출해 보면, 25.8%로 동종업 중 가장 높다. 이러한 점을 비춰볼 때, 영업가치배수모형에 의한 주당주식가치인 209,200 원은 타당할 것으로 판단된다.

결론적으로 분석자는 동일한 재무정보를 이용하더라도 적용하는 모형에 따라 평가대상기업의 주당주식가치는 다르게 나타난다. 하지만 영업가치배수모형은 자본화비율 및 투하자본 부채의존도 개념을 도입함으로써 시장가치배수모형에서 초과현금만을 다루는 문제를 보완해 줄 뿐만 아니라 자본구조의 적용 한계를 극복할 방안을 제시해 준다는 점은 자명하다. 특히 영업가치배수모형은 자본접근법이나 기업가치접근법을 구분하지 않고 영업가치지표에 여러 투자분석지표를 쉽게 적용할 수 있는 장점이 있다.

정리해보면, 기업가치 대신 영업가치에 중점을 둔 평가방법을 적용하는 경우, 비교기업마다 시가총액에 포함된 순비영업자산에 대한 효과를 제거하는 장점이 있다. 즉 영업가치배수법은 시장배수법에 의한 주식가치평가법이 기업마다 다른 자본화비율로 인해 평가결과가 왜곡될 개연성을 줄여준다. 더 나아가 영업가치배수법이 시장배수모형보다 더욱 합리적인 가격발견기능을 도출시키는 평가모형으로 개진될 것으로 기대한다.

mini MBA | 농심의 고평가 여부 및 팔도 주식가치의 적정성

평가시점은 2022년 4월 30일 기준이다. 동종업의 기업간에도 투자분석지표에 따른 시가배수들은 서로 다른 양상을 보이는데 그 이유는 주력제품의 비중과 수익창출력에 따라 투자분석지표마다 시장이 반응하는 수준이 다르기 때문이다. 면류업계의 투자분석지표별 영업가치배수와 이와 관한 재무정보를 정리하면 다음과 같다.

	농심	오뚜기	삼양식품	(추정)팔도
PER	18.09×	12.22×	13.86×	18.24×
OVER	12.61×	14.38×	15.93×	15.83×
PBR	0.83×	1.05×	2.00×	1.38×
OVICR	0.78×	1.09×	2.14×	1.32×
EV/EBIT	14.32×	9.32×	12.61×	13.87×
OV/EBIT	11.94×	10.45×	13.83×	13.92×
면류 매출비중	78.3%	25.5%	97%	97%
매출총이익률	30.7%	16.1%	26.6%	32.3%
세후영업이익률	3.0%	4.9%	7.6%	6.1%
EBITDA마진	7.9%	10.4%	12.5%	9.8%
순이익률	3.7%	4.5%	8.8%	7.2%
ROIC(기초)	5.2%	8.5%	13.1%	7.6%
ROIC(기초)지분법제외	5.2%	9.2%	13.4%	25.8%
ROE	4.7%	8.9%	15.4%	7.9%
부채비율재무분석	4.6%	35.5%	52.4%	4.5%
자본화비율	0.70	1.28	1.02	0.88
1인당매출액(백만원)	514	959	358	809

농심의 저평가 여부 | 면류의 매출비중을 살펴보면 오뚜기보다 농심과 삼양식품이 매우 유사하다. 상장사 중 삼양식품은 PER과 EV/EBIT를 제외한 모든 투자분석지표에서 동종업계 중 가장 높다. 농심의 영업가치배수모형에 의한 배수는 오뚜기와 삼양식품과 달리 시장가치배수모형에 의한 배수보다 모두 낮은 추세이다. 이는 농심의 주식가치에 비영업자산의 가치가 포함됨을 시사한다. 농심은 PBR이 1보다 작으므로 오뚜기나 삼양식품에 비해 저평가된 것인지 고민해 볼 필요가 있다. 농심의 매출총이익률이 비교기업 중 가장 높음에도 불구하고 다른 수익률 지표가 가장 낮다. 이러한 수익성 성과를 고려해 보면 농심의 주식이 저평가된 것으로 보기 힘들다. 결과적으로 농심의 PER이 의외로 높은 것은 순비영업자산의 가치가 반영되었기 때문으로 해석이 가능하다. 즉 자본화비율이 0.70으로 비영업자산에 의한 수익이 투하자본수익률을 초과하지 못한 상태에서 주가에 순비영업자산의 가치가 반영된 것이 주된 이유로 분석된다. 한편 삼양식품의 주식이 고평가되었는지 살펴보면, 삼양식품은 동종업계 중 1인당 매출액이 가장 적음에도 불구하고 효율적인 운용으로 수익성은 농심보다 매우 양호하고 영업이익률, 순이익률과 자기자본이익율(ROE) 및 투하자본수익률(ROIC)도 동종업체 중 가장 높다. 따라서, 주가가 미래의 수익성이나 경영효율성을 반영한다는 점을 감안해 보면, 삼양

mini MBA

농심의 고평가 여부 및 팔도 주식가치의 적정성

식품의 주식이 상대적으로 고평가된 것으로 보기 어렵다. 이와 같이 삼양식품은 PER을 제외한 모든 투자분석지표에서 농심보다 거의 두 배에 가까운 값을 지니는 이유는 경쟁사보다 높은 수익창출력은 물론 기업규모가 상대적으로 작아 소규모효과도 복합적으로 작용했기 때문으로 판단된다. 영업가치측면에서 OVER 및 OVICR은 삼양식품, 오뚜기, 농심 순으로 배수가 낮다. 결국 영업가치는 ROIC 및 ROE와 비례한다는 점에서 주식시장은 효율적으로 작동함을 보여준다. 따라서 영업가치와 수익성의 관계를 파악해 봄으로써 주식의 과대평가 여부를 판단해야 한다. 시가총액은 비영업자산의 구성 및 부채비율에 따라 달라지므로 영업가치가 시가총액보다 작다고 해서 주가의 상승 여력이 항상 더 있는 것은 아니다.

팔도의 적정주가 여부 | 팔도의 영업가치배수모형에 의한 적정주식가치인 주당주식가치 209,200원 기준으로 1조 71억원으로 산출되었다. 이는 동종업 중 농심과 유사한 가장 높은 PER에 해당되고, 매출규모와 기업규모가 가장 유사한 삼양식품의 시가총액보다 29% 높다. 이러한 이유는 팔도는 삼양식품과 유사한 영업가치를 지니지만 순비영업자산인 1,332억원이 반영되었기 때문이다. 한편, 팔도의 ROIC가 삼양식품보다 낮지만, 지분법손익을 제외한 세후영업이익을 기준으로 재산출한 ROIC를 비교하면 팔도는 25.8%로 삼양식품의 13.4%보다 매우 높다. 동종업 중 가장 높은 매출총이익률과 삼양식품보다 약 2배에 가까운 1인당 매출액에서 이를 뒷받침해 준다. 따라서 팔도의 영업가치가 삼양식품과 유사한 것은 합리적인 타당성을 지닌다.

(백만원)	삼양식품	팔도	비고
(기초)투하자산	365,914	161,749	지분법적용주식 제외
세후영업이익	49,023	41,732	적용법인세율 25%
ROIC	13.4%	25.8%	

결론적으로 팔도의 PER과 OVER 그리고 EV/EBIT 등은 동종업 중 가장 높거나 삼양식품 및 농심과 비슷한 수준으로 산출되지만, PBR 및 OVICR은 삼양식품과 농심의 중간수준으로 오뚜기보다 약간 높다. 삼양식품과 유사한 기업(매출)규모 및 매출구성비를 고려해볼 때 팔도의 영업가치는 삼양식품과 거의 동일할 것으로 판단된다. 이에 양(+)의 순비영업자산을 반영하면, 주당 209,200원은 타당하게 산출된 것으로 판단된다.

주요 국영문용어

기업가치배수모형_enterprise value multiple model
영업가치배수모형_operating value multiple model
선행PER_forward PER
비교기업 _peer firms
시장가치접근법_market approach
자본집약적 산업_capital intensive industry
영업가치결합계수_combined factors of operating value
주가배수모형_price multiple model

| 확인학습 |

01. 기술진부화나 기술혁신에 따른 저평가를 판단하기 가장 합리적인 비율은 무엇인가?

① 토빈의 q-ratio ② PBR ③ PER ④ PSR ⑤ EV/EBITDA

02. 초기벤처기업을 평가하기 위한 가장 적합한 배수모형은?

① PCR ② PBR ③ PER ④ PSR ⑤ EV/EBIT

03. 저평가 또는 고평가여부를 판단하는 가장 합리적인 수익성지표는?

① 매출총이익률 ② 영업이익률 ③ 순이익률 ④ 총자산이익률 ⑤ 자기자본이익률

04. 영업가치에 영향을 미치는 결정요인 중 가장 거리가 먼 것은?

① 순부채 ② 영업이익률 ③ 순이익률 ④ 투하자본규모 ⑤ 자본화비율

05. 상대가치모형에 대한 설명 중 가장 옳지 않은 것은?

① 저 PER일수록 투자위험이 크다.
② 자기자본이익률(ROE)이 작을수록 PBR이 작아진다.
③ 자기자본이익률(ROE)은 주가순자산비율(PBR)을 주가이익비율(PER)로 나눈 것이다.
④ 일반적으로 자기자본이익률(ROE)낮고 주가이익비율(PER)이 높은 주식은 저평가된 주식이다.
⑤ 주가이익비율(PER)은 이익의 질을 반영한다.

06. 상대가치모형에 대한 설명 중 가장 옳지 않은 것은?

① PSR은 기업마다 매출인식기준에 따라 다를 수 있고 자본조달구조의 변화를 반영하지 못한다.
② 기업 간에 회계처리방법이 유사하다면 PBR은 기업 간에 주식가치가 과대 혹은 과소 평가되고 있는지를 판단할 수 있는 기준이 될 수 있다.
③ 순손실로 인하여 음수(−)가 되어 PER을 계산할 수 없는 경우에도, 자본잠식이 아닌 한 PBR은 적용이 가능하다.

④ EV/EBITDA는 분자와 분모가 기업가치와 현금기준 영업이익으로 측정하므로 다른 평가지표에 비하여 재무레버리 지가 서로 다른 기업의 비교에 적당함
⑤ 자기자본순이익률이 자기자본비용보다 크다면 배당성향이 높을수록 PER은 증가한다.

07. 영업가치모형에 대한 설명 중 가장 옳은 것은?

① 기업가치(FV)는 시가총액과 순부채의 합이다.
② 주식가치는 영업가치보다 항상 작다.
③ 영업가치는 자본화비율과 자기자본순이익률이 결정요인으로 작용한다.
④ 영업가치자본비율(OVICR)이 높고 투하자본수익률(ROIC)이 작으면 해당 주식은 과대평가된 것이다.
⑤ 주식가치가 영업가치보다 작으면 해당주식은 저평가된 것이다.

계산형 문제

08. (주)독도의 유사기업에 대한 EV/EBITDA는 8.5×로 분석되었다. 다음 재무정보로부터 (주)독도의 주당 주식가치는 ______원이고, 영업가치는______백만원이다. (감가상각비는 500백만원, 발행주식총수는 20만주이다)

(단위: 백만원)	재무상태표		
영업현금	1,100	매입채무	3,100
단기금융상품	2,900	미지급비용	500
매출채권	2,500	미지금	180
재고자산	5,200	단기차입금	1,000
장기금융상품	1,100	장기차입금	2,000
토지	5,000	사채	3,000
건물	3,400	자본금	1,000
기계장치	1,200	이익잉여금	11,620
자산총계	22,400	**부채 및 자본총계**	22,400

손익계산서	
매출액	30,000
매출원가	24,000
매출이익	6,000
판매관리비	3,500
영업이익	2,500
이자비용	400
세전이익	2,100
법인세	420
당기순이익	1,680

09. 삼양식품의 2021년 주당순이익은 7,481원으로 주당 배당금은 1,000원이었다. A씨는 지난 4년 및 2년간 주당 (평균)순이익성장률이 각각 16.1%와 9.7%인 점을 감안하여 매년 8% 영구 성장할 것으로 추정하고 있다. 삼양식품의 베타는 0.8183이고 과거 PER은13.86×에 거래되었다. 장기국채수익률은 3.5%이고 시장위험 프리미엄은 7%이다. 삼양식품의 적정 PER은 _____배이고 과거 PER에 반영된 성장률은 _____%이다.

10. [CPA] A기업은 배당성향이 20%이고 자기자본순이익률은 10%, PBR은2.0×이다. A기업의 자기자본 비용은 ______%이다.

해답

01. ①

02. ④

03. ⑤

04. ③

05. ④

06. ①

07. ④
① 기업가치는 시가총액과 이자성부채의 합으로 포괄적 의미의 기업가치인 FV를 적용한다.
②, ⑤ 양(+)의 순비영업자산이 있는 경우에만 주식가치가 영업가치보다 크다.
③ 영업가치는 자본화비율과 자기자본세후영업이익률이 결정요인으로 작용한다.

08. EBITDA = 2,500 + 500 = 3,000백만원 그러므로 기업가치(EV) = 3,000 × 8.5 = 25,500백만원
이자성부채 = 1,000 + 2,000 + 3,000 = 6,000백만원 따라서 순부채 = 6,000 − (2,900 + 1,100) = 2,000백만원
주식가치 = 기업가치 − 순부채 = 25,500 − 2,000 = 23,500백만원 그러므로 주당주식가치 = 23,500백만원/20만주 = **117,500원**
FV = 영업가치 + 비영업자산의 가치 = 시가총액 + 이자성부채
영업가치 = 시가총액 + 이자성부채 − 비영업자산의 가치 = 시가총액 + 순부채 = 23,500 + 2,000 = **25,500백만원**
영업가치개념의 EV와 일치한다.

09. $k_e = 3.5\% + 0.8183 \times 7\% = 9.23\%$, 배당성향 = 1,000/7,481 = 13.37%

$$PER = \frac{P_0}{EPS_o} = \frac{(1+g)\times d}{k_e - g} = \frac{1.08 \times 0.1337}{0.0923 - 0.09} = \mathbf{11.74\times}$$

$$13.86 = \frac{P_0}{EPS_o} = \frac{(1+g)\times d}{k_e - g} = \frac{(1+g)\times 0.1337}{0.0923 - g} \rightarrow \mathbf{g = 8.182\%}$$

10. $g = 10\% \times (1 - 0.8) = 8\%$

$$ROE = \frac{EBS_1}{BPS_o} = 10\% \rightarrow EPS_1 = 10\% \times BPS_o$$

$$P_0 = \frac{EPS_1 \times 0.2}{k_e - 7\%} = \frac{10\% \times BPS_o \times 0.2}{k_e - 8\%}$$

$$PBR = 2.0 = \frac{P_0}{BPS_o} = \frac{10\% \times 0.2}{k_e - 8\%}$$

$$(k_e - 8\%) \times 2.0 = 10\% \times 0.2 = 2\% \quad \rightarrow \quad k_e = \mathbf{9\%}$$

제9장

현금흐름기반 평가모형

전통적인 현금흐름기반 가치평가방법으로는 배당할인모형(DDM)이 있고, DCF모형인 잉여현금흐름할인(FCF)모형이 대표적이다. FCF에서 도출된 주주잉여현금흐름(FCFE)모형을 소개하고 각 모형의 특징을 살펴보고자 한다.

제1절 배당할인모형

채권자는 원리금회수를 통해 투자수익을 창출하는 반면, 주식투자자는 향후 배당금과 주식가격의 상승을 기대하여 투자수익을 추구한다. 주식투자자의 미래현금흐름은 향후 배당과 일정기간 주식을 보유한 후 매각대금일 것이다. 그러므로 (기대)배당금과 일정시점 후 주식가격을 주주의 요구수익률로 적절하게 할인한 것이 주식의 내재가치가 된다. 한편 주식의 내재가치는 기업의 영업활동에 따른 성과로부터 채권자의 몫을 제외한 배당을 포함하는 주주의 청구권으로 확장하여 산출한다.

배당할인모형(discounted dividend model: DDM)에 의하면, 주식의 내재가치는 미래의 배당을 주주요구수익률로 할인한 현재가치로 정의한다. 현재주가(P_0)는 1기간 후 배당과 주가(P_1)를 자기자본비용(k_e)으로 할인한 현재가치이고 1기간 후 주가(P_1)는 그 다음 기에 예상되는 배당과 주가를 자기자본비용으로 할인한 현재가치이다.

$$P_0 = \sum_{t=1}^{\infty} \frac{D_t}{(1+k_e)^t} = \frac{D_1 + P_1}{(1+k_e)} = \frac{D_1}{(1+k_e)} + \frac{D_2}{(1+k_e)^2} + \frac{P_2}{(1+k_e)^2}$$

두번째 식은 투자자가 1년 동안 주식을 보유하는 경우이고 그 뒤의 식은 2년간 주식을 보유하는 경우이다. 보유기간(n)을 확장하면 다음과 같이 n기간 모형으로 일반화할 수 있다. 즉, 주식의 내재가치는 투자자가 주식을 보유하는 동안 지급되는 배당의 현재가치와 매각시점에서의 주식가치를 포함한다.

$$P_0 = \frac{D_1}{(1+k_e)} + \cdots + \frac{D_n}{(1+k_e)^n} + \frac{P_n}{(1+k_e)^n} = \sum_{t=1}^{n} \frac{D_t}{(1+k_e)^t} + \frac{P_n}{(1+k_e)^n}$$

만일 주식보유기간이 영구적이라면(즉, 매도할 주식가격의 현재가치는 0에 수렴) 주식가치는 매년 기대되는 배당에 대한 현재가치이다.

$$P_0 = \frac{D_1}{(1+k_e)} + \frac{D_2}{(1+k_e)^2} + \cdots + \frac{D_\infty}{(1+k_e)^\infty} = \sum_{t=1}^{\infty} \frac{D_t}{(1+k_e)^t}$$

무성장모형(zero-growth model)은 매년 동일한 순이익이 발생하여 배당이 일정하다고 가정한 것으로 재투자 없이 순이익을 모두 배당하면 배당은 성장하지 않는다. 이는 다음과 같이 영구연금의 현재가치와 동일한 수식을 지닌다.

$$P_0 = \frac{D_1}{(1+k_e)} + \frac{D_1}{(1+k_e)^2} + \frac{D_1}{(1+k_e)^3} + \cdots = \frac{EPS_1}{k_e} = \frac{D_1}{k_e}$$

한편 배당이 매년 g%만큼 성장한다는 고든성장모형(Gordon growth model: GGM)의 항상성장모형은 다음과 같다.

$$P_0 = \frac{D_1}{(1+k_e)} + \frac{D_1(1+g)}{(1+k_e)^2} + \frac{D_1(1+g)^2}{(1+k_e)^3} + \cdots = \frac{D_1}{k_e - g} = \frac{D_0(1+g)}{k_e - g}$$

여기서, 배당성장률은 기대성장률(expected growth rate)이고, t 시점의 배당(D_t)은 간단한 모형 t 기간까지 보유한다는 가정에서 배당성장률로 복리로 계산된다. 배당성장률(g)이 자기자본비용(k_e)보다 크면 주가는 발산하므로 성장률은 할인율보다 작아야 한다($k_e > g$).

GGM은 간단한 모형이지만, 주식가치는 성장률에 따라 변동이 매우 크므로 성장률 추정에 주의가 필요하다. 배당이 증가하려면 안정적으로 성장률 이상으로 순이익이 실현되어야 한다. 예를 들어, 어느 기업의 순이익은 매년 5%, 배당은 8% 증가한다면, 배당은 순이익을 초과하여 일정 시점에서 결국 배당할 수 없게 된다. 반대로 순이익성장율이 배당성장률보다 크면 배당성향은 감소한다. GGM은 배당성향이 일정하므로 배당성장률과 순이익성장률이 동일하다.

배당할인모형은 영구가치의 현재가치가 다른 평가모형보다 주식가치에서 가장 큰 비중을 차지하고 배당성장률(g)도 추정하기 어렵다. 또한 이 모형은 가치평가모형에 대한 틀을 제공해주므로 이론적 타당성은 인정되지만 배당이 없거나 배당성향이 일정하지 않은 기업에는 적용할 수 없다. 또한 주주의 잔여청구권이 배당에만 국한되고 가치창출의 원천은 간과되는 한계가 있어 실무적으로는 활용되지 않는다.

표 9.1 | 배당할인모형에 의한 주식가치평가

K메탈의 향후 5년간 배당은 다음과 같이 추정하고, 5년차말 주가(P_5)는 41,245원일 것으로 예상한다. K메탈의 주가를 추정하여라(단, 자기자본비용은 11.53%이다).

	20×1F	20×2F	20×3F	20×4F	20×5F	CV
배당금(백만원)	900	3,030	4,650	5,550	7,890	247,470
현가계수@11.53%	0.8966	0.8039	0.7208	0.6463	0.5795	0.5795
현재가치(백만원)	807	2,436	3,352	3,587	4,572	143,409
주식가치(백만원)①	158,163					
주당주식가치(①÷6백만주)	**26,360원**					

주당주식가치는 26,360원이고 영구가치(CV)는 247,470백만원(=41,245원×6백만주)이다. 영구가치의 현가(143,409백만원)는 추정주식가치(158,163백만원)의 90.7%를 차지하며 그 비중은 매우 높다.

제2절 잉여현금흐름할인모형

주주 중심의 가치배분 측면에 초점을 둔 것이 배당할인모형이라면, 자본제공자인 주주와 채권자 측면으로 확장한 평가모형은 잉여현금흐름할인모형(FCF model)이다. 이를 흔히 현금흐름할인(discounted cash flow: DCF)모형이라 부르고 가장 널리 활용되는 대표적인 평가방법이다. DCF모형을 적용하려면, 우선 평가대상기업의 과거 재무정보를 바탕으로 미래에 창출될 현금흐름을 추정해야 한다.

아울러, 경영활동에 수반되는 현금흐름의 원천을 파악하고 국내외 경제여건이 산업특성상 해당 기업에 어떠한 영향이 미치는지 비재무적 요인도 추가 검토해야 한다. 따라서 현금흐름할인모형은 분석자의 해당 산업 전반에 걸친 전문지식과 노하우를 바탕으로 미래현금흐름을 추정해야 하는 복잡한 작업을 요구한다.

잉여현금흐름은 자본제공자 측면에서 기업가치가 경제적으로 훼손되지 않는 상태에서 주주귀속 잉여현금흐름(free cash flow to equity: FCFE)과 채권자귀속 현금흐름(creditor cash flow: CCF)의 합으로 표현된다.

$$FCF = FCFE(\text{free cash flow to equity}) + CCF(\text{creditor cash flow})$$

즉 잉여현금흐름은 가치창출의 동인을 순이익이 아닌 영업이익에 두고 채권자와 주주에게 귀속되는 현금창출력이고 재무적 현금흐름(financial cash flow)으로 나타난다. 잉여현금흐름은 ① 기업이 배당을 하지 않거나 과거 배당성향의 차이가 큰 경우, ② 투자자가 배당에 중점을 두고 경영권행사에[1] 관심이 높은 경우에 선호되는 경제적 지표이다. 따라서 현금흐름할인모형은 배당성향이나 배당 여부와 상관없이 적용할 수 있고, 투자자가 경영권을 행사하여 배당규모를 늘리려는 목적이라면, 배당할인모형보다 현금흐름할인모형이 더 합리적인 방법이다.

---

[1] 기업을 인수한 투자자는 빠른 투자회수를 목적으로 배당을 늘리거나 차입으로 인수대금을 조달한 경우 이를 상환하기 위해 매수기업의 자산을 매각하여 배당하도록 과도한 요구를 하기도 한다.

■ 현금흐름할인모형의 적용

기업가치(firm value)의 핵심인 영업가치(operating value)는 잉여현금흐름으로 추정하고 이는 예측기간 동안 잉여현금흐름의 현재가치와 예측기간 이후 영구가치(CV: continuing value)에 대한 현재가치의 합으로 정의한다. 영구가치는 영구연금공식을 적용하여 $(n+1)$년의 잉여현금흐름(FCF_{n+1})을 $(WACC-g)$로 나누어 구한다.

$$\begin{aligned}\text{Operating Value} &= \sum_{t=1}^{n} \frac{FCF_t}{(1+WACC)^t} + \frac{FCF_n(1+g)/(WACC-g)}{(1+WACC)^n} \\ &= \sum_{t=1}^{n} \frac{FCF_t}{(1+WACC)^t} + \frac{FCF_{n+1}/(WACC-g)}{(1+WACC)^n} \\ &= \sum_{t=1}^{n} \frac{FCF_t}{(1+WACC)^t} + \frac{CV}{(1+WACC)^n}\end{aligned}$$

$$CV = \frac{FCF_n(1+g)}{WACC-g} = \frac{FCF_{n+1}}{WACC-g}$$

주식가치(equity value)는 영업가치와 순비영업자산(비영업자산−이자성부채)의 가치를 합한 것으로, 이때 적용되는 할인율은 가중평균자본비용(WACC)이다.

$$\begin{aligned}\text{주식가치} &= \text{영업가치} + \text{순비영업자산} \\ &= \sum_{t=1}^{n} \frac{FCF_t}{(1+k_w)^t} + \frac{FCF_n(1+g)/(WACC-g)}{(1+WACC)^n} + \text{순비영업자산}\end{aligned}$$

[표 9.2]는 K메탈의 세후영업이익으로부터 FCF의 산출과정을 예시한 것이다. 현금흐름할인모형에 의한 기업가치(영업가치+비영업자산가치)는 2,000억원으로 산출되었다. 이로부터 부채가치를 차감한 주식가치는 1,800억원이고 이는 주당 30,000원에 해당한다. 현금할인모형은 영업가치 창출력에 초점을 두고 있지만, 추정기간 중 대규모 자금유출이 장기간 지속되는 경우 그 규모에 따라 잉여현금흐름이 적어지거나 음(−)이 되어 영업가치를 적절하게 산출할 수 없는 한계가 있다. 따라서 추정기간을 투하자산의 경제적 효익이 창출되는 예측가능한 시점까지 확장할 필요가 있다.

표 9.2 | 현금흐름할인모형에 의한 주식가치평가

다음은 K메탈의 향후 5년간 잉여현금흐름이다. FCF모형을 이용하여 주당주가치를 산출하여라(단 주식수는 6백만주, 가중평균자본비용은 10.771%, 성장률은 0%이다).

(백만원)	20×1F	20×2F	20×3F	20×4F	20×5F	CV
영업이익	4,086	13,243	19,835	27,020	33,545	
법인세비용영업이익	−830	−2,745	−4,123	−5,714	−7,293	
NOPLAT	3,256	10,498	15,711	21,306	26,252	
기초투하자본	26,772	27,325	27,004	28,452	29,252	
기말투하자본	27,325	27,004	28,452	29,252	29,252	
순투자	553	−320	1,447	801	−	
잉여현금흐름(FCF)	2,703	10,818	14,264	20,505	26,252	243,727
현가계수@10,771%	0.9028	0.8150	0.7357	0.6642	0.5996	0.5996
PV_FCF	2,440	8,817	10,495	13,620	15,741	146,141
PV_FCF예측기간	51,112					−
PV_CV	146,141					−
영업가치①	197,253					
비영업자산②	2,747					
FV③(①+②)	200,000					
부채가치④	20,000					
주식가치⑤(③−④)	180,000					
주당주식가치(⑤÷6백만주)	30,000원					

−영구가치(CV)는 243,727백만원(26,252/0.10771)이고 영구가치의 현재가치(146,141백만원)은 주식가치 중 81.2%를 차지한다.
−건설중자산은 없다.

제3절 주주잉여현금흐름할인모형

3.1 주주잉여현금흐름의 도출과정

배당할인모형과 달리 주주잉여현금흐름은 배당 외에도 주주의 잔여지분청구권까지 포함한다. 개념적으로 잉여현금흐름은 자본제공자인 주주와 채권자에게 귀속되는 현금흐름인 반면, 주주잉여현금흐름(free cash flow to equity: FCFE)은 잉여현금흐름 중 채권자의 몫을 제외한 현금흐름으로 unlevered cash flow라고도 불린다. 또한 주주잉여현금흐름은 기업의 배당여력은 물론 초과현금에 대한 정보를 제공하므로 경영지배권에 대한 지분(controlling equity interest)과 직결된다. 주주잉여현금흐름은, 기업의 원금상환(신규차입) 및 세후이자비용은 채권자에게는 현금유입(유출)이므로 잉여현금흐름에서 채권자 현금흐름을 차감하여 구한다.

손익계산서상 순이익일지라도 일시적인 운전자금의 증가 또는 대규모 자본적 지출로 인해 잉여현금흐름이 매우 적거나 음(−)일 수 있지만, 배당은 가능하다. 이 경우 주주잉여현금흐름이 잉여현금흐름을 초과하면, 그 초과분은 신규차입(또는 사채발행)으로 자금이 조달된 것으로, 타인자본조달의 용도는 소요운전자금이나 자본적 지출이지 배당으로 해석하지 말아야 한다.

$$\text{FCFE} = \text{FCF} - \underbrace{(\text{원금상환} - \text{신규차입} + \text{세후이자비용})}_{\text{채권자귀속 현금흐름(CCF)}}$$

부채의 변동이 없다면, 주주잉여현금흐름은 주주의 청구권 측면에서 다음과 같이 달리 표현될 수 있다.

$$\text{FCFE} = \text{배당} + \text{비영업자산의 증가(감소)} - \text{세후이자수익}$$

주주잉여현금흐름 산출시 배당은 물론 비영업자산은 주주에게 귀속되므로 이를 반영한다. 비영업자산의 증가(감소)는 기업에게는 현금유출(유입)이지만 주주에게는 그 변동분 만큼 귀속되므로 가산(차감)한다. 또한 세후이자수익은 이미 초과현금에 포함되었으므로 다시 제거하여 조정해준다. 주주잉여현금흐름 할인모형은 예측기간 중 자본구조의 변화, 즉 레버리지(leverage)의 변화에 따라 평가결과가 달라진다. 주주잉여현금흐름은 채권자현금흐름에 의해 변동되므로 예측기간 재무계획에 따라 평가결과가 왜곡될 수 있어 FCF 모형이 FCFE 모형보다 선호되는 이유이다.

주식가치는 기업가치로부터 부채를 차감한 잔여가치이므로 일관성을 유지하려면 주주잉여현금흐름모형에서도 마지막 n년차 전에 이자성 부채를 모두 상환한다는 가정에서 출발해야 하는 것이 타당하다. 마지막 n년차 주주잉여현금흐름의 규모에 따라 영구가치가 달라지므로 n년차에는 채권자 현금흐름이 없어야 한다. 만일 추정기간 마지막 n년차에 상당한 금액의 원금을 상환한다면 주주잉여현금흐름이 급감하거나 음(−)의 현금흐름으로 인해 영구가치가 과소평가되거나 적용할 수 없는 본질적인 한계에 부딪친다.

다음 표에서 주주잉여현금흐름을 살펴보면, 20×4 년 주주잉여현금흐름은 채권만기에 따른 원리금상환으로 인해 −2,424 백만원의 현금흐름을 보여준다. 그 내용을 살펴보면, 채권자귀속 현금흐름이 잉여현금흐름보다 큰데 그 초과분은 단기금융상품으로 충당됨을 알 수 있다.

자본제공자 귀속 잉여현금흐름

(백만원)	20×1F	20×2F	20×3F	20×4F	20×5F
이자성부채의 감소(증가)				20,000	
세후이자비용	319	317	317	2,930	
채권자귀속 현금흐름(CCF)①	**319**	**317**	**317**	**22,930**	
(−)세후이자수익	−56	−128	−264	−278	−354
단기금융상품의 증가(감소)	1,540	7,599	9,561	−7,697	18,716
배당금	900	3,030	4,650	5,550	7,890
주주귀속 현금흐름(FCFE)②	**2,384**	**10,501**	**13,947**	**−2,424**	**26,252**
잉여현금흐름(FCF)(①+②)	**2,703**	**10,818**	**14,264**	**20,505**	**26,252**

3.2 주주잉여현금흐름할인모형의 적용

주주잉여현금흐름할인모형은 주주잉여현금흐름을 자기자본비용(k_e)으로 할인한 현재가치를 주식의 내재가치로 정의한다. 주식가치(equity value)는 예측기간 동안 주주잉여현금흐름의 현재가치와 예측기간 이후 영구가치(CV)에 대한 현재가치를 합한 것이다. 영구가치는 영구연금공식을 적용하여 $(n+1)$년의 주주잉여현금흐름($FCFE_{n+1}$)을 (k_e-g)로 나누어 구한다.

$$\text{Equity Value} = \sum_{t=1}^{n} \frac{FCFE_t}{(1+k_e)^t} + \frac{FCFE_n(1+g)/(k_e-g)}{(1+k_e)^n} + \text{비영업자산}$$

$$= \sum_{t=1}^{n} \frac{FCFE_t}{(1+k_e)^t} + \frac{CV}{(1+k_e)^n} + \text{비영업자산}$$

$$CV = \frac{FCFE_n(1+g)}{k_e-g} = \frac{FCFE_{n+1}}{k_e-g}$$

[표 9.3]에서 제시한 바와 같이, 주주잉여현금흐름은 원리금 상환으로 인해 잉여현금흐름보다 적고 자기자본비용은 WACC보다 높다. 이에 따라 주식가치는 현금흐름할인모형에 의한 주당 30,000원보다 6.13% 할인된 주당 28,160원으로 산출되었다.

표 9.3 | FCFE 모형에 의한 주식가치평가

다음은 K사의 향후 5년간 FCFE이다. FCFE 모형을 이용하여 주당주식가치를 산출하여라(단, 주식수는 6백만주, 자기자본비용은 11.53%이고, 예측기간 이후 성장률은 0%이다).

(백만원)	20×1F	20×2F	20×3F	20×4F	20×5F	CV
FCFE	**2,384**	**10,501**	**13,947**	**−2,424**	**26,252**	**227,702**
현가계수@11.53%	0.8966	0.8039	0.7208	0.6463	0.5795	0.5795
PV_FCFE	2,138	8,442	10,053	−1,567	15,213	131,953

PV_FCFE의 합①	**166,232**
비영업자산②	2,747
주식가치③(①+②)	168,979
주당주식가치(③÷6백만주)	**28,160원**

– 영구가치(CV)는 227,702백만원(26,252/0.11529)이고 영구가치의 현재가치(131,953백만원)는 주식가치 중 78.1%를 차지한다.

다음 표는 모든 조건이 일정하고 예측구간에 원금상환 없이 이자비용만 고려하는 경우 K메탈의 주식가치를 산출한 것이다. 산출 결과 [표 9.3]에서 제시한 주당 28,160원보다 7.6% 할증된 주당 30,300원으로 나타났다. 이는 현금흐름할인모형에 의한 주당 30,000원과 유사한 수준이다. 이와 같이 주주잉여현금흐름할인모형은 부채상환계획에 따라 평가결과는 달라진다.

(백만원)	20×1F	20×2F	20×3F	20×4F	20×5F	CV
FCF	2,703	10,818	14,264	20,505	26,252	
채권자 귀속 현금흐름	319	317	317	317	317	
FCFE	**2,384**	**10,501**	**13,947**	**20,189**	**25,935**	**224,958**
현가계수@11.53%	0.8966	0.8039	0.7208	0.6463	0.5795	0.5795
PV_FCFE	2,138	8,442	10,053	13,048	15,029	130,363

PV_FCFE의 합①	179,073
비영업자산②	2,747
주식가치③(①+②)	181,820
주당주식가치(③÷6백만주)	**30,300원**

3.3 ROIC와 주주잉여현금흐름의 성장률

세후영업이익을 투하자본으로 나눈 비율인 ROIC와 배당성향 그리고 부채비율이 일정하고 모든 자산이 영업자산이라고 가정한다면, 주당순이익성장률(g)은 다음과 같다.[2]

$$g = b \cdot ROE = b \cdot \left\{ ROIC + \frac{B}{S} \cdot [ROIC - i \times (1-t)] \right\}$$

b: 내부유보율, $ROIC$: 세후영업이익/(기초)투하자본, B/S: 부채/자기자본(부채비율), i: 이자율, t: 세율

2 총자산이 영업자산이면 총자산은 투하자본(영업부채는 없다고 가정)이 되므로 ROA를 ROIC로 대체하여 ROE를 전개하면 다음과 같다(Investment Valuation(Damodaran), 1996, p.134)에서 ROA를 ROIC로 대체하고 첨언함).

$$ROE = \frac{\text{순이익}}{\text{자기자본}} = \frac{NOPLAT}{\text{총자산}} \times \frac{\text{총자산}}{\text{자기자본}} - \frac{\text{세후이자비용}}{\text{부채}} \times \frac{\text{부채}}{\text{자기자본}} = \frac{NOPLAT}{\text{총자산}}\left(1 + \frac{\text{부채}}{\text{자기자본}}\right) - \frac{\text{세후이자비용}}{\text{부채}} \times \frac{\text{부채}}{\text{자기자본}}$$
$$= \frac{NOPLAT}{\text{총자산}} + \frac{\text{부채}}{\text{자기자본}} \times \left(\frac{NOPLAT}{\text{총자산}} - \frac{\text{세후이자비용}}{\text{부채}}\right) = ROA + \frac{B}{S}[ROA - i(1-t)] = ROIC + \frac{B}{S}[ROIC - i(1-t)]$$

배당성향과 영업이익성장률 그리고 부채비율이 일정하다면, 순이익성장률은 주주잉여현금흐름(즉 배당)성장률과 같아진다. 만일 순이익을 모두 배당한다면, 자기자본은 변동은 없으므로 매년 당기순이익은 성장하지 않는다. 그러므로 성장률은 내부유보율과 함께 투하자본수익률과 부채비율에 따라 달라진다. ROIC가 세후이자율($i\times(1-t)$)과 같으면 ROE와 동일하지만, 세후이자율 미만이면, ROE는 ROIC보다 작아지면서 성장률은 급감한다.

[표 9.4]는 순이익이 250억원인 A기업이 자산이 모두 영업자산이고, 배당성향, 영업이익성장률, 부채비율 모두 일정하다고 가정하여 성장률을 도출한 결과이다. ROIC(19.33%)는 세후이자율(8%)을 초과하여 ROE는 25%, 성장률은 20%로 산출되었다. 이에 따라 FCFE도 매년 20%씩 성장한다.

표 9.4 | ROIC와 (주주)잉여현금흐름의 성장률관계

(억원)	20×1	20×2	20×3	20×4	20×5
영업이익	362.5	435.0	522.0	626.4	751.7
이자비용(기초부채의 10%)	50.0	60.0	72.0	86.4	103.7
법인세(20%)	62.5	75.0	90.0	108.0	129.6
순이익	250.0	300.0	360.0	432.0	518.4
성장률	–	20%	20%	20%	20%
배당금(배당성향 20%)	50.0	60.0	72.0	86.4	103.7
기초부채	500.0	600.0	720.0	864.0	1,036.8
기말부채	600.0	720.0	864.0	1,036.8	1,244.2
기초자기자본	1,000.0	1,200.0	1,440.0	1,728.0	2,073.6
기말자기자본	1,200.0	1,440.0	1,728.0	2,073.6	2,488.3
(기초)ROE	**25.0%**	**25.0%**	**25.0%**	**25.0%**	**25.0%**
기초투하자본	1,500.0	1,800.0	2,160.0	2,592.0	3,110.4
기말투하자본	1,800.0	2,160.0	2,592.0	3,110.4	3,732.5
세후영업이익(NOPLAT)	290.0	348.0	417.6	501.1	601.3
ROIC①	**19.33%**	**19.33%**	**19.33%**	**19.33%**	**19.33%**
ROIC－세후이자율(8%)②	11.33%	11.33%	11.33%	11.33%	11.33%
내부유보율③	80.0%	80.0%	80.0%	80.0%	80.0%
부채비율④	50.0%	50.0%	50.0%	50.0%	50.0%
성장률(③×[①+④×②])	–	20.0%	20.0%	20.0%	20.0%
FCFE	**50.0**	**60.0**	**72.0**	**86.4**	**103.7**

제4절 FCF모형과 FCFE모형의 한계

주주잉여현금흐름모형은 예측기간 중 재무레버리지(financial leverage)의 변화, 즉 자본구조의 변화에 따라 주식가치가 변동된다. 자본적 지출로 인해 음(−)의 잉여현금흐름이 발생하더라도 투자소요자금을 내부자금이 아닌 타인자본으로 조달하면 주주잉여현금흐름은 그만큼 현금이 유입되므로 적용 가능하다. 한편, 잉여현금흐름모형은 차입금의 변동과 관계가 없다. 그러므로 대규모 자본적 지출이나 신규차입이 없다면 FCF모형과 FCFE모형에 의한 주식가치의 산출 결과를 상호 비교해 볼 필요가 있다. FCF모형과 FCFE모형의 특징과 장·단점을 정리하면 다음과 같다.

	FCF모형	FCFE모형
할인율	가중평균자본비용	자기자본비용
장점	회계적 재량권과 무관	
	• 자본제공자를 위한 현금창출 여력을 보여줌 • 재무구조와 무관	• 목표자본구조와 무관한 할인율 • 배당 및 내부유보를 통한 재투자 여력을 보여줌 • 배당할인모형의 대체 • 자본적 지출을 타인자본으로 조달한 경우, 음(−)의 FCF이라도 적용 가능
단점	• 다른 모형에 비해 높은 영구가치의 비중 • 매기말에만 현금흐름이 발생한다는 비현실적인 가정	
	• 목표자본구조에 따라 주식가치평가오류 개연성 • 세후영업이익을 초과하는 지속적인 투자의 경우 음(−)의 FCF로 적용의 한계	• 신규차입 및 상환 규모에 따라 FCF모형보다 고(저)평가되는 한계

mini MBA

FCF모형의 연중할인방식 적용

회계사 홍길동은 K메탈에 대해 다음과 같은 의견을 제시하였다.

① 영구가치 : 순이익은 5년 가중평균하고 유사기업의 평균 PER인 12.76×를 기준으로 추정한다(성장률은 0%)

② 연중할인방식 적용 : 현금흐름은 연말에 발생하지 않으므로 연중(반기)기준으로 산출한다.

위를 반영하여 현금흐름할인모형으로 주식가치를 산출하고, [표 9.2]의 현금흐름할인모형에 의한 평가결과와 비교하여라.

(백만원)	20×1F	20×2F	20×3F	20×4F	20×5F	CV
당기순이익	2,978	10,214	15,523	18,576	26,399	
가중치	4.05%	13.76%	21.09%	25.24%	35.87%	
가중평균당기순이익	**18,944**					
영구가치	**241,729**	(=18,944×12.76)				
FCF	2,703	10,818	14,264	20,505	26,252	241,729
현가계수@10.771%	0.9028	0.8150	0.7357	0.6642	0.5996	0.5996
PV_FCF	**2,440**	**8,817**	**10,495**	**13,620**	**15,741**	**144,944**
영업가치	196,055	(현가의 합)				
연중조정계수	1.0525	$(1+\text{WACC})^{0.5}$				
조정영업가치①	**206,344**	(영업가치×연중조정계수)				
비영업자산②	2,747					
FV③(①+②)	**209,091**					
이자성부채④	20,000					
주식가치⑤(③-④)	189,901					
주당주식가치(⑤÷6백만주)	**31,520원**					

CV는 241,729백만원(=18,944×12.76배)으로 $g = 0\%$일 때 영구가치의 현재가치(144,944백만원)는 주식가치의 76.3%에 해당한다. 이로부터 6개월 선불개념의 연중조정계수(mid-year adjustment factor)인 1.0525를 적용하면, 주당주식가치는 31,520원이다. 이는 결과적으로 [표 9.2]에서 제시한 주당주식가치인 30,000원보다 5.07% 할증된 것이다. 그러므로 잉여현금흐름에 의한 영구가치의 현가(146,141백만원)는 상대가치모형에 의한 영구가치의 현가(144,964)와 차이가 11.8억에 불과해 영구가치는 합리적으로 추정된 것으로 판단된다. 이와 같이 잉여현금흐름의 영구가치의 대용치(proxy)로 시가배수모형을 적용할 수 있고 이를 통해 영구가치추정의 논리적인 판단 근거를 마련할 수 있다.

mini MBA | FCF모형과 상대가치평가의 비교

회계사 홍길동은 팔도에 대해 영업가치배수모형에 의한 주당주식가치인 209,200원에 대해 그 타당성을 판단하고자 한다. 다음과 같은 가정으로 현금흐름할인모형을 적용한 주당주식가치를 산출하고 성장률 및 자본비용에 따른 주당주식가치에 대한 민감도를 제시하여라(법인세율은 25%이다).

- 2021년 세후영업이익(NOPLAT)인 47,070백만원에 대해 2021년 이후 매년 2% 성장한다(최근 4년간 연간 영업이익성장률인 12.0%와 최근 2년간 연간영업이익성장률인 -7.8% 및 인플레이션을 감안하여 보수적으로 산정)
- 2021년 비영업자산: 166,294백만원 / 2021년 이자성부채: 33,131백만원
- 비현금성 비용만큼 재투자
- 무위험이자율: 3.5% / MRP: 7% / 타인자본조달비용: 3.8%
- 하마다모형에 의한 무부채 베타값: 0.4907(2022년 4월말 기준 연간 KOSPI200수익률 기준)
- 연중할인방식 적용: 현금흐름은 연말에 발생하지 않으므로 연중(반기)기준으로 산출한다.

하마다모형에 의한 팔도의 베타값$=0.4907\times\{1+(1-0.25)\cdot 3.5\%\}=0.5036$, 수정베타값$=0.5036\cdot 2/3+1/3=0.6691$

자기자본비용(추정베타 적용시): $3.5\%+0.5036\cdot 7\%=7.025\%$

가중평균자본비용(추정베타 적용시): $7.025\%\cdot 0.966+3.8\%\cdot(1-0.25)\cdot 0.034 = 6.88\%$

자기자본비용(수정베타 적용시): $3.5\%+0.6691\cdot 7\%= 8.184\%$

가중평균자본비용(수정베타 적용시): $8.184\%\cdot 0.966+ 3.8\%\cdot(1-0.25)\cdot 0.034 = 8.00\%$

연중조정계수: $1.0338(=1.0688^{0.5})$

비현금성 비용만큼 재투자하면 투하자본의 변동은 없으므로 잉여현금흐름은 세후영업이익에 해당된다.

$$\text{영업가치}=\frac{FCF\times(1+g)}{k-g}\times\text{연중조정계수}=\frac{47{,}070\times 1.02}{0.0688-0.02}\times 1.0338=\frac{49{,}634}{0.0488}-\mathbf{10{,}171}\text{억원}$$

기업가치$=10{,}171+1{,}663=$1조 1,834억원

주식가치=1조 1,834억원−331억원=1조 1,503억원, 주당주식가치=1조 1,503억원/4,814,002주=238,940원

자본비용	g = 0%	g = 0.5%	g = 1.0%	g = 1.5%	g = 2%	g = 3%
6.88%	174,580원	186,890원	201,290원	218,370원	**238,940원**	296,000원
8.00%	154,670원	163,820원	174,270원	186,330원	**200,400원**	236,980원

위의 표는 자본비용과 성장률에 대한 팔도의 주당주식가치 민감도를 정리한 것이다. 추정베타는 농심의 베타값인 0.5098보다 약간 낮은 수준이고 수정베타는 오뚜기와 삼양식품의 베타의 중간 수준이다. 자본비용이 6.88%인 경우, 상대가치배수모형에 의한 주당주식가치(197,080원)는 성장률 0.86%에 해당하고, 자본비용(수정베타값 적용)이 8.0%인 경우, 상대가치배수모형에 의한 주당주식가치는 성장률 1.89%에 해당된다. 한편 영업가치배수모형에 의한 주당주식가치(209,200원)는 자본비용이 6.88%인 경우, 성장률은 1.24%, 자본비용이 8.0%인 경우, 성장률은 2.28%에 각각 해당한다. 그러므로 영업가치배수모형에 의한 평가결과로부터 이 두 성장률의 평균은 1.76%로 2%로 가정한 성장률에 접근하고, 부채비율은 3.3%에 해당되어 목표자본구조(부채비율)인 3.5%과도 비슷한 수준이다. 이러한 결과를 종합해 보면, 영업가치배수에 기반한 팔도의 주식가치는 FCF모형과 더욱 부합하는 결과를 얻어 상대가치배수모형보다 영업가치배수모형이 합리적인 평가방법일 것으로 기대한다. 이와 같이 상대가치배수모형 및 영업가치배수모형을 서로 상호보완적으로 활용하여 FCF모형에 대한 성장률 추정과 목표자본구조를 비교 검토할 수 있다.

주요 국영문용어

경영권 지배지분_controlling equity interest
세후이자율_after-tax interest rate
연중조정계수_mid-year adjustment factor
잉여현금흐름_free cash flow to the Firm(FCF(F))
주주잉여현금흐름_FCF to equity(FCFE)
채권자 현금흐름_creditor cash flow(CCF)

| 확인학습 |

01. 기업가치를 평가하는 현금흐름할인모형에 관한 설명으로 옳지 않은 것은? (경영지도사)

① 기업의 영업활동에 의한 잉여현금흐름으로 기업가치를 평가하는 모형이다.
② 기업이 활용하는 자산으로부터 발생하는 미래현금흐름을 적절한 할인율로 계산한 현재가치로 기업가치를 평가한다.
③ 할인율은 자본출자자 관점에서 기업의 최대수익률이 되며, 기업의 관점에서 자본조달의 대가인 자본수익이 된다.
④ 영업현금유입액에서 영업현금유출액을 차감하여 영업활동현금흐름을 구한다.
⑤ 현재가치 측정에 적용되는 할인율은 기업의 가중평균자본비용(WACC)을 사용한다.

02. 기업가치평가에 관한 설명으로 옳지 않은 것은? (경영지도사)

① 기업가치는 미래에 기대되는 잉여현금흐름(free cash flow)을 가중평균자본비용(WACC)으로 할인한 것이다.
② 영업이익을 기초로 한 잉여현금흐름 추정시 감가상각비를 세후영업이익에 가산하는 이유는 감가상각비가 비현금성 비용이기 때문이다.
③ 가중평균자본비용(WACC)은 자본조달항목별 자본비용을 자본조달항목의 가중치를 이용하여 측정한다.
④ 지분DCF모형(equity discounted cash flow model)에 의하면 자기자본가치는 주주잉여현금흐름(FCFE)을 자기자본비용으로 할인하여 측정한 값이다.
⑤ 주식의 자본비용은 증권시장선(security market line)을 이용하여 추정할 수 있으며, 이때 위험의 단위는 주식의 총위험이다.

03. [CPA] 고정성장배당모형(constant growth dividend discount model)에 관한 다음 설명 중 옳은 것은?

① 고정성장배당모형이 적용되기 위해서는 주식의 요구수익률이 배당의 성장률과 같거나 낮아야 한다.
② 다른 모든 조건이 동일한 경우, 기본적으로 배당 상승에 대한 기대와 주식가치변동은 관계가 없다.
③ 고정성장배당모형에 의해 주식가치를 평가하는 경우, 할인율로 무위험이자율을 이용한다.
④ 다른 모든 조건이 동일한 경우, 배당성장률의 상승은 주식가치를 상승시킨다.
⑤ 고정성장배당모형에서 주식의 위험은 기대배당에 반영되어 있다.

04. 다음 (주주)잉여현금흐름에 대한 설명 중 가장 옳지 않은 것은?

① 잉여현금흐름(FCF)는 일반적으로 주주잉여현금흐름(FCFE)보다 크다.
② FCFE모형에 의한 주식의 내재가치는 FCF모형에 의한 주식의 내재가치보다 클 수도 있다.
③ 주주잉여현금흐름(FCFE)은 잉여현금흐름(FCF)과 같을 수도 있다.
④ 신규차입을 하면 주주잉여현금흐름(FCFE)은 증가한다.
⑤ 비영업자산이 증가하면 기업에는 현금유출이므로 주주잉여현금흐름(FCFE)은 감소한다.

05. 이자성 부채가 일정한 경우, 주주잉여현금흐름(FCFE)에 대한 설명 중 가장 옳은 것은?

① 주주잉여현금흐름(FCFE)의 변동성은 배당금의 변동성보다 작다.
② 주주잉여현금흐름(FCFE)은 배당금보다 크다.
③ 주주잉여현금흐름(FCFE)은 영업이익보다 크다.
④ 주주잉여현금흐름(FCFE)은 음(−)이 될 수 없다.
⑤ 주주잉여현금흐름(FCFE)은 잉여현금흐름(FCFE)보다 작다.

계산형 문제

06. [CPA] (주)고구려의 자기자본비용은 14%이며 방금 배당하였다. 이 주식의 배당은 앞으로 계속 8%의 성장률을 보일 것으로 예측되고 있으며, (주)고구려의 현재 주가는 50,000원이다. 다음 중 옳은 것은?

① 배당수익률이 8%이다.
② 배당수익률이 7%이다.
③ 방금 지급된 주당배당금은 3,000원이다.
④ 1년 후 예상되는 주가는 54,000원이다.
⑤ 1년 후 예상되는 주가는 57,000원이다.

07. [CPA] (주)한국의 발행주식수는 10만주이고 배당성향이 30%이며 자기자본이익률이 10%이다. (주)한국의 베타값은 1.2이고 올해 초 주당배당금은 2,000원이었다. 또한 무위험이자율이 5%이고 시장포트폴리오의 기대수익률이 15%라고 한다. 이러한 현상이 지속된다고 가정할 때, (주)한국의 2년말 시점의 주가는________원이다.

08. [CPA] 한국기업은 1년 후부터 매년 20,000원씩의 주당순이익을 예상하며 주당순이익 전부를 배당으로 지급하고 있다. 한국기업은 매년 순이익의 40%를 투자할 것으로 고려하고 있으며 이 때 자기자본순이익률이 13%가 될 것으로 예상한다. 한국기업이 순이익 전부를 배당하는 대신에 40%를 재투자한다면 주가는 ______원만큼 변한다. 한국기업 주식의 적정수익률은 13%이다.

09. A사의 다음 연도 주당순이익은 2,500원, ROE는 12.5%를 예상한다. 투자자들이 이 주식에 대해 요구하는 수익률은 9.5%이다. 회사의 내부유보율이 60%이라 하면, 주당주식가치는 ______원이다.

10. [CPA수정] 기업이 자산에서 창출하는 현금흐름을 잉여현금흐름(free cash flow)이라고 한다. 이는 주주와 채권자에게 자유롭게 배분해 줄 수 있는 현금이라는 의미이다. 다음 재무제표로부터 잉여현금흐름을 구하면 _____억원이고, 주주잉여현금흐름을 구하면 _____억원이다. 단, 총자산과 유동부채는 영업용이고 비유동부채는 이자성 부채이며 법인세율은 25%, 단위는 억원이다.

재무상태표

	당기	전기
유동자산	100	85
비유동자산	200	165
자산총계	**300**	**250**
유동부채	50	40
비유동부채	120	110
자 본	130	100
부채 및 자본총계	**300**	**250**

손익계산서

매출액	**500**
변동영업비	220
고정영업비	180
감가상각비	24
영업이익	**76**
이자비용	12
세전이익	**64**
법 인 세	16
당기순이익	**48**

11. [CPA수정] A기업은 2015년에 비유동자산을 처분(장부가액 10,000원, 처분손익은 발생하지 않음)하였으며 8,000원의 장기부채를 신규로 차입하였다. 다음은 A기업의 2014년과 2015년 재무제표 정보이며 법인세율은 30%이다. 아래 정보로부터 2015년 잉여현금흐름(FCF)과 주주잉여현금흐름(FCFE)은 각각 ________원과 ________원이다.

재무상태표 일부					
	2014년말	2015년말		2014년말	2015년말
자산			부채		
유동자산	5,000	5,500	유동부채	2,000	2,200
비유동자산	25,000	30,000	비유동부채	20,000	26,000

2015년 포괄손익계산서 일부	
매출액	150,000
매출원가	80,000
감가상각비	10,000
이자비용	2,000

해답

01. ③ 할인율은 자본출자자 관점에서 기업에 대한 요구수익률이며, 기업의 관점에서 자본조달의 대가인 자본비용이다.

02. ⑤ 증권시장선(security market line)의 위험 단위는 체계적 위험(베타)이다.

03. ④
   ① 고정성장배당모형이 적용되기 위해서는 주식의 요구수익률이 배당의 성장률보다 커야 한다(WACC>g).
   ② 기대 배당의 상승(배당의 성장)은 주식가치의 상승으로 이어진다.
   ③ 고정성장배당모형에 의해 주식가치를 평가하는 경우, 할인율로 자기자본비용을 이용한다.
   ⑤ 고정성장배당모형에서 주식의 위험은 할인율에 반영된다.

04. ⑤ 비영업자산은 주주귀속분이므로 비영업자산의 증가는 FCFE를 증가시킨다.

05. ⑤

06. ④
   ①, ② k_e = 배당수익률 + 성장률 = 14% = 배당수익률 + 8% → 배당수익률 = 6%

   ③ 배당수익률 $= 6\% = \dfrac{D_1}{P_0} = \dfrac{D_0(1.08)}{50{,}000} \rightarrow D_0 = 2{,}778$원

   ④, ⑤ 1년후 주가$(P_1) = 50{,}000$원$\times 1.08 = 54{,}000$원

07. $g = ROE \times (1-d) = 10\% \times 70\% = 7\%$

   $k_e = 5\% + (15\% - 5\%) \times 1.2 = 17\%$

   $$P_0 = \frac{D_0(1+g)}{k_e - g} = \frac{2{,}000 \times 1.07}{0.17-0.7} = 21{,}400\text{원}$$

   $P_2 = 21{,}400 \times (1.07)^2 =$ **24,500원**

08. 재투자수익률 = 자기자본비용이면 NPVGO는 0이되므로 가격변화는 없다(0원이다).

   $$\text{전액배당시}\ P_0 = \frac{D_1}{k_e \quad g} = \frac{20{,}000}{0.13 \quad 0} = 153{,}846\text{원}$$

   $$\text{재투자시}\ P_0 = \frac{D_1}{k_e - g} = \frac{20{,}000 \times (1-0.4)}{0.13 - 0.13 \times 0.4} = 153{,}846\text{원}$$

09. $g = b \cdot ROE = 60\% \cdot 12.5\% = 7.5\%$

   $$P_0 = \frac{D_1}{k_e - g} = \frac{2{,}500 \times (1-0.6)}{0.095 - 0.075} = 50{,}000\text{원}$$

10. FCF = 세후영업이익 − 투하자본의 변동 = 76×0.75 − 40 = 57 − 40 = **17억원**
   당기 투하자본 = 영업자산 − 영업부채 = 300 − 50 = 250
   전기 투하자본 = 250 − 40 = 210
   투하자본의 변동 = (250 − 210) = 40
   FCFE = FCFF − 세후이자비용 + 이자성부채의 변동 = 17 − 12×0.75 + (120 − 110) = **18억원**
   참고 : FCF = 세후영업이익 + 감가상각비 − 자본적 지출 − 운전자본변동 = 76×0.75 + 24 − 59 − 5 = **17억원**
   FCF = 총영업현금흐름 − 총투자금 = 81 − 64 = **17억원**
   (총)영업현금흐름 = 76×0.75 + 24 = 81, 총투자금 = 자본적 지출 + 운전자본의 변동 = 59 + 5 = 64

11. 제5장 3번 문항에서 제시한 동일한 재무정보로부터 FCF와 FCFE를 산출하는 문제이다.
FCF = NOPLAT + 감가상각비 − 순운전자본의 변동 − (순)자본적 지출
FCF = (150,000 − 80,000 − 10,000)X0.7 + 10,000 − (3,300 − 3,000) − 15,000 = 36,700원
FCF = NOPLAT − 투하자본의 변동 = 42,000 − 5,300 = 36,700원
투하자본의 변동 = 2015 투하자본 − 2014 투하자본 = (5,500 + 30,000 − 2,200) − (5,000 + 25,000 − 2,000) = 5,300

2015년 포괄손익계산서	
매출액	150,000
매출원가	80,000
감가상각비	10,000
이자비용	2,000
세전이익	58,000
법인세	17,400
순이익	40,600

자본금의 변동 = (자산의 변동) − (부채의 변동) = (35,500 − 30,000) − (28,200 − 22,000) = 5,500 − 6,200 = −700
자본금의 변동 = −700 = 당기순이익 − 배당 = 40,600 − 배당
FCFE = 배당 = 40,600 + 700 = **41,300원**
참고: FCF = FCFE + CCF = 36,700 = FCFE − 4,600 → FCFE = 41,300
CCF = 세후이자비용 − 차입금의 변동 = 2,000 × 0.7 − (26,000 − 20,000) = 1,400 − 6,000 = −4,600

제 10 장

발생주의기반 평가모형

회계정보를 바탕으로 하는 초과이익(RI)과 경제적 부가가치(EVA)를 측정하는 요소를 이해하고 가치평가에 어떻게 활용되는지를 알아본다. 초과이익모형(RIM)은 주주의 관점에서 평가하는 반면, EVA모형은 자본제공자를 구분하지 않고 기업가치를 평가한다는 점이 다르고, 특히 자본접근법으로 도출이 가능하므로 이를 살펴보기로 한다.

제1절 초과이익모형(RIM)

주식의 내재가치는 역사적 원가에 기초한 장부가치의 프리미엄 또는 손익계산서의 이익에 기반하여 가치의 변화를 측정하여 평가할 수 있다. 이와 같이 회계정보를 기초로 주식가치를 평가하는 대표적인 방법으로는 초과이익모형(RIM)과 경제적 부가가치(EVA)모형이 있다. 초과이익모형과 경제적 부가가치모형의 특징은 다음과 같다.

첫째, 주식가치는 (투하)자본규모와 이로부터 창출되는 수익성에 의해 결정된다.
둘째, 초과이익 및 경제적 부가가치의 창출 수준은 수익이 자본(조달)비용을 어느 정도 초과하는지에 따라 결정된다.
셋째, 초과수익은 자기자본에 대응하는 당기순이익, 경제적 부가가치는 투하자본에 대응하는 세후영업이익을 기준으로 산출된다. 이 투자분석지표들은 자본제공자의 원천과 부합하는 가치창출요소를 측정하는데 목적이 있다.
넷째, 다른 모형들과 달리 평가시점에서 관찰 가능한 자본에 미래의 가치창출요소에 대한 현재가치를 더해 주는 방법을 적용하였다. 이에 따라 주식가치 또는 기업가치 중 미래예측치가 차지하는 비중이 상대적으로 적어 분석자의 주관을 최소화하였다.
다섯째, 재무제표의 항목을 그대로 활용함으로써 분석자의 주관이 가급적 배제된 상태에서 주식가치가 산출된다.

배당할인모형은 기업이 무배당이거나 배당성향이 일정하지 않아 평가방법으로 한계가 있을 수밖에 없어 그 대안으로 초과이익모형(residual income model: RIM)이 제시되었고 잔여이익모형이라고도 불린다. 손익계산서는 결과적으로 타인자본비용인 이자비용만 반영되고 주주와 관련한 배당이나 자기자본비용은 포함하지 않는다. 따라서 기업성과로부터 자기자본비용을 감안한 경제적 가치가 어느 정도 창출되었는지 측정하는 성과지표가 요구된다. 기업이 보유한 자산에서 창출되는 프리미엄인 부가가치를 나타내지 못하는 단점을 보완하고자 초과이익이라는 개념이 제시되었다. 따라서 장부가치와 함께 회계정보에서 표시되지 않는 프리미엄의 가치를 평가해 볼 필요가 있다.

초과이익은 프리미엄을 측정하는 요소로 정의하고 주주의 요구수익률을 기준으로 산출한다. 만일 어느 기업이 이자비용을 차감한 후 순이익을 실현하더라도 그 이익의 규모가 자기자본조달비용(equity charge)에 못 미친다면, 초과이익은 없는 것으로 해석한다. 자기자본조달비용은 주주가 요구하는 정상이익(normal earnings)을 의미하고 자기자본과 자기자본비용을 곱하여 화폐적 가치로 변환한 값이다. 달리 말하면, 초과이익이란 주주에게 돌아가야 할 이익인 정상이익을 초과하는 이익이다. 그러므로 당기순이익과 정상이익이 같아 초과이익이 0이라면, 주식의 내재가치는 자기자본총계와 동일하다.

초과이익모형은 배당할인모형을 확장한 것으로 자기자본은 배당과 순이익 간에 일정한 관계이므로 다음과 같은 순증관계(clean surplus relation)를 상정한다.

(기말)자기자본 = 당기순이익 + (기초)자기자본 − 배당금

▪ 초과이익 개념

초과이익(residual income: RI)은 순이익에서 자기자본 사용대가인 자기자본조달비용을 차감한 값이다. 자기자본조달비용은 (기초)자기자본과 자기자본비용(k_e)을 곱한 것이다.

$$\text{초과이익} = (\text{기초})\text{자기자본} \times (ROE - k_e)$$
$$= \text{순이익} - (\text{기초})\text{자기자본} \times \text{자기자본비용}$$
$$= \text{순이익} - \text{자기자본조달비용}$$

주주에게 귀속되는 순이익이 주주가 요구하는 정상이익을 넘지 못하면, 즉 자기자본이익률(ROE)이 자기자본비용을 초과하지 못하면, 초과이익은 음(−)이 된다. 그러므로 자기자본의 내재적 프리미엄(intrinsic premium)은 순이익 중 자기자본조달비용을 초과하는 이익으로 산출된다. 만일 PBR이 1보다 크다면, 주식가치는 내재적 프리미엄이 반영됨을 시사한다. 자기자본이익률(ROE)은 재무분석목적으로는 (평균)자기자본을 이용하지만, 가치평가에서는 (기초)자기자본을 적용하는데 그 이유는 순증회계관계를 유지하고 (기말)자기자본은 결과물인 당기순이익을 포함하므로 성과측정에 신뢰를 확보하기 위함이다.

그림 10.1
자기자본의 내재적 프리미엄

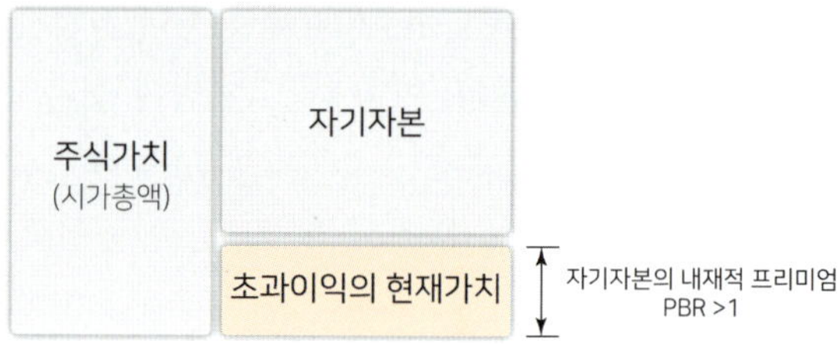

초과이익 추정

(백만원)	20×1F	20×2F	20×3F	20×4F	20×5F	비고
당기순이익①	2,978	10,124	15,523	18,576	26,399	
배당	900	3,030	4,650	5,550	7,890	
(기초)자기자본	9,459	11,537	18,631	29,505	42,531	
(기말)자기자본	11,537	18,631	29,505	42,531	61,040	((기초)자기자본+당기순이익−배당금)
자본조달비용②	1,091	1,330	2,148	3,402	4,903	(11.53%×(기초)자기자본)
초과이익(①−②)	**1,888**	**8,794**	**13,375**	**15,174**	**21,496**	
ROE	31.5%	87.8%	83.5%	63.0%	62.1%	(당기순이익÷(기초)자기자본)

위의 표는 K메탈의 초과이익(RI_t)을 도출한 결과이다. K메탈은 신공법을 자체 개발하여 고부가가치를 창출함에 따라 초과이익은 연평균 83.7% 급증하는 모습이다. 하지만, 초과현금이 매년 증가함에 따라 순금융수익이 증가하며 20×3년부터 ROE는 감소 추세이다.

▪ 초과이익모형의 적용절차

주식가치(V_0)는 평가시점의 순자산(B_0)과 초과이익에 대한 현재가치(내재적 프리미엄)의 합으로 정의한다.

$$V_0 = B_0 + \sum_{t=1}^{\infty} \frac{RI_t}{(1+k_e)^t} = B_0 + \sum_{t=1}^{\infty} \frac{(E_t - k_e \cdot B_{t-1})}{(1+k_e)^t}$$

t 시점에서 (기대)순이익은 자기자본이익률(ROE)과 (기초)장부가치(B_{t-1})의

곱이다. 이때 적용되는 할인율은 자기자본비용(k_e)이다. 초과이익모형에서 주식가치는 평가시점의 자기자본(B_0)과 예측기간 동안 초과이익의 현재가치 그리고 예측기간 이후 영구가치(CV)의 현재가치를 합한 것이다. 영구가치는 영구연금 공식에 따라 예측기간 이후 초과이익(RI_{n+1})을 $(k_e - g)$로 나누어 산출한다.

$$V_0 = B_0 + \sum_{t=1}^{n} \frac{(E_t - k_e \cdot B_{t-1})}{(1+k_e)^t} + \frac{CV}{(1+k_e)^n}$$

$$V_0 = B_0 + \sum_{t=1}^{n} \frac{(ROE_t - k_e) B_{t-1}}{(1+k_e)^t} + \frac{CV}{(1+k_e)^n}$$

$$CV = \frac{RI_n(1+g)}{(k_e - g)} = \frac{RI_{n+1}}{(k_e - g)}$$

■ 지속계수

성장률은 주식의 내재가치 프리미엄에 중요한 결정요인으로 작용하므로 영구가치는 이론적 주식가치 중 상당부분 차지한다. 성장률을 (당기)초과이익을 (전기)초과이익으로 나눈 값(w)인 지속계수(persistence parameter)로 달리 표현할 수 있는데 지속계수는 0과 1 사이의 값을 가진다. 만일, 지속계수가 1이면 예측기간 이후 초과이익은 n년의 초과이익으로 영구히 유지한다는 것이고 지속계수가 0.8이면 일정하게 전년대비 20%씩 초과이익이 0이 될 때까지 감소함을 의미한다. 만일 예측기간 이후 초과이익이 발생하지 않는다면, 지속계수는 0이 된다. 지속계수를 적용한 영구가치를 식으로 나타내면 다음과 같다.

$$CV = \left(\frac{w}{1 + k_e - w}\right) RI_n$$

한편, 영구적으로 초과이익을 실현한다는 가정이 합리적인지 고민해볼 필요가 있다. 기업간 경쟁이 심할수록 초과이익이 발생하더라도 시간이 경과함에 따라 ROE가 산업평균에 접근하여 자기자본비용에 수렴하면 초과이익을 기대하기 어렵다. 그러므로 지속계수를 1 이하로 가정하지만, 산업내에서 해당 기업이 보유한 경쟁력을 감안하여 초과이익의 실현가능성과 지속성여부를 판단해야 한다.

[표 10.1]에서 K메탈의 초과이익모형에 의한 주식가치 산출결과이다. 주당주식가치는 26,360원으로 현금흐름할인모형에 의한 주당주식가치인 30,000원보다 12.2% 낮게 평가되었다. 이러한 결과는 초과이익의 결정요인은 ROE가 ROIC를 초과하지 않거나 점차 감소됨을 시사한다. 따라서 시간이 경과하면서 자본화비율(투하자본/자기자본) 및 투하자본 부채의존도가 낮아져 평가결과에 영향을 미친 것으로 해석할 수 있다. 한편, 영구가치의 현재가치가 주식가치에 차지하는 비중(68.3%)은 FCFE 모형에 의한 비중(78.1%)보다 매우 낮다. 따라서 초과이익모형은 평가시점의 순자산(B_0)이 산입됨으로써 다른 모형에 비해 미래가치에 덜 의지하며 상대적으로 조기에 인식하는 특징이 있다.

표 10.1 | 초과이익모형에 의한 주식가치평가

다음은 K메탈의 향후 5년간 초과이익이다. RIM모형을 이용하여 주당주식가치를 산출하여라(주식수는 6백만주, 자기자본비용은 11.53%이고, 예측기간 이후 성장률은 0%이다).

(백만원)	20×1F	20×2F	20×3F	20×4F	20×5F	CV
초과이익	1,888	8,794	13,375	15,174	21,496	186,448
현가계수@11.53%	0.8966	0.8039	0.7208	0.6463	0.5795	0.5795
초과수익 현가	1,693	7,069	9,641	9,807	12,457	108,047
내재가치 프리미엄①	148,713					
(기초)순자산②	9,459					
주식가치③(①+ ②)	157,172					
주당주식가치(③÷6백만주)	**26,360원**					

– 영구가치(CV)는 186,448백만원(21,495.57/0.1153)이고 영구가치의 현재가치(108,047백만원)은 주식가치 중 68.3%에 해당된다.

초과이익모형은 배당할인모형에 이론적 기반을 두고 있어 순증회계가 성립하면, 다음과 같은 등가식이 성립한다.

$$P_0 = \sum_{t=1}^{n} \frac{D_t}{(1+k_e)^t} + \frac{P_n}{(1+k_e)^n} = B_0 + \sum_{t=1}^{n} \frac{RI_t}{(1+k_e)^t} + \frac{P_n - B_n}{(1+k_e)^n}$$

초과이익모형은 ① 배당이 없거나 배당예측이 힘든 경우, ② 예측기간 잉여현금흐름이 음(−)인 경우, ③ 다른 평가모형에서 영구가치의 추정이 불확실한 경우 등에 가장 적절한 평가방법이다. 하지만 투하자본수익률이 일정하다면, 비영업자산의 수익성이 투하자본수익률보다 낮고, 총자산 중 비영업자산이 차지하는 비중이 클수록 ROE는 감소된다. 이러한 경우 영업가치에 중점을 둔 다른 가치평가모형에 비해 초과이익모형은 주식가치가 과소평가되는 한계가 있다. 즉,

투하자본의 규모가 순자산을 초과하지 않아 자본화비율이 1 이하인 기업에는 초과이익모형에 의한 주식가치는 과소평가될 수 있다.

배당할인모형(DDM)과 초과이익모형(RIM)

K메탈의 5년차 주가(P_0)는 41,245원으로 예상되는 경우, 초과이익모형에 의한 주당주식가치를 산출하여라.

	20×1F	20×2F	20×3F	20×4F	20×5F
주당초과이익①	314원	1,465원	2,229원	2,529원	3,582원
현가계수@11.53%②	0.8966	0.8039	0.7208	0.6463	0.5795
주당초과이익 현가(①×②)	282원	1,178원	1,607원	1,634원	2,076원
(기초)BPS③	1,576원				
주당초과이익 현가④	6,776원				
영구가치의 현가⑤	18,006원	(41,245원 − 5년차주당순자산(10,173원) × 0.5795)			
주당주식가치 (③+④+⑤)	**26,360원**				

DDM과 RIM에 의한 주식가치는 동일하게 26,360원으로 산출되므로 회계적 순증관계에 의해 RIM은 DDM으로부터 도출됨을 알 수 있다.

제2절 경제적 부가가치(EVA)모형

경영자는 기업성과를 평가하는 지표로서 주로 손익계산서의 순이익에 중점을 둔다. 재무제표 중 하나인 손익계산서는 기업 본연의 영업활동은 물론 그 밖의 투자활동 및 재무활동으로 창출된 모든 수익과 이에 수반된 비용에 관한 정보를 표시하면서 최종적으로 획득한 회계기간의 순이익 규모를 보여준다. 손익계산서의 당기순이익의 과대계상 여부는 잘 드러나지 않거나 사후 관찰되므로 그 정확성 여부와 무관하게 직관적으로 투자자들은 기업의 경영성과를 순이익 수준에 의존한다. 사실상 손익계산서의 순이익에 대한 이익의 질을 파악하려면 보다 면밀한 분석이 요구된다.

경제적 부가가치(EVA: economic value added)는 당기순이익이라는 전통적 회계개념의 이익보다 사업목적에 따른 영업활동에 의한 성과에 대한 정보를 제공한다. 손익계산서상 당기순이익은 기업의 경영활동에서 수반된 모든 비용을 고려한 것처럼 보일 수 있으나 타인자본조달에 대한 이자비용만 표시될 뿐 자기자본조달비용은 반영되지 않는다. 특히 주주의 입장에서는 영업활동에 투입된 자본이 어느 정도 손익의 결과로 이어졌는지 그 경영성과에 보다 관심을 갖는다. 경제적 부가가치는 초과이익과 유사하게 자본제공자의 기회비용인 자본조달비용(capital charge)을 반영한다. 손익계산서상 당기순이익을 실현하더라도 당기순이익이 자기자본에 대한 기회비용에 미치지 못하면, 사실상 기업가치는 사실상 상실된다. 하지만 이자비용은 기업이 자본제공자인 채권자에게 지급하는 자본사용의 대가이다. 하지만 주주에게 자본사용에 따른 보상수준이 손익계산서로부터 어느 정도인지 파악하기 어렵다. 이러한 문제점을 보완하고자 손익계산서상 이익을 자본제공자 중심의 성과지표로 전환한 것이 경제적 부가가치이다.

EVA 개념은 글로벌 컨설팅사 중 하나인 Stern Stewart사가 경영성과를 측정할 목적으로 처음 제안하였다. 경제적 부가가치는 경제적 이익(economic profit:

EP)의 개념으로[1] 비정상이익(abnormal earnings)이기도 하다. 경제적 부가가치와 주식수익률 간에 유의적인 관계가 있어 경제적 부가가치는 가치창조경영의 투자분석지표가 된다.[2] 초과이익은 주주에게 귀속되는 순이익에 핵심을 두고 자기자본비용 측면에서 가치를 측정한 것이라면, 경제적 부가가치는 영업활동에 따른 가치창출에 초점을 두고 (총)자본조달비용을 초과하는 이익을 측정한 것이다. 앞서 살펴본 바와 같이, 초과이익의 기본요소인 ROE에서 순이익은 재무레버리지효과를 포함하지만, 경제적 부가가치는 자본제공자인 채권자와 주주에 대한 모든 자본비용을 감안하고 그 성과지표는 영업활동에서만 창출된 가치여야 한다는 배경이다.

결과적으로 경제적 부가가치의 특징은 영업이익을 중심으로 자본제공자의 기회비용을 고려함으로써 경영진에게 경영효율성 제고를 위한 의사결정의 근거를 마련해 준다.

■ 경제적 부가가치의 개념

경제적 부가가치는 영업활동에 따른 기업의 성과가 자본제공자의 자본비용을 초과하는 수준을 나타낸다. 경제적 부가가치 산출은 세후영업이익(NOPLAT)으로부터 (기초)투하자본(IC_{t-1})에 대한 자본제공자의 요구수익률인 가중평균자본비용(WACC)으로 산출된 자본조달비용을 초과하는 금액으로 계산한다. 따라서 투하자본수익률(ROIC)과 가중평균자본비용(WACC) 간 차이는 경제적 부가가치 비율로 볼 수 있다.

$$\begin{aligned} \text{EVA} &= \text{NOPLAT} - \text{자본조달비용} \\ &= \text{NOPLAT} - \text{WACC} \times (\text{기초})\text{투하자본} \\ &= (\text{ROIC} - \text{WACC}) \times (\text{기초})\text{투하자본} \end{aligned}$$

---

1 Alfred Marshall은 "기업소유주 또는 경영자가 얻은 이윤으로부터 투하자본에 대한 이자비용을 차감한 나머지가 기업경영으로 얻는 이익이다"고 주장하였다.

2 Machuga, Pfeiffer, and Verma(2002), "Economic value added, future accounting earnings, and financial analysts' earnings per share forecasts", *Review of Quantitative Finance and Accounting*, 18(1), pp. 59-73; Abate, Grant, and Stewart Ⅲ(2004), "The EVA style of investing", *Journal of Portfolio Management*, 30(4), pp. 61-72.

다음 표는 K메탈의 경제적 부가가치를 산출한 결과이다. 투하자본수익률은 매출신장과 수익성 개선으로 매년 현저하게 증가하는 모습이다. 투하자본은 연평균 2.2% 증가함에 따라 자본조달비용이 낮은 수준으로 체증하지만 세후영업이익도 꾸준히 늘어나며 경제적 부가가치도 연평균 180.6%로 급증한다.

EVA의 추정 |

(백만원)	20×1F	20×2F	20×3F	20×4F	20×5F	
NOPLAT①	3,256	10,498	15,711	21,306	26,252	
(기초)투하자본	26,772	27,325	27,004	28,452	29,252	
자본조달비용②	2,884	2,943	2,909	3,065	3,151	(10.771%×(기초)투하자본)
EVA(①-②)	**372**	**7,555**	**12,803**	**18,241**	**23,101**	
ROIC	12.2%	38.4%	58.2%	74.9%	89.7%	(NOPLAT÷(기초)투하자본)

■ EVA모형의 적용

기업가치는 평가시점의 (기초)투하자본(IC_0)과 경제적 부가가치의 현재가치인 시장부가가치(market value added: MVA)의 합이다. 영구가치(CV)는 영구연금공식을 적용하여 $(n+1)$년차 경제적 부가가치(EVA_{n+1})를 $(WACC-g)$로 나누어 산출한다. 예측기간 이후 매년 g%씩 경제적 부가가치가 성장한다면, 기업가치는 다음과 같다.

$$FV = IC_0 + \sum_{t=1}^{n} \frac{EVA}{(1+WACC)^t} + \frac{CV}{(1+WACC)^n} + \text{비영업자산}$$

$$= IC_0 + MVA + \text{비영업자산}$$

$$CV = \frac{EVA_n(1+g)}{WACC-g} = \frac{EVA_{n+1}}{WACC-g}$$

FCF모형과 마찬가지로 EVA모형에서 주식가치는 비영업자산을 감안한 기업가치(FV)에서 이자성부채를 차감하여 구한다. 자본제공자인 채권자와 주주의 관점에서 추정되므로 적용되는 할인율은 가중평균자본비용(WACC)이다.

그림 10.2
경제적 부가가치와 기업가치

[그림 10.1]에서 도시한 바와 같이, 자기자본은 투하자본과 순비영업자산(비영업자산－이자성부채)의 합이다. 따라서 주식가치(equity value)는 자기자본과 시장부가가치(MVA)의 합으로 재구성해 봄으로써 기업가치를 구하는 대신 자본접근법으로도 도출이 가능하다.

$$\text{주식가치} = (\text{기초})\text{자기자본} + MVA$$

주식가치를 달리 구성해 보면 아래와 같다.

$$\begin{aligned}\text{주식가치} &= (\text{기초})\text{투하자본} + MVA + \text{순비영업자산}\\ &= (\text{기초})\text{투하자본} + MVA + \text{비영업자산} - \text{이자성부채}\\ &= \text{총투하자산} + MVA - \text{이자성부채}\end{aligned}$$

정리하면, 투하자본수익률이 가중평균자본비용을 초과하는 정도에 따라 경제적 부가가치가 창출되는 수준이 결정된다. 따라서 투하자본수익률(ROIC)과 가중평균자본비용(WACC)에 따른 시장부가가치(MVA)의 창출수준이 기업가치 및 주식가치에 미치는 영향은 다음과 같다.

$ROIC > WACC : MVA > 0 \therefore \text{기업가치} > IC_0 \quad \text{주식가치} > BV_0$

$ROIC = WACC : MVA = 0 \therefore \text{기업가치} = IC_0 \quad \text{주식가치} = BV_0$

$ROIC < WACC : MVA < 0 \therefore \text{기업가치} < IC_0 \quad \text{주식가치} < BV_0$

투하자본수익률이 가중평균자본비용을 초과하면, 경제적 부가가치가 창출됨에 따라 기업가치는 (기초)투하자본(IC_0)을 초과하고 주식가치는 (기초)장부가액(BV_0)보다 크게 되어 PBR은 1보다 큰 값을 지닌다. 한편, 투하자본수익률이 가중평균자본비용과 같아 경제적 부가가치가 없다면, 기업가치는 (기초)투하자본(IC_0)이고 주식가치는 (기초)장부가액(BV_0)이 되어 PBR은 1이 된다. 만일, 투하자본수익률이 가중평균자본비용 미만으로 저조하면, 경제적 부가가치는 창출되지 않아 기업가치는 (기초)투하자본(IC_0)보다 적고 주식가치는 (기초)장부가액(BV_0) 미만이 되어 PBR은 1보다 작은 값을 지닌다.

ROIC는 순증회계관계가 유지하기 위해 (기초)투하자본 기준으로 산출되어야 한다는 점에 주의해야 한다. 분석자에 따라 평균투하자본을 적용하기도 하지만 (기초)투하자본을 적용한 결과와 큰 차이는 없다. 엄밀하게는 대체원가 또는 시가로 투하자본을 측정하는 것이 합리적이지만 실무적으로 장부가치를 적용한다. 유형자산의 장부가치가 시장가치보다 높은 경우는 거의 없고 시장가치가 있더라도 자주 평가해야 하는 번거로움이 있을 뿐만 아니라 이에 따른 평가비용도 발생하기 때문이다. 투하자본수익률 산출과정에서 비교기업과 일관성을 유지하기 위해 비교기업과 평가대상기업 모두 재평가차익 또는 영업권 항목이 있는지 검토한다. 만일 재평가차익이나 영업권이 있다면 이 항목들이 배제된 투하자본수익률을 산출하고 그 차이를 검토하여 비교분석해 볼 필요가 있다. 한편, 기존설비와 대체설비의 생산성이 동일하여 투하자본을 대체원가로 적용하면, ROIC가 왜곡될 수 있어 대체원가를 적용할 것인지는 매우 신중한 문제이다.

표 10.2 | 경제적 부가가치(EVA) 모형에 의한 가치평가

다음은 K메탈의 향후 5년간 경제적 부가가치(EVA)이다. EVA를 이용하여 주당주가치를 산출하여라(단, 주식수는 6백만주, 가중평균자본비용은 10.771%, 성장률은 0%이다).

(백만원)	20×1F	20×2F	20×3F	20×4F	20×5F	CV
경제적 부가가치	372	7,555	12,803	18,241	23,101	214,474
현가계수@10.771%	0.9028	0.8150	0.7357	0.6642	0.5996	0.5996
경제적 부가가치 현가	336	6,157	9,419	12,116	13,852	128,601

MVA①	170,481	(EVA현재가치의 합)
(순)이연법인세부채②	60	준자본적 성격을 지니므로 자본계정에 산입
(기초)자기자본③	9,459	
주식가치④(①+②+③)	**180,000**	
주당주식가치(④÷6백만주)	**30,000원**	(자본접근법)
(기초)투하자산⑤	26,772	
비영업자산⑥	2,747	
기업가치⑦(=①+⑤+⑥)	200,000	
부채가치⑧	20,000	영구가치(CV)는 214,474백만원(23,101/0.10771)이고 영구가치의 현재가치(128,601백만원)은 주식가치 중 71.4%에 해당된다.
주식가치(⑦−⑧)	**180,000**	(기업가치접근법)

[표 10.2]에서 제시한 바와 같이, EVA 모형에 의한 K메탈의 주당주식가치는 FCF 모형 동일하게 30,000원으로 산출되었고 이러한 결과는 두 모형이 이론적 배경이 동일함을 시사한다. 주식가치 중 영구가치의 현재가치가 차지하는 비중은 71.4%로 RI 모형(68.3%)보다 약간 높지만 FCF 모형(81.2%)보다 매우 낮다. RI 모형보다 주식가치가 13.9% 높게 평가되는 것은 ROIC와 ROE의 차이에서 기인한다.

마지막 연도인 n년차에 운전자금의 급증이나 자본적 지출로 인해 투하자본이 증가하면, 잉여현금흐름은 감소하여 FCF 모형에서 영구가치는 축소된다. 이에 따라 FCF 모형으로 산출된 주식가치는 감소하지만, 경제적 부가가치는 (기초)투하자본을 기준으로 산출하므로 (기말)투하자본의 증가가 평가결과에 미치는 영향은 없다. 그러므로 성장률이 0인 경우($g=0$), n년차에 투하자본의 변동이 없어야 FCF 모형과 EVA 모형은 동일한 결과를 얻을 수 있다.

■ EVA 중심 경영의 효용성

① **경영자와 종업원 간 이해의 일치** : 경제적 부가가치를 기준으로 임직원의 경영성과를 평가하고 보상체계와 연계시킴으로써 임직원의 이해관계와 일치되어 인직원들에게 EVA창출을 위한 동기를 부여해준다. 이를 바탕으로 조직을 분업화하여 효율적으로 운영할 수 있다.

② **기업가치평가를 위한 바로미터** : EVA는 기업가치평가에 필요한 핵심요소를 모두 고려한 개념이다. EVA지표는 기업가치와 밀접한 수익과 비용뿐만 아니라 자본제공자의 자본비용과 투자규모에 이르기까지 통합적으로 관리하는 지표이다. 전통적인 성과지표인 영업이익률과 순이익률은 보유자산의 활용도를 간과하고 투하자본수익률은 자본의 기회비용과 현금흐름을 무시한다. 반면에 경제적 부가가치는 투하자본에 대한 기회비용과 경제적 이익의 규모까지 고려하므로 가치중심경영을 위한 양적 측면(투하자본의 규모)과 질적 측면(자본제공자의 기회비용을 초과하는 수익률)을 모두 강조한다.

③ **회계정보의 보완** : 회계적 순이익은 본연의 영업활동에 따른 성과를 제대로 반영하지 못할 뿐더러, 현금흐름이 아니라는 문제점을 가진다. 총자산이익률(ROA), 자기자본이익률(ROE) 등은 투하자본에 대한 자본제공자의 기회비

용을 간과하지만 EVA지표는 투하자본으로 창출된 경제적 이익을 직관적으로 파악할 수 있는 성과지표로서 의사결정기준을 제공한다.

④ **투자의사결정의 기준** : 프로젝트의 대표적인 경제성 평가기법인 내부수익률법(IRR)이나 순현가법(NPV)은 투자안에 대한 타당성 분석에 유용하다. 여러 사업부가 있거나 다수의 프로젝트를 동시에 수행하는 경우 투자 여부를 판단하는 데 한계가 있다. 하지만 EVA지표는 사전적 평가기준을 제시해주고 사후 평가에도 적용이 가능하다.

▪ EVA 중심 경영을 위한 전략

EVA전략을 구현하려면 경영자는 가치경영중심의 확고한 의지를 가지고 가치창출동인을 파악하여 이를 체계화하는 경영프로세스를 구축해야 한다. 그러므로 부문별 혁신과제를 가치창출요인에 기반하여 이행 목표로 설정하고 이에 대한 보상체계를 마련하여 궁극적으로 EVA 중심의 경영시스템이 기업문화의 한 축으로 정착해야 한다. EVA가 제시하는 가치창출의 핵심은 궁극적으로 투하자본수익률(ROIC)이 자본제공자의 요구수익률을 초과하는 수준(spread)을 극대화하는 데 있고 이를 위한 전략은 다음 세 가지로 요약된다.

① **투하자본수익률의 향상** : 경쟁기업과 차별화되는 고부가가치 서비스나 상품을 제공하도록 역량을 집중함으로써 지속가능경영의 기반을 확보하는 것이다. 그러므로 이 모형은 가치경영중심의 전략적 의사결정을 위한 판단근거를 제시해 준다.

② **자본비용의 절감** : 기업은 경영투명성을 높이고 자본시장과의 정보비대칭을 완화시켜 기업정보의 질을 향상시키려는 노력을 지속적으로 기울인다면 자본비용을 절감할 수 있을 것이다.

③ **효율적 자본 배분** : EVA가 양(+)이더라도 그 규모가 크지 않다면 투자를 확대할 필요가 있다. 만일 투자확대가 한정된다면 자원을 효율적으로 배분해야 한다. 수익이 낮은 사업부문은 중단하고 EVA 중심의 프로젝트에 집중할 필요가 있다.

제3절 초과이익모형과 경제적 부가가치모형의 비교

[표 10.3]은 K메탈의 경제적 부가가치와 초과이익의 특징을 정리한 것이다. 투하자본이 자기자본 및 총투하자산에서 차지하는 비중은 비영업자산이 증가함에 따라 감소하는 추세이다. 마지막 5년차에는 모든 이자성부채가 이미 상환되어 비영업자산을 포함한 총투하자산(61,719백만원)과 자기자본(61,040백만원)은 거의 비슷하다. 특히 초과현금의 과다보유로 이자수익이 급증하여 순이익(264.0억원)이 세후영업이익(262.5억원)을 초과한다. 20×3년부터 공정이 내재화되며 부가가치 창출은 가속되어 경제적 부가가치비율(투하자본수익률과 가중평균자본비용의 차이)는 2년차부터 매년 20%p 내외로 급증하며 마지막 5년차에는 79.0%에 이를 것으로 기대한다. 투하자본수익률과 달리 자기자본이익률은 비영업자산의 구성비가 증가하여 3년차부터 감소한다. 이에 따라 20×3년부터 자본화비율이 1.0 이하로 현저하게 낮아지고 20×3년 이후부터 경제적 부가가치가 초과이익보다 커지기 시작한다.

표 10.3 | 경제적 부가가치와 초과이익

(백만원)	20×1F	20×2F	20×3F	20×4F	20×5F
(기초)투하자본	26,772	27,325	27,004	28,452	29,252
(기말)투하자본	27,325	27,004	28,452	29,252	29,252
총투하자산	31,612	38,891	49,900	43,004	61,719
(기초)자기자본	9,459	11,537	18,631	29,505	42,531
(기말)자기자본	11,537	18,631	29,505	42,531	61,040
자본화비율(투하자본/자기자본)	2.37	1.45	0.96	0.69	0.48
투하자본/총투하자산	86.4%	69.4%	57.0%	68.0%	47.4%
(기초)ROIC①	12.2%	38.4%	58.2%	74.9%	89.7%
(기초)ROE	31.5%	87.8%	83.3%	63.0%	62.1%
경제적 부가가치비율(①－10.77%)	1.4%	27.6%	47.4%	64.1%	79.0%
경제적 부가가치	**372**	**7,555**	**12,803**	**18,241**	**23,101**
초과이익	**1,888**	**8,794**	**13,375**	**15,174**	**21,496**

종합해 보면, K메탈의 RI모형에 의한 주식가치가 EVA모형보다 10% 이상 낮은 이유는 적용되는 자본비용이 다르고 무엇보다 자산 중 비영업자산이 차지하는 비중이 높기 때문이다.

초과이익모형과 경제적 부가가치모형 모두 자본제공자의 요구수익률을 기준으로 주식가치의 프리미엄을 측정하는 공통점이 있다. 하지만 자본비용 외 자본화비율이 두 모형을 구분하는 결정요인으로 작용한다. 발생주의 기반 평가모형의 특징 및 장·단점을 요약하면 다음과 같다.

초과이익(RI)모형과 경제적 부가가치(EVA)모형의 비교

	RIM	EVA모형
할인율	자기자본비용	가중평균자본비용
접근법	자본접근법	자본접근법 +기업가치접근법
프리미엄	자기자본의 내재적 프리미엄	시장부가가치
장점	–자기자본 및 투하자본은 주식가치에 따로 산입되므로 다른 평가모형보다 상대적으로 낮은 영구가치 비중 –회계정책의 변경에 영향을 받지 않음 –음(–)의 잉여현금흐름인 경우에도 적용이 가능 –프리미엄을 측정하여 PBR의 적정성을 평가 가능	
	–EVA보다 비교적 간단한 평가방법 –재무제표를 직접 이용하므로 분석자 주관의 최소화	–영업활동에 의한 수익창출력을 잘 보여줌 –자본화비율과 무관하여 성과측정에 대한 신뢰성
단점	–자본화비율로 인해 프리미엄을 왜곡할 개연성 –순이익에 기초하므로 영업성과를 간과	–투하자본산출이 번거롭고 분석자의 판단이 필요 –부외자산이용(투하자산매각 → 리스대체) –단기성과에만 중시 → 미래의 투자안 포기 –비교기업의 규모가 유사해야 함

mini MBA 배당할인모형과 초과이익모형이 일치함을 증명하여라.

Ohlson(1995)과 Feltham and Ohlson(1995)의 연구에[3]기초한 초과이익(RI)모형은 평가방법을 현금흐름예측에서 이익예측으로 전환하는 계기가 되었다. 상당수 기업은 무배당이거나 배당이 일정하지 않아 배당할인모형을 적용하기 어려워 이에 대한 현실적인 대안으로 초과이익모형이 제시되었다.

배당할인모형에 의하면, 현재주가인 $P_0 = \dfrac{D_1 + P_1}{(1+k_e)}$이고, 이를 t기간까지 일반화시키면 다음과 같다.

$$P_0 = \frac{D_1}{(1+k_e)} + \frac{D_2}{(1+k_e)^2} + \cdots + \frac{D_t + P_t}{(1+k_e)^t}$$

이를 초과이익모형으로 변형하여 전개해보면, 회계적 순증관계에 의해 $B_1 = EPS_1 + B_0 - D_1$이므로 $D_1 = EPS_1 - (B_1 - B_0)$를 위 식에 대입하면

$$P_0 = \frac{D_1 + P_1}{(1+k_e)} = \frac{EPS_1 + B_0}{(1+k_e)} + \frac{P_1 - B_1}{(1+k_e)} = \frac{EPS_1 + (1+k_e)B_0 - k_e \cdot B_0}{(1+k_e)} + \frac{P_1 - B_1}{(1+k_e)}$$

$$= B_0 + \frac{EPS_1 - k_e \cdot B_0}{(1+k_e)} + \frac{P_1 - B_1}{(1+k_e)} \qquad \text{식 ①}$$

P_1을 식 ①에 적용하여 전개해보면 다음과 같다.

$$P_0 = B_0 + \frac{EPS_1 - k_e \cdot B_0}{(1+k_e)} + \frac{1}{(1+k_e)}\left(B_1 + \frac{EPS_2 - k_e \cdot B_1}{(1+k_e)} + \frac{P_2 - B_2}{(1+k_e)} - B_1\right)$$

$$= B_0 + \frac{EPS_1 - k_e \cdot B_0}{(1+k_e)} + \frac{EPS_2 - k_e \cdot B_1}{(1+k_e)^2} + \frac{P_2 - B_2}{(1+k_e)^2} \qquad \text{식 ②}$$

식 ②에서 두번째 항의 분자는 1차연도 초과이익, 세번째 항의 분자는 2차연도 초과이익을 의미한다. 식 ②를 t기간까지 일반화하면 아래와 같다.

$$P_0 = B_0 + \frac{RI_1}{(1+k_e)} + \frac{RI_2}{(1+k_e)^2} + \cdots + \frac{P_t - B_t}{(1+k_e)^t}$$

이를 검증해 보기 위해, 배당은 없고 ROE가 자기자본비용과 같아 초과이익은 없다고 가정해보자. 배당할인모형에 의한 P_0는 마지막 항인 $\dfrac{P_t}{(1+k_e)^t}$가 되고, 초과이익모형에 의한 P_0는 기초장부가액과 마지막 항의 합인 $B_0 + \dfrac{P_t - B_t}{(1+k_e)^t}$이다. $\dfrac{P_t}{(1+k_e)^t} = B_0 + \dfrac{P_t - B_t}{(1+k_e)^t}$가 성립하여 $B_t = B_0 \cdot (1+k_e)^t$이 된다. 그러므로 기말순장부가액은 매년 자기자본이익률(ROE)만큼 증가하는 순증관계가 성립한다.

---

3 Ohlson, J., "Book Value and Dividends in Security Valuations," *Contemporary Accounting Research*, Spring 1995 ; Feltham, G. and J. Ohlson, "Valuation and Clean Surplus Accounting for Operating and Financial Activities," *Contemporary Accounting Research*, Spring 1995.

mini MBA

경제적 부가가치모형과 현금흐름할인모형이 일치함을 증명하여라.

DCF의 기본모형으로부터 EVA모형을 도출해보면 다음과 같다.

$$V=\sum_{t=1}^{\infty}\frac{FCF_t}{(1+WACC)^t}=\sum_{t=1}^{\infty}\frac{NOPLAT_t-\Delta IC_t}{(1+WACC)^t}$$

$$=\frac{NOPLAT_1-(IC_1-IC_0)}{(1+WACC)}+\frac{NOPLAT_2-(IC_2-IC_1)}{(1+WACC)^2}+\cdots \text{①}$$

①의 첫 항의 분자에 $WACC \cdot IC_0$를 가감하여 변형하면 다음과 같다.

$$NOPLAT_1-(IC_1-IC_0)=NOPLAT_1-(IC_1-IC_0)+WACC\cdot IC_0-WACC\cdot IC_0$$

$$=NOPLAT_1+(1+WACC)\cdot IC_0-IC_1-WACC\cdot IC_0$$

①의 각 항의 분자에 변형된 분자를 대입하여 일반화하면 아래와 같이 정리할 수 있다.

$$V=\frac{NOPLAT_1+(1+WACC)\cdot IC_0-IC_1-WACC\cdot IC_0}{(1+WACC)}+\frac{NOPLAT_2+(1+WACC)\cdot IC_1-IC_2-WACC\cdot IC_1}{(1+WACC)^2}+\cdots$$

$$=IC_0+\frac{NOPLAT_1-IC_1-WACC\cdot IC_0}{(1+WACC)}+\frac{IC_1}{(1+WACC)}+\frac{NOPLAT_2-IC_2-WACC\cdot IC_1}{(1+WACC)^2}+\frac{IC_2}{(1+WACC)^2}\cdots$$

$$=IC_0+\sum_{t=1}^{\infty}\frac{NOPLAT_t-WACC\cdot IC_{t-1}}{(1+WACC)^2}=IC_0+\sum_{t=1}^{\infty}\frac{EVA_t}{(1+WACC)^2}$$

주요 국영문용어

가치중심경영_value based management(VBM)
경제적 부가가치_economic value added(EVA)
내재적 프리미엄_intrinsic premium
시장부가가치_market value added(MVA)
자기자본조달비용_equity charge
자본조달비용_capital charge
지속계수_persistence parameter
초과이익_residual income

| 확인학습 |

01. 가치평가방법에 관한 설명 중 가장 옳지 않은 것은?

① 총자산 중 비영업자산의 비중이 큰 기업일수록 초과이익모형이 적합하다.
② 현금흐름할인모형과 경제적 부가가치모형의 이론적 주식가치는 일치한다.
③ 현금흐름할인모형에서 예측기간말 투하자본의 변동은 기업가치에 민감하다.
④ 경제적 부가가치모형과 초과이익모형은 PBR의 적정성을 평가하는 데 유용하다.
⑤ 경제적 부가가치모형에서 영구가치가 주식가치에 차지하는 비중은 현금흐름할인모형보다 작다.

02. 기업가치평가에 관한 설명으로 옳지 않은 것은? (경영지도사)

① 기업가치는 기업이 보유한 모든 자산에 대한 청구권의 가치를 의미한다.
② 기업가치는 투자결정과 자금조달결정에 의해 영향을 받는다.
③ 기업가치는 미래의 기대현금흐름을 위험을 고려한 할인율로 할인한 현재가치라고 할 수 있다.
④ 주식과 채권을 발행하여 자본을 조달하는 기업은 가중평균자본비용보다 자기자본비용으로 기업가치를 산출한다.
⑤ 경제적 부가가치(EVA)는 기업이 영업활동을 통하여 얻은 이익에서 자본비용을 차감하여 산출한다.

03. 경제적 부가가치(EVA)에 대한 개념 및 EVA모형에 대한 설명으로 가장 옳지 않은 것은?

① 투하자본×(투하자본수익률－가중평균자본비용)
② 세후영업이익－가중평균자본비용×투하자본
③ 잉여현금흐름＋투하자본의 변동－가중평균자본비용×투하자본
④ 기업가치와 투하자본의 차이를 시장부가가치(MVA)라 한다.
⑤ EVA모형에서 적용되는 자본비용은 가중평균자본비용을 적용한다.

04. 초과이익(RI)모형 및 경제적 부가가치(EVA)모형에 대한 특징으로 가장 옳지 않은 것은?

① EVA모형과 RI모형은 회계정책 변경에 따른 영향을 받지 않는다.
② RI모형 및 EVA모형은 다른 기업가치평가모형에 비해 일부 가치를 미리 인식한다.
③ 예측기간 중 배당이 없거나 배당성향이 변동이 되는 경우에도 적용이 가능하다
④ 음(－)의 잉여현금흐름에서도 적용이 가능하다.
⑤ RI모형은 자본화비율을 합리적으로 반영한다.

05. [CPA] 경제적 부가가치(economic value added: EVA)에 대한 다음 설명 중 가장 부적절한 것은?

① EVA는 회계상의 당기순이익에 반영되지 않은 자기자본비용을 명시적으로 고려한다.
② EVA가 정(+)인 기업은 자본비용 이상을 벌어들인 기업으로 평가된다.
③ EVA는 주주 중심의 사고에서 평가한 기업의 성과이다.
④ 다각화된 기업은 사업단위별로 EVA를 평가하여 핵심사업과 한계사업을 분류할 수 있다.
⑤ 주식에 대한 배당지급이 없는 경우 자기자본비용이 없기 때문에 EVA는 회계상의 당기순이익과 일치한다.

06. [CPA] 경제적 부가가치(EVA)에 관한 설명으로 적절한 항목만을 모두 선택한 것은?

a. EVA는 투하자본의 효율적 운영 수준을 나타낸다.
b. EVA는 영업 및 영업외 활동에 투자된 자본의 양적, 질적 측면을 동시에 고려한다.
c. EVA는 자기자본이익률과 가중평균자본비용의 차이에 투하자본을 곱해서 산출한다.
d. EVA는 투하자본의 기회비용을 반영해 추정한 경제적 이익의 현재가치의 합이다.
e. EVA는 당기순이익에 반영되지 않는 자기자본비용을 고려하여 산출한다.

① a, b ② b, c ③ a, e ④ b, c, e ⑤ b, d, e

07. 경제적 부가가치(EVA)모형에 대한 설명 중 옳지 않은 것은?

① MVA는 EVA의 현재가치이다.
② 주식가치는 자기자본과 MVA의 합이다.
③ 기업가치는 총투하자산과 MVA의 합이다.
④ 주식가치는 투하자본과 MVA의 합에서 이자성부채를 차감한 것이다.
⑤ 주식프리미엄인 MVA 산출시 적용되는 할인율은 가중평균자본비용이다.

08. 경제적 부가가치가 0일 때, 다음 설명 중 가장 옳지 않은 것은?

① 기업가치는 총투하자산이다.
② 주식가치는 투하자본이다.
③ 주식가치는 장부가액이다.
④ 주식가치는 투하자본보다 크거나 같다.
⑤ PBR은 1이다.

09. 다음 주식가치평가방법 중 자기자본비용(k_e)을 사용하는 방법만 모두 고르면?

a. 배당할인모형 b. 주주잉여현금할인모형 c. 잉여현금할인모형
d. 초과이익모형 e. 경제적 부가가치모형

① a, b ② a, b, e ③ a, c, d ④ a, b, d ⑤ a, b, d, e

10. 다음 주식가치평가방법 중 부채를 감안하지 않아도 되는 모형을 모두 고르면?

a. 주주잉여현금할인모형	b. 잉여현금할인모형	c. 초과이익모형	d. 경제적 부가가치모형

① a, c ② a, c, d ③ a ④ b ⑤ c

11. 다음 중 기업가치접근법과 자본접근법을 동시에 지니는 평가모형은?

a. FCFE모형	b. FCFF모형	c. RI모형	d. EVA모형	e. EV/EBITDA

① a ② b ③ c ④ d ⑤ e

계산형 문제

12. 다음의 재무정보로부터 경제적 부가가치(EVA)를 산출하면 ____억원이다(부채는 모두 이자성부채이다).

부채장부가액: 200억원	자본총계: 300억원	세후영업이익: 100억원
가중평균자본비용: 8%	총자산 중 영업자산의 구성비: 75%	

13. A사는 지속적으로 3억원의 영업이익을 실현할 것으로 예상하고 주당순자산가치는 2만원, 유통주식수는 5만주이다. 다음 재무정보를 바탕으로 초과이익(RI)모형에 의한 이론적 주당주식가치를 구하면 _____원이다.

총자산: 30억원	영업이익: 3억원	부채비율: 200%
타인자본비용: 5%	자기자본비용: 10%	법인세율: 20%

14. [CPA] A기업의 영업투하자본 2,500백만원, 세전영업이익 600백만원, 법인세 50백만원, 배당성향 60%, 가중평균자본비용(WACC) 10%, 납입자본금 1,000백만원(발행주식총수: 20만주), 자기자본비용 20%이다. A기업의 경제적 부가가치(EVA)는 ________백만원이다.

15. [CPA] (주)창조의 기초자본구조는 부채 1,200억원, 자기자본 800억원으로 구성되었다. 기말 결산을 해보니 영업이익은 244억원이고 이자비용은 84억원이다. 주주의 기대수익률이 15%이고 법인세율이 25%일 때, 경제적 부가가치(EVA)를 계산하면 ________억원이다.

16. 다음은 A기업의 향후 3년차 이후 추정잉여현금흐름 및 경제적 부가가치(EVA)에 대한 내용이다.

(백만원)	1년차	2년차	3년차
세후영업이익	200	250	300
순투자금	−50	−50	0
잉여현금흐름	150	200	300
현가계수@10%	0.90909	0.82645	
기초투하자본	2,000	2,050	2,100
기말투하자본	2,050	2,100	2,100

현재 가중평균자본비용은 10%, 주식수는 5만주, 투하자본은 20억원, 부채는 5억원이다. 3년차까지만 성장하고 그 이후부터는 성장없이 잉여현금흐름은 영구히 일정할 것으로 예상한다. 현금흐름할인(DCF)모형에 의한 주당주식가치는 ________원이고, 경제적 부가가치(EVA)모형에 의한 주당주식가치는 ________원이다.

17. 재무분석사 홍길동은 (주)느르에 대해 다음과 같이 예상하였다.

- 금년말 주당순자산가치(BPS)는 9,500원
- 향후 5년 동안 주당순이익(EPS)은 순자산가치의 20%
- 배당은 순이익의 25%
- 5년차 말 주가는 평가시점기준 PBR 3.0× 예상
- (주)느루의 베타값은 0.75, 무위험자산수익률은 3.0%, 시장위험프리미엄은 8.0%

초과이익모형에 의한 주당주식가치는 ________원이고, 배당할인모형에 의한 주당주식가치는 ________원이다.

18. [CPA수정] (주)삼천리는 100억원을 모두 자기자본으로 조달하여 건물임대업을 시작하였다. 이를 위해 이 기업은 70억원 상당의 건물을 구입하였으며, 건물임대로 인한 순수입은 매년 21억원으로 예상된다. (주)삼천리의 사장이 판단해 본 결과 건물 임대로 인한 수익률의 분산은 코스피지수 수익률 분산의 4배이며, 두 수익률 간의 상관계수는 0.5이다. 한편 이 기업은 나머지 30억원을 다음과 같이 투자하였다.

① 10억원은 5년만기 국채에 투자하였다. 이 채권의 만기수익률은 10%이다.
② 20억원은 코스피지수연동형 펀드에 투자하였다. 이 펀드의 수익률은 향후 20%로 계속 유지될 것으로 예상된다.

시장 상황이 유지되며, 기업의 자산구조가 일정하다는 가정하에 이 기업의 경제적 부가가치(EVA)는 ________억원, 시장부가가치(MVA)는 ________억원, 주식가치는 ________억원이다. 단, 세금은 없다.

19. [CPA] AAA 기업은 3,000만원이 소요되는 설비를 도입하는 프로젝트를 고려하고 있다. 다음 자료를 이용하여 각 물음에 답하시오. 계산결과는 만원 단위로 소수점 첫째 자리까지 계산하시오.

① 설비의 수명은 3년이고 잔존가치는 300만원이며 정액법으로 상각한다.
② 설비를 도입한 후에 예상되는 매출증가는 다음과 같으며 모두 현금으로 발생한다.

	1차년	2차년	3차년
매출증가	2,800만원	3,600만원	4,000만원

③ 매출증가에 필요한 변동비용은 매출액의 65%이며 모두 현금으로 지불된다.
④ 매출증가에 필요한 고정비용에는 설비의 감가상각비만 있다.
⑤ 법인세율은 25%이고 투하자본에 대한 기대수익률은 12%이다.

(물음 1) 프로젝트에 대한 3년간의 추정손익계산서를 작성하시오.
(물음 2) 프로젝트의 증분현금흐름(incremental cash flow)을 연도별로 계산하고 이를 이용해서 프로젝트의 순현재가치를 계산하시오.
(물음 3) 프로젝트의 경제적 부가가치(EVA)를 연도별로 계산하고 이를 이용해서 프로젝트의 순현재가치를 계산하시오.

20. 다음은 B기업의 평가시점의 재무상태표와 당해연도 추정손익계산서이다. 아래의 주어진 정보를 이용하여 배당할인모형에 의한 주식가치는 _____억원, 초과이익모형에 의한 주식가치는 _____억원, 현금흐름할인모형에 의한 이론적 주식가치는 _____억원, 주주잉여현금흐름모형에 의한 주식가치는 _____억원, 경제적 부가가치모형에 의한 주식가치는 _____억원이다.

(억원) 재무상태표

유동자산	150	유동부채	50
비유동자산	200	비유동부채	200
자산총계	350	자 본	100
		부채 · 자본총계	350

- 매년 50억원의 감가상각비가 발생하고 이 비용만큼만 재투자
- 재투자 후 모두 배당하고 성장없이 이익은 영구히 일정
- 자기자본비용은 15%이고 타인자본비용은 10%
- 총자산과 유동부채는 영업용
- 목표부채비율: 50%

(억원) 추정손익계산서

매출액	750
영업비용	650
영업이익	100
이자비용	20
세전이익	80
법인세	20
당기순이익	60

해답

01. ①

02. ④

03. ④ 기업가치는 비영업자산을 포함하므로 시장부가가치(MVA)는 기업가치와 총투하자산과의 차이이다.

04. ⑤ 자본화비율에 따라 영업활동에 의한 주식의 내재가치가 왜곡될 수 있다.

05. ⑤

06. ③

07. ④

08. ② 자산은 모두 영업용이고 EVA가 0일 때만 기업가치는 투하자본이다.

09. ④

10. ②

11. ④

12. EVA = NOPLAT − WACC × 투하자본 = 100 − 8% × (200 + 300) × 0.75 = 100 − 30 = 70억원

13. 자기자본구성 1/3, 타인자본구성 2/3

영업이익	300	
이자비용	100	= 20억원 × 5%
세전이익	200	
법인세	40	= 200 × 20%
순이익	**160**	
자본비용	100	= 10억원 × 10% = 1억원
초과이익	60	= 순이익 − 자본비용 = 160 − 100

주당초과이익은 1,200원(= 60백만원/5만주)이므로 초과이익의 시장부가가치는 12,000원(1,200/0.10)이다.
주당주식가치는 20,000원 + 12,000원 = 32,000원이다.

14. EVA = NOPLAT − WACC × 투하자본 = (600 − 50) − 10% × 2,500 = 300백만원

15. 타인자본비용 = 84/1,200 = 7%

$$WACC = 15\% \times \frac{800}{2,000} + 7\% \times (1 - 0.25) \times \frac{1,200}{2,000} = 9.15\%$$

ROIC = (1 − 0.25) × 244/(1,200 + 800) = 9.15%

ROIC와 WACC는 동일하므로 경제적 부가가치는 0이다.

16.

(백만원)	1년차	2년차	3년차
현가계수@10%	0.90909	0.82645	
FCF	150	200	300
FCF_PV	136	165	
기초투하자본	2,000	2,050	2,100
기말투하자본	2,050	2,100	2,100
자금조달비용	200	205	210
EVA	0	45	90
EVA_PV	0	37	
예측기간	302	①(FCF현가의 합)	
영구가치(CV)	3,000	(3년차 FCF/10%)	
영구가치 현가	2,479	② (CV×0.82645)	
기업가치(FV)	2,781	③=①+②	
부채	500	④	
주식가치$_{FCF}$	2,281	⑤=③−④	
주당주식가치	**45,620원**	⑤/50,000주	
예측기간	37	⑥ EVA현가의 합)	
영구가치(CV)	900	(3년차 EVA/10%)	
영구가치 현가	744	⑦ (CV×0.82645)	
시장부가가치(MVA)	781	⑧=⑥+⑦	
(기초)투하자본	2,000	⑨	
기업가치(FV)	2,781	⑩=⑧+⑨	
부채	500	⑪	
주식가치$_{EVA}$	2,281	⑫=⑩−⑪	
주당주식가치	**45,620원**	⑫/50,000주	

17.

R_f	3%	
MRP	8%	
베타	0.75	
배당성향	25%	
k_e	9%	(=3%+0.75%·8%)

(원)	1	2	3	4	5
기초주당순자산	9,500	10,925	12,564	14,448	16,615
주당순이익	1,900	2,185	2,512	2,889	3,323
주당배당금	475	546	628	722	830
기말주당순자산	10,925	12,564	14,448	16,615	19,108
주당자본조달비용	855	983	1,130	1,300	1,495
주당초과이익	1,045	1,202	1,382	1,589	1,828
현가계수@ 9%	0.9174	0.8417	0.7722	0.7084	0.6499
주당초과이익 현가	958	1,011	1,067	1,125	1,188
주당배당금 현가	436	460	485	511	539
초과이익 현가의 합	5,350				
5년차말 주가(①)	28,500 (=9,500×3.0x)				
②(①−5년차주당순자산)	9,392				
②의 현가(③)	6,104				
주당주식가치$_{RIM}$	**20,954** (=기초주당순자산+초과이익현가의 합+③)				
배당금 현가의 합	2,431				
5년차말 주가의 현가	18,523 (=28,500×0.6499)				
주당주식가치$_{DDM}$	**20,954**				

18. $\sigma_i^2 = 4\sigma_m^2 \rightarrow \sigma_i = 2\sigma_m \quad \beta_i = \dfrac{Cov(r_i, r_m)}{Var(r_m)} = \dfrac{\sigma_{mi}}{\sigma_m^2} = \rho_{mi} \cdot \dfrac{\sigma_i}{\sigma_m} = 0.5 \cdot \dfrac{\sigma_i}{\sigma_m} = 0.5 \cdot \dfrac{2\sigma_m}{\sigma_m} = 1.0$

$k_e = 10\% + (20\% - 10\%) \times 1 = 20\%$

$EVA = 21 - 70 \times 20\% =$ **7억원**

$MVA = \dfrac{7}{20\%} =$ **35억원**

주식가치 = 투하자본 + MVA + 비영업자산 − 부채 = 70억원 + 35억원 + 30억원 − 0억원 = **135억원**

참고: 주식가치 = 자기자본 + MVA = 100억원 + 35억원 = **135억원**

19. (물음1)

	1	2	3	
매출증가	2,800	3,600	4,000	
비용증가	(1,820)	(2,340)	(2,600)	매출×0.65
감가상각비	(900)	(900)	(900)	(3,000−300)/3=900
영업이익	80	360	500	
법인세	(20)	(90)	(125)	영업이익×0.25
순이익	60	270	375	

(물음2)

	0	1	2	3
현금흐름		60+900	270+900	375+900
투자	−3,000			
잔존가치				300
증분현금흐름	**−3,000**	**960**	**1,170**	**1,575**

$NPV = -3{,}000 + \dfrac{960}{1.12} + \dfrac{1{,}170}{1.12^2} + \dfrac{1{,}575}{1.12^3} = \mathbf{-89.09}$

(물음3)

	1	2	3	
세후영업이익①	60	270	375	영업이익×0.75
투하자본	3,000	2,100	1,200	
자본조달비용②	(360)	(252)	144	투하자본×0.12%
EVA(①−②)	**−300**	**18**	**231**	

$NPV = \dfrac{-300}{1.12} + \dfrac{18}{1.12^2} + \dfrac{231}{1.12^3} = \mathbf{-89.0}$

20. 법인세율 = 20/80 = 25%, 세후타인비용 = 10% · (1 − 25%) = 7.5%

(기초)투하자본 = 350 − 50 = 300억원

① 배당할인모형 $V_0 = \dfrac{60}{0.15} =$ **400**억원

② 초과모형 $RI = 600 - 100 \times 15\% = 45 \quad V_0 = 100 + \dfrac{45}{0.15} =$ **400억원**

③ 잉여현금할인모형 $FCF = NOPLAT = 100 \times (1 - 25\%) = 75$

$WACC = 7.5\% \times \dfrac{1}{3} + 15\% \times \dfrac{2}{3} = 2.5\% + 10\% = 12.5\%$

$FV = \dfrac{75}{0.125} =$ 600억원 $\quad V_0 = 600 - 200 =$ **400억원**

④ 주주잉여현금할인모형 $FCFE = FCF - CCF = 75 - 20 \times 0.75 = 75 - 15 =$ 배당금 $V_0 = \dfrac{60}{0.15} =$ **400억원**

⑤ 경제적 부가가치 $EVA = NOPLAT - Capital\,Charge = 75 - 300 \times 0.125\% = 37.5$

$MVA = \dfrac{37.5}{0.125} = 300$억원 V_0 =기초순자산+MVA=100+300=**400억원**

제11장 기업가치평가의 응용

희망공모가액 산정은 주로 상대가치평가법이 활용되고 있으며, 인수·합병에 대한 주식가치평가는 자본시장법에 의한 별도의 규정을 두고 있어 이에 대한 사례를 예시하고 살펴보기로 한다.

제1절 인수·합병(M&A)

기업가치의 극대화라는 목적을 달성하기 위해서는 기업의 성장은 필수이다. 이를 위해 기업은 제품을 다양화하여 시장지배력을 강화하거나 신규사업진출로 성장동력을 확보하여 기업규모를 확대하려 한다. 기업은 한정된 내부자원으로[1] 인해 내적성장이 한계에 달하면 급변하는 시장환경에 빠르게 대응하기 위해 외적성장을 추구하는데, 그 수단 중 하나로 인수·합병(M&A: merger & acquisition)이 있다. 여기서 성장이란 자본집중(capital concentration)에 의한 성장을 의미하며 이에 따라 비교적 단기간에 기업의 자산구성이 재개편된다. 합병(merger)이란 둘 이상의 기업이 결합하여 법률적으로나 사실적으로 단일기업이 되는 것을 의미한다. 인수(acquisition)란 하나의 경제주체가 타기업의 주식이나 자산의 일부 또는 전부를 취득함으로써 그 기업의 경영권을 획득하는 행위를 말한다. 일반적으로 M&A는 영업권 양수를 포함하는 다양한 형태의 기업간 결합행위를 모두 포함하는 포괄적인 개념이다. 인수·합병과 유사한 법률용어로는 '독점규제 및 공정거래에 관한 법률'에서 기업결합이라는 용어가 있다.

M&A는 거래형태에 따라 둘 이상의 독립된 기업이 하나의 경제실체로 통합되는 기업합병(merger) 및 신설합병(consolidation), 그리고 기업이 피인수기업의 주식이나 자산을 전부 또는 일부를 취득하여 경영권을 획득하는 기업인수(acquisition)로 구분된다. 흡수합병의 경우 피합병법인이 종래에 얻은 인허가사항을 그대로 이용할 수 있으나, 신설합병의 경우 신규로 업종과 관련한 인허가를 받아야 하는 기회비용이 발생한다. 실무적으로는 신설합병이 흡수합병보다 절차상 상대적으로 복잡하고 세금 등 각종 비용도 발생하여 흡수합병이 선호된다.

기업인수는 피인수기업의 매수대상 목적물에 따라 자산인수와 주식인수가 있다. 자산인수(asset acquisition)의 범위는 피인수기업의 자산 및 영업권 등 포괄적

---

1 내적성장을 위한 전략은 내부자원을 이용해 궁극적으로 매출증대 및 수익향상을 실현하고 이익을 유보하여 자본력을 강화하는 데 있다. 이러한 과정에서 투자정책과 자본조달정책이 수반되므로 내적성장은 자본집적(capital accumulation)에 의한 성장이라는 특징을 지니며, 이러한 내적성장은 협의적으로 기업성장을 의미한다.

인 권리까지 포함한다. 주식인수(stock acquisition)란 주식을 매수하여 경영권을 인수하는 것을 말한다. 기업인수는 자산부채이전방식(P&A: purchase & assumption)과 구별된다. P&A는 인수자가 부실채권과 악성부채를 제외한 우량 자산과 부채만 인수하는 방식이다. 이때 인수되지 않은 부실채권(NPL: non-performing loan)은 유동화 전문기업(bad bank)에게 매각된다. 피인수기업은 잔여자산 및 채권을 처분하고 손실은 충당금과 자기자본으로 상각처리한 후 청산절차를 밟는다. P&A는 M&A와 달리 인수자가 부실채권을 승계하지 않아 인수 후 경영상태가 악화될 우려가 없고, 고용승계도 없어 비교적 진행절차는 신속하다.

아울러 광의적으로 기업매수뿐만 아니라 위임장투쟁(proxy contest), 자진상장폐지를 통한 기업의 사유화(going private)도 기업인수 범주에 포함한다. 기업구조를 재편성할 목적으로 사업 부문이나 자회사의 일부 또는 전체를 매각하는 분리매각(divestiture)도 암묵적으로 M&A에 포함하는데 이를 역(reverse) M&A라고 한다.

M&A의 분류

분류기준	유 형
기업형태	합병(merger): 신설합병, 흡수합병 / 매수(acquisition): 자산매수, 주식매수
결합형태	수평적 M&A(horizontal M&A) / 수직적 M&A(vertical M&A) / 복합적 M&A (conglomerate M&A)
결합주체	내국기업간 M&A In-In 내국기업의 외국기업에 대한 M&A In-Out 외국기업의 내국기업에 대한 M&A Out-In 다국적기업간 M&A Out-Out
교섭방법	개별교섭 M&A / 공개매수(tender offer or take-over bid)
결제수단	현금지급 M&A / 유가증권교환 M&A / 혼합식 M&A
거래의사	우호적 M&A(friendly M&A) / 적대적 M&A(hostile M&A)

1.1 거래형태에 따른 M&A 유형

M&A의 유형은 거래형태에 따라 합병, 주식매수, 자산매수 등이 있고 그 개념들을 간략하게 살펴보면 다음과 같다.

■ 합 병

두 기업의 업종간 수직·수평 결합을 통해 규모의 경제와 범위의 경제를 얻게 된다. 합병은 기업의 경제적 결합형태에 따라 수평적 합병과 수직적 합병 그리고 다각적 합병으로 구분할 수 있다.

① **수평적 합병** : 규모의 경제효과나 시장지배력 확대를 위한 동종업 간 결합
② **수직적 합병** : 안정적인 원재료 공급이나 효율적인 생산체계의 구축을 목적으로 생산이나 판매유통에서 이전 또는 이후 단계에 있는 기업간의 결합
③ **다각적 합병** : 사업다각화를 통한 자원배분의 효율성과 시너지 효과의 증대를 목적으로 기술 및 생산이나 판매에서 서로 무관한 이업종 간 기업의 결합

이러한 합병으로 노동력과 자본설비를 효율적으로 사용함으로써 비용절감에 따른 수익확대 효과를 가져온다. 수평적 합병의 예로 LG텔레콤(현 U^+)은 LG파워콤과 그 모회사인 LG데이콤을 흡수합병하여 모회사와 자회사 모두 소멸하고 상장폐지되면서 2010년 1월 '통합 LG텔레콤'을 출범하였다.

■ 주식매수

경영지배를 목적으로 기업의 주식을 매수할 때 일반적으로 최대주주와 협상을 통해 주식을 대량 매수하는 형태를 띤다. 적대적 M&A의 경우, 최대주주의 의사와 무관하게 다수의 주주들로부터 개별적으로 주식을 매수하거나 시장에서 공개매수(take-over bid 또는 tender offer)를 통해 거래가 이뤄질 수 있다. 공개매수는 (잠재)인수자가 공개적으로 시장에서 주식을 매입하는 의도를 밝히고 시장가격보다 높은 가격으로 주식을 매입하기 때문에 인수비용이 많이 든다.

■ 자산매수 및 영업양수도

자산매수는 기업의 경영권이 아닌 주요 특정 유·무형자산의 전부 또는 상당부분을 매수하는 방법이다. 이 방식은 양수대상기업의 우발채무를 포함하는 부채나 고용을 승계할 필요가 없지만, 사업권에 대한 영업양수도는 조직까지 포함하므로 고용승계가 요구된다. 자산양수도의 예로 CJ엔터테인먼트(주)는 영화사

업부문을 물적분할하여[2] 신규설립한 CJ엔터테인먼트주식회사에 양도하고 투자사업을 존속하다가 CJ(주)에 피합병되며 2006년 4월에 상장폐지된다.

1.2 기업지배권시장

합병과 매수는 형태는 다르지만 기본적으로 기업지배권을 획득하기 위한 행위이다. 기업인수(takeover)는 합병 및 매수를 포함해서 기업지배권 획득을 위한 행위를 나타내는 광범위한 의미로 사용된다. 경영진이나 투자자들이 경영권을 확보하려 경쟁하는 시장을 기업지배권시장(markets for corporate control) 또는 기업인수시장이라 한다. 매수는 거래의사에 따라 우호적 매수(friendly takeover)와 적대적 매수(hostile takeover)로 구분한다. 우호적 매수는 매수자가 해당 기업의 경영진에게 매도의사를 타진하고, 협상을 통해 인수합의에 이르는 경우이다. 적대적 인수는 해당 기업의 경영진에게 의사를 묻지 않거나, 이들 의사와 반(反)하여 경영권을 취득하는 것을 말한다. 매수전략은 일반적으로 적대적 인수에 사용되는 전략을 말하고 그 방법으로 공개매수와 위임장투쟁으로 등이 있다.

■ 공개매수

공개매수(tender offer)는 특정 유가증권을 일정한 조건으로 인수대상 주주를 대상으로 매도를 권유하여 대량으로 매수하는 행위를 말한다. 공개적으로 대량의 주식을 단기간에 취득할 수 있는 장점이 있으나 무임승차(free riding)문제가 생길 수 있다. 매수행위의 내용은 자본시장법시행령 중 하나인 주식대량보유 공시제도에서 규정한다. 상장법인 등의 발행주식을 5% 이상 취득하는 경우, 5% 이상 보유자가 1% 이상 지분을 사거나 파는 경우, 그리고 대량보유목적에 변경이 있는 경우 5일 이내에 금융감독위원회와 증권거래소에 보고하는 제도이다. 이 제도의 목적은 증권시장의 투명성과 공정성을 확보하고, 경영권을 위협하는

[2] 물적분할은 신설된 자회사의 주식을 전부 소유하여 지배권을 유지하는 기업분할방식이다. 인적분할은 기업을 분리할 때 신설법인의 주식을 해당 기업의 주주에게 같은 비율로 배분하는 방식으로 해당기업과 신설법인의 주주구성이 동일하다. 모회사 주주입장에서는 물적분할은 간접지배, 인적분할은 직접지배의 성격을 갖는다.

주식매집을 사전 인지함으로써 경영권의 불공정한 침탈을 방지하는 데 있다. 그러므로 주식대량보유 공시제도는 적대적 인수를 합법적이고 자유로운 거래로 인정하고 일반주주에게도 공평한 거래기회를 보장하며, 인수대상기업에는 방어할 시간을 주기 위함이다.

■ 위임장투쟁

위임장(proxy)은 의결권의 대리를 입증하는 증서이고 위임장투쟁(proxy fight)은 주주 의결권을 위임받아 주주총회에서 다수의 의결권을 확보하는 경쟁을 말한다. 위임장투쟁은 주식을 직접 취득하는 것은 아니지만 경영지배권을 획득하기 위한 행위이므로 일정한 법적 절차에 따라 진행된다. 주주들은 주주총회에 직접 참여하지 않고 투표권을 타인에게 위임하여 투표권을 행사할 수도 있다. 기업지배권 획득을 노리는 외부인(outsider)은 현재 경영진에 불만이 있는 주주들에게 투표권위임을 권유할 수 있다. 외부인이 그들의 경영계획을 지지하는 주주로부터 많은 백지위임장을 확보하면 현재 경영진보다 많은 의석을 차지하여 지배권을 획득할 수 있다. 위임장투쟁은 공개매수의 대안이지만 주로 공개매수와 동시에 이행된다.[3]

1.3 적대적 M&A의 방어

M&A를 거래의사에 따라 우호적 M&A와 적대적 M&A로 분류된다. 우호적 M&A는 인수기업이 사업다각화나 경영권확보를 위해 M&A에 묵시적으로 동의하는 경영진과 당해 주주들에게 기업인수에 적극적으로 응할 것을 권유하여 인수조건 등이 결정되는 M&A를 말한다.

이에 반해 적대적 M&A는 경영진이 기업인수에 부정적이거나, 당해 주주들이

3 시장매집은 비용이 많이 들고, 공개매수가 발표되면 주가상승을 기대하는 주주들이 보유주식을 매각하지 않으려는 경향이 있다. 매수자는 공개매수의 성공가능성을 높이기 위해 공개시장에서 인수대상기업의 주식을 미리 매집하는데 이를 시장매집(market sweep) 또는 공개시장매입(open market purchase)이라고 한다. 주가상승을 막기 위해 실제 매수자와 관계가 없는 것처럼 보이는 대리인이 비밀리에 주식을 매집하는 것이 보통이다.

매수에 응하지 못하게 권유하는 경우이다. 적대적 M&A는 기존 경영진의 의사에 반하여 반강제적으로 경영권을 확보하려는 전문적 기업사냥꾼과 이들과 이해관계를 같이하는 투자자들이 직접 해당 기업의 주주를 상대로 공개매수나 시장매집 등을 통해 공개적이고 적대적으로 경영권을 획득하는 행위이다. 적대적 M&A는 위임장투쟁(proxy fight)과 시장매집(market sweep), 그리고 공개매수(takeover bid) 등의 방법으로 이뤄진다.

우리나라에서 공개매수는 1994년 5월 미국 나이키의 합작회사였던 삼나스포츠의 사례에서 시작되었다. 하지만 나이키가 전략적으로 삼나스포츠에 100% 단독출자를 결정한 후 자진상장폐지가 불가피해 공개매수로 삼나스포츠의 유통주식을 모두 사들였다. 이는 하나의 인수과정일 뿐 진정한 적대적 M&A로 단언하기 어렵다. 1994년 10월 한솔제지의 동해종합금융의 매수가 사실상 공개매수의 첫 사례로 볼 수 있다. 자본시장도 국제화되고 M&A에 대한 규제가 완화되면서 주식시장을 통한 공개적인 주식매수와 적대적인 M&A 시도는 증가추세이다. 적대적 M&A의 주요 방어전략들은 다음과 같다.

■ 초다수결의제

초다수결의제(supermajority voting)란 현행 상법상 이사의 선임·해임 때 필요한 '출석주주의 2/3 이상과 발행주식총수의 1/3 이상'의 특별결의요건보다 더 엄격한 요건을 정관에 담아 경영진 퇴출을 어렵게 만들어 적대적 M&A를 적극 방어하는 방법을 말한다. 초다수결의제를 정관에 규정하여 시행할 경우, 인수기업은 초다수의결을 확보하려면 매수비용과 시간이 더 많이 소요되어 M&A 성공 가능성은 낮아진다.

■ 시차임기제

이사들의 임기만료를 다른 시점으로 분산시키는 시차임기제(staggered board)를 두어 인수기업이 해당 기업을 인수하자마자 경영진을 대폭 교체하는 것을 방지할 수 있다. 즉, 이사진의 임기를 분산시켜 선임함으로써 인수기업이 과반수의 주식을 매수하더라도 이사 모두를 교체할 수 없도록 하여 경영권 장악을 지연시키는 방법이다. 예를 들어, 6명의 이사가 있는 회사에서 이사를 2명씩 3개그룹으로 나누어 매년 주주총회에서 2명씩 선임하는 경우 과반수 이사를 교체하는 데 2번의 주주총회가 있어야 한다. 그러므로 이사 모두를 교체하려면 3번의 주주총회를 거쳐야 가능하므로 인수대상기업의 이사회를 완전히 장악하는 데 최소 2년~3년이 소요된다.

최근 전경련의 조사결과에 따르면, 상위 100대 기업 중 7개사만이 정관에 이사해임결의를 '출석주주의결권의 100분의 70 이상'으로 하거나 '발행주식총수의 절반 이상' 혹은 '발행주식총수의 3분의 2를 초과'하도록 규정하고, 이는 상법상 특별결의요건(발행주식총수의 3분의 1 이상 찬성)을 조금 넘기는 수준이다. 상장회사 이사진이 일시에 교체되는 경우가 드문 점을 감안하면 대부분의 기업들이 실질적으로 시차임기제를 활용하고 있지만 정관에 명시적으로 채택한 기업은 몇 곳에 불과해 경영권 방어수단의 실효성은 크지 않다고 지적하였다. 시차임기제가 있는 D사의 경우 2006년 해외헤지펀드의 공격을 받았을 때 별다른 대응효과를 거두지 못했고 결국 배당 확대나 자사주 매입 등의 요구를 수용할 수밖에 없는 사례도 있다고 전경련은 밝혔다.

▪ 황금낙하산

황금낙하산(golden parachute)은 기업에 인수되어 경영진이 교체되어도 거액의 퇴직보상금을 기존 경영진에게 지급하는 내용을 고용계약에 규정하는 방법이다. 황금낙하산의 적용으로 기업가치는 하락하여 기존 주주는 손해를 보지만 경영진은 큰 보상금을 받고 퇴사하는 것이다. 즉 M&A가 성사되어도 거액의 보상금 지급으로 기업가치를 크게 하락시켜 M&A 동기를 떨어뜨리는 데 목적이 있다.

▪ 독약조항

기업이 적대적 M&A를 시도한 인수기업에게 인수된 경우 인수기업에게 매우 불리한 결과를 초래하는 규정을 독약조항(poison pill) 또는 주주권리계획(shareholder rights plan)이라고 한다. 적대적 M&A가 일어날 때 인수대상기업이 기존 주주에게 주식의 상당량을 상당히 낮은 가격으로 매입할 수 있는 신주인수권 또는 콜옵션을 부여하거나 제3자에게 낮은 가격으로 전환사채를 발행할 수 있도록 정관에 미리 규정해 두는 것이다. 독소조항으로 인해 신주의 제3자 배정을 통한 방어방법은 기업인수자의 지분을 감소시키고 우호지분을 늘려 매수시도를 쉽게 저지할 수 있어 적대적 기업인수에 대응하는 강력한 방어수단이 될 수 있다. 또한 인수자가 이미 해당 회사의 주식을 상당량 확보한 상황이더라도 인수대상기업이 인수자의 방해를 받지 않고 신속하게 취할 수 있는 방법이다. 제3자 배정은 기존 주주의 지분율을 희석시키므로 주주보호 측면에서 문제가 될 소지가 있어 현행 상법상 제3자 배정을 신기술 도입이나 재무구조 개선 등 경영상 목적을 달성하기 위한 경우에만 국한한다.

▪ 재매입 불가침계약

재매입 불가침계약(repurchase standstill agreement)은 대상 기업이 인수자가 확보한 주식을 높은 가격에 재매입하는 조건으로 M&A를 포기하도록 하는 것이다. 기업사냥꾼(raider 또는 green mailer)은 주식을 대량 매입한 뒤 경영진을 위협해 적대적 M&A를 포기하는 대가로 그들이 확보한 주식을 시가보다 훨씬 높은 가격에 되팔아 차익을 남기려고 하거나 더 이상 지분을 매입하지 않는 대신 경영참여를 요구하기도 한다. 기존 경영진에게 주식을 프리미엄가격에 되팔아 이익을 얻는 행위를 그린메일(green mail)이라고 부른다.

▪ 자진상장폐지(사기업화)와 경영자매수

외부인에 의한 M&A의 위협이 있을 경우에 경영진 또는 일부 주주가 시장주식 대부분을 매집한 후 자진상장폐지(going private)하여 실질적 개인기업으로 만들어 인수시도를 좌절시키는 방법이다. 경영자매수(MBO: management buyout)는 차입매수의[4] 일종으로 경영진이 외부에서 차입한 자금으로 주식을 매집하여 지배권을 확보하는 것을 말한다.

---

4 차입매수(leveraged buyout: LBO)는 주식매수의 일종으로 인수기업이 인수대상기업의 자산이나 미래의 수익을 담보로 외부에서 차입한 자금으로 주식을 매입하여 지배권을 확보하는 것을 말한다. 매수에 성공한 후에는 인수대상기업의 일부 또는 전부를 분할 매각하여 차입금을 상환하는 것이 보통이다. 차입매수를 위해 인수기업이 발행하는 회사채는 채권의 상환 여부가 차입매수의 성공 여부에 달려 있어 위험이 매우 크므로 정크채권(junk bond)이라 불린다.

■ 핵심자산매각(왕관보석)

기업이 인수위협에 처할 때 보유자산 중 핵심자산(crown jewel)을 처분하여 인수시도를 와해시키는 것을 말한다. 인수대상기업은 제3의 회사를 설립하여 이 회사에 핵심재산을 매각한 후 사용계약을 맺는 방법을 활용하기도 한다.

■ 황금주(차등의결권주)

황금주(golden share)는 보통주 1주가 1주에 대한 의결권이 아닌 부가적으로 다양한 권리를 지닌 주식으로 주주총회결의사항에 거부권을 행사할 수 있다.

■ 백기사

적대적 M&A에 처할 때, 인수대상기업의 경영진은 자신들에게 우호적인 제3자에게 M&A를 제의할 수 있다. 이러한 협상을 통하여 경영진은 적대적 M&A 시도를 방어하고 자신들의 경영권을 유지할 수 있다. 적대적인 인수시도에서 경영진을 구한다는 의미에서 우호적인 제3자를 백기사(white knight)라 부른다.

■ 자사주 매입

인수위협이 있는 경우, 기업의 경영진은 자사주식을 매입하거나 종업원들에게 자사주를 매각하여 내부적으로 소유지분을 높임으로써 기업인수를 어렵게 만들 수 있다. 우리나라에서도 적대적 M&A의 방어수단으로 상장법인들이 경영권을 보호하기 위해 자사주식을 발행주식총수의 5% 이내에서 취득할 수 있도록 예외적으로 허용하고 우리사주조합의 지분도 인정하고 있다.

1.4 M&A 동기

M&A 동기는 자산가치와 수익가치 등 기업의 실질적인 기업가치의 극대화에 있다. 동기에 대한 이론적 배경으로는 기업합병으로 시너지가 창출될 것으로 기대하는 경영효율성이론과 주주와 경영자의 목표 간 차이가 발생하여 합병이 행해진다는 대리인이론 등이 있다. 시너지효과는 크게 영업시너지, 재무시너지로 구분된다.

■ 영업시너지

① **시장지배력 확대** : 수평적 결합으로 동일한 사업을 하는 두 개 이상의 기업이 합쳐지면 시장지배력이 확대되고 독점기업의 지위도 얻을 수 있다. 그러나 수평적 결합은 독점기업에 의한 사회적 비용 때문에 반독점규제로 제한되는 경우가 많다.

② **규모와 범위의 경제적 효과** : 여러 사업부가 생산시설, 유통채널, 전산시스템, R&D 등 내부자원을 공동으로 사용하면 범위의 경제(economies of scope)에 의해 비용을 절약할 수 있다. 또한 기업규모가 확대되어 적정생산규모가 확보되면 규모의 경제 효과로 인해 단위당 생산비용이 절감된다.

③ **시장진입에 대한 시간 단축** : 기술 진부화가 빠르거나 제품의 수명주기가 단축되는 경우 M&A를 통해 신속히 시장에 진출함으로써 시장선점을 빨리 할 수 있어 신규시장진입으로 발생하는 기회비용이 절감된다.

■ 재무시너지

① **위험의 분산효과** : M&A를 통해 경영을 다각화(diversification)하면 현금흐름의 불확실성이 감소하고, 제품수명주기가 다르면 공동보험(co-insurance)효과로 경영위험이 감소된다.

② **조세절감효과** : 적자기업과 흑자기업이 합병하는 경우, 이월결손금과 상계처리되어 법인세 절감효과가 있다. 또한 M&A는 소득세율과 자본이득세율 간

차이를 활용하여 절세하는 수단이 될 수 있다. 가령, 성장가능성이 높은 기업을 인수하여 그 기업이 성장한 후 매각하면 소득세율이 아닌 자본이득세율을 적용받아 법인세율이 절감된다. 또한 합병으로 기업의 고정자산은 시장가치로 재평가되므로 감가상각비 증가로 인한 절세효과를 누릴 수 있다.

③ **자금조달능력 확대** : 부채비율이 낮은 기업을 인수하면, 부채부담능력(debt capacity)이 증가하여 자본비용이 하락한다. 또한 자본조달규모가 증가하면 발행비용이 절감되고, 증권의 유동성이 증대되어 자본비용이 낮아진다.

④ **자본이득 실현** : 저평가된 기업을 적은 자본으로 인수한 후 자산이 재평가됨에 따라 평가차익이 발생하여 순현가가 증가할 수 있다. 경영진의 비효율적인 경영 때문에 기업의 잠재력이 충분히 발휘되지 못하거나 매수자가 내부정보를 가지고 있다면 저평가된 기업은 매수 대상이 될 가능성이 높다. 저평가 여부는 주로 토빈 q 비율(Tobin's q ratio)을 사용하는데 이 비율은 기업의 시장가치를 자산의 대체원가로 나눈 것이다. 토빈 q가 1보다 작다는 것은 기업의 시장가치가 자산가치에 비해 저평가됨을 의미한다. 신규사업을 위해 법인을 설립하는 것보다 상대적으로 저평가되었거나 자산을 적절히 이용하지 못하는 기업을 인수하는 것이 더 유리할 수 있다. 저평가된 기업에 대해 토빈 q를 적용하면 대체워가는 회사설립비용이고 자산의 시장가치는 기존기업가치로 설명이 가능하다.

■ 경영전략적 동기

① **조직성장의 지속화** : 기업의 지속적으로 성장하려면 시장환경의 변화에 대응할 수 있는 경영전략이 필요하다. 기업의 내부자원만으로 성장하기에는 한계가 있어 M&A를 통해 경영다각화나 신규사업진출로 외적성장을 모색하는 것은 기업의 주요 전략적 동기 중 하나이다.

② **경영효율성의 극대화** : 비효율적인 사업은 철수하고 유망한 핵심업종을 M&A하는 경영전략과 이에 수반되는 재무전략도 함께 구사하면 장기적으로 기업가치를 극대화할 수 있다.

③ **국제화 추구** : 국제화추세에 맞춰 사업다각화를 위한 해외현지기업의 M&A

In-Out는 현지공장 건설, 글로벌 인재양성, 해외시장 개척 등에 소요되는 시간과 비용을 줄이는 장점이 될 수 있다. 그 예로 2007년 두산그룹은 소형 건설기계부분 시장점유율 1위업체인 미국의 밥캣컴퍼니를 인수한 후 2016년 두산밥캣으로 유가증권시장에 상장한 바 있다.

④ **첨단기술 도입** : 기술의 진부화가 빠르고 제품주기가 짧은 업종은 독자 연구개발로 경쟁력을 유지하려면 추가비용이 들고 시간도 많이 소요된다. 첨단기술이나 우수기술을 보유한 기업과 M&A는 이러한 기회비용을 절감시켜 준다.

1.5 합병 후 통합(PMI)

M&A 후 시너지 창출효과가 경영자의 기대에 미치지 못하는 경우가 많다. 이러한 원인은 합병 후 통합과정(PMI: post-merger integration)이 M&A 성패를 좌우하는 매우 중요한 역할을 하기 때문이다. PMI란 인수회사가 인수·합병으로 얻고자 했던 잠재적인 효율성을 도출하고 시너지효과를 구체화하기 위해 피인수기업의 사업은 물론 이와 관련한 모든 시스템과의 결합 및 재배치하는 과정이다. 즉 PMI는 인수 후 인수기업과 피인수기업 간 성공적인 통합을 위한 과정으로, 피인수기업의 임직원에게 명확한 비전을 제시하고 그 가치를 서로 공유하며 두 기업간 제도적, 문화적 차이를 통합하는 과정이다.

따라서 M&A는 다른 특성을 지닌 두 기업을 하나의 경제적 주체로 만드는 과정을 필요로 한다. 이에 인수기업은 피인수기업과 안정성을 촉진시키는 메커니즘을 개발하고 두 기업 간 상호작용을 촉진시켜 시너지가 창출되도록 노력해야 한다. 인수·합병 후 통합과정의 핵심은 두 기업의 경쟁력의 근본이 되는 전략적 역량(strategic capabilities)을 어떤 식으로 피인수회사에 재구성하여 이식시키고 재창출하는가에 대한 문제이다. 그러나 조직통합은 두 회사 모두 조직 전반에 걸쳐서 급진적인 변화를 가져오기 때문에 구성원들의 저항을 유발할 수 있다. 그러므로 M&A에는 인수 후 통합속도가 성공요소로 작용한다.

Epstein(2004)의 연구에 의하면,[5] 기술적 진화가 빠른 하이테크 산업의 경우

5 "The drivers of success in post-merger integration", *Organizational Dynamics*, 2004.

통합과정의 신속성이 인수 후 통합성과에 긍정적인 영향을 준다. 빠른 의사결정, 통합계획과 목표의 조기설정, 통합의 조기완료 등은 성공적인 인수를 위한 필수요건으로 인수·합병의 위험요소를 사전에 차단하고 시너지를 극대화하는데 기여한다고 보았다. 한편 BA&H의 보고서에 따르면, 성공적인 M&A를 거둔 기업들은 그렇지 못한 기업보다 매출신장률이나 수익성장률이 상당히 앞서는 것으로 평가하지만 M&A 성공률은 일반적으로 50% 미만으로 매우 낮다. M&A 실패의 주요 요인은 ① 시너지의 과대 평가, ② 인수프리미엄 과대 지출, ③ 합병 후 통합과정에 대한 계획 부재, ④ 합병 후 통합수행과 정책의 실패 등이 있다. M&A 실패원인 중 합병 후 통합과정의 실패가 53%를 차지하는데 임직원들을 PMI 과정에 참여시키는 데 실패하거나 중간관리자의 비협조, 조직문화의 차이 및 통합리더십 부재 등을 주원인으로 꼽고 있다. 통합방식에 따라 흡수형(absorb), 자유방임형(autonomous), 절충형(assimilate) 등이 있는데, 흡수형이 가장 성공률이 높고 자유방임형은 가장 낮다고 보고한다. 다음 표는 멕킨지가 제시한 PMI를 위한 프레임워크이다.[6]

Ⅰ. 목적을 명확히 하고 기대치를 확립할 것
이식 메커니즘을 수립하고, 피인수기업 경영진의 기대를 관리한다. 조직상 가장 부각되는 문제에 대해 합의를 도출시키며 인수 후 첫번째 실행사항에 대해 계획을 수립한다.
Ⅱ. 끊임없이 소통하고, 통제하며 통합계획을 수립할 것
핵심인력에 대한 보장과 서로의 친밀도에 대한 합의 그리고 통제가 필요한 이식 메커니즘을 수립하고, 필요한 통제조치를 취한다. 통합과정을 계획한다.
Ⅲ. 전략 및 기본구조 구축
문제해결을 위한 전담조직을 구성하고 최초 실무적 가설을 수립하여 테스트해본다. 경쟁우위가 있는 사업시스템과 시장지위를 이해한다. 성장과 경쟁우위요소를 강화하기 위한 기회요소를 규명하고 우선순위를 설정한다.
Ⅳ. 조직과 전략의 재정립
예상한 운영상 시너지를 포함한 최초의 전략을 검토해보고 조직적 공통점과 차이를 다시 살펴본다. 전략적 조직적 변화를 실행한다.

즉, PMI에서 주요 핵심은 4부문으로 구분된다. ① 가장 효율적인 운영조직, ② 비용절감 시너지 효과의 극대화, ③ 두 기업문화의 융합, ④ 영업측면에서 서로 연계될 수 있는 프로세스 구축 등이다. 요약하면, PMI는 두 기업 간 이질적

6 Valuation: *Measuring and Managing the Value of Companies*, 2nd ed., 1996, p. 459에서 인용함.

인 문화충돌을 최소화하기 위해 비전을 제시하고 서로 공유하는 기업문화를 피인수기업에 이식함으로써 시너지 효과를 극대화시키는 방안을 이행하는 과정이다.

1.6 M&A 가치평가

M&A는 주식의 공개매수를 통해 이루어지는 것이 보통이다. 공개매수의 성공여부는 인수자가 인수대상기업의 주주들에게 지불하는 인수가격에 달려 있다. 인수가격이 너무 낮으면 인수대상기업의 주주들이 공개매수에 응하지 않아 인수에 실패하고, 인수가격을 높게 지불하면 인수기업의 주주에게 손실이 발생할 수 있다.[7] 서로 다른 기업들이 인수·합병되면 시너지 효과가 발생한다. 시너지 효과란 두 기업이 하나의 기업으로 합병됨으로써 합병 후 기업가치가 합병 이전 기업가치보다 상승하는 효과를 말한다. 예를 들어, 인수기업(A)이 피합병기업(B)을 인수·합병하면 합병 후 기업가치(V_{A+B})는 A기업의 기업가치(V_A)와 B기업의 기업가치(V_B) 및 A기업과 B기업의 결합에 의한 시너지 효과를 합한 것과 같다.

$$V_{A+B} = V_A + (V_B + \text{시너지})$$

「V_B + 시너지」는 합병에 따른 시너지가 감안된 인수대상기업 B의 기업가치이다. A기업이 B기업을 합병하여 발생하는 기업가치의 증분을 시너지라고 한다.

$$\text{시너지} = V_{A+B} - (V_A + V_B) = \sum_{t=1}^{n} \frac{\Delta CF_t}{(1+r)^t}$$

V_{A+B}: 합병 후 기업가치, V_A: 합병 전 A기업가치, V_B: 합병 전 B기업가치, ΔCF: 증분현금흐름, r: 자본비용

7 언아웃(earn-out)이란 거래종결 후 매매대금의 조정방법으로 피인수기업의 미래실적이 불확실하여 매도인과 매수인이 기업가치에 대한 이견이 큰 기업의 M&A거래에서 주로 활용되는 조건부인수대금 지불방식이다. 매도인은 향후 영업이익이 크게 높아질 것으로 확신하여 이에 상응하는 매도가격을 요구하지만 매수인은 향후 예상수익에 의문이 있는 경우 거래형식은 언아웃방식을 채택한다. 거래종결 후 정해진 기간 내에 일정 조건을 충족하는 경우 매도인에게 사전에 합의한 잔금을 지급하는 형태이다.

위의 식에서 증분현금흐름(ΔCF_t)은 합병기업 AB의 현금흐름에서 합병이전 A기업과 B기업의 현금흐름의 합을 차감한 것이다. 이때 자본비용(r)은 현금흐름의 위험, 즉 피합병기업의 위험을 고려한 할인율이다. 만일 인수대금의 일부를 부채로 조달한다면 재무레버리지를 반영하여 할인율을 조정해야 한다.

$$\Delta CF_t = \Delta R_t - \Delta C_t - \Delta T_t - (\Delta WC_t + \Delta CI_t)$$

ΔR_t: 합병에 따른 t시점에서의 증분수익
ΔC_t: 합병에 따른 t시점에서의 증분비용
ΔT_t: 합병에 따른 t시점에서의 세금의 증분
ΔWC_t: 합병에 따른 t시점에서의 순운전자본의 변동
ΔCI_t: 합병에 따른 t시점에서의 자본적 지출

■ 인수프리미엄과 합병 순현가(NPV)

기업을 인수하는 데 피인수기업의 인수전 시장가치를 초과하는 매수 대가를 (인수)프리미엄이라고 한다.

$$\text{프리미엄} = \text{매수가격}(C_0) - \text{피인수기업의 가치}(V_B)$$

프리미엄은 피인수기업의 가치보다 인수가격에 의해 결정되므로 결국 인수협상에 의한 인수가격의 결정문제이다. 합병도 신규프로젝트처럼 하나의 투자안이므로 경제성을 평가하기 위해 NPV를 산출해야 한다. 그러므로 인수·합병에 따른 순현가는 다음과 같다.

$$NPV = \text{시너지} - \text{프리미엄} = V_{A+B} - (V_A + \text{기업 } B \text{ 매수가격})$$

합병에 따른 순현가는 시너지에서 인수비용(프리미엄)을 차감한 것으로 인수기업이 인수대상기업과 시너지효과를 고려하여 인수대상기업의 가치를 구하여 합병 후 기업가치를 평가한다. 만일 NPV가 양(+)이라면, 즉 합병 후 기업가치가 A기업의 가치와 B기업의 매수가격의 합보다 크면, 기업 B를 인수해야 하고 반대로 음(−)이면 인수하지 말아야 한다.

시너지효과와 합병 NPV

[CPA] 인수기업의 가치는 800억원이고 피인수기업의 가치는 100억원이다. 두 기업 모두 자기자본만 사용하고 있다. 인수기업의 발행주식수는 100만주이고 피인수기업의 발행주식수는 10만주이다. 합병이 성사되면 합병기업의 가치가 1,200억원으로 추산된다. 만일 인수기업이 150억원의 현금으로 피인수기업을 인수하면 합병을 공시하는 시점에서 인수기업의 주가는 몇 % 상승할 것인가?

합병 NPV = 시너지 − 프리미엄 = 1,200 − (800 + 100) − (150 − 100) = 250
주식가치 상승률 = 250/800 = **31.25%**

합병의 순현가

[CPA] 다음은 합병 논의가 있기 전 개별기업 ㈜산라와 ㈜가야에 대한 정보이다.

	(주)산라	(주)가야
시장가치	80,000원	20,000원
발행주식수	40주	20주
주가	2,000원	1,000원

㈜산라와 ㈜가야는 모두 부채가 없는 자기자본으로만 구성되어 있다. ㈜산라가 ㈜가야를 합병하면 20,000원의 시너지효과가 발생하여 합병 후 기업의 시장가치는 120,000원이 될 것이다. ㈜산라가 ㈜가야에 인수제의를 하자 ㈜가야는 ㈜산라에게 현금으로 30,000원을 지급해 줄 것을 제안했다. 이 제안을 받아들인다면 ㈜산라의 주주 입장에서 합병의 순현가(NPV)는 얼마인가?

NPV = 시너지 − 프리미엄 = 시너지 − (가야의 매수가격 − 가야의 시장가치) = 20,000 − (30,000 − 20,000) = **10,000원**
NPV > 0이므로 인수합병이 유리하다.

1.7 주식교환비율

앞서 설명한 바와 같이, 합병의 결정요인은 궁극적으로 NPV이고 인수가격에 따라 NPV는 양(+) 또는 음(−)이 될 수 있다. 인수·합병에 따른 시너지효과 반영 여부에 따라 주식교환비율이 달라지는데 이를 살펴보면 다음과 같다.

인수대가를 현금 대신 주식으로 교부하는 경우 계산이 복잡해진다. 피합병기업(또는 목표기업)의 주식 1주에 대해 지급되는 합병기업의 주식수는 교환비율(ER: exchange rate)에 의해 결정된다. 따라서 목표기업(B)의 주주가 받는 합병기업(A)의 주식수는 목표기업의 주식수와 교환비율을 곱한 것이다.

피합병기업의 주주에게 교부될 주식의 수 = 교환비율(ER) × 피합병기업의 발행주식수

결과적으로 인수대가는 목표기업의 주주가 받은 합병기업의 주식가치이다. 교환비율은 주당순이익 또는 주가를 지표로 하여 결정되고 그 식은 다음과 같다.

$$ER = \frac{EPS_B}{EPS_A} \text{ 또는 } \frac{P_B}{P_A}$$

예를 들어, 합병법인의 주당가치(P_A)가 50,000원이며, 피합병법인의 주당가치(P_B)가 25,000원이라면 합병비율은 1 : 0.5가 된다. 피합병법인의 발행주식 총수가 10만주이면 합병으로 인해 피합병법인의 주주에게 교부되는 합병법인의 신주의 주식수는 피합병법인의 발행주식 총수의 0.5인 5만주가 된다. 이와 같이 현금대가 없이 신주를 발행하여 교부하면, 합병대가는 합병법인의 주식가치로 교부된 주식수에 해당되어 25억원(50,000원×5만주)이 된다.

■ 주식교환비율의 결정

① 주당순이익 기준

합병기업A : 최대주식교환비율− $EPS_A \le EPS_{AB}$ 이므로

$$EPS_A \le \frac{NI_{AB}}{n_{AB}} = \frac{NI_A + NI_B + \Delta NI}{n_A + n_B \cdot ER}$$

피합병기업B : 최소주식교환비율− $EPS_B \le EPS_{AB} \cdot ER$이므로

$$EPS_B \le \frac{NI_{AB}}{n_{AB}} \cdot ER = \left\{ \frac{NI_A + NI_B + \Delta NI}{n_A + n_B \cdot ER} \right\} \cdot ER$$

n: 발행주식수, ER: 교환비율, ΔNI: 순이익증가분

② 주가 기준

합병기업A : 최대주식교환비율− $P_A \le P_{AB}$ 이므로

$$P_A \le \frac{NI_{AB}}{n_{AB}} \cdot PER_{AB} = \left\{ \frac{NI_A + NI_B + \Delta NI}{n_A + n_B \cdot ER} \right\} \cdot PER_{AB}$$

피합병기업B : 최소주식교환비율− $P_B \le P_{AB} \cdot ER$이므로

$$P_B \le \frac{NI_{AB}}{n_{AB}} \cdot PER_{AB} \cdot ER = \left\{ \frac{NI_A + NI_B + \Delta NI}{n_A + n_B \cdot ER} \right\} \cdot PER_{AB} \cdot ER$$

주식의 교부

[CPA 수정] (주)온조와 (주)비류의 재무자료는 다음과 같다.

	(주)온조	(주)비류
주당순이익(EPS)	500원	300원
발행주식수	70주	50주
주가수익비율(PER)	14.0×	10.0×

두 회사의 합병에 의한 시너지효과로 당기순이익이 10,000원 증가한다면 (주)온조가 (주)비류를 흡수합병하기 위해 비류에게 제시할 수 있는 최대주식교환비율은 얼마인가?(단, 합병 후 주가수익비율(PER)은 12.0×가 될 것으로 예상한다.) **한편 합병에 의한 시너지효과가 없다면 순이익 기준 주식교환비율은 얼마인가?**

합병 후 순이익은 60,000원(35,000+15,000원+10,000원)이다.

① **EPS 기준**: 온조 $500 \le \frac{60,000}{70+50 \cdot ER}$ $\quad 50 \cdot ER \le 50$ 그러므로 $ER \le 1.00$

: 비류 $300 \le \frac{60,000 \cdot ER}{70+50 \cdot ER}$ $\quad 150 \cdot ER \ge 70$ 그러므로 $ER \ge 0.467$

② **주가기준**: 온조 $500 \cdot 14 \le \frac{60,000}{70+50 \cdot ER} \cdot 12$ $\quad 350 \cdot ER \le 230$ 그러므로 $ER \le$ **0.657**

: 비류 $300 \cdot 10 \le \frac{60,000 \cdot ER}{70+50 \cdot ER} \cdot 12$ $\quad 570 \cdot ER \ge 210$ 그러므로 $ER \ge 0.368$

시너지효과가 없는 경우 합병 후 순이익은 50,000원이다.

EPS 기준: 온조 $500 \le \frac{50,000}{70+50 \cdot ER}$ $\quad 50 \cdot ER \le 50$ 그러므로 $ER \le$ **0.6**

: 비류 $300 \le \frac{50,000 \cdot ER}{70+50 \cdot ER}$ $\quad 35 \cdot ER \ge 21$ 그러므로 $ER \ge$ **0.6**

$ER = \frac{EPS_B}{EPS_A} = \frac{300}{500} = 0.6$과도 일치

교환비율 0.6인 경우 ㈜온조의 교부주식수는 50주×0.6=30주

합병 후 $EPS = \frac{50,000}{70+30} =$ **500원**

(주)온조의 EPS는 500원, (주)비류의 EPS는 300원(500×0.6)으로 모두 불변한다.

합병기업과 피합병기업의 주주 모두 합병 후 주당순이익(또는 주가)이 합병 전 주당순이익(또는 주가)보다 같거나 크다면 합병에 동의할 것이다. 합병 후 주당순이익(또는 주가)에 대해 합병기업 A의 주당순이익(또는 주가)과 피합병기업 B의 주당순이익(또는 주가) 모두 다를 것이므로 이로부터 최대(또는 최소) 주식교환비율이 결정된다. 이러한 교환비율에 따라 합병기업 또는 피합병기업의 EPS는 증가하거나 감소할 수 있다. 그러므로 피합병기업의 1주에 대해 합 병기업의 주식을 몇 주 교부하느냐에 따라 시너지 효과를 합병기업의 주주가 갖거나 피합병기업의 주주가 가질 수도 있다. 특히 시너지 효과를 모두 피합병기업의 주주가 갖는 경우, 합병기업이 피합병기업의 주주에게 교부할 수 있는 최대 주식교환비율이 결정된다.

K-IFRS 제1103호(사업결합)에서는 사업의 취득자는 취득법을 적용하여 취득자산과 인수부채를 취득일의 공정가치로 인식하고 재무제표 이용자가 사업결합의 내용과 재무효과를 평가하는 데 필요한 정보를 공시하도록 하고 있다. 인수대가를 현금으로 지급한 경우 인수대상 주주들은 주식매도거래에 해당되어 매매차익은 과세대상이 된다. 한편 주식교부에 의한 인수는 인수대상 주주들에게는 단순주식교환이므로 자본적 이득으로 인식하지 않고, 인수대상기업의 주주들은 합병 후 시너지효과에 따른 이득을 인수기업의 주주와 같이 공유하게 된다. 그러므로 인수기업 입장에서는 합병성과가 긍정적일 것으로 기대되면 현금을 기꺼이 지불하지만, 합병성과가 부정적일 가능성이 높다면 주식교부에 의한 인수가 유리할 수 있다. 만일 인수기업의 주식이 과대 평가되어 있다면, 주식교부에 의한 방법이 현금지급에 의한 방법보다 기회비용이 더 저렴할 것이다.

1.8 자본시장법에 의한 합병비율 산정

자본시장법에 의하면 합병가액의 산정은 합병유형에 따라 다르지만, 상장법인의 경우 시장가격을 기준으로 하되, 비상장법인의 경우 합병대상이 주권상장법인 여부에 따라 기준이 달라진다. 본질가치는 현재의 자산가치와 미래의 추정수익가치를 1 : 1.5로 가중평균하여 산정하며, 수익가치를 자산가치에 비해 0.5만큼 더 가중한다. 자산가치란 자산에서 부채를 차감한 순자산을 의미하고 수익가치는 주로 현금흐름할인모형(DCF model)으로 미래의 수익가치를 산정한다. 비상 장법인이 상장법인과 합병할 경우 본질가치를 규정하여 적용하고 비상장법인 간 합병은 특별한 규정이 없다.

본질가치 = 자산가치 × 0.4 + 수익가치 × 0.6

표 11.1 | 자본시장법 시행령에 따른 합병가액 산정방식

합병유형	산정방식	
상장법인 간 합병	기준주가=min[산출평균(최근 1개월, 1주일, 기산일 종가), 기산일 종가]	
상장법인과 비상장법인 간 합병	상장법인	비상장법인
	기준주가 (기준주가가 자산가치 미만인 경우 자산가치 적용)	자산가치와 수익가치를 가중평균 (상대가치인 경우 비교 공시)
비상장법인 간 합병	−	

■ 자산가치

분석기준일 현재 발행회사 순자산가치의 산정은 분석기준일 직전 사업연도말의 재무상태표상의 자본총계에서 다음 각 호의 방법을 따른다.

① 분석기준일 현재 실질가치가 없는 무형자산 및 회수 가능성이 없는 채권을 차감한다. ② 분석기준일 현재 투자주식 중 취득원가로 평가하는 시장성이 없는 주식의 순자산가액이 취득원가보다 낮은 경우에는 순자산가액과 취득원가와의 차이를 차감한다. ③ 분석기준일 현재 퇴직급여채무 또는 퇴직급여충당부채의 잔액이 회계처리기준에 따라 계상하여야 할 금액보다 적을 때에는 그 차감액을 차감한다. ④ 최근 사업연도말 이후부터 분석기준일 현재까지 손상차손이 발생한 자산의 경우 동 손상차손을 차감한다. ⑤ 분석기준일 현재 자기주식은 가산한다. ⑥ 최근 사업연도말 이후부터 분석기준일 현재까지 유상증자, 전환사채의 전환권행사 및 신주인수권부사채의 신주인수권행사로 인하여 증가한 자본금은 가산하고, 유상감자에 의하여 감소한 자본금은 차감한다. ⑦ 최근 사업연도말 이후부터 분석기준일 현재까지 발생한 주식발행초과금 등 자본잉여금 및 재평가잉여금은 가산한다. ⑧ 최근 사업연도말 이후부터 분석기준일 현재까지 발생

과 목	금액(원)
A. 최근 사업연도말 별도재무제표 자본총계	××××
B. 조정항목(a－b)	××××
a. 가산항목	××××
(1) 자기주식(분석기준일 현재)	××××
(2) 유상증자를 통하여 증가한 자본금	××××
(3) 전환권 행사 및 신주인수권 행사 등을 통하여 증가한 자본금	××××
(4) 자본잉여금(주식발행초과금 등) 및 재평가잉여금 발생액	××××
(5) 이익잉여금 증감을 수반하지 않은 중요한 순자산 증가액	××××
b. 차감항목	××××
(1) 실질가치 없는 무형자산	××××
(2) 회수불능채권	××××
(3) 취득원가평가 투자주식의 평가감소액	××××
(4) 퇴직급여채무 또는 퇴직급여충당부채 부족액	××××
(5) 손상차손이 발생한 자산의 경우 손상차손	××××
(6) 유상감자를 통하여 감소한 자본금	××××
(7) 배당금 지급 및 전기오류수정손실 등	××××
(8) 이익잉여금 증감을 수반하지 않은 중요한 순자산 감소액	××××
C. 조정된 순자산가액(A + B)	××××
D. 발행주식총수	××××주
E. 1주당 자산가치(C÷D)	××××원

한 배당금 지급, 전기오류 수정손실 등은 차감한다. ⑨ 최근 사업연도말 이후부터 분석기준일 현재까지 발생한 거래 중 이익잉여금의 증감을 수반하지 않고 자본총계를 변동시킨 거래로 인한 중요한 순자산증감액은 가감한다.

■ 수익가치

수익가치는 현금흐름할인모형, 배당할인모형 등 미래의 수익가치 산정에 관하여 일반적으로 공정하고 타당한 것으로 인정되는 모형을 적용하여 합리적으로 산정한다. 단, 업종의 특성을 고려하여 외부평가기관이 작성한 합병가액 평가의견서에 수익가치 산정모형의 적합성에 대한 의견이 포함되어야 한다.

■ 자본환원율

수익가치 산정시 해당 비상장기업의 특성 및 실제 자금조달비용이 반영되고 과대평가가 방지될 수 있도록 자본환원율은 '해당 기업의 차입금 가중평균 이자율의 1.5배' 또는 '상속세 및 증여세법상 할인율' 중 높은 비율을 적용한다.

Max[차입금 가중평균 이자율의 1.5배, 상속세 및 증여세법상 할인율]

■ 상대가치 산정

증권의 발행 및 공시 등에 관한 규정 시행세칙(제5~8조)에 의하면 상장법인과 비상장법인 간의 합병인 경우 비상장법인의 합병가액 산정시 주권상장법인 중 유사회사를 선정하여 유사회사의 주가를 기준으로 산출한 상대가치를 증권신고서에 비교하여 공시하도록 하고 있다 유사회사 선정기준은 다음과 같다.

상대가치 산출시 비상장법인인 피합병법인과 한국거래소의 소분류업종이 같은 주권상장법인 중 매출액에서 차지하는 비중이 가장 큰 제품 또는 용역의 종류가 유사한 법인으로서 최근 사업연도말 주당법인세비용차감전 계속사업이익과 주당순자산을 비교하여 각각 100분의 30 이내의 범위에 있는 법인으로서, 다음 각 호의 요건을 구비하는 3사 이상의 주권상장법인으로 하여야 한다.

[요건 ①] 주당법인세비용차감전계속사업이익이 액면가액의 10% 이상일 것

[요건 ②] 주당순자산이 액면가액 이상일 것
[요건 ③] 상장일이 속하는 사업연도의 결산을 종료하였을 것
[요건 ④] 최근사업연도의 재무제표에 대한 감사인의 감사의견이 적정 또는 한정일 것. 단, 위의 유사회사 요건을 충족하는 법인이 3개사 미만인 경우, 비교목적으로 공시되는 피합병법인의 상대가치는 산정하지 아니한다.

다음 각 호의 금액을 산술평균한 가액으로 하되, 제2호에 할 수 없는 경우 또는 제2호에 따라 산출한 금액이 제1호에 따라 산출한 금액보다 큰 경우에는 제1호에 따라 산출한 금액을 상대가치로 한다.

(제1호) '유사회사'의 주가를 기준으로 다음 산식에 의하여 산출한 유사회사별 비교가치를 평균한 가액의 30% 이상을 할인한 가액

유사회사별 비교가치=유사회사의 주가

$$\times\left(\frac{\text{평가대상회사의 주당이익}}{\text{유사회사의 주당이익}}+\frac{\text{평가대상회사의 주당순자산}}{\text{유사회사의 주당순자산}}\right)\div 2$$

주당이익: 1주당 법인세비용차감전계속사업이익(최근 2개년 평균)

(제2호) 분석기준일 이전 1년 이내에 다음 각 목에 해당하는 거래가 있는 경우 그 거래가액을 가중산술평균한 가액을 100분의 10 이내로 할인 또는 할증한 가액

가. 유상증자의 경우 주당발행가액
나. 전환사채 또는 신주인수권부사채의 발행사실이 있는 경우 주당행사가액

▪ 본질가치의 한계

자본시장법에서 비상장법인의 합병가액 산정을 위한 본질가치 평가방법은 가치평가의 적정성 측면에서 다음과 같은 한계점을 지니고 있다. 첫째, 본질가치를 구성하는 자산가치와 수익가치의 가중치를 1 : 1.5로 획일적으로 적용하고 자본비용인 자본환원율은 재무구조와 무관하게 모든 기업에게 적용하는 논리적 한계가 있다. 둘째, 자산가치는 경제적 관점에서 자산의 공정가치로 평가되어야 하지만 규정상 일부 자산항목에 대해서만 조정하고 있어, 부동산 과다보유법인

또는 비상장주식 과다보유법인의 경우 적정한 자산가치를 산정하기 어렵다.

교부주권상장기업과 주권비상장기업 간의 합병

상장기업인 (주)다음커뮤니케이션은 비상장기업인 (주)카카오를 흡수합병하기로 하고 2014년 5월 23일 합병계약을 체결하였다. 상장기업인 다음커뮤니케이션(주)의 경우 합병가액 산정에 관한 규정에 의해 산정한 기준주가 72,910원이 합병가액으로 적용되었다. 주권비상장법인인 (주)카카오의 합병가액은 본질가치(자산가치와 수익가치를 각각 1과 1.5의 비율로 가중산술평가한 가액)로 평가한 가액 113,412원으로 산정함(자산가치 6,472원과 수익가치 184,706원을 1 대 1.5로 가중평균한 금액인 본질가치 113,412원이 합병가액으로 적용되었다).

합병당사법인의 주식가치평가개요

(주)다음커뮤니케이션
자본시장과 금융투자업에 관한 법률 시행령 제176조의5 제1항에 따라 합병을 위한 이사회결의일과 합병계약을 체결한 날 중 앞서는 날의 전일(2014년 5월 22일)을 기산일로 최근 1개월간의 거래량 가중산술평균종가, 최근 1주일간의 거래량 가중산술평균종가, 최근일의 종가를 산술평균한 가액으로 기준주가를 산정하였다.
(주)카카오
분석기준일 현재 (주)카카오의 1주당 액면가액은 500원이며, 발행주식수는 27,643,880주이다. (주)카카오의 주식가치는 자산가치와 수익가치를 1과 1.5의 비율로 가중산술평균한 본질가치로 합병가액을 산정하였다.

	다음커뮤니케이션	카카오
기준시가	72,910원	–
본질가치	–	113,412원
–자산가치	35,147원	6,742원
–수익가치	–	184,706원
상대가치	–	–
합병가액	72,910원	113,412원

따라서 주식매수예정가격인 (주)다음커뮤니케이션 72,910원, (주)카카오 113,412원에 근거하여 양사의 합병비율은 1 대 1.5555137주로 결정되었다.

$$합병비율 = \frac{카카오의\ 합병가액\ 113,412원}{다음커뮤니케이션의\ 합병가액\ 72,910원} = 1.5555137$$

위와 같은 합병비율에 따라 (주)다음커뮤니케이션은 (주)카카오의 보통주식 1주당 (주)다음커뮤니케이션의 보통주식 1.5555137주를 (주)카카오의 주주들에게 교부하였다. 여기서 수익가치는 현금흐름할인모형을 적용하여 산정하였다. 상대가치는 유사기업의 수가 3개 미만으로 적용하지 아니하였다.

제2절 기업공개(IPO)

2.1 기업공개의 개념과 종류[8]

상장(listing)이란 한국거래소가 정한 요건을 충족한 기업이 발행한 주권을 증권시장에서 거래할 수 있도록 허용하는 것이다. 주권상장은 어디까지나 당해 주권이 증권시장을 통해 자유롭게 거래되도록 허용받는 것을 의미할 뿐이며, 당해 주권의 가치를 보장하는 것은 아니다. 상장의 종류를 살펴보면 다음과 같다.

신규상장[9] IPO	기업이 발행한 주권을 증권시장에 처음으로 상장시키는 것으로, 신규상장은 상장예비심사청구 후 공모(모집·매출)를 하였는지 여부에 따라 공모상장과 직(유통)상장으로 구분되며, 직상장의 경우는 코스닥상장법인이 공모없이 시장이전하는 경우(이전상장)에만 인정된다.
재상장 relisting	상장법인의 분할이나 분할합병에 의하여 설립된 법인이나, 상장법인 간의 합병에 의하여 설립된 법인, 또는 상장폐지 후 5년이 경과되지 않은 법인이 발행한 주권을 다시 상장시키는 것.
추가상장 additional listing	상장법인이 증자, 합병, 전환사채 또는 신주인수권부사채를 소유한 자의 권리행사 등으로 인하여 새로이 발행한 주권을 상장시키는 것.
변경상장 listing change	주권의 기재내용이 변경(상호, 종류, 액면금액 등)되는 경우, 새로운 주권을 교체 및 발행하여 상장시키는 것.
우회상장 back-door listing	비상장법인이 상장법인과의 합병을 통해 상장실질심사절차 없이 증권시장에 상장되는 효과를 지니게 되는 것.
동시상장 cross-listing	주식을 국내증권시장에 상장하는 동시에 해외증권시장에도 주식예탁증서(DR)를 발행하여 상장하는 방식으로, 국내에 상장을 먼저한 후 DR 발행으로 해외증시에도 상장하는 경우도 있다.
이전상장 fast-track listing	상장법인이 코넥스에서 코스닥으로, 코스닥에서 코스피로 옮겨 상장하는 것

8 출처는 한국거래소이고 우회상장과 동시상장에 대해 첨언하였다.

9 신규상장기업의 최대주주는 일반적으로 개인이지만 모회사가 비상장법인인 자회사를 신규로 상장하는 것을 분할(분리)공모(ECO: equity carve-outs)라 하고 기업공개목적이 구조개편(restructuring)이어서 일반신규상장과 구분된다. 미국증권거래위원회(SEC)는 분할공모를 배당성격을 지닌 기업분할의 특별형태로 인정하고 모회사가 보유한 자회사의 100%지분 중 일부를 공모(partial public offer)하는 행위로 정의하고 보유지분의 최대 2/3 이하까지 공모할 수 있도록 규정하고 있다. 모회사가 기업분할을 목적으로 하는 경우 20% 이하의 분할공모에 한해 배당에 과세를 하지 아니하는 별도의 과세특례조항을 두고 있다. 자회사는 S-1 신고서를 SEC에 제출하며 상장심사를 거친 후 SDC의 기업분할목록(spin-off list)에 게재된다.

2.2 기업공개절차

대표적인 간접발행으로 기업공개(IPO: initial public offering 또는 going public)가 있다. 기업공개란 공모기업의 주권을 상장시키는 것을 의미한다. 신규상장절차는 공모기업(IPO firm)이 주간사(underwriter)를 선정하여 주간사계약을 체결하면서 시작된다.[10]

주간사는 사전실사(pre-due diligence)를 거치며 공모기업이 상장요건을 충족하는지 확인한다. 그 후 비교기업과의 상대가치 등을 고려하여 잠정적으로 희망공모가액범위(offer range)를 책정한다. 공모기업은 상장실질심사를 거래소에 청구하고, 거래소는 적정하다고 판단되면 조건부 상장승인을 한다. 승인을 거친 후 (대표)주간사는 인수단(syndicate)을 구성하고 공모기업과 총액인수계약을[11] 체결한다. 발행기업은 사업내용을 비롯한 일반공모인 매출공모(secondary offer) 및 모집공모(primary offer)에 해당되는 공모주식수 및 희망공모가액의 범위와 그 범위의 최저가인 희망공모가액 등을 기재한 투자설명서(prospectus)를 거래소에 제출한다.

주간사는 투자자를 대상으로 투자설명회를 개최한 후 수요예측(book-building)을 2~3일간 실시한다. 이를 통해 주간사는 시장참여자인 기관투자자가 제시한 참여가격대별 수요정보를 취득한 후 이들이 세공한 기격정보로부터 가중평균수요예측가격을 산출한다. 주간사는 이를 바탕으로 수요물량을 감안하여 발행기업과 협의하여 가중평균수요예측가격에서 할인 또는 할증하여 공모가액을 확정한다. 확정공모가액으로 일반공모 후 청약된 공모주는 우리사주조합에 먼저 배

---

10 IPO공모의 경우, 주간사인 증권사는 공모수요를 충족시킬 만한 수요자에 대한 다양한 네트워크를 보유하고 상장규정 및 발행시장에 관한 업무 노하우도 축적하고 있어 IPO 업무에 우월한 효율성을 지닌다. 그리고 산업분야별 전문인력과 정보교류를 위한 시스템을 구축하고 있어 공모기업은 주간사에게 공모를 위임하여 거래비용을 절감할 수 있다. 만일 공모기업 스스로 기업가치를 보증해주고 주간사 없이 직접 공모를 한다면 공모기업은 도덕적 해이가 발생할 수도 있고 공모기업의 희망공모가액이 시장가치에 가까울 것이므로 투자자에게 시장참여유인이 없어진다(Booth and Smith, 1986). 정보비용측면에서 살펴보면, 공모기업이 자본시장정보를 직접 수집하기에는 한계가 있어 주간사를 통해 간접발행한다면 공모기업의 가격발견을 효과적으로 도모할 수 있다. 즉 주간사가 보증역할을 수행하고 그들의 시장지배력으로 공모기업의 내재가치를 공모가액에 반영한다면 공모기업은 거래비용을 절감할 수 있다. 공모주는 매출공모와 모집공모로 구분되고 매출공모의 경우 모집공모를 포함하는 혼합형 공모로 이뤄지고 상당수의 공모주는 모집공모의 형태를 띤다.

11 총액인수계약(firm-commitment contract)은 주간사가 공모가액범위의 최저가액으로 공모주식을 공모기업으로부터 우선 인수한 후 시장에 참여한 기관 및 개인투자자들에게 공모주식을 재판매하고 재판매되지 않은 잔여물량은 주간사가 책임지는 계약을 말한다.

정되고 그 잔여물량은 수요예측에 참여한 기관투자자와 일반청약에 참여한 개인투자자들에게 배정된다. 주간사는 이와 같은 청약과 배정과정을 통해 공모물량을 모두 소화한다.

한편, 수요예측제도의 목적은 기업의 상대가치나 기타평가방법으로 결정한 희망공모가액을 (잠재)투자자들에게 제시하고 그 수요를 파악하여 적정한 주식가격을 발견(price discovery)하는 데 있다. 주간사는 수요예측참여자 중 확정공모가액 이상 제시하거나 가격미제시(strike order)로 참여한 투자자들을 공모물량배정이 가능한 투자자(winning investor)로 선정한다. 주간사는 이들의 질적요소(운용규모, 투자성향, 공모참여실적, 자본규모, 의무보유확약기간 등)를 평가하고 그 가중치에 따라 공모물량을 배정한다. 일반청약시 개인투자자들은 확정공모가액으로 참여수량만 제시한다. 배정받은 주식은 매매거래일 전에 교부되고 공모기업의 주식이 모두 거래일 첫날 상장되면서 공모절차는 종료된다. 상장일 시초가는 매매개시일 오전 8~9시 사이에 확정공모가액의 90~200% 범위에서 동시호가방식으로 결정되며 시초가 기준 ±30% 당일거래가격제한폭을 적용받는다.

그림 11.1
IPO 절차

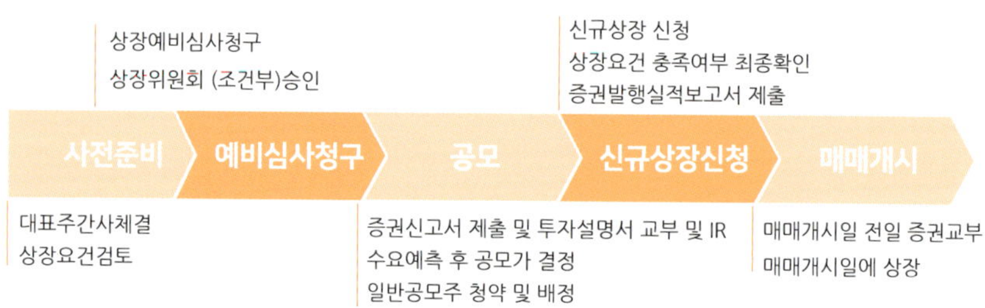

2.3 상장혜택 및 효과

▪ 기업에 대한 혜택

공모를 통한 유상증자 용이(자본시장법 제165조의6) : 상장법인은 정관이 정하는 바에 따라 이사회의 결의로 주주의 신주인수권을 배제하고 불특정 다수인(당해 기업의 주주를 포함한다)을 상대로 하여 신주를 모집할 수 있다.

의결권 없는 주식의 발행한도 특례(자본시장법 제165조의15) : 비상장법인은 의결권 없는 주식을 발행주식 총수의 25%까지 발행할 수 있으나 상장법인이 외국에서 주식을 발행하거나 외국에서 발행한 해외전환사채, 해외신주인수권부사채, 기타 주식과 관련한 증권 또는 증서의 권리행사로 발행하는 의결권 없는 주식은 발행한도에 산입되지 않는다.

주식배당 특례(자본시장법 제165조의13) : 비상장법인은 주식배당을 이익배당총액의 1/2을 초과하지 못하나, 상장법인은 이익배당총액에 상당하는 금액까지 주식배당을 할 수 있다.

주주총회 소집절차의 간소화(상법 제542조의4) : 비상장법인의 주주총회의 소집통지는 주주총회일 2주 전에 각 주주에게 서면으로 하게 되어 있으나, 상장법인의 주주총회 소집통지는 의결권 있는 발행주식 총수의 1% 이하를 소유하는 주주에 대하여 정관이 정하는 바에 따라 주주총회일 2주 전에 2개 이상 일간신문에 각 2회 이상 공고하거나 금융감독원 또는 한국거래소가 운용하는 전자공시시스템을 통한 공고로 이를 갈음할 수 있다.

■ 주주에 대한 혜택

주식양도소득에 대한 비과세(소득세법 제94조, 동법시행령 제157조 제4항) : 상장주식은 대주주 등을 제외하고 주식양도에 따른 양도소득세를 부과하지 않으므로 상장을 위해 모집하거나 유가증권시장에서 양도하는 경우에는 양도소득세가 면제된다. 비상장주식은 양도차익의 20%(중소기업의 경우 10%, 대주주의 1년 미만 보유한 중소기업외 법인의 주식의 경우 30%, 대주주외 주식의 경우 양도차익이 3억원 이하 20%, 3억원 초과 25%)가 부과된다.

상속증여재산의 시가평가(상속증여세법 제63조 및 동법시행령 제53조) : 비상장법인이 발행한 주식을 상속 또는 증여할 경우 상속세 및 증여세법에서 정한 산식으로 평가하나, 상장법인이 발행한 주식을 상속 또는 증여할 경우 평가기준일 전·후 각각 2개월간 최종시세의 평균액으로 평가한다.

증권거래세 탄력세율 적용(증권거래세법 제8조 및 동법시행령 제5조) : 비상장법인의 발행주식을 양도하는 경우 0.5%의 증권거래세율이 적용되지만, 유가증권시장을 통해 양도되는 상장법인주식은 0.1%(0.15%의 농특세 추가부담)의 세율이 적용된다.

소수주주권 행사완화 등(상법 제542조의6, 제542조의7) : 상장법인의 경우 상법상 소수주주권 및 집중투표제 행사요건(1%) 등이 완화되어 적용된다.

■ 상장효과

경영의 투명성 확보 : 기업공개에 따라 소유지분(지배구조)의 분산으로 소유와 경영이 분리되어 경영의 투명성을 확보할 수 있다.

자금조달기회의 확대 : 기업공개에 따라 유상증자, 해외DR 발행, 전환사채, 교환사채 등 다양한 방법으로 자금조달기회가 확대되어 자금을 쉽게 조달할 수 있다.

기업인수 및 합병에 대한 근원적 정보 제공 : 상장법인의 시업내용이 공시되고 지분가치가 시장가치로 평가됨으로써 주식의 공정가치에 대한 근거를 마련해 준다.

인지도 제고 : 상장법인의 주가 등이 신문·TV 등 언론매체에서 수시로 노출됨으로써 기업의 홍보효과가 극대화되고 국내외 투자자에 대한 당해 기업의 인지도를 제고할 수 있다. 또한 인지도가 제고됨에 따라 우수인력의 확보가 용이하다.

구조조정의 원활한 추진 : 상장법인의 분할 또는 합병 등에 의해 설립된 회사를 쉽게 상장할 수 있도록 상장요건정비 등 환경을 조성함으로써 상장법인의 경영목적에 맞는 방법으로 구조조정을 원활하게 추진할 수 있다.

하지만, 상장기업의 지배구조가 취약하면, 적대적 기업인수 대상이 될 수 있고 매출실적 공시나 풍문에 대한 조회공시로 인해 경영활동이 경쟁사에게 사전유출될 개연성이 있다.

2.4 공모가액 산출 사례[12]

발행회사인 카카오게임즈는 PC 및 모바일 게임의 개발과 퍼블리싱사업을 영위하는 기업으로, 한국표준산업분류상 게임S/W 개발 및 공급업(J58210)에 속한다. 해당업종 내 유가증권시장이나 코스닥시장 상장기업이 존재하고 있으나, 동사의 업종, 주력사업, 개발, 유통게임제품 및 플랫폼에 기반한 동사의 사업적 특성 등을 고려시 동사의 비교기업으로, 선정할 만한 상장기업의 수가 제한적이므로 모집단을 동사와 유사한 사업을 영위하는 해외상장사까지 확대하여 유사회사로 선정하였다. 유사회사 중 사업의 유사성 및 재무상황 등을 고려하여 유사기업을 최종 선정하여 공모가액을 산정하였다. 유사기업 선정과정 및 PER을 적용한 카카오게임즈의 희망공모가액 산출과정은 다음과 같다.

구분	선정기준	세부 검토기준	해당 기업
1차	업종 관련성	① App Annie 2020년 기준 글로벌 Top52 퍼블리셔 중 상장회사	36개사
2차	사업의 유사성	① 최근 사업연도 매출액 중 게임 관련 매출 비중이 가장 높을 것	21개사
3차	재무적 유사성	① 최근 5사업연도 매출액 연평균성장률 10% 이상 시현하였을 것 ② 최근 사업연도 영업이익 및 지배주주순이익을 시현하였을 것	9개사
4차	비재무적 유사성	① 모바일게임 사업과 PC게임 사업을 동시에 영위할 것 ② 게임 사업 중 주된 사업이 콘솔게임, 소셜카지노 게임이 아닐 것	4개사

최종선정 유사기업	Tencent Holdings Ltd.	NetEase, Inc. Sponsored ADR	넷마블	엔씨소프트	비고
상장시장	홍콩증권거래소	나스닥시장	유가증권시장	유가증권시장	-
2020년 1분기 지배주주순이익	4,947,284	607,968	53,866	195,459	-
적용 지배주주순이익(백만원)	19,789,137	2,431,871	215,462	781,835	A
상장주식수(주)	9,555,165,469	138,204,698	85,789,284	21,954,022	B
주당순이익(원)	2,071.04	17,596.15	2,511.53	35,612.40	C=A÷B
기준주가(원)	81,777	538,530	118,032	802,000	D
PER(배)	39.49	30.60	47.00	22.52	E=D÷C
적용 PER(배)		**34.90**			

주당 평가가액산출 내역

항목	금액	비고
적용순이익(백만원)	65,020	A
적용 PER(배)	**34.90**	B
평가 시가총액(백만원)	2,269,299	C=A×B
적용주식수(주)	75,768,395주	D
주당평가가액(원)	**29,950원**	E=C/D

12 2020.08.31. (정정)투자설명서 중 일부.

	PER 지표 적용	비고
비교가치 주당 평가가액	29,950원	PER에 의한 기준가격 산출
주당 희망공모가액	20,000~24,000원	할인율 33.22%~19.87%
확정공모가액	24,000원	수요예측 결과를 반영하여 24,000원으로 최종 확정

확정공모가액에 대한 수요예측 신청가격 분포

	참여건수 기준		신청수량 기준	
	참여건수(건)	비율	신청수량(주)	비율
미제시	271	15.53%	1,762,672,834	10.57%
24,000원 이상	1,474	84.47%	14,912,025,551	89.43%
20,000원 이상~24,000원 미만	–	–	–	–
20,000원 미만	–	–	–	–
합계	1,745	100.00%	16,674,698,385	100.00%

확정공모가액에 대한 수요예측 신청가격 분포에서 물량배정대상자는 확정공모가액인 24,000원 이상 가격제시자와 미제시자이다. 총액인수현황과 인수대가에 대한 사항은 다음과 같다.

	총액인수상황		인수대가현황	
	인수주식의 수량	인수금액(주당 24,000원기준)	금액	
한국투자증권	8,800,000주	211,200백만원	5,222,400천원	인수수수료는 발행금액의 2.2%(기본수수료 1.2%, 성과수수료 1.0%)에 해당하는 금액입니다.
삼성증권	6,400,000주	153,600백만원	2,995,200천원	
KB증권	800,000주	19,200백만원	230,400천원	
합계	16,000,000주	384,000백만원	8,448,000천원	

상기와 같은 수요예측 결과 및 시장상황 등을 고려하여 카카오게임즈와 공동주간사는 확정공모가액을 24,000원으로 합의하였다. 확정공모가액이 24,000원으로 결정됨에 따라 일반청약경쟁률은 1,525 : 1로 매우 과열되었다. 공모주는 상장일 장시작 전 동시호가에 따라 시초가는 확정공모가액의 90~200% 범위에서 결정되는데 카카오게임즈의 시초가는 공모가의 200%인 48,000원으로 시작하여 상장일 종가는 62,400원으로 마감되며 상장일수익률은 160%(62,400 ÷ 24,000 − 1)를 기록하였다.

• **절대가치평가지표 제외**

	투자분석지표의 적합성
DCF	미래현금흐름의 현재가치할인모형(DCF)은 미래에 실현될 것으로 예상되는 기업의 연도별 현금흐름을 추정하고 이에 적정한 할인율[가중평균자본비용(WACC: weighted average cost of capital－기업의 자본조달원천별 가중치를 곱하여 산출한 자기자본비용과 타인자본비용의 합)]을 적용하여 현재가치를 산정하는 평가방법입니다. 이를 위해서는 최소 5년 이상의 미래현금흐름 및 적정할인율을 추정하여야 하며, 비교회사와 비교하기 위해서는 비교회사의 미래현금흐름 및 할인율을 추정하여야만 상호비교가 가능한 모형으로 이러한 미래현금흐름 및 적정할인율을 산정 함에 있어 객관적인 기준이 명확하지 않고 평가자의 주관이 개입될 경우 평가지표로서 유의성을 상실할 우려가 있습니다.
본질가치평가법	2002년 8월 “유가증권인수업무에 관한 규칙” 개정 이전에 공모주식의 평가를 위해 사용하던 규정상의 평가방법으로 최근 사업연도의 자산가치와 향후 2개년 추정실적을 기준으로 한 수익가치를 1과 1.5의 가중치를 두어 산출하는 절대가치평가방법의 한 기법입니다. 그러나, 본질가치를 구성하는 자산가치는 역사적 가치로서 기업가치를 평가함에 있어 과거실적을 중요시한다는 점에 있어 한계가 있으며, 또한 이를 보완하는 향후 2개년간 추정손익에 의해 산정되는 수익가치는 손익추정시 평가자의 주관 개입 가능성, 추정기간의 불충분성 및 자본환원율로 인한 기업가치의 고평가 가능성 등은 한계점으로 지적되고 있습니다.

• **상대가치평가지표 적용사유**

적용지표	투자분석지표의 적합성
PER	PER(주가수익비율)은 해당 기업의 주가가 주당순이익(EPS)의 몇 배인지를 나타내는 비율로서 기업수익력의 성장성, 위험 등의 측면이 총체적으로 반영되는 가장 일반적인 투자분석지표입니다. PER은 순이익 기준으로 비교가치를 산정하므로 수익성을 잘 반영하고 있을 뿐만 아니라 개별기업의 수익력의 성장성, 위험 등을 반영하여 업종평균 대비 할증 또는 할인하여 적용할 수 있어 동사와 같이 배당의 재원이 되는 수익성(주당순이익)이 중요한 회사의 경우 가치평가의 적합성을 내포하고 있어 적용하였습니다.
제외지표	투자분석지표의 적합성
EV/EBITDA	EV/EBITDA는 기업가치(EV)와 영업활동을 통해 얻은 이익(EBITDA)과의 관계를 나타내는 지표로 기업이 자기자본과 타인자본을 이용하여 어느 정도의 현금흐름을 창출할 수 있는지를 나타내는 지표입니다. EBITDA는 유형자산이나 기계장비에 대한 감가상각비 등 비현금성 비용이 많은 산업에 유용한 지표로서, 동사가치를 나타내는 데에는 적정한 지표로 사용되기 어렵다는 판단하에 가치산정시 제외하였습니다.
PSR	PSR(주가매출액비율)은 해당 기업의 주가가 SPS(주당매출액)의 몇 배인가를 나타내는 지표로 일반적으로 비교기업의 이익이 적자(－)일 경우 사용하는 보조지표로 이용되고 있습니다. PSR이 적합한 투자분석지표로 이용되기 위해서는 비교기업간에 매출액 대비 수익률이 유사해야 하지만 현실적으로 기업마다 매출액 대비 수익률(ROS)은 상이하며, 단순히 매출액과 관련하여 주가 비교시에 수익성을 배제한 외형적 크기만을 비교하여 왜곡된 정보를 제공할 수 있기 때문에 사용하기 적합하지 않습니다.
PBR	PBR(주가순자산비율)은 해당 기업의 주가가 BPS(주당순자산)의 몇 배인가를 나타내는 지표로 엄격한 회계기준이 적용되고 자산건전성을 중요시하는 금융기관의 평가 등에 사용됩니다. 동사의 경우 금융기관이 아니며, 고정투자자산이 차지하는 비중이 적으므로 PBR을 통한 가치평가는 한계성을 내포하고 있다고 판단하여 가치산정을 위한 방법에서 제외하였습니다

mini MBA | 저평가현상

기업공개는 발행기업에게 재무전략적 측면에서 중요한 사건 중 하나이다. 성장단계 또는 성장안정단계기업이 재무레버리지가 높아 추가 여신이 어렵거나 가능하더라도 그 비용이 과다하면 자금조달대안으로 공모를 선택한다. 자금조달 과정 중 평가된 기업가치는 자금조달규모와 그 조건에 당연히 영향을 미치는데 특히 상장기업에 비해 비상장기업은 정보취득이 용이하지 않아 투자자로부터 제한적으로 평가를 받을 가능성이 크다. 그러므로 기업공개는 자금조달과 지분분산이라는 원래의 목적 외 대주주 및 특수관계인에게 주식의 원활한 처분과 취득을 가능케 하고 주식가치는 시장가치로 적정하게 평가를 받으므로 그들이 보유한 주식의 가치도 상승시킬 수 있는 기회도 마련해 준다. 그러나 공모가격결정과정은 주주, 주간사 그리고 투자자들 사이에 이해관계로 인해 저평가 요인들이 존재한다.

$$\text{저평가} = \text{상장일수익률} = \frac{\text{상장일종가}}{\text{확정공모가액}} - 1$$

공모기업(또는 발행기업)은 확정된 일정지분을 공모하므로 가능한 내재가치가 충분히 반영된 공모가액으로 확정하여 공모규모를 가급적 늘리려 한다. 주간사는 공모가격이 높아지면 공모규모도 커지므로 인수수수

나라별 IPO 주식의 상장일수익률(%)

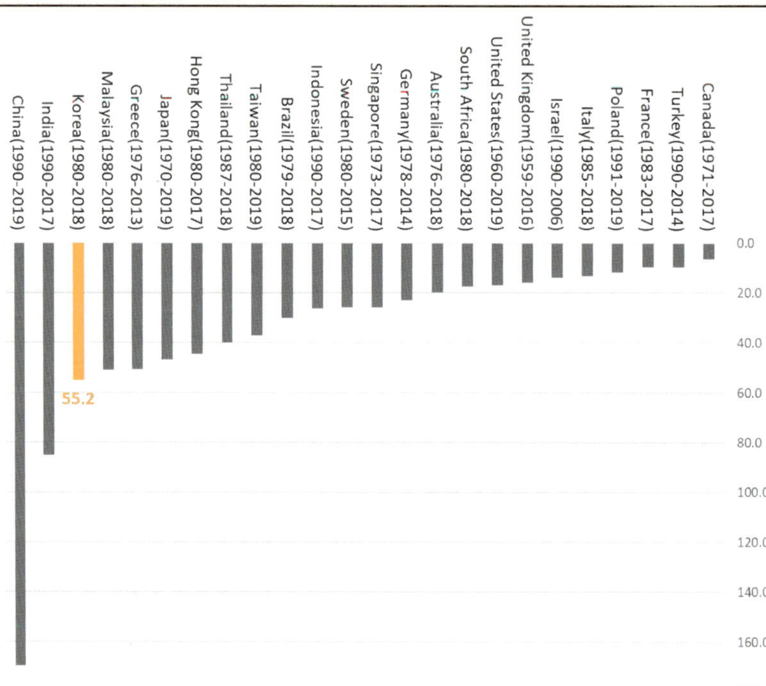

출처: J. Ritter교수의 웹사이트에서 제공하는 주요 세계자본시장에서의 IPO 주식에 대한 저평가 자료 중 국가별로 표본이 300개 기업 이상인 24개국의 자료만을 선택하여 도시함(https://site.warrington.ufl.edu/ritter/).

mini MBA

저평가현상

료도 많아져 공모기업과 이해관계가 일치하지만 성공적인 공모를 위해 시장참여자에게도 이에 상응하는 유인을 제공해야 하므로 공모기업과 이해상충이 생긴다. 따라서 주간사는 발행시장에서 투자자로부터 좋은 평판을 얻고 공모실패를 방지하기 위해 투자자에게 저가발행으로 가능한 많은 유인을 제공하려 한다.

신규공모는 상장 직후 확정공모가액보다 가격이 급등하는 저평가현상이 나타나며 공모에 참여한 투자자는 이로부터 높은 초기수익률로 차익을 실현한다. 이러한 과도한 저평가현상은 자본시장의 효율성을 훼손시킨다. 저평가 현상은 이례적인 현상으로 선진자본시장과 신흥자본시장에서 저평가 정도에 차이가 있을 뿐 이미 보편적인 현상으로 받아들여지고 있어 "IPO Puzzle" 이라고 불린다. 앞의 그림은 주요 국가의 자본시장에서 IPO 주식의 상장 첫날의 평균 수익률을 도시한 것으로 표본기간은 다르지만 캐나다는 6.4%로 평균수익률이 가장 낮았고 중국은 169.5%로 가장 높다.

국내실증연구에 따르면, 상장일 평균수익률은 55.2%로 다소 높은 편이나, 2007년 수요예측제도 자율화 이후 30% 이하로 현저하게 축소되었다. 저평가현상에 관해 여러 가설이 제시되고 있는데 그중 주관사가 공모에 따른 손실 위험을 덜기 위해 공모가액을 의도적으로 낮게 저가발행하기 때문이라는 주장이 지배적이다. 이는 주로 정보비대칭(asymmetric information)으로 설명되는데 공모기업과 주관사 그리고 기관투자자들 사이에 정보비대칭이 심하면 역선택(adverse selection)이 일어나 공모실패로 이어질 수 있어 이를 미연에 방지하기 위해 공모주는 저평가된다는 것이다.

저평가현상은 정보비대칭과 관련하여 부분조정(partial adjustment)가설, 승자의 저주(winner's curse), 신호모델(signal model), 정보전이(information spillover)가설 등 여러 세부 가설이 제시되었다. 이 중 정보전이가설은 다른 발행기업의 가격결정과정에서 얻어진 정보가 발행기업의 공모과정에 전달되면서 저평가에 영향을 미친다는 것이다. 한편, 기회의 창(windows of opportunity)가설은 공모기업이 자본시장의 수요에 따라 적정가치 이상으로 주식이 평가될 것으로 기대할 때 공모동기를 가진다는 행태적인 관점에서 저평가현상을 설명한다. 이 가설에 의하면 공모기업은 자본시장에서 과대평가되는 시기를 이용하여 다른 자본조달수단보다 주식발행을 통한 자본조달을 우선한다는 것이다. 최근 저평가의 확대현상에 대해 시장지배력(market power)가설이 제시되었다. 공모기업의 공모가격은 벤처캐피탈이나 주관사의 보증효과로 인해 내재가치에 가깝게 책정될 뿐, 벤처캐피탈과 주관사들의 시장지배력으로 공모기업의 주식가치는 이질적 신념(heterogeneous belief)을 지닌 낙관적 투자자들에게 더욱 매력적으로 보이므로 초기수익률은 확대된다고 주장한다. 즉, 정보비대칭의 완화를 의미하는 보증역할은 확정공모가액이 시장가치가 아닌 내재가치에 대한 것이므로 확정공모가액이 내재가치 이상으로 평가되고 있어 시장지배력이 존재한다는 것이다. 아래 표를 보면, 청약경쟁률은 수요예측경쟁률보다 높고 매출공모를 포함하는 경우, 신주모집보다 참여경쟁률이 낮고 상장일수익률도 상대적으로 낮음을 알 수 있다.

공모형태별 IPO 특성

	표본수	수요예측경쟁률	청약경쟁률	상장일수익률
신주모집	430	299.4	465.5	32.2%
신주모집(매출공모 포함)	125	164.3	281.2	19.8%

자료: 2008년부터 2018년까지 금융감독원이 제공하는 신규상장기업에 대한 투자설명서로부터 취합(금융관련 기업들은 제외).

mini MBA 사례예시: 카카오와 다음커뮤니케이션의 합병가액 산정

카카오게임즈의 공모가액 결정에 관한 내용과 공모가액 산출에 대한 투자설명서와 증권신고서에서 일부 인용하면 다음과 같다.

증권의 발행 및 공시 등에 관한 규정 시행세칙에 따른 비상장법인의 주식가치의 평가는 다음과 같다.

증권의 발행 및 공시 등에 관한 규정의 주식가치평가방법 = (자산가치 × 1 + 수익가치 ×1.5) / 2.5

합병요건 충족 여부

구분	기준	충족여부(○, ×)	비고
기업규모	자기자본 30억원 이상 (주권비상장법인이 벤처기업인 경우 15억원 이상)	○	2013년말 연결재무상태표 기준 177,256,492,818원
법인세비용차감전 계속사업이익	있을 것	○	2013년 연결포괄손익계산서 기준 60,368,610,216원
이익규모	① 최근사업연도말 현재 자기자본이익률이 100분의 10(주권비상장법인이 벤처기업인 경우 100분의 5) 이상 또는 ② 최근 사업연도의 당기순이익이 20억원(주권비상장법인이 벤처기업인 경우 10억원) 이상	○	2013년 연결포괄손익계산서 기준 당기순이익 61,406,945,141원
자본잠식	없을 것	○	자본잠식 없음
감사의견	적정	○	2013년 적정
본건 합병 이전에 타법인과 합병, 분할(합병), 영업양수·도시	합병등 기일이 속한 사업연도 결산 확정(3월 미만시 차기)	-	합병등 없음
건설업을 주된 사업으로 하는 법인인 경우	설립후 5년 이상 경과	-	-
	건설산업기본법 등에 의하여 공시된 건설공사 시공능력 평가액이 300백억원 이상일 것	-	-

1. 합병 개요

주식회사 다음커뮤니케이션은 주식회사 카카오와 합병하고자 한다. 코스닥 상장법인인 주식회사 다음커뮤니케이션은 비상장법인인 주식회사 카카오를 흡수합병하며, 합병 후 주식회사 다음커뮤니케이션은 존속하고 주식회사 카카오는 소멸하며, 존속회사 사명은 주식회사 다음카카오라고 정할 예정이다. 합병과 관련된 일정은 다음과 같다.

합병계약일: 2014년 5월 23일

합병주주총회를 위한 주주확정일: 2014년 7월 17일

합병승인을 위한 주주총회일: 2014년 8월 27일

주식매수청구권 행사기간: 2014년 8월 27일~2014년 9월 16일

합병기일: 2014년 10월 1일 / 합병등기일: 2014년 10월 1일

합병주식 교부예정일: 2014년 10월 13일 / 합병주식 상장예정일: 2014년 10월 14일

mini MBA

사례예시: 카카오와 다음커뮤니케이션의 합병가액 산정

2. 합병비율 평가 요약

구분	합병법인	피합병법인
기준주가	72,910원	해당사항없음
본질가치	해당사항 없음	113,412원
a. 자산가치	35,147원	6,472원
b. 수익가치	해당사항 없음	184,706원
상대가치	해당사항 없음	해당사항 없음
합병가액/1주	72,910원	113,412원
합병비율	**1**	**1.5555137**

구분	기간	금액
A. 1개월 가중평균 주가	2014년 4월 23일부터 2014년 5월 22일까지	73,260원
B. 1주일 가중평균 주가	2014년 5월 16일부터 2014년 5월 22일까지	72,269원
C. 최종일 주가	2014년 5월 22일	73,200원
D. 산술평균 주가([A+B+C]÷3)		72,910원
E. 기준주가(=D)		**72,910원**

자산가치 산정

과목	다음커뮤니케이션	주식회사 카카오
A. 최근 사업연도말 별도재무제표 자본총계	508,016,196,936	178,535,047,634
B. 조정항목(a−b)	(31,418,877,514)	373,258,962
a. 가산항목	28,504,276,405	2,685,973,300
(1) 자기주식(분석기준일 현재)	27,449,514,805	−
(2) 유상증자를 통하여 증가한 자본금	−	323,650,000
(3) 전환권 행사 및 신주인수권 행사 등을 통하여 증가한 자본금	−	−
(4) 자본잉여금(주식발행초과금 등) 및 재평가잉여금 발생액	−	2,362,323,300
(5) 이익잉여금 증감을 수반하지 않은 중요한 순자산 증가액	1,054,761,600	−
b. 차감항목	59,923,153,919	2,312,714,338
(1) 실질가치 없는 무형자산	1,266,735,558	−
(2) 회수불능채권	−	−
(3) 취득원가 평가 투자주식의 평가감소액	42,316,211,397	1,765,561,038
(4) 퇴직급여채무 또는 퇴직급여충당부채 부족액	−	−
(5) 손상차손이 발생한 자산의 경우 손상차손	1,350,357,507	−
(6) 유상감자를 통하여 감소한 자본금	−	−
(7) 배당금 지급 및 전기오류수정손실 등	14,989,849,457	−
(8) 이익잉여금 증감을 수반하지 않은 중요한 순자산 감소액	−	547,153,300
C. 조정된 순자산가액(A+B)	476,597,319,422	178,908,306,596
D. 발행주식총수	13,560,229주	27,643,880주
E. 1주당 자산가치(C÷D)	**35,147**	**6,472**

mini MBA | 사례예시: 카카오와 다음커뮤니케이션의 합병가액 산정

수익가치 산정

내역	금액(백만원)
가. 추정기간 동안의 현재가치	1,202,999
나. 영구현금흐름의 현재가치	3,783,416
다. 영업가치(가+나)	4,986,415
라. 비영업자산의 가치	119,566
마. 기업가치(다+라)	5,105,981
바. 이자부부채의 가치	–
사. 수익가치(마–바)	5,105,981
아. 발행주식수	27,643,880주
자. 1주당 수익가치(원)	**184,706**

피합병법인의 주당수익가치는 증권의 발행 및 공시 등에 관한 규정 시행세칙 제6조에 따라 미래의 수익가치 산정에 관하여 일반적으로 공정하고 타당한 것으로 인정되는 모형 중에서 현금흐름할인모형을 적용하여 산정하였습니다.

자기자본비용산정

구 분	산정내역	비 고
R_f	3.59%	Bloomberg (2013년 12월 31일 기준 국내 10년 만기 국채 수익률 적용)
$R_m - R_f$	9.83%	Bloomberg (2013년 12월 31일 기준 국내 시장프리미엄 적용)
β	0.7749	피합병법인과 유사한 사업을 영위하고 있는 국내 및 해외 6개 상장회사를 동종기업으로 선택하여 동종기업의 영업베타의 평균값으로 계산한 영업베타에 피합병법인의 목표자본구조를 감안하여 산출함
K_e	11.20%	

타인자본비용

분석기준일 현재 피합병법인의 신용등급은 A-로, 타인자본비용은 2013년 12월 31일 기준 5년 만기 공모 무보증 A- 등급 회사채 수익률(5.09%)을 사용하였습니다. 한계법인세율은 2018년 이후 영구성장 가정시 사용된 법인세율(지방소득세 포함) 24.2%를 적용하였으며, 세후타인자본비용은 3.86%로 산정되었습니다.)

가중평균자본비용

가중평균자본비용은 자기자본비용(K_e)과 세후 타인자본비용(K_d)을 가중평균하여 산정하며, 가중평균을 위한 목표자본구조는 피합병법인의 목표자본구조가 존재하지 아니하기 때문에 피합병법인과 유사한 영업을 영위하는 동종기업의 평균적인 자본구조로 수렴하는 것을 가정하여 평균자본구조인 1.52%를 적용하였습니다. 산정된 가중평균자본비용은 11.09%이며, 산식은 아래와 같습니다.

$$\text{가중평균자본비용(WACC)} = \text{자기자본비용} \times \text{자기자본비율} + \text{타인자본비용} \times (1 - \text{tax rate}) \times \text{부채비율}\}$$

$$11.09\% = 11.20\% \times 98.48\% + 5.09\% \times (1 - 24.2\%) \times 1.52\%$$

mini MBA

사례예시: 카카오와 다음커뮤니케이션의 합병가액 산정

주당 수익가치에 대한 민감도

		영구성장률		
		1.50%	2.00%	2.50%
가중평균자본비용	10.59%	187,399	196,218	206,127
	11.09%	176,930	184,706	193,387
	11.59%	167,514	174,410	182,065

추정기간 동안의 잉여현금흐름과 피합병법인의 수익가치 산정내역

	2013년	2014년	2015년	2016년	2017년	2018년
Ⅰ. 영업수익	210,776	427,825	734,931	955,901	1,170,341	1,349,573
Ⅱ. 영업비용	144,538	206,443	348,103	439,545	538,732	630,754
Ⅲ. 세전영업이익(EBIT)	66,237	221,382	386,828	516,357	631,609	718,819
법인세비용		53,112	93,150	124,496	152,387	173,492
Ⅳ. 세후영업이익		168,269	293,678	391,860	479,222	545,327
(+) 감가상각비		9,614	14,549	19,663	24,090	29,507
(−) 순운전자본 증감		37,085	47,703	35,215	33,190	26,882
(−) CAPEX		19,377	25,582	30,458	35,178	39,290
(+) 장기상여비용		1,068	510	−	−	−
(+) 주식보상비용		2,876	692	41	−	−
(−) 성과연동 상여계약으로 인한 현금유출 예상액		−	−	1,856	−	−
Ⅴ. Free Cash Flows to Firm		125,366	236,144	344,035	434,944	508,662
현가요소(PV Factor)		0.9488	0.8541	0.7688	0.6921	0.6230
Ⅵ. Discounted FCFF		118,944	201,680	264,494	301,003	316,878
추정기간 동안의 현재가치(A)						1,202,999
영구현금흐름의 현재가치(B)(주3)						3,783,416
영업 관련 현금흐름의 현재가치(C=A+B)						4,986,415
비영업자산의 가치(D)						119,566
Ⅶ. 기업가치(E=C+D)						5,105,981
Ⅷ. 차입금(F)						−
Ⅸ. 자기자본의 가치(G=E−F)						5,105,981
Ⅹ. 발행주식수						27,643,880주
XI. 합병가액(원/주)						**184,706원**

mini MBA

사례예시: 카카오와 다음커뮤니케이션의 합병가액 산정

구 분	금 액
가. 2018년 세전영업이익	718,819
나. 영구성장률	2.00%
다. 2018년 이후 세전영업이익 [가×(1+나)]	733,196
라. 2018년 이후 법인세비용	176,971
마. 2018년 이후 세후영업이익 [다−라]	556,224
바. 순운전자본증감	4,165
사. 2018년 이후 세후영업현금흐름 [마−바]	552,059
아. 할인율	11.09%
자. 현가계수 [1/(1+아)$^{4.5}$]	0.6230
차. 영구현금흐름의 현재가치 [사/(아−나)×자]	**3,783,416**

상대가치 산정: 증권의 발행 및 공시 등에 관한 규정 시행세칙 제7조에 따른 유사회사 요건을 충족하는 법인이 3사 미만이므로, 비교목적으로 공시되는 피합병법인의 상대가치는 산정하지 아니하였습니다.

mini MBA

사례연구: 고평가는 독배인가?

한솔출판은 1991년 7월 19일 설립되어 구 한솔교육과 한솔미디어를 1999년 7월 1일자로 합병한 후 "한솔교육"으로 상호를 변경하고 방문교육 및 학원사업을 영위하며 영·유아 교육부분 선두주자로서 안정적인 성장 속에 2002년 하반기에 상장계획을 세운다. 당사는 2001년 7월 제3자 배정방식의 말레이시아소재 LK III Limited로부터 1천 8백만불(한화 233억원 상당)의 투자유치에 성공한다. 투자조건은 전환상환우선주(RCPS) 33,122주를 주당발행가액은 704,034원으로(주당 5,000원의 140배의 수준) 이는 당시 주식가치 1,600억원에 해당된다. 투자직후인 8월에 1 : 4 비율의 무상증자와 1 : 10 비율의 액면 분할하고 우리사주조합을 대상으로 추가 유상증자를 하였다.

한솔교육은 투자유치 후 외국 콘텐츠업체로부터 라이센스계약 확대, 중국시장 진출, 청소년 대상 주니어 영어부분 시장진출 등 역량강화와 사업영역 확대를 하기 시작한다. 하지만 국내 영·유아교육시장은 프뢰벨과 몬테소리와 같은 기존 경쟁업체들과 더불어 초등 및 주니어 기반 교육콘텐츠업체인 웅진, 대교 그리고 교원과 같은 유사 경쟁업체들이 영·유아교육사업에 신규진입을 하면서 유아학습지시장의 경쟁구도는 더욱 심화되었다. 또한 출산율의 점진적 감소로 외부환경변화가 영·유아교육시장에 부정적인 요소로 작용하면서 시장경쟁은 더욱 치열해진다. 한편, 유사 경쟁사인 주니어 및 중고등 학습지업체들이 영·유아교육시장에 진입을 한 배경은 고객다변화와 이를 위한 콘텐츠 강화에 있었다.

이러한 급격한 유아교육시장의 환경 변화에 한솔교육은 영업전략의 실패로 적절하게 시장대응을 하지 못하여 투자유치 이듬해인 2002년 매출은 전년대비 약간 상승한 반면, 매출총이익률은 60.8%에서 57.2%로 약간 감소하였으나 광고비 및 교재개발을 위한 경상연구개발비의 증가와 방문학습선생의 양적 확대 등 공격적 마케팅으로 인해 영업이익률은 10.3%에서 0.3%로 대폭 감소하며 수익은 급감한다.

이러한 수익성 저하의 주요 요인을 구체적으로 살펴보면, 한솔교육의 성장 기반은 방문판매 방식의 전집류 시장에 본격 뛰어들면서 네트워크를 바탕으로 전집류뿐 아니라 종합학습지, 주간학습지 상품간 상호 시너지 효과를 올리며 크게 확대한 배경에서 출발한다. 펀더멘탈을 강화하기 위해 더욱 방문판매조직을 확장하면서 기존 4,000여명의 방문교사와 별도로 전국적으로 3,000명의 방문판매인을 모집하여 각종 상품을 판촉한다. 이에 반해, 학습지 회원수 1위업체인 대교는 아동도서로 유명한 NSF(구 삼성출판사)의 전집출판부문의 상품과 판매조직을 인수하면서 콘텐츠와 마케팅 채널을 동시에 강화한다. NSF의 교육전집물 17종의 콘텐츠 확보와 38개의 지사, 판매조직원 1,000여명에 이르는 인수로 대교는 총 1,500여명의 판매조직을 구축해 본격적인 교육상품 방문판매업을 펼치게 된다. NSF의 브랜드를 결합해 출범한 대교아인슈타인은 대교의 대외적 브랜드로 흡수된다. 대교의 주력 상품인 눈높이 시리즈 주간방문학습지를 주축으로 종합학습지와 유아교재를 비롯하여 NSF의 콘텐츠를 포함하여 30여종의 영·유아 초등학생 대상의 각종 전집류 판매를 펼친다. 2002년부터 후발 대형초등학습지 업체들도 영·유아교육시장 진출을 가속화하기 시작한다. 이에 한솔교육은 기존 영업망을 강화하면서 수직적 계열화를 위해 온오프라인의 초등학생 및 주니어 대상으로 시장을 확대하고 캐릭터 사업 전개와 중국시장에 진출하는 등 공격적으로 사업을 펼쳐나갔다.

2002년은 초중등학습지업체들이 영·유아시장에 진입하면서 확연하게 매출 신장을 이룬 반면, 한솔교육이 현상유지 수준으로 유지한 것을 제외하고는 매출감소로 이어지는 고전을 면치 못하였다. 국내 사교육시장은 중고등교육시장에서 초등교육시장 그리고 영·유아시장으로, 즉 상부에서 하부구조로 확대되는 상황이었다. 교육시장의 특성상 대부분의 교육관련 업체들은 성장성을 확보하기 위해 매출군의 다변화가 절실하게 요구되었다.

한솔교육의 경우 마케팅 역량 강화 및 인프라 구

mini MBA

사례연구: 고평가는 독배인가?

축에 따른 실적이 단기간에 나타나지 않는다고 해도 2003년의 매출실적이 2001년과 거의 동일한 수준인 2,735억원인 점을 보면 영업망 강화의 효과가 거의 없는 것으로 보인다. 또한 매출구성면에서도 제품 매출보다 지도교사 매출의 비중이 점차 높아지면서 수익성이 저해된 것으로 분석된다. 주요 실패요인은 영업인프라의 양적인 팽창에도 불구하고 주니어 시장의 콘텐츠 부족으로 매출 확대와 수익성 개선으로 이어지지 않았기 때문이다. 즉, 비용 대부분을 기존사업인 영·유아 교육시장의 마케팅 역량 강화에 주력한 반면 한솔교육은 이미 포화상태인 초등주니어 시장의 신규진입을 위한 차별화에 선택과 집중이 미흡했던 것이다.

요약해보면, 한솔교육의 2002년 수익성 악화는 콘텐츠 강화보다 마케팅의 양적 팽창을 추구한 영업전략으로 고비용·저효율의 자원분배가 된 것이다. 성숙된 초등 및 주니어 교육시장에 한솔교육의 진입과 유사 경쟁사의 영·유아교육시장 진입이라는 시장교차 진입은 한솔교육에게 유사경쟁사보다 불리하게 작용된 것으로 분석된다. 이러한 저조한 성과로 인해 외국사모펀드는 투자 후 2년여 만에 투자금을 전액 회수한다. 이 사모펀드는 미국 캘리포니아연금이 출자한 독립 사모펀드로서 단순 투자 성격을 지닌다. 사모펀드는 비록 원금 포함 요구수익률을 보장받으며 투자회수를 하였지만 거래비용과 투자위험 등을 감안하면 투자자는 기대수익 실현에 실패하여 기회비용이 발생한 셈이다. 결론적으로 한솔교육은 외국사모펀드로부터 고평가로 투자를 받았음에 불구하고 비효율적인 영업구조와 초등주니어시장의 진출을 위한 선택과 집중의 전략적 실패로 인해 기업가치 제고의 기회를 놓친 것이다. 결과적으로 한솔교육은 유입된 투자대금은 단지 초과현금으로만 남아 있었다. 한솔교육은 달러화로 상환시 원화강세로 원리금을 다 합해도 금전적인 기회비용은 사실상 없었다.

높은 기업가치로 투자를 받는다는 것은 어느 의미에서는 투자자로부터 기업이 추구하려는 가치로 평가받았다는 것으로 곧 그 이상의 내재가치를 투자자로부터 인정받은 셈이므로 성공적인 투자유치임은 자명하다. 하지만, 고평가로 투자를 유치한 후 조정가격이 하향되는 경우, 지분이 더 희석되므로 지배구조의 약화를 초래할 수 있다. 특히 상장시 기존 투자자가 투자한 주식가치 이상으로 성공적인 공모가 이뤄져야 하므로 시장위험부담은 공모예정기업에게 가중된다. 이와 같이 기업가치를 과다하게 고평가받아 투자를 받는다는 것은 피투자기업 스스로 향후 IPO를 위한 재무경영의 수행에 걸림돌로 작용되기도 한다. 기업가치를 높게 인정받은 투자유치에도 불구하고, 시장대응전략의 실패는 경영진의 의사결정이 기업가치 제고에 미치는 영향을 시사해 준다. 결국 투자유치 후 투자자가 기대하는 경영성과가 뒤따르지 않으면 투자자와 피투자자 모두 기회손실이 발생한다. 투자유치에 있어서 피투자기업은 높은 기업가치로 투자를 받는 것도 중요하지만 궁극적으로 사업기회를 확대하여 기업가치를 극대화하는 재무전략이 뒷받침되어야 한다.

mini MBA

사례연구: STX조선의 재무전략적 IPO

STX조선은 상장폐지 후 케이조선으로 사명이 바뀌었지만, STX조선의 IPO 당시 재무전략을 고찰해 보고자 한다. 대형 선박용 디젤엔진 제조업을 영위해온 쌍용중공업이 2001년 1월 쌍용그룹계열사로부터 제외되면서 STX로 사명을 변경한다. 엔진부품사업부와 섬유기계사업부를 분사시키는 등 구조조정을 단행하면서 STX는 새로운 도전을 위한 전환점을 맞게 된다. 그 해 10월 STX는 수직적 계열화를 위해 경남 진주에 신조선소의 완공을 앞두고 IMF 여파로 법정관리에 있던 대동조선을 1,000억원에 97.65%의 지분을 보유하며 경영권을 인수한다. 국내 메이저조선소들은 주로 초대형 및 대형 선박에 치중된 반면, 대동조선은 중대형 컨테이너선 및 탱커선박이 주요 매출처였다. 대동조선은 이듬해인 2002년 2월에 STX조선으로 사명을 변경한다. 당시 STX 조선이 주력하고 있는 2~8만 DWT급선박은 전체 선복량 중 41.5%를 차지하고 있었고 가장 큰 강점을 지닌 2~8만 DWT 탱커선 시장은 대형조선소와 경합이 기의 없어 당사의 니치마켓 포지셔닝이 매우 강했다.

STX조선은 2003년 상장조건을 충족하기 위해 2002년 5월 일반청약과 우리사주조합을 포함하여 주당 12,000원에 5,809,450주(이 중 우리사주조합 배정분 150만주)를 697억원에 해당하는 구주매출을 한다. EV/EBITDA방식으로 산출시 10배수 이상이므로 본질가치에 의한 수익추정이 다소 높은 가격이라 투자자에게 다소 가격저항이 있었다. 2001년 당시 KOSPI 지수가 2001년 9월말 470대 저점에서 2001년 4월말 840대로 단기간 급상승하는 자본시장의 분위기에 편승한 공모일 수도 있다는 불신감과 장기간 발행시장의 위축 등 여러 요인으로 인해 일반공모청약률이 71.8%에 그치며 청약이 미달되지만 20% 이상 일반소액주주 지분분산요건을 충족하며 절반의 성공을 거둔다. 이러한 구주매출로 STX는 69.3%로 지분이 줄어든다. 이듬해인 2005년 당시 거래소 상장조건 중 최대주주지분변동 예외조항 중 하나인 외국인투자촉진법에 근거한 외국인투자 유치를 진행하였다. STX는 외국사모펀드인 Credant Posteri-SGPS(이하 "CPS")에게 STX조선 3,072천주를 주당 13,000원에 구주매출을 한다. 당시 SXT 조선이 전년대비 부채가 대폭 증가함에도 불구하고 기업가치를 적극 반영하려는 CPS와의 거래는 STX에게 빅딜로 이어진다.

STX가 CPS에 매각한 구주 매출의 주당가격은 어느 정도 공모가액산정방식에 따른 범위에 포함되거나 비슷한 수준으로 IPO프리미엄이 거의 없이 구주를 매각을 한 사례다. 공모 당시 조선업체의 EPS를 살펴보면, STX조선이 가장 높았다.

2002년	STX조선	대우조선해양	한진중공업	삼성중공업
EPS	1,901원	1,323원	412원	461원

이에 따라 모회사인 STX는 400억원의 현금이 유입되고 CPS는 주주로 예비심사청구승인 전에 편입된다. 이로 인해 상장 전 STX의 보유지분은 54.36%로 축소되고, 2003년 10월에 5백만주(구주 2백 50만주와 신주 2백 50만주)는 주당 14,200원에 공모되며 상장된다. 상장 직후 STX가 소유한 STX조선의 지분은 37.5%로 희석된다.

① STX의 재무전략적 구주 매출

STX는 2001년 대동조선을 인수한 후 2003년 IPO까지 3차에 걸쳐 구주매출을 하였고 매출거래와 관련하여 요약하면 다음과 같다. 2003년 당시 발행시장 분위기는 2003년 상반기 유가증권 시장에 신규상장기업은 유엔젤 단 한 개 기업뿐인 점을 감안하면 외환위기 이후 장기간 위축된 발행시장 분위기가 완전히 탈피하지 않는 시기였다. 이러한 열악한 자본시장여건 속에서도 당시 STX조선의 높은 주당순이익은 수요예측에서 높은 긍정적인 가격제시 덕분에 공모가액은 공모가밴드(13,000원~15,000원)의 중간가격인 주당 14,200원으로 확정되며 성공적인 공모로 이어진다. 이와 같은 일련의 세 차례에 걸친 자회사 구주매출로 STX는 매각대금이 총 1,451억

mini MBA

사례연구: SXT 조선의 재무전략적 IPO

원에 이르러 452억원의 차익을 실현하며 대동조선 인수대금을 2년여 만에 회수한다.

매출형태	주당가격	주식수	매각대금 (백만원)	지분가치 (백만원)
일반공모	12,000원	5,809,450주	69,713	245,762
제3자배정	13,000원	3,072,000주	39,936	266,242
IPO 공모	14,200원	2,500,000주	35,500	326,318

또한 공모물량이 지분 20% 이상이었지만 외국인 투자유치로 10% 이상만 신규발행으로 대체하여 상장에 따른 지분희석화도 줄였고 특히 CPS가 최소 공모가밴드가격을 제시해주었다. 이러한 STX조선 공모는 STX에게 재무전략의 극대화로 이어진 점에 의의가 있다. 하지만, 상장심사청구 직전 외자유치는 발행기업과 주관사 사이에 대리인문제가 생긴다. 총액인수에 따라 주관사는 수요예측에서 제시되는 가격에 민감하게 되고 주관사는 외국인투자자의 참여가격과 공모인수가액과의 괴리가 부담으로 작용하였다. 이외에도 공모물량 중 일부를 미리 외국인투자자가 선매수함으로써 주관사 입장에서는 달갑지 않은 거래임은 분명하다.

② CPS의 출구전략

CPS가 STX조선에 공격적으로 투자한 가장 큰 이유는 경쟁사에 비해 중대형 선박시장에 대한 니치마켓이 존재하고 다른 조선사보다 수익성에서 우위가 있었기 때문이다. 즉, 초대형 및 대형 선박건조 중심인 경쟁업체들은 효율적인 도크의 운용상 중대형 선박시장에 진입하기에는 제한이 있기 때문이다. 또한 당시 조선업체 중 가장 높은 주당순이익을 실현했다는 점이 외국인투자자의 투자의 동기로 작용되었다. 당시 규정상 CPS는 STX조선의 상장 후 1년간 보호예수가 적용되므로, 공모가 14,200원은 CPS의 주당투자가격 대비 9.2% 높은 가격이나 일일주식거래의 상한가 제한폭 내에 있어 가격변동성이 충분히 크므로 CPS가 IPO프리미엄을 가졌다고 보기는 힘들다. CPS는 보호예수가 끝나는 시점인 2004년 11월부터 실질적으로 투자회수가 가능하므로 매출실현이 장기인 조선업의 특성상 기업가치의 변화보다는 국내 자본시장의 변동에 더 민감했을 것이다.

당시 자본시장 현황을 간략하게 요약해보면, 국내경제가 지속적으로 부진함에도 불구하고 외국인투자자는 2003년 하반기부터 대규모 순매수를 하며 자본시장의 활성화를 이끌었다. 2003년 국내 경제성장률은 3.1%로 저조하였고 2004년에 들어서도 본격적인 경기회복이 더디었으나 외국인투자자들은 당시 사상 최대의 순매수를 기록하는 등 증권시장을 이끌기 시작하였다. 주된 이유는 외국인투자자가 선호하는 일부 국내 우량기업들의 주가수준은 저평가되었기 때문이다. 또한 외국인의 선호기업 대부분은 각 분야에서 선두업체들로 안정적인 성장세를 유지하고 있어 경기 변동과 무관하게 지속적인 매수와 장기 보유성향이 매우 강했다. 따라서 2004년은 외국인들에 의해 자본시장이 활기를 찾으며 상승국면으로 조정이 되는 시기였다.

2004년의 KOSPI지수의 추세를 보면 2003년 하반기 이후 2004년 경제전망에 대한 긍정적인 기대감으로 인해 2003년 중반 650선 내외에서 2004년 1분기까지 900선까지 급등한다. 단기간 급등에 대한 불안감과 IT기업들의 실적 둔화로 다시 하락하기도 하였다. 하지만, 외국인들의 순매수에 힘입어 다시 증시는 안정세를 회복하며 상승국면은 2005년도 상반기까지 이어진다. 따라서 CPS는 기대수익의 실현시점을 국내자본시장의 변동성에 의존해야만 했다.

그림에서 보는 바와 같이, STX 조선의 주가 추이를 보면 상장 후 6개월여 만에 공모가액 이하로 하락한다. CPS는 보유주식의 시장가치는 취득원가 이하로 5개월여 동안 하락이 지속되며 보유 1년 만에 17%의 평가손실을 보여준다. 그러나 2005년 2월의 지수는 2004년 7월 저점 대비 29.1%의 단기간 급상승한다. 이러한 시장상황에서 CPS의 보유주식은 63.6% 평가이익을 실현한다. 이에 따라 CPS는 기대수익률 이상 수익실현이 2005년 1월부터 가

mini MBA

사례연구: SXT 조선의 재무전략적 IPO

능해지면서 부분매도를 시작으로 최고점인 2월에 대부분의 보유주식을 매각하며 투자 회수를 마친다. 아래 표에서 보는 바와 같이, CPS는 투자 후 1년 반 만에 원화기준 64.2%의 높은 투자수익을 실현한다.

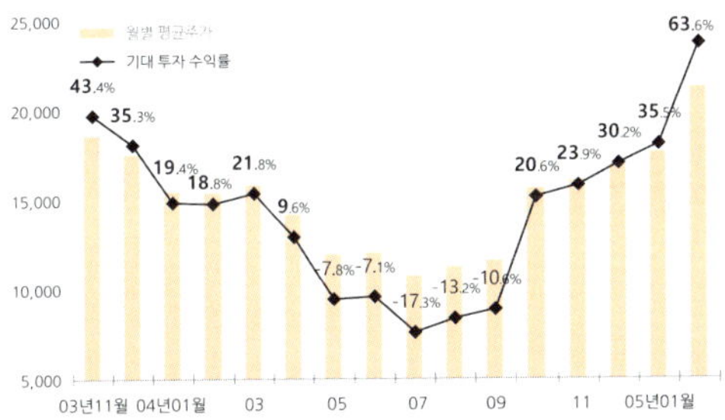

년월	형태	해당 주식수	잔여 주식수	거래금액 (백만원)
2003.06.	제3자배정	3,072,000주	3,072,000주	−40,000
2003.10.	신규상장	3,072,000주	3,072,000주	
2005.01.	장내매도	201,490주	2,870,510주	3,336
2005.02	장내매도	2,241,370주	429,140주	53,778
2005.03	장내매도	429,140주	−	8,583

주요 국영문용어

가격미제시주문_strike order	모집공모_primary offer
가격제시주문_limit order	(자진)상장폐지_going private
공개매수_tender offer/takeover bid	조건부인수대금지불방식_earn-out
기업인수_takeover	주간사_underwriter
매출공모_secondary offer	투자설명서_prospectus

| 확인학습 |

01. [CPA] 적대적 M&A에 대응하기 위해 기존 보통주 1주에 대해 저렴한 가격으로 한 개 또는 다수의 신주를 매입하거나 전환할 수 있는 권리를 부여하는 방어수단은?

① 독소조항 ② 역매수전략 ③ 황금주
④ 그린메일(green mail) ⑤ 백지주옵션

02. [CPA] 적대적 M&A 위협에 대한 방어전략에 포함될 수 있는 적절한 항목은 모두 몇 개인가?

a. 독소조항	b. 이사진의 임기분산	c. 황금낙하산	d. 초다수결의조항	e. 백기사

① 1개 ② 2개 ③ 3개
④ 4개 ⑤ 5개

03. [CPA] 기업의 합병과 매수(M&A)에 관한 다음 서술 중 가장 타당하지 않은 것은?

① 적대적 M&A의 경우 피인수기업 주주는 손실을 본다.
② 보유지분이 불충분하더라도 백지위임장투쟁(proxy fight)을 통해 경영권을 획득할 수 있다.
③ 공개매수제의(tender offer)시 피인수기업 주주들의 무임승차현상(free riding)은 기업매수를 어렵게 한다.
④ M&A 시장의 활성화는 주주와 경영자 간 대리인문제를 완화시키는 역할을 한다.
⑤ 우리사주조합의 지분율을 높이는 것은 M&A 방어를 위한 수단이 된다.

04. 기업의 합병 동기에 관한 설명으로 옳지 않은 것은? (경영지도사)

① 규모의 경제, 생산기술상의 수직적 협력 등을 통해 비용절감 효과를 누릴 수 있다.
② 피인수기업의 이월결손금이 있는 경우, 합병 후 세금공제 효과에 따른 현금유출을 줄일 수 있다.
③ 토빈의 q 비율이 1보다 큰 경우, 이 기업이 보유한 자산을 취득하기 위한 방법으로 증권시장을 통한 합병이 가장 바람직하다.
④ 합병은 주주의 이익이 아닌 경영자의 효용을 높이는 방법으로 이용될 가능성이 있다.
⑤ 마케팅 효율화, 전략적 우위 등으로 수익증대의 효과가 있을 수 있다.

05. 기업인수합병(M&A)의 주요 기대효과가 아닌 것은? (경영지도사 수정)

① 매출수익의 증대 ② 비용과 원가의 절감 ③ 해당사항 없음
④ 투자소요액의 절감 ⑤ 자본비용의 감소

06. 주식시장에 상장된 A기업은 또 다른 상장회사 B기업을 합병하고자 해당기업 경영진의 동의없이 주식을 매집한 후, 나머지 주주들에게 직접 공개매수를 제의하였다. 이와 같은 인수합병(M&A) 방식에 해당하는 것은? (경영지도사)

① 수평적(horizontal) 인수합병 ② 수직적(vertical) 인수합병
③ 다각적(conglomerate) 인수합병 ④ 우호적(friendly) 인수합병
⑤ 적대적(hostile) 인수합병

07. 기업 인수·합병(M&A)에 관한 설명으로 옳은 것은? (경영지도사수정)

① M&A시장이 활성화가 되면 주주와 경영인 간 대리인 문제가 완화된다.
② 기업합병(merger)은 합병기업 중 한 기업이 존속기업으로 남아 있기 때문에 신설법인 설립은 불가능하다.
③ 우호적 M&A는 피인수기업의 반대 또는 의사와 관계없이 피인수기업 주주에게 직접 공개매수제의를 하거나 주식매집을 통해 이루어진다.
④ 적대적 M&A가 이루어지면 인수대상기업의 주주는 손해를 본다
⑤ M&A가 이루어지는 방법과 조건에 따라 시너지효과(synergy effect)가 달라지기 때문에 주주의 부에 영향을 미치지 않는다.

08. 상장에 대한 설명으로 옳지 않은 것은?

① 상장이란 한국거래소가 정한 요건을 충족한 기업이 발행한 주권을 증권시장에서 거래할 수 있도록 허용하는 것이다.
② 상장신청법인이 발행한 증권 전부를 상장하여야 한다.
③ 주권 발행법인의 자유로운 의사에 따른 상장신청에 의하여 상장이 이루어진다.
④ 변경상장이란 상장법인이 증자, 합병, 전환사채 또는 신주인수권부사채를 소유한 자의 권리행사 등으로 인해 새로이 발행한 주권을 상장시키는 것이다.
⑤ SPAC(Special Purpose Acquisition Company)는 공모(IPO)를 통해 조달한 자금을 바탕으로 다른 기업과 합병하는 것을 유일한 목적으로 하는 명목회사(Paper Company)이다.

계산형 문제

09. [CPA] ㈜설악의 주식베타는 1.4, 주당순이익은 1,500원, 발행주식수는 100주, 주가수익비율(PER)은 12배이다. ㈜태백의 주식베타는 1.2, 주당순이익은 1,000원, 발행주식수는 50주, 주가수익비율(PER)은 8배이다. 한편 ㈜설악과 ㈜태백이 합병한다면 시너지효과로 인하여 당기순이익이 40,000원 증가하고 합병 후 주가수익비율은 10이 될 것으로 예상한다. 이제 ㈜설악의 주주들은 주가기준으로 주식교환비율을 계산하려 한다. ㈜설악이 ㈜태백을 흡수합병하기 위하여 ㈜태백에게 제시할 수 있는 1주당 최대주식교환비율은 ______이다.

10. [CPA] 인수기업의 가치는 800억원이고 피인수기업의 가치는 100억원이다. 두 기업 모두 자기자본만을 사용하고 있다. 인수기업의 발행주식수는 100만주이고 피인수기업의 발행주식수는 10만주이다. 합병이 성사되면 합병기업의 가치가 1,200억원으로 추산된다. 만약 인수기업이 150억원의 현금으로 피인수기업을 인수하면 합병을 공시하는 시점에서 인수기업의 주가는 _____% 상승할 것으로 예상된다.

11. [CPA] 시장가치가 27억원인 A기업은 시장가치가 8억원인 B기업을 인수하려 한다. A기업의 현재 주가는 9,000원이며 B기업의 현재 주가는 4,000원이다. A기업이 추정하는 합병의 시너지(synergy)효과는 5억원이며, 인수프리미엄은 2억원이다. A기업이 신주를 발행해서 B기업의 주식과 교환하는 방식으로 B기업을 인수하고자 할 경우, ________주를 발행해야 한다.

12. [CPA] 동해기업이 남해기업을 흡수합병하려고 한다. 두 기업은 모두 100% 자기자본으로만 구성되어 있는 기업이며 합병 전 재무자료는 다음과 같다.

	동해	남해
1주당 주가	10,000원	8,000원
발행주식수	50만주	35만주

합병 후의 기업가치는 100억원으로 예상된다. 만약 동해기업이 남해기업 주주에게 45억원의 현금을 지불하고 합병한다면, 동해기업 입장에서 합병의 순현가(NPV)는 _____억원이다.

13. [CPA] 기업 A는 기업 B를 주식교환방식으로 흡수합병하고자 하며 주주는 주당순이익(EPS)에 근거하여 의사결정을 행한다. 다음 자료에 근거하여 물음에 답하라.

	기업 A	기업 B
당기순이익	30억원	5억원
발행주식수	100만주	50만주

규모의 경제로 인한 시너지효과로 합병 후 당기순이익이 합병 전 두 기업의 당기순이익의 합보다 10억원이 증가할 때, 기업 A 주주 입장에서 최대교환비율은 ____이다(단, 교환비율은 기업 B 주식 1주당 교환되는 기업 A의 주식수이다).

14. [CPA] A사는 B사와의 인수합병을 추진 중이며, 두 회사의 현재 재무자료는 다음의 표와 같다. 피인수기업인 B사의 현재 이익성장률 및 배당성장률은 매년 5%로 일정하나, 합병의 효과로 인해 추가적인 자본투자 없이 합병 후 배당성장률은 매년 7%로 높아질 것으로 기대된다. A사가 B사의 주식에 대해 주당 1,350원을 지급한다면 A사가 합병으로부터 얻을 수 있는 순현가(NPV)는 ______원이다.

	기업 A	기업 B
당기순이익	150,000원	58,500원
발행주식수	1,000주	650주
배당금	50,000원	29,250원
주가	1,500원	900원

15. [CPA] 다음은 합병 논의가 있기 전 개별기업 ㈜산라와 ㈜가야에 대한 정보이다.

	(주)산라	(주)가야
시장가치	80,000원	20,000원
발행주식수	40주	20주
주가	2,000원	1,000원

㈜산라와 ㈜가야는 모두 부채가 없이 자기자본으로만 구성되어 있다. ㈜산라가 ㈜가야를 합병하면 모두 20,000원의 시너지효과가 발생하여 합병 후 기업의 시장가치는 120,000원이 될 것이다. ㈜산라가 ㈜가야에게 합병 논의 전 ㈜산라의 주가인 2,000원을 적용해 ㈜가야의 주식 20주와 새로 발행한 ㈜산라의 주식 15주를 교환한다면 ㈜산라의 주주입장에서는 합병의 순현가(NPV)는 _____원이다.

16. 상장기업인 ㈜가치는 비상장사인 ㈜창조를 흡수합병하기로 결의하고 다음은 ㈜창조의 수익가치를 DCF 모형으로 산출한 합병비율 산정 결과에 대한 주당정보이다. 가치산정결과 합병비율은 1: ____이므로 합병 후 ㈜가치의 주식총수는 _______주이다. ㈜가치의 총발행주식수는 100,000주이다.

(주)가치	기준주가	20,000원	자산가치	25,000원
(주)창조	자산가치	10,000원	수익가치	30,000원

해답

01. ①

02. ⑤

03. ①

04. ③

05. ③

06. ⑤

07. ① 적대적 M&A는 경영자에게 위협이 되므로 대리비용을 감소시키는 요인으로 작용

08. ④ 추가상장에 대한 설명임

09. 합병 전 주가≤합병 후 주가

$P_A \le P_{AB}$이므로 $P_A \le \frac{NI_{AB}}{n_{AB}} \cdot PER_{AB} = \left\{ \frac{NI_A + NI_B + \Delta NI}{n_A + n_B \cdot ER} \right\} \cdot PER_{AB}$

$12 \times 1{,}500\text{원} \le \left\{ \frac{1{,}500\text{원} \times 100\text{주} + 1{,}000\text{원} \times 50\text{주} + 40{,}000\text{원}}{100\text{주} + 50\text{주} \cdot ER} \right\} \times 10 \rightarrow ER \le \mathbf{0.667}$

10. 합병 NPV = 시너지 − 프리미엄 = (1,200 − 800 − 100) − (150 − 100) = 250억원 지분상승률 = $\frac{250}{800}$ = **31.25%**

11. 합병 NPV = 시너지 − 프리미엄 = 5 − 2 = 3억원

A기업의 주식수 = 27억원/9,000원 = 30만주 B기업의 주식수 = 8억원/4,000원 = 20만주

인수 후 A의 주가 = 9,000원 + $\frac{3\text{억원}}{30\text{만주}}$ = 10,000원 B기업의 인수가격 = 4,000원 + $\frac{2\text{억원}}{20\text{만주}}$ = 5,000원

교환비율 = $\frac{5{,}000\text{원}}{10{,}000\text{원}}$ = 0.5 발행주식수 = 0.5 × 20만주 = 10만주

12. 합병 NPV = 시너지 − 프리미엄 = [100억원 − (10,000원 × 50만주 + 8,000원 × 35만주)] − (45억원 − 8,000원 × 35만주) = 5억원

13. 합병 후 당기순이익 = 30 + 5 + 10 = 45억원

합병 전 EPS < 합병 후 EPS

$3{,}000\text{원} \le \left\{ \frac{45\text{억원}}{100\text{만주} + 50\text{만주} \cdot ER} \right\} \rightarrow ER \le \mathbf{1.0}$

14. B사의 주당배당금 = 29,250/650 = 45원

B사의 자기자본비용 = $r = \frac{D_1}{P_0} + g = \frac{45 \times (1 + 0.05)}{900} + 5\% = 10.25\%$

합병 후 B사의 주가 $P_0 = \frac{D_1}{r - g} = \frac{45 \times (1 + 0.07)}{0.1025 - 0.07} = 1{,}481.5\text{원}$

NPV = (1,481.5원 − 1,350원) × 650주 = **85,475원**

15. 합병 후 (주)가야주주의 지분가치 = $\left(\frac{15\text{주}}{40\text{주} + 15\text{주}} \right) \times 120{,}000\text{원} = 32{,}727\text{원}$

NPV = 시너지 − 프리미엄 = 20,000 − (32,727 − 20,000) = **7,273원**

여기서 (주)산라의 주식 15주와 ㈜가야의 주식 20주가 교환되므로 1 : 0.75의 주식교환비율이 발생한다.

16. (주)창조의 본질가치 = 10,000원×0.4 + 30,000원×0.6 = 22,0000원,
(주)가치의 기준주가가 자산가치에 미달하므로 자산가치를 적용
그러므로 합병비율 = 22,000/25,000 = **0.88** 따라서 0.88×10만주 = 8.8만주 교부
합병 후 (주)가치의 총주식수는 **188,000주**

부록

주요 가정

매출가정	20×1	20×2	20×3	20×4	20×5	비고
시장규모(톤)	110,500	116,000	122,000	128,000	128,000	
시장점유율	4.00%	6.00%	8.00%	10.00%	12.00%	
판매수량(톤)①	4,420	6,960	9,760	12,800	15,360	
톤당판매단가(천원)②	8,990	8,980	8,970	8,960	8,950	
매출액(백만원)	**39,736**	**62,501**	**87,547**	**114,688**	**137,472**	①×②
1인당매출액(백만원)	1,204	1,645	1,945	2,294	2,749	

영업비용가정	20x1	20x2	20x3	20x4	20x5	비고
1인당인건비(천원)	53,139	56,239	54,099	61,161	62,384	
평균인원	33	38	45	50	50	
총인건비	1,913	2,250	2,705	3,058	3,119	노무비+인건비
톤당생산비용(천원)	**6,992**	**6,294**	**6,297**	**6,302**	**6,304**	감가상각비 제외
톤당재료비	5,850	5,350	5,377	5,404	5,431	
톤당노무비	353	261	232	204	174	
톤당전력비	603	608	613	618	622	
톤당외주비	136	41	41	41	41	
톤당기타경비	50	35	35	36	36	
조정매출원가	30,904	43,807	61,463	80,662	96,828	감가상각비 제외
감가상각비	2,509	2,509	2,599	2,599	2,104	
매출원가(백만원)	**33,413**	**46,316**	**64,062**	**83,261**	**98,932**	조정매출원가+감가상각비
인건비	335	410	418	427	435	
인건비/총인건비	17.52%	18.23%	15.47%	13.95%	13.95%	
유·무형자산상각비	324	324	334	334	279	
지급수수료	993	1,563	2,189	2,867	3,437	매출대비 2.5%
접대비	60	94	131	172	206	매출대비 0.15%
기타경비	525	551	579	608	638	전년대비 5%증가
판매관리비(백만원)	2,237	2,941	3,651	4,407	4,995	
영업비용	35,650	49,257	67,712	87,668	103,927	매출원가+판매관리비
일일영업비용(천원)	89,910	127,192	177,479	232,152	278,205	(영업비용−자산상각비)/365
현금(전환)주기	24.4일	23.6일	24.5일	25.2일	26.2일	
소요현금	2,194	3,002	4,348	5,850	7,289	일일영업비용×현금주기
가중치	1.1693	1.1693	1.1693	1.1693	1.0326	
영업현금	2,565	3,510	5,084	6,841	7,527	소요현금×가중치

유·무형자산내역(백만원)	20x1	20x2	20x3	20x4	20x5	비고
토지	1,000	1,000	1,000	1,000	1,000	
건물	2,975	2,688	2,400	2,113	1,825	
감가상각액	288	288	288	288	288	
설비장치	17,400	15,100	13,700	11,300	9,300	
설비장치취득	1,000	–	1,000	–	–	
감가상각액	2,300	2,300	2,400	2,400	2,000	
차량운반구	650	450	250	50	–	
감가상각액	200	200	200	200	50	
유형자산	22,025	19,238	17,350	14,463	12,125	
감가상각비	2,788	2,788	2,888	2,888	2,338	
무형자산	360	315	270	225	180	
상각액	45	45	45	45	45	
배당금	900	3,030	4,650	5,550	7,890	배당성향 30%
주당배당금	150원	505원	775원	925원	1,315원	

자본비용가정

타인자본비용	5.00%
세후타인자본비용(적용세율 21%)	3.95%
무위험이자율(R_f)	3.50%
시장위험프리미엄(MRP)	7.50%
베타계수	1.0705
자기자본비용	11.53%
목표자본구조(부채/자기자본시장가치)	11.25%
가중평균자본비용(WACC)	10.77%

추정재무상태표

(백만원)	20×1	20×2	20×3	20×4	20×5
유동자산	11,866	22,555	36,220	33,062	54,947
영업현금	2,565	3,510	5,084	6,841	7,527
단기금융상품	4,288	11,887	21,448	13,751	32,467
매출채권	2,384	3,750	5,253	6,881	8,248
재고자산	1,189	1,681	2,362	3,100	3,719
기타당좌자산	1,440	1,728	2,074	2,488	2,986
비유동자산	23,405	20,583	18,661	15,740	13,368
유형자산	22,025	19,238	17,350	14,463	12,125
보증금	500	500	500	500	500
무형자산	360	315	270	225	180
기타비유동자산	520	531	541	552	563
자산총계	**35,271**	**43,139**	**54,882**	**48,802**	**68,315**
유동부채	2,179	2,468	22,853	3,269	3,626
매입채무	618	876	1,229	1,613	1,937
유동성장기부채	–	–	20,000	–	–
기타유동부채	1,561	1,592	1,624	1,656	1,689
비유동 부채	21,555	22,039	2,524	3,002	3,650
사채	20,000	20,000	–	–	–
퇴직급여부채	164	266	388	527	668
이연법인세부채	75	260	395	473	680
기타비유동부채	1,316	1,514	1,741	2,002	2,302
부채총계	**23,734**	**24,507**	**25,377**	**6,271**	**7,276**
자본금	3,000	3,000	3,000	3,000	3,000
자본잉여금	5,000	5,000	5,000	5,000	5,000
이익잉여금	3,537	10,631	21,505	34,531	53,040
자본총계	**11,537**	**18,631**	**29,505**	**42,531**	**61,040**
부채 및 자본 총계	**35,271**	**43,139**	**54,882**	**48,802**	**68,315**

수정재무상태표

(백만원)	20×1	20×2	20×3	20×4	20×5
영업유동자산	7,578	10,669	14,772	19,311	22,480
영업현금	2,565	3,510	5,084	6,841	7,527
매출채권	2,384	3,750	5,253	6,881	8,248
재고자산	1,189	1,681	2,362	3,100	3,719
기타당좌자산	1,440	1,728	2,074	2,488	2,986
영업유동부채	2,179	2,468	2,853	3,269	3,626
매입채무	618	876	1,229	1,613	1,937
기타유동부채	1,561	1,592	1,624	1,656	1,689
영업용순운전자본	**5,399**	**8,201**	**11,919**	**16,041**	**18,854**
유・무형자산	**22,385**	**19,553**	**17,620**	**14,688**	**12,305**
기타순영업자산	**−460**	**−749**	**−1,088**	**−1,476**	**−1,907**
보증금	500	500	500	500	500
기타비유동자산	520	531	541	552	563
퇴직급여부채	164	266	388	527	668
기타비유동부채	1,316	1,514	1,741	2,002	2,302
투하자본①	**27,325**	**27,004**	**28,452**	**29,252**	**29,252**
비영업자산②	4,288	11,887	21,448	13,751	32,467
금융상품	4,288	11,887	21,448	13,751	32,467
총투하자산(①+②)	**31,612**	**38,891**	**49,900**	**43,004**	**61,719**
이연법인세부채	75	260	395	473	680
자기자본금	11,537	18,631	29,505	42,531	61,040
이자성부채	20,000	20,000	20,000	–	–
총투하자산	**31,612**	**38,891**	**49,900**	**43,004**	**61,719**

추정손익계산서

(백만원)	20×1	20×2	20×3	20×4	20×5
매출액	**39,736**	**62,501**	**87,547**	**114,688**	**137,472**
매출원가	33,413	46,316	64,062	83,261	98,932
판매관리비	2,237	2,941	3,651	4,407	4,995
영업비용	35,650	49,257	67,712	87,668	103,927
영업이익	**4,086**	**13,243**	**19,835**	**27,020**	**33,545**
EBITDA	6,919	16,076	22,767	29,952	35,927
이자수익	70	162	333	352	452
이자비용	400	400	400	3,715	–
세전이익	3,756	13,005	19,768	23,656	33,997
법인세	788	2,881	4,245	5,080	7,598
순이익	**2,978**	**10,124**	**15,523**	**18,576**	**26,399**

추정현금흐름표

(백만원)	20×1	20×2	20×3	20×4	20×5
순이익	2,978	10,124	15,523	18,576	26,399
조정	2,934	3,119	3,190	3,149	2,731
유형자산감가상각비	2,788	2,788	2,888	2,888	2,338
무형자산상각비	45	45	45	45	45
퇴직급여	87	102	123	139	141
이연법인세부채의 변동	15	185	135	78	207
순(영업)운전자금의 변동	−913	−1,670	−1,928	−2,115	−1,838
매출채권	−683	−1,366	−1,503	−1,628	−1,367
재고자산	−314	−492	−681	−739	−619
기타유동자산	−240	−288	−346	−415	−498
기타비유동자산	−10	−10	−11	−11	−11
매입채무	132	258	353	384	323
기타유동부채	31	31	32	32	33
기타비유동부채	172	197	227	261	300
영업활동 현금흐름	**5,000**	**11,574**	**16,786**	**19,610**	**27,292**
유형자산	−1,000	–	−1,000	–	–
단기금융상품	−1,540	−7,599	−9,561	7,697	−18,716
투자활동 현금흐름	**−2,540**	**−7,599**	**−10,561**	**7,697**	**−18,716**
사채의 감소	–	–	–	−20,000	–
배당금지급	−900	−3,030	−4,650	−5,550	−7,890
재무활동 현금흐름	**−900**	**−3,030**	**−4,650**	**−25,550**	**−7,890**
순현금흐름	1,559	945	1,574	1,756	686
기초현금	1,006	2,565	3,510	5,084	6,841
기말현금	**2,565**	**3,510**	**5,084**	**6,841**	**7,527**

잉여현금흐름(FCF) 산출 및 주주귀속 잉여현금흐름(FCFE)과 채권자귀속 현금흐름(CCF)

(백만원)	20×1	20×2	20×3	20×4	20×5
영업이익	4,086	13,243	19,835	27,020	33,545
−법인세영업이익	−830	−2,745	−4,123	−5,714	−7,293
NOPLAT	3,256	10,498	15,711	21,306	26,252
비현금성 비용	2,934	3,119	3,190	3,149	2,731
자산상각비	2,833	2,833	2,933	2,933	2,383
퇴직급여	87	102	123	139	141
이연법인세부채의 변동	15	185	135	78	207
운전자본증감	−2,634	−2,801	−3,719	−4,122	−2,813
유형자산투자	−1,000	−	−1,000	−	−
기타순비유동자산	146	2	81	173	82
순투자액	**−553**	**320**	**−1,447**	**−801**	**−**
FCF	**2,703**	**10,818**	**14,264**	**20,505**	**26,252**
영업활동 현금흐름	5,000	11,574	16,786	19,610	27,292
세후이자비용	319	317	317	2,930	−
세후이자수익	−56	−128	−264	−278	−354
영업현금의 변동	−1,559	−945	−1,574	−1,756	−686
자본적 지출	−1,000	−	−1,000	−	−
FCF	**2,703**	**10,818**	**14,264**	**20,505**	**26,252**
NOPLAT①	3,256	10,498	15,711	21,306	26,252
기초IC	26,772	27,325	27,004	28,452	29,252
기말IC	27,325	27,004	28,452	29,252	29,252
IC의 변동②	**553**	**−320**	**1,447**	**801**	**−**
FCF(①−②)	**2,703**	**10,818**	**14,264**	**20,505**	**26,252**
이자성부채의 감소	−	−	−	20,000	−
세후이자비용	319	317	317	2,930	−
CCF(채권자귀속 현금흐름)	319	317	317	22,930	−
(−)세후이자수입	−56	−128	−264	−278	−354
단기금융상품의 증가(감소)	1,540	7,599	9,561	−7,697	18,716
배당금	900	3,030	4,650	5,550	7,890
FCFE(주주귀속 잉여현금흐름)	2,384	10,501	13,947	−2,424	26,252
FCF(FCFE+CCF)	**2,703**	**10,818**	**14,264**	**20,505**	**26,252**

FCF모형과 EVA모형에 의한 (주당)주식가치산출과정

(백만원)	20×1	20×2	20×3	20×4	20×5	CV
현가계수@10.771@	0.9028	0.8150	0.7357	0.6642	0.5996	0.5996
FCF	2,703	10,818	14,264	20,505	26,252	243,272
FCF현가	2,440	8,817	10,495	13,620	15,741	146,141
영업가치(FCF현가의 합)	197,253					
비영업자산가치	2,747					
기업가치	200,000					
이자성부채	20,000					
주식가치(백만원)	180,000					
주당주식가치@6백만주	**30,000원**					

(백만원)	20×1	20×2	20×3	20×4	20×5	CV
NOPLAT	3,256	10,498	15,711	21,306	26,252	
(기초)투하자본	26,772	27,325	27,004	28,452	29,252	
자본조달비용@10.771%	2,884	2,943	2,909	3,065	3,151	
EVA	372	7,555	12,803	18,241	23,101	214,474
현가계수@10.771@	0.9028	0.8150	0.7357	0.6642	0.5996	0.5996
EVA현가	336	6,157	9,419	12,116	13,852	128,601
시장부가가치(EVA현가의 합)	170,481					
이연법인세부채	60					
(기초)자기자본	9,459					
주식가치	**180,000**					
주당주식가치@6백만주	**30,000원**	(자본접근법)				

찾아보기

최 종 현
인하대학교(공학사)
서울대학교 대학원(공학석사(물리탐사 전공))
단국대학교 (경영)대학원(경영학 (석)박사(재무관리 전공))
미국공인회계사(2000)
e-mail : choi.jonghyun@kakao.com
현) 아이알게이트 대표/더블루 레지던스 상무/대학 출강
전) 세림회계법인 FAS 상무
한전KDN 팩키지사업팀
한보철강 근무(해외자원개발팀)
재무부문 주요 경력
– STX조선 3천만불 HSBC 외자유치 성공
– 알티캐스트 2천만불 AIG-AIA외자유치 성공
– 파버나인 국내투자유치 성공
– 코엔바이오 국내투자유치 성공
– 우리인터텍스 M&A 성공 등 다수
학술지 논문
한국분할공모주의 사적정보에 의한 공모가결정요인과 수요예측제도의 가격발견기능
공적정보에 의한 분할모집공모주의 공모가결정요인

전문분야 : IPO & M&A 주식가치평가 / 프로젝트(자원개발/부동산) 타당성 분석

재무분석과 기업가치평가

초판 발행　2023년 9월 20일

지은이　최 종 현
펴낸이　이 구 만
편　집　전 충 영
조　판　홍익m&b
디자인　이 채 현

펴낸곳　유원북스 도서출판
04091 서울특별시 마포구 토정로 222, 416호
(신수동, 한국출판콘텐츠센터)
Tel (02)593-1800　Fax (02)6455-1809
출판등록 2011. 9. 6.　제25100-2012-3호
www.uwonbooks.com　uwbooks@daum.net

ISBN 979-11-6288-175-0 (93320)
정　가 54,000원